일제강점기 종묘 연구

AKS 인문총서 **40**

일제강점기 종묘 연구

이욱 지음

한국학중앙연구원출판부

책머리에

가끔 우리에게는 해야 할 일이라고 하면서도 미루고 외면하는 것이 있다. 필자에게 일제강점기 종묘 연구는 언젠가 해야지 하면서도 미루고 미루었던 주제였다. 2000년 이후 한국학중앙연구원(한국정신문화연구원) 장서각 소장 자료의 해제를 쓸 때마다 일제강점기 종묘 자료가 조금씩 눈에 들어왔다. 점차 그 자료의 양에 놀랐다. 조선시대 국가 의례 연구자로서 관심을 가지지 않을 수 없었다. 그러나 일제강점기의 문턱을 넘기란 쉽지 않았다. 일제강점기는 조선시대와 전혀 다른 시기였기 때문이다. 항일과 친일의 구도 속에 종묘의 설 자리를 찾기란 쉽지 않았다.

그러나 마냥 묻어둘 순 없었다. 직간접적인 계기는 한국학중앙연구원 한국학진흥사업단의 지원이었다. 2014년 한국학분야토대연구지원사업의 하나였던 〈근현대 구(舊)황실 관련 자료 조사 집성〉을 통해 고종과 순종의 국장 자료를 접할 수 있었다. 그리고 2019년 한국학대형기획총서사업에 〈일제강점기 이왕가(李王家)의 종묘 연구〉를 신청한 것이 선정되었다. 이에 본격적으로 일제강점기 자료를 모으고 읽으며 조선의 종묘와 다른 일제강점기 종묘를 고찰했다.

일제강점기 종묘 자료가 필자에게 준 영감은 수복과 기물이었다. 영·정조대 종묘를 연구하면서 만나게 된 수복은 일제강점기 종묘를 통해 분명하게 그 모습을 드러냈다. 한편, 일제강점기 종묘 자료는 신주, 책보, 제기에 머물렀던 필자의 시각을 종묘 내 기물 전체로 돌릴 수 있게 해 주었다. 제물을 비롯하여 땔나무, 등촉, 종이 등 수많은 물품이 종묘 제향을 위해 모이고 소비되었다. 제향은 사람과 사물이 모여 연출하는 퍼포먼스이다. 그 가운데 움직이는 사람과 사물의 연구는 생활사와 물질사로 나아갈 길을 보여주었다. 종묘를 비롯한 의례 연구는 이러한 사람과 사물의 관계사를 연구하는 것이었다.

식민지 상황에 처한 종묘를 다루면서 미약한 사물에 집중하는 것은 어딘가 부족한 듯하다. 일제강점기 종묘에 대한 사람들의 인식이나 종묘의 시대적 의미를 찾고 싶었다. 그러나 당시 종묘를 둘러싼 치열한 논쟁을 찾기란 쉽지 않았다. 고종과 순종의 부묘나 도시개발을 위한 이전 논의를 제외하면 일제강점기에 종묘는 주목받지 못했다. 오히려 종묘 논의는 이왕직 내에서 발생했다. 종묘가 어떤 의미가 있으며, 지금 의식이 맞는 것인지, 시대에 맞게 고쳐야 할 것인지에 대해 그곳 직원들이 스스로 묻고 답했다. 이를 따라가면 결국 국가는 망했는데 종묘의 존속이 가능한가라는 물음에 귀결되었다. 이런 논의를 소개하며 식민지기 종묘에 다가갔다. 결국 이 책은 국가의 종묘가 이왕가의 사당으로 변모하는 모습을 찾는 과정이었다.

이 책을 출판하는 데는 많은 분들의 도움이 있었다. 2021년『일제강점기 이왕직 연구』에 같이 참여했던 이왕무, 장신, 신명호, 김명수, 정욱재 선생님께 감사드린다. 이를 통해 이왕직의 모습을 볼 수 있었다. 특히 장신 선생님은 이 책을 마무리할 때 필자에게 익숙하지 않은 일본어 인명과 물명을 파악하는 데 많은 도움을 주셨다. 일본 자료를 보는 데 도움을 준 윤조철 선생님께도 감사의 말을 전하고 싶다. 이 책은 한국학중앙연구원 한국학진흥사업단의 지원 속에서 가능했다. 출판이 늦어졌으나 끝까지 기다려 준 것에 대해서도 감사하다. 이 책은 한국학중앙연구원 출판부 편집자들의 꼼꼼한 교정을 통해 완성되었다. 다시 한 번 감사드린다. 필자의 연구는 자료를 만나면서 시작되었다. 이 연구는 장서각이 필자에게 준선물이다. 장서각 소속 여러 선생님께 감사를 전한다. 정년으로 장서각을 떠난 지금 어떤 자료가 필자를 어디로 인도할지 알 수 없으나 이 책은 필자에게 새로운 시작이 될 것이다. 마지막으로 불확실한 삶의 시간을 인내와 사랑으로 지켜보고 격려해 준 아내에게 감사의 마음을 전한다.

2025년 12월

이 욱

차례

서언
식민지기 종묘는 무엇을 말하는가

1910년 8월 22일에 대한제국은 일제에 병합되었다. 고종이 환구단에서 하늘에 제사를 지내고 '대한'의 국호를 내세우며 황제로 등극한 지 13년 만에 일어난 일이었다. 병합은 대한제국의 짧은 역사를 강탈당하는 것 이상을 의미했다. 500년 전통의 조선 역사를 단절시킨 것이고, 반만년 한반도의 역사에 치욕을 준 사건이었다.

일본은 대한제국의 황실을 이왕가(李王家)로 격하시켰다. 이왕가는 독자적인 국가의 왕이 아니라 일제강점기에 일본 천황제 체제 내에 존재했던 왕족과 공족을 가리킨다. 일본 천황은 대한제국의 전 황제였던 순종은 왕으로 책봉하고 '창덕궁 이왕'이라고 칭했으며 태황제였던 고종은 태왕으로 삼아 '덕수궁 이태왕'이라고 했다. 그리고 고종과 순종의 형제들을 공(公)으로 책봉했다. 그해 12월에는 이왕직(李王職) 관제를 마련하여 이왕가의 사무를 담당하도록 했다. 이왕직은 왕족과 공족을 가까이서 보필하고, 왕실 재산의 관리와 제례의 봉행 등 제반 시무를 관장했다.[1]

이 가운데 종묘를 중심으로 한 이왕가의 제향이 이 책에서 본격적으로 다루려는 주제다. 강제 병합과 이왕가의 형성은 우리에게 굴욕의 과정이었기 때문에 해방 이후 그에 대한 연구는 제대로 이루어지지 않았다. 항일에 초점이 맞추어진 근대 한국사 연구에서 이왕가는 주요 주제로 부각되기 어려웠다. 종묘를 비롯한 조선시대 왕실의례에 대한 관심이 최근 증가했지만 근대까지 나아가지는 못했다. 그러나 외면하려 해도 근대 식민지의 유산은 우리 속에 짙게 남아 있다. 이왕가는 조선 및 대한제국의 왕실 또는 황실 문화를 현대에 되살릴 때마다 벽으로 다가왔다. 따라서 그 단절의 과정을 제대로 살피지 않고서는 현재 눈에 보이는 왕실 또는 황실 문화의 실체를 파악하기 어렵다.

1 이윤상, 「일제하 '조선왕실'의 지위와 이왕직의 기능」, 『한국문화』 40(2007), 325쪽.

이왕가와 이왕직 연구는 1990년대에 시작되어 2000년대부터 본격적으로 진행되었다. 이왕직 연구는 주로 미술사[2]와 음악사[3]에서 이루어졌다. 이는 이왕가에서 운영한 이왕직박물관, 이왕직미술품제작소, 이왕직아악부가 근대 미술사와 음악사에서 차지하는 중요도가 높기 때문이다. 한편, 역사학계에서는 왕공족의 지위와 이왕직의 직제에 관한 연구가 있었다.[4] 이러한 성과를 통해서 이왕직의 임무와 조직 등이 많은 부분 알려졌다. 그리고 이왕직의 재정, 자료, 실록 편찬 등에 대한 연구도 진행되었다.[5]

---

2 최공호, 「'이왕직미술품제작소' 연구」, 『고문화』 34(1989); 송기형, 「'창경궁박물관' 또는 '이왕가박물관'의 연대기」, 『역사교육』 72(1999); 목수현, 「일제하 이왕가 박물관의 식민지적 성격」, 『미술사학연구』 227(2000); 서지민, 「이왕직미술품 제작소 연구: 운영과 제작품의 형식」(이화여자대학교 석사학위논문, 2015); 정지희, 「한성미술품제작소 설립 및 변천과정 연구」, 『미술사학연구』 303(2019).

3 국립국악원, 『이왕직 아악부와 음악인들』(국립국악원, 1991); 송혜진, 「이왕직 아악부의 이습회 운영과 20세기 궁중음악의 전승」, 『역대국립음악기관연구: 신라 음성서에서 국립국악원 개원까지』(국립국악원, 2001); 이종숙, 「일제강점기 종묘제례악무 고찰」, 『한국음악사학보』 31(2003); 이정희, 「이왕직 아악부의 활동과 안팎의 시각」, 『동양음악』 26(2004); 이지선·야마모토 하나코, 「『직원록』을 통해서 본 이왕직의 직제연구」, 『동양음악』 26(2004); 이수정, 「이왕직아악부의 조직과 활동」(한국학중앙연구원 한국학대학원 박사학위논문, 2016); 전지영, 「일제강점기 조선아악의 의미 왜곡과 고악론 검토」, 『한국음악사학보』 68(2022).

4 신명호, 「일제하 이왕직과 이왕가 족보」, 『청계논총』 11(1996); 이윤상, 「일제하'조선왕실'의 지위와 이왕직의 기능」, 『한국문화』 40(2007); 신명호, 「근대 明治政府의 동아시아 통치체제와 이왕직: 琉球·臺灣·關東州·大韓帝國의 사례를 중심으로」, 『장서각』 31(2014); 장신, 「일제하 이왕직의 직제와 인사」, 『장서각』 35(2016); 이왕무, 「대한제국 황실의 분해와 왕공족의 탄생」, 『한국사학보』 64(2016); 이왕무, 「일제강점기 이왕직 연구: 조직 구성의 배경과 운영을 중심으로」, 『동양고전연구』 82(2021).

5 이왕무, 「이왕직의 유래와 장서각 소장 이왕직 자료의 연혁」, 『장서각』 31(2014); 정욱재, 「국가기록원 소장 '이왕직 관련 자료'의 현황과 가치」, 『장서각』 31(2014); 정욱재, 「日本宮內廳所藏 '公族實錄'의 편찬과 특징: 『李熹公實錄』·『李熹公實錄資料』·『李埈公實錄』·『李埈公實錄資料』를 중심으로」, 『한국사학보』 64(2016); 김명수, 「1915-1921년도 구황실 재정의 구성과 그 성격에 관한 고찰」, 『장서각』 35(2016); 나가시마 히로키, 「2개의 고종실록 편찬을 둘러싼 궁내성·이왕직의 갈등: 아사미 린타로와 오다 쇼고의 역사 서술을 중심으로」, 『한국사학보』 64(2016); 이왕무, 「1910년대 조선 왕실 의례에 대한 궁내성의 이왕가

이 책의 주제인 종묘와 관련해서도 선학의 연구가 있다.[6] 종묘는 당대 사회적 이슈가 되었던 고종과 순종의 부묘, 창덕궁과 종묘 사이의 도로 조성 등을 중심으로 연구되었다. 이 부분 역시 중요하지만 종묘 운영의 실체를 파악하는 데는 한계가 있다.

종묘에서는 조선시대부터 현재까지 제사가 끊기지 않고 이어졌다. 정전과 영녕전의 건축물도 그대로 유지되고, 신주와 책보, 제기 등의 기물도 조선 후기 이래 대부분 온전히 보존되었다. 종묘 제향과 제례악은 '유네스코 인류무형문화유산'으로 지정되었다. 종묘는 의궤, 등록, 일기, 문서 등 관련 문헌들 역시 고스란히 남아 있어 조선의 역사와 문화를 이해하는 데 더없이 긴요한 곳이다. 그런데 계승의 차원에서 볼 때 일제강점기에 변화된 실상을 제대로 파악하는 것은 종묘를 이해하는 데 반드시 필요하다. 변화된 부분을 알아야만 이전의 모습을 진정으로 찾을 수 있기 때문이다. 이 책의 일차적인 목적은 현존하는 일제강점기 문헌 자료를 통해 종묘의 변화를 추적하는 것이다.

조선시대에 종묘를 관리한 종묘서(宗廟署)는 일제강점기에 이왕직 내에 '종묘'라는 이름으로 존재했다. 당시에 생산된 이왕직의 자료 중 많은 부분은 한국학중앙연구원 장서각에 소장되어 있다. 고문서를 제외한 500여 종의 이왕직 자료 중에서 80여 종, 130여 책이 종묘에서 생산 또는 보관했던 문서들이다.

장서각 소장의 일제강점기 종묘 자료가 보여주는 특징으로 두 가지를

舊制 조사」, 『한국학논총』 48(2017); 신명호, 「일제하 고종순종실록, 고종순종국조보감의 편찬과 장서각 자료: 실록편찬참고서목록과 국조보감편찬관계서류를 중심으로」, 『정신문화연구』 79(2000); 이왕무 외, 『일제강점기 이왕직 연구』(한국학중앙연구원 출판부, 2021).

6 김대호, 「일제하 종묘를 둘러싼 세력 갈등과 공간 변형: 1920년대 식민 권력과 귀족 세력의 관계를 중심으로」, 『서울학연구』 43(2011).

제시할 수 있다. 하나는 종묘 물품에 대한 자세한 기록이다. 사당인 종묘는 그동안 성스러운 공간으로 이해되었다. 많은 사람들이 종묘의 매력을 단순하면서도 장엄한 건축미에서 찾았고, 그렇지 않으면 왕권을 표상하는 의장과 책보에 관심을 두었다. 반면, 종묘 전각을 유지하고 제향을 치르는 데 필요한 각종 물품은 주목받지 못했다. 그러나 일제강점기 종묘 자료 중 많은 부분은 이러한 물품을 조사하고 보고한 자료들이다.

종묘에서 상급기관인 예식과로 보낸 문서로 청구와 보고가 있다. 청구는 일상적인 시설 관리와 제향 거행에 필요한 물품과 비용을 요청하는 문서다. 제향 물품 청구와 일반 비품 청구로 구분할 수 있다. 제향 물품 청구는 사시제(四時祭), 고유제(告由祭), 천신(薦新) 등 각종 제향에 소모되는 물품을 요청하는 것이다. 보고의 대표적인 예로는 근무 성적 보고와 업무 보고가 있다. 또한, 정기적·비정기적인 비치 물품 보고, 인적 사항 보고 등 상부 기관의 지시에 따라 올린 다양한 보고서가 남아 있다. 모두 이왕가에 의한 종묘의 운영 실상을 보여주는 자료다. 그 외에도 물품에 대한 규정, 홀기와 진설도 등의 자료를 통해 그 이전 시기와 다른 종묘의 변화 양상을 파악할 수 있다.

이 책은 제향의 대상인 신보다 제향을 구성하는 물질적인 요소에 초점을 맞춘다. 제사는 인간이 신에게 구체적인 제물을 드리는 의식이다. 제상에 놓인 음식을 통해 그 시대의 문화를 엿볼 수 있다. 또한, 의례는 물질의 제작과 조달 방식에서 더 많은 시대적 변화를 보여준다. 조선시대 국가 제사에 필요한 희생은 전생서(典牲署)에서 공급하고, 제물은 봉상시(奉常寺)에서 준비했다. 그러나 일제강점기에는 이 관서들이 별도로 존재하지 않았다. 이 책에서는 이렇게 변화된 상황에서 제상의 음식이 어떻게 준비되었는지를 살펴볼 것이다. 또한, 종묘 신실에 보관된 책보뿐만 아니라, 요리도구, 운반도구, 소모품 등의 세세한 명세서가 종묘 문서에 있다. 이 물품들은 조선시대 왕실 문화뿐 아니라 일반 생활사를 이해하는 데도 중요하다. 이를 통해 조선의 전통과 근대적 요소, 그리고 일본의 영향이 어떻게 공존하고 충돌했는지 그 구체적인 양상을 파악할 수 있다.

다른 하나는 종묘 조직의 구성과 소속 인물에 대한 기록이다. 기존의 종묘 또는 국가 제례 연구에서 부각되는 것은 국왕의 존재였다. 그렇지 않으면 전례에 관한 이론가인 예학자였다. 이에 비해 종묘 내에서 의례를 준비하는 사람에 대해선 잘 알지 못했다. 일제강점기에 종묘는 조선시대 선왕과 선후를 모신 사당이면서 이를 관리하는 이왕직의 한 부서였다. 종묘에는 정규 직원인 전사(典祀)와 전사보(典祀補), 그리고 고용원에 해당하는 수복(守僕)과 사정(使丁)이 근무했다. 종묘의 주인은 제사권을 가진 왕이지만 그 공간을 실제로 유지하고 운영했던 실무 인력에 대한 연구 역시 종묘를 이해하는 데 필요하다. 따라서 이 책은 종묘 직원의 업무를 관찰하고 사당 청소와 제향 준비를 비롯하여 그들에게 이왕직 직원으로서 부여된 업무를 살펴볼 것이다.

이를 통해 두 가지를 확인할 수 있다. 하나는 종묘 직원을 통한 제향의 수행이다. 일제강점기에는 조선시대 관원의 제관 차출 방식과 전혀 다르게 종묘 제향이 이왕직 또는 종묘 직원을 통해 가능해졌다. 조선 사회의 공적 의례가 아니라 이왕가의 제향임을 보여주는 것이었다. 또 하나는 종묘 내 수복의 역할 증대이다. 이는 조선 후기부터 나타나는 현상이지만 그들의 실체가 명확히 밝혀진 것은 일제강점기였다. 이들의 존재감은 공민왕 신당(神堂)을 통해 드러나게 된다.

한편, 일제강점기 종묘 연구의 최종적인 목표는 왕조가 망해도 종묘는 존속하는 모순된 상황을 구명하는 것이다. 멸망한 왕조의 사당을 그 후손에게 관리하고 제사지내게 한 것은 유교 국가의 오랜 전통이었다. 그러나 독립된 근대 시민 국가로 나아가야 할 시점에 스스로 황제의 지위를 버리고 일본 천황으로부터 봉건적 은전(恩典)으로 허락받은 종묘는 과연 조선의 종묘라고 할 수 있을까? 이 불합리했던 현실의 실상을 제대로 파악하는 것 역시 한국학의 중요한 부분이 아닐 수 없다.

이를 위해 이 책은 세 가지 자료군을 주목했다. 첫째는 상부기관에서 종묘에 보낸 문서들이다. 이 문서들에는 종묘에만 한정된 지시도 있었지만 대개는 이왕직의 직원에 대한 지시 사항이 적혀 있다. 그러므로 이를 통해 일본 제국주의가 식민지 이왕가의 제향기관에 요구한 내용을 추적할 수 있다. 가장 강력한 것은 전시체제하의 각종 동원령이다. 종묘 역시 여기서 벗어날 수 없었다. 이 책에서는 당시 사회적 분위기가 종묘를 어떻게 변화시켰는지 살펴볼 수 있다. 두 번째 자료는 묘(廟), 전(殿), 궁(宮), 능(陵), 원(園) 등에 근무하는 직원들을 위한 교육 자료다. 1930년대에 이르면 이 공간들에 근무하는 전사, 전사보, 참봉 등을 모아 회의를 진행하고 그 결과로 도출된 주요 지시 사항을 정리하여 배포했다. '참봉예회회보(參奉例會會報)'라는 이름으로 현전하는 이 자료는 제향 공간을 관리하는 직원에게 사명감을 갖게 하기 위한 훈시를 주로 담고 있다. 종묘보다는 능원이 주된 대상이지만 이를 통해 일제강점기 이왕가 제향 공간의 존재 의미와 그들의 사회적 기능을 찾아낼 수 있다. 이 책은 구체적으로는 제향 공간의 성역화와 참배자의 규제 방식에 초점을 맞출 것이다.

세 번째 자료는 예식과에서 주로 만든 이왕가 예제의 강의록과 논설이다. 여기에는 향소 직원의 교육용으로 만들어진 것도 있지만 식민지 상황에서 이왕가 예제의 정당성을 주장하기 위한 것도 있다. 즉 일제 식민지하에 중국 천자의 예를 고수하는 것이 정당한가를 묻고 있다. 나아가 당대 종묘 제향이 시대에 적합한 것인가를 반성하며 개혁하려는 움직임도 찾아볼 수 있다. 이러한 주장은 당대에 실현되지는 않았지만 왜곡된 근대의 이왕가 종묘를 이해하는 데 중요한 단서가 될 수 있다.

왕실 문화의 원형이 별도로 존재하지는 않는다. 다른 문화와 마찬가지로 왕실 문화 역시 늘 유동적이고 가변적이다. 그렇기 때문에 왕실 문화가 조선시대를 모델로 간주하여 연구될 필요는 없다. 훼손과 왜곡의 역사를 바로 아는 것이 중요하지만 이전의 특정한 시점으로 복원하는 것은 불가능한 경우가 많다. 특정한 사회와 시대에서 그 문화적 가치가 무엇이었는지 물어야 할 것이다. 그런 의미에서 일제강점기는 전통과 근대가 섞여 새로운 질서를 마련한 시기이다. 이 책은 종묘를 통해 일제강점기의 사회와 문화를 이해하는 데 도움을 줄 것이다.

이 책은 서론을 제외하면 전체 8장으로 구성되어 있다. 제1장은 대한제국 말기부터 국가 제사의 틀이 무너지고 해체되어 결국 일제강점기 이왕가의 제향으로 축소되는 과정을 다룬다. 대한제국의 국가 제사는 통감부 시기에 국사(國祀)와 제실사(帝室祀)로 구분되고 향사(享祀) 이정(釐整)을 통해 대부분이 폐지되었다. 그리고 일제의 강제 병합에 의해 환구, 사직의 제사마저도 폐지되고 이왕가의 제사만이 남게 되었다. 이러한 과정을 간략히 살펴본 후 이왕가의 제향 범위와 종류를 고찰할 것이다. 또한 제향의 축식 변화를 통해 이왕가 제향의 실제를 밝히고자 한다.

제2장에서는 종묘의 운영을 묘역 내 물품 구성을 통해 살펴볼 것이다. 종묘 내 건축물의 용도 변화를 먼저 살펴보고 그 공간 내의 물품을 다룬다. 여기서 어떤 물품이 어디에 존재하는지가 주요 관심사는 아니다. 필자의 관심은 이왕직이 종묘 물품들을 어떻게 분류하고 관리했는지에 있다. 이 가운데 물품명의 통일 과정과 그에 따른 일본어의 정착을 다룰 것이다.

제3장에서는 종묘 제향을 제물 중심으로 살펴볼 것이다. 제향을 수행하는 데 필요한 제물이 어떻게 구성되었는지를 검토하고 조선시대와 비교하여 그 규모의 차이를 보고자 한다. 조선시대 제물을 고찰할 때 명확히 드러나지 않은 것이 준여(餕餘)의 배분이다. 준여는 제사 후 남은 희생

의 고기 또는 제상 음식을 가리킨다. 조선시대 준여는 왕실의 어른과 헌관에게 소비되었다는 것 이상으로는 알려지지 않았다. 그런데 일제강점기에는 이에 관한 자료가 남아 있다. 그리하여 희생의 각실 분배와 제향 후 준여의 분배 방식을 다루어 종묘 제향의 연구를 넓히고자 한다. 마지막으로는 종묘 내 매달 중요한 의식인 천신의 물품 공급 과정을 살펴볼 것이다.

제4장은 종묘에 근무했던 직원에 관한 연구다. 종묘에는 직원에 해당하는 전사 및 전사보, 그리고 이들의 명령하에 실제적인 일을 담당하는 수복과 사정이 있었다. 후자는 원역 또는 고용원이라고 불렀다. 그 외 제향 때 일시적으로 나타나는 헌관과 집사자가 있었다. 이들 제관 구성을 통해 일제강점기 종묘 제향이 점차 이왕직 내부의 직원으로 수행되는 모습을 살펴볼 것이다.

제5장은 수복에 관한 연구이다. 필자는 종묘 내에 섬처럼 존재하는 공민왕 신당을 추적하면서 수복의 존재를 발견했다. 그들의 내력과 종묘 내 그들의 임무를 조선시대와 일제강점기로 나누어 살펴볼 것이다. 그리고 종묘의 업무 중 많은 부분이 수복에 의존하고 있었음을 밝히고자 한다.

제6장에서는 일제강점기 종묘의 변화를 고종과 순종을 중심으로 고찰할 것이다. 여기서는 고종과 순종의 신주가 상례와 부묘를 통해 승하 후 종묘에 들어오는 과정을 살펴본다. 1919년 고종의 상례와 1926년 순종의 상례는 구 황실의 기억을 회복시켰다. 그러면서도 일본 예식이 경성 도로에서 마음껏 펼쳐진 광경이기도 했다. 제6장에서는 일본식과 조선식의 혼합된 상례를 살펴보고 부묘 과정을 고찰한다. 이 과정에서 논의된 위호(位號) 결정, 차비관(差備官) 임명, 배향공신(配享功臣) 선정의 문제를 함께 다룬다. 나아가 국내에 부재했던 영친왕의 종묘 방문을 검토할 것이다.

제7장에서는 일제강점기 종묘의 사회적 지위와 역할을 다룰 것이다. 종묘의 고유한 제향 업무 외에 사회가 요구하는 업무와 압력, 그 사이의 이왕직의 역할을 고찰할 것이다. 첫 번째는 종묘 내 일본 기념일을 살펴본다. 이왕직의 범위 내에서 수행되었던 이런 업무는 당시 식민지 상황을 벗어날 수 없었던 종묘의 모습을 보여줄 것이다. 두 번째는 이왕직 직원의 자의식과 대민 관계를 다룬다. 향소, 특히 능원의 참봉을 대상으로 한 교육을 중심으로 이왕직에서 직원에게 부과한 의무 사항을 살펴볼 것이다. 그리고 일제강점기에 나타나는 능원의 참배 규칙과 그에 따른 직원의 역할 및 목적을 밝히고자 한다. 마지막으로 1937년 이후 전시체제하에서 종묘의 모습을 다룬다. 종묘 내부에까지 미친 제국의 침탈을 각종 방호 훈련을 통해 살펴볼 것이다.

마지막으로 제8장은 종묘에 대한 논쟁과 개혁 방안을 살펴볼 것이다. 여기서는 이왕가의 예식에 관한 논의가 발생하는 배경을 살펴보고, 식민지 상황에서 이왕가 예식에 대한 비판과 변화에 대한 논의를 검토할 것이다. 그 가운데 이전보다 간략하고 축소된 방향으로 나아가려는 쪽과 그 반대로 고전의 가치를 발견하여 전통의 온전한 복원을 바라는 쪽의 서로 다른 의견을 살펴봄으로써 종묘에 관한 당대의 논의를 마무리하고자 한다.

이 책은 조선시대 왕실 문화와 연속성을 가진다. 이제까지 왕실 문화 연구의 대부분이 19세기 이전을 다루었다. 이는 19세기 이후 쇠약하는 조선의 역사를 굳이 다루지 않으려는 무의식적인 경향의 결과이다. 이러한 경향은 왕실 문화를 화려함과 우수함의 수식 속에서 바라보려 하기 때문이다. 그러나 이제는 왕실 문화를 사회 여러 힘의 결과가 빚어내는 문화 현상으로 바라볼 필요가 있다. 숙종부터 영·정조 대까지 꽃 피운 왕실 문화가 이후 한국사의 큰 틀에서 어떻게 변모했는지, 그리고 조선시대 왕실 문화가 근대의 새로운 흐름 속에서 어떻게 변모했는지를 고찰하는 것은 매우 중요한 일이다. 이런 면에서 일제강점기 종묘 연구의 의미는 매우 크다. 이 책은 우리로 하여금 왕실 문화의 실체에 더 가까이 다가갈 수 있게 할 것이다.

제1장
이왕가 제사의 형성

1. 대한제국 사전의 해체

갑오개혁으로 청과의 종속 관계를 청산한 고종은 거세지는 일본의 위협을 피해 1896년 아관파천을 감행했다. 이듬해에 고종은 경운궁으로 돌아와서는 대한제국의 선포를 통해 자주국임을 열방에 알렸다. 이러한 정치 변화는 국가 제사에도 그대로 반영되었다. 대한제국기 국가 사전(祀典)은 황제국의 위상을 보여주는 의례였고, 조선 건국에서부터 이어진 황실의 역사와 고조선을 계승하는 왕조 국가의 정치적 정통성을 보여주는 의식이었다. 그리고 여전히 유교 이념에 기초한 나라임을 여실히 드러냈다.

그러나 건국한 지 10년도 되지 않은 짧은 기간에 대한제국은 쇠퇴의 길을 걸었다. 1905년 러일전쟁에서 승리를 거둔 일본은 한반도를 침략하려는 의도를 노골적으로 드러내면서 1906년 2월에 통감부를 설치하고, 1907년에는 고종을 강제로 퇴위시키고 순종을 즉위시켰다. 곧이어 군대를 해산시키고 사법권과 경찰권을 박탈했으며 결국에는 1910년 8월에 대한제국을 식민지로 병합했다. 당연히 황금빛으로 찬란했던 제국의 의식도 빛이 바랬다. 그러나 제국의 황실은 이왕가의 이름으로 살아남았다. 그리고 그들의 제사 역시 유지되었다. 여기서 대한제국의 국가 제사가 식민지 이왕가의 제사로 추락하는 과정을 살펴보자.

1907년 순종이 황제로 즉위했을 때 국가 제향에 갑작스러운 큰 변화는 없었지만 이듬해부터 국가 사전에 대한 대대적인 개혁이 일어났다. 이 개혁의 중요한 방향은 '국사(國祀)'와 '제실사(帝室祀)'의 구분이었다.[1] 이는 그

---

1 이욱, 「근대 국가의 모색과 국가 의례의 변화: 1894~1908년 국가 제사의 변화를 중심으로」, 『정신문화연구』 95(2004), 85-90쪽.

전에는 볼 수 없었던 새로운 범주의 출현이었다. 1908년 1월 22일 궁내부에서는 내각에 아래의 문서를 보냈다.

> 향사는 국가의 지중한 전법(典法)이며, 교화에 이보다 중요한 것이 없습니다. 숭봉(崇奉)의 제도는 모름지기 고금의 것을 참작한 후 반드시 그 마땅한 것을 좇아야 할 것이니 한번 바르게 잡아 개정해야 할 것으로 인식됩니다. 종래의 규제를 살펴보건대 일체 향사를 대부분 제실(帝室)에서 전담하고 있습니다. 국가의 사전(祀典)에 속한 성질의 제사임에도 모두 제실에서 이를 관할하고 그 제향 비용을 전담하니 이는 올바른 것이 아닙니다. 현재 나라의 제도를 개혁하는 때를 당하여 유독 향사에서만 이전 제도를 고집하는데, 고례(古例)에 얽매이지 말아야 할 것입니다. 제향의 성격을 조사하여 그 소속을 구분하고 이를 영원한 정식으로 삼아서 국민에게 사전의 준칙과 숭경할 바를 알게 함이 타당하겠습니다. 이에 별지를 첨부하여 아뢰오니 살피신 후 국사(國祀)는 내각에서, 제실사(帝室祀)는 궁내부에서 관할하고 각각 그 제향비를 부담할 제도를 각의에 제출하시어 영원히 시행케 하심을 바랍니다.[2]

국가의 여러 제사를 살펴보면 성격상 제실사에 속한 것이 있고, 국가 사전에 속한 것도 있다. 그런데 당시 모든 제사를 제실에서 담당하고 그 비용을 부담하고 있다고 궁내부는 비판했다. 그리고 현재 개혁의 시대를 맞이하여 유독 향사만 옛 제도를 고수하는 것은 적절치 못하다고 주장했다. 이에 궁내부에서는 각 제사의 성격을 살펴 국사와 제실사로 구분한 후 국사는 내각에서, 제실사는 궁내부에서 담당하는 안을 만들어 제출했다.

---

2 『宮內府來文』(奎17757) 제88책, 「照會(隆熙 2年 1月22日)」.

표 1 | 국사와 제실사의 구분

구분	제사	주관
국사	환구, 종묘(중류 포함), 사직, 공자묘(계성사·사현사 포함), 산천악독, 선농, 선잠, 우사, 사한, 역대시조(단군·기자 이후 고려), 관제묘, 숭의묘, 독제, 대보단, 만동묘, 무렬사, 선무사, 정무사, 장충단, 여제, 성황제, 마조단	내각
제실사	조경묘, 조경단, 경기전, 준원전, 목청전, 영희전, 함흥본궁, 영흥본궁, 화령전, 선원전, 경효전, 의효전, 각능원묘, 각궁묘	궁내부

자료: 『宮內府來文』(奎17757) 第88책, 「照會(隆熙 2年 1月22日)」.

국사와 제실사는 어떻게 구분될까? 문서에 첨부된 국사와 제실사에 속하는 제사를 구분하면 표 1과 같다. 국사와 제실사는 각기 기존의 대·중·소사(大·中·小祀)와 속제(俗祭)에 대응한다. 대·중·소사에 속한 제사는 국가와 백성에 공이 있는 신을 대상으로 한 것이며 그 제물과 절차를 유교경전에 근거하여 준비했다. 반면, 제실사에 속한 조경묘(肇慶廟) 이하 제사는 왕실 선조를 대상으로 한 것이었다. 선왕과 선후를 모신 제향공간 중에서 종묘만이 국사에 포함되고 나머지 왕릉이나 진전은 제실사로 분류되었다. 그 외 왕실의 시조, 원조(遠祖), 후궁 등의 사당 역시 제실사로 간주되었다. 신주 대신 초상화를 모신 것이나 사당 대신 능에서 제사지내는 것은 경전이 아니라 시속을 따라 형성된 것이었다. 어떤 형태이든 종묘 외 황실의 선조와 관련된 제사는 제실사로 분류되었다.

조선시대 대·중·소사와 속제의 구분은 의리와 인정으로 범주화할 수 있지만 이 둘을 국가와 가(家)로 완전히 구분하기는 쉽지 않다. 전통 왕조국가에서 국가와 왕실은 구별되지 않았을 뿐만 아니라 상호 보완 관계에 있었기 때문이다. 갑오개혁기 개화파는 근대 국가를 지향하면서 국가와 왕실을 의정부와 궁내부로 구분하여 왕실을 국가의 공적인 영역에서 배제시키고자 했지만 이러한 범주에서도 제사는 둘로 구분되지 않고 전체가 궁내부에 귀속되었다.

1908년 국사와 제실사의 구분은 황실을 국가와 분리시키는 것이었다. 광무개혁기에 왕실의 업무를 맡은 궁내부는 국가 전반에 관여하는 중심 기구였다. 일제 통감부는 국가와 제실의 구분을 통해 국가의 중심축을 형성하려는 황실의 노력을 좌절시켰다. 한편, 이러한 분리는 또 다른 과제를 안겨주었다. 국사를 누가 어떻게 담당할 것이냐는 것이다. 위의 안건대로 할 경우, 내각은 많은 제사들을 수행하기 위해 별도의 관서를 만들어야 했다. 그러나 이 문제는 국사의 대대적인 폐지를 통해 해결했다.

1908년 7월 23일에 칙령 제50호 〈향사이정건(享祀釐正件)〉이 반포되었다. 이 개혁안의 기본적인 원칙을 요약하면 다음과 같다.[3]

① 제실과 무관한 제사는 궁내부에서 거행을 금지하고 각기 그 소속에 이속하여 마련한다.
② 시의에 부적합한 제사는 영구히 폐지한다.
③ 합사할 수 있는 묘사전궁(廟社殿宮)의 신위는 옮겨 봉안한다.
④ 대제, 별제, 속제, 삭망제 중에서 중요하지 않은 사전은 생략한다.
⑤ 정사를 논의하는 날마다 신당에 고하는 제사들은 영구히 폐지한다.
⑥ 희생과 제물은 재정에 따라 절약한다.
⑦ 천신할 제수들은 외공을 폐지하고 매입하여 운영하고, 나머지 없는 것은 다른 것으로 대체한다.
⑧ 의식은 허례를 없애고 정성과 공경스런 마음을 근본으로 삼아 사전을 숭엄하게 한다.

위의 개혁안은 먼저 제실과 관계 없는 제사, 즉 국가 제사를 궁내부에

3 『순종실록』, 순종 1년 7월 23일.

서 거행하는 것을 금지하고 있다. 이것은 국가 제사에서 황제를 배제하려는 조치라고 할 수 있다. 그리고 국사와 제실사의 구분에서 더 나아가 시의에 부적합한 제사를 폐지하거나 긴요하지 않은 허례를 줄여나가겠다고 했다. 제사의 폐지와 합사, 축소가 개혁의 주요 방향이었다. 이러한 원칙에 따라 마련된 구체적 개혁안은 표 2와 같다.

표 2 | 칙령 제50호 〈향사이정건〉의 개혁 내용

구분	제사 대상	개혁안	
진전	영희전·목청전·화령전·평락정·성일헌	건물 국유	어진 선원전 이봉
	냉천정	-	
궁	저경궁·대빈궁·선희궁·경우궁	건물 국유	신주 육상궁 이안
	연호궁	-	
	경수궁·영소묘·문희묘	건물 국유	신주 매안
	의빈궁	-	
대·중·소사	선농단·선잠단	국유	사직 합사
	산천단·산천악독·우사단·사한단·옥추단·칠사·사현사·여단·성황단·마조단·무렬사·정충단·선무단·정무단	국유	폐지
	대보단	궁내부 보관	폐지
	숭의묘·북관묘	국유	
	만동묘·동관묘·남관묘·지방관묘	해당 지방 관청	
	역대 묘(廟)·전(殿)·능·사(祠), 지방 사직단·문묘	정부 소관	
국사	종묘	1년 4차 및 2차 고유제	
	환구·사직·영녕전	1년 2차	
	독신묘	1년 1차	
	문묘·계성사	1년 2차	
혼전	경효전·의효전	1년 4차	
전·궁·묘	조경단·조경묘·경기전·준원전·함흥본궁·영흥본궁·저경궁·대빈궁·육상궁·연호궁·선희궁	1년 2차	
	경우궁	1년 2차 및 기시제[4]	
능·원·묘	불천위, 미천위	1년 1차 및 기신제	
	천위, 연산군묘·광해군묘	1년 1차	

위의 개혁안은 국사와 제실사의 구분에 따른 분담보다 제향의 대대적인 폐지에 주안점이 있었다. 기존의 대·중·소사 중에서 종묘, 환구, 사직, 영녕전, 문묘를 제외한 대부분의 제사들이 폐지되었다. 그리고 지방의 사직, 역대 시조, 문묘 등은 정부의 소관 아래 두었다. 한편, 제실사라고 할 수 있는 궁묘과 진전에 대해서는 합사의 원칙을 관철시켰다. 영희전(永禧殿), 목청전(穆淸殿), 화령전(華寧殿), 평락정(平樂亭), 성일헌(誠一軒), 냉천정(冷泉亭) 등에 있던 어진을 선원전에 모으고 여타의 진전을 폐지했다. 그리고 저경궁(儲慶宮), 대빈궁(大嬪宮), 선희궁(宣禧宮), 경우궁(景祐宮), 연호궁(延祜宮)의 신위를 육상궁으로 옮기고, 나머지 신위를 매안하여 제향을 폐지했다. 그리하여 황실 관련 제장으로 서울에 남아 있는 것은 종묘 이외에 선원전과 육상궁뿐이었다. 한편, 폐지되지 않은 제향은 명절에 거행하는 속절을 완전히 배제하여 그 횟수를 대폭 줄였다.

위에 기초한 사전 개정은 곧바로 시행되었다. 진전의 어진과 궁묘의 신위를 옮겨 모시기 위한 공간을 건축하려면 준비 기간이 필요했지만 1908년 내에 모든 개정이 이루어졌다. 그만큼 어떤 저항도 받지 않고 시행된 것을 알 수 있다. 당시의 개혁 과정을 정리하면 표 3과 같다.

1908년 9월 7일에 의빈궁(宜嬪宮), 경수궁(慶壽宮), 영소묘(永昭廟), 문희묘(文禧廟)의 사당에 나아가 고유제를 거행하고 신위를 매안했으며 같은 날 산천단, 산천악독, 우사단, 사한단, 옥추단, 칠사, 사현사, 여단, 성황단, 마조단, 무열사, 정충사, 선무사, 정무사의 향사를 폐지하고 위판을 매안했다. 각 지방에 있는 단사(壇祠)에도 향축을 보내 지방관으로 하여금 고유제를 지내고 위판을 정결한 곳에 묻게 했다.

4 경우궁 기신제는 1908년(융희 2) 12월 25일에 폐지하는 것으로 수정되었다[『掌禮院日記』(K2-2139) 2책, 융희 12월 25일].

표 3 | 융희 연간 사전 개정의 진행사항

구분	내용	문헌
합사·이봉	9월 20일, 화령전 어진 이봉	주본 35, 융희 2년 9월 16일
	11월 18일, 풍경궁 태극전·중화전 어진 이봉	주본 35, 융희 2년 11월 9일
	11월 19일, 선농단·선잠단 신위 이안	주본 35, 융희 2년 11월 6일
	11월 26일, 영희전 각실 수용 이봉	주본 35, 융희 2년 11월 24일
	11월 26일, 냉천정·평락정·성일헌 수용 이봉	주본 35, 융희 2년 11월 24일
	11월 26일, 저경궁·대빈궁·선희궁·경우궁·연호궁 신위 이봉	주본 35, 융희 2년 11월 24일
매안	9월 7일, 의빈궁·경수궁·영소묘·문희묘 신위 매안	주본 34, 융희 2년 8월 26일
	9월 7일, 산천단 등 폐지 및 매안	주본 34, 융희 2년 8월 26일
제물	천신물 외공 폐지	주본 34, 융희 2년 8월 21일
	희생을 이전 봉상사에서 재살	주본 34, 융희 2년 8월 26일
의식 생략	서계·이의 폐지	주본 34, 융희 2년 8월 26일
	친림성생·성기 폐지	주본 35, 융희 2년 9월 1일
	경우궁 기신제 폐지	『宮內府來文』 88, 宮發47號, 융희 2년 12월 10일
	진전 다례 폐지	주본 35, 융희 2년 12월 26일
	함흥·영흥 본궁 의대 폐지	주본 26, 융희 3년 2월 12일
	칙명에 의한 친압 외 축문 어압은 장례원에서 대행	융희 4년 8월 3일
기타	지방 성황·여제 폐지	『황성신문』, 융희 3년 2월 24일

자료: 『주본』(藏 貴K2-1977)

또한, 제사의 폐지 외에 제사 의식의 생략을 볼 수 있다. 대제를 거행할 때 제관들의 서계와 시행 전 연습[肄儀], 친제 시 희생과 제기를 왕이 직접 살피는 성생(省牲) 및 성기(省器)의 폐지, 축문에 왕이 서명하는 것을 장례원이 대행하는 것 등은 제향에서 황제의 역할을 축소하는 것이다. 특히 제물 준비 과정의 변화는 매우 중요했다. 기존의 제사에서 희생을 도살한 곳은 제향을 지내는 곳이었다. 전생서 관리가 희생에 쓸 소나 돼지를 제소(祭所)에 가지고 오면 헌관이 적합한지를 판정한 후 희생을 잡아 모혈(毛血)을 따로 준비하고 나머지는 삶았다. 그런데 1908년(융희 2) 8월 26일에는 모든 제사에 쓸 짐승을 봉상사(奉常司)에 모아두었다가 장례원 관리가 살펴본 후 그곳에서 도살하여 제소에 공급하도록 했다. 그러므로 제향 절차에서 희생을 살피는 절차가 사실상 사라지게 되었다. 아울러 서계와 이의를 폐지함으로써 제향을 준비하는 절차들이 사라지고 제향하는 시간만 남아 있게 되었다.

이러한 통감부 개혁은 매우 이중적인 성격을 띤다. 근대적인 의미에서 볼 때 위의 개정들은 제향 절차의 단순화와 준비 과정의 간소화를 가져오는 획기적인 일이다. 그러나 국왕이 직접 서계에 임하고 희생과 제기를 살피는 절차는 영조 대에 법식화된 것으로 국왕과 제사의 권위를 높이기 위한 것이었다. 희생과 제기에 대한 감찰, 서계의 자리에 왕이 직접 나아가는 것은 무엇보다 신하들을 신칙하기 위한 것이기 때문이다.[5] 그러므로 번례를 제거한다는 명분하에 이러한 절차들을 생략하는 것은 제향의 주체인 국왕을 배제하려는 조치였음을 알 수 있다.

2. 이왕가 제향 공간과 의례

대한제국의 국가 제사는 일제에 병합되기 전에 이미 많은 것이 폐지 또는 축소되었다. 1908년 향사이정 이후 남은 국사는 환구, 사직, 종묘, 영녕전, 둑제, 문묘, 계성사 7개뿐이었다. 이 중에서 선왕과 선후를 모신 종묘와 영녕전은 제실사로 간주해도 무리가 없으므로 5개 제사만 유지된 셈

5 이욱, 「국가의례와 제주 흑우 공급」, 『조선시대 제주와 제주문화』(한국학중앙연구원 출판부, 2023), 319-321쪽 참조.

이다. 그러나 1910년 8월 대한제국을 강제 병합한 일제는 이제 이 국사의 존재마저 용납하지 않았다. 엄밀하게 말하면 국가의 쇠망은 국사와 제실사의 구별 없이 대한제국 황제의 이름으로 거행했던 모든 제사가 폐지됨을 의미했다. 국사든 제실사든 주권을 가진 황제의 이름으로 거행하던 제사였기 때문이다.

그러나 나라의 소멸과 달리 황실은 '이왕가'라는 이름으로 존속했다. 그리고 그에 대한 제사도 보장받았다. 황실은 한일병합을 선조에 대한 제사를 유지할 수 있는 최선의 방법이라고 생각했을 것이다. 왕이 사직[국가]과 함께 죽겠다는 결의만은 생각할 수 없었다. 이에 식민지 조선에서 이왕가의 제사는 온전히 존속되었다.

> 짐이 영원무궁한 큰 토대를 넓게 하고 국가의 비상한 예의를 마련하고자 하여 전 한국 황제를 책봉하여 왕으로 삼고 창덕궁 이왕이라 칭하니 이후 이 융숭한 하사를 세습하여 그 종사(宗祀)를 받들게 하며, 황태자 및 장래 세사(世嗣)를 왕세자로 삼으며, 태황제를 태왕으로 삼아 덕수궁 이태왕이라 칭하고, 각각 그 배필을 왕비, 태왕비 또는 왕세자비로 삼아 모두 황족의 예로써 대하여 특히 전하라는 경칭(敬稱)을 사용하게 하니, 대대로 따르는 도리에 있어서는 짐이 마땅히 법도와 의례를 따로 정하여 이가(李家)의 자손으로 하여금 대대손손 이에 의지하고 복록(福祿)을 더욱 편안히 하여 영구히 행복을 누리게 한다. 이에 대중에게 널리 알려서 특별한 법을 밝힌다.[6] (밑줄 필자)

1910년 8월 29일 일본 천황이 내린 조서에 포함된 위 문건은 대한제국

6 『순종실록 부록』, 명치 43년 8월 29일.

표 4 | 일제강점기 초 이왕가 제향의 구분

구분	묘(廟)	전	궁	능	원	단	묘(墓)	합계
개소	2	6	11	50	12	1	45	127

자료: 『능원묘해설』(K2-4421), 「능원묘해설」

의 황제를 창덕궁 이왕이라고 칭하고 그 "종사를 받들게" 하겠다는 뜻을 밝힌 것이었다. 이 문구가 들어간 천황의 조서는 이후 이왕가의 제사를 식민지 땅에서 존속시킬 수 있는 최대 명분이 되었다. 그리하여 대한제국의 국가 사전은 완전히 소멸했지만 이왕가의 제사는 일본의 보호 아래 존속되었다.

일제강점기 이왕가의 제사는 역대 왕과 왕후를 중심으로 한 그 선조에 대한 제사이다. 이는 공간별로 묘(廟), 전(殿), 궁(宮), 능(陵), 원(園), 단(壇), 묘(墓)로 구분되었다. 이러한 제향 공간을 '향소(享所)'로 통칭할 수 있다. 일제강점 초기 각 향소의 개소는 표 4와 같다.

표 4는 1921년 고종 부묘 이전의 자료이다. 6개로 계수된 전은 영녕전, 경기전(慶基殿), 준원전(濬源殿), 선원전(璿源殿), 경효전(景孝殿), 의효전(懿孝殿)을 가리킨다. 여기서 경효전과 의효전은 각각 명성황후와 순명효황후의 혼전이다. 1921년 고종의 부묘 후 경효전이 없어지고 1928년 순종의 부묘 후 의효전이 철거되었다. 그 이후 전은 4개로 줄어들었다. 그러므로 이 자료는 일제강점 초기인 1921년 이전의 상황을 반영한 것이다. 묘(廟) 2곳은 종묘와 조경묘를 가리킨다. 조경묘는 전주에 있는 전주이씨의 시조 이한(李翰)의 사당이다. 시조의 무덤이 있었던 곳으로 추정되는 건지산에 건립된 조경단(肇慶壇)은 유일한 단이다. 11곳의 궁은 함흥본궁, 영흥본궁, 저경궁, 대빈궁, 육상궁, 연호궁, 선희궁, 경우궁, 덕안궁, 순화궁, 완왕궁을 가리킨다. 함흥본궁은 태조와 그의 4대조를 모신 사당이고, 영흥본궁은 태조와 환조의 신위를 모신 사당이다. 저경궁, 대빈궁, 육상궁, 연호궁,

선희궁, 경우궁, 덕안궁은 왕 또는 추존왕을 낳은 후궁의 사당으로 이후 칠궁으로 불린다. 순화궁은 헌종의 후궁인 경빈김씨의 사당을 가리킨다. 1907년 사망한 후 생시의 당호를 사당의 칭호로 사용했다. 완왕궁은 고종의 서장자인 완화군의 사당이다.

능은 목조 이하 역대 왕과 왕후의 무덤으로 전체 50개소에 달했다. 원은 왕세자나 왕세손, 또는 왕의 사친(私親)의 무덤으로, 일제강점 초기에는 순창원(순회세자), 소경원(소현세자), 민회원(소현세자빈 강씨), 의령원(의소세손), 효창원(문효세자), 순강원, 소령원, 수길원, 수경원, 휘경원, 영휘원, 홍원(홍선대원군) 12개소가 있었다. 마지막으로 묘(墓)는 목조의 고비(考妣)의 무덤인 준경묘, 영경묘를 비롯하여 폐위된 왕, 왕자녀, 후궁 등의 무덤이다.

묘, 전, 궁, 능, 원, 묘로 형성된 이왕가의 제향은 그 숫자가 결코 적지 않았다. 도리어 조선시대 국가 사전에 나오는 왕실 제사의 수보다 더 많았다. 이는 국가 사전에 포함되지 않고 왕실 내부에서 자체적으로 거행했던 제향이 표면화되었기 때문이다. 이러한 제사는 왕실 재정을 기반으로 궁방(宮房)에 의해서 주도되던 것이다. 함흥본궁과 영흥본궁은 내수사(內需司)에서 제향을 거행했고, 후사 없이 죽은 후궁이나 왕자녀의 제사는 수진궁(壽進宮)에서 담당했다. 그러나 제향 중에는 궁방이 폐지되면서 없어진 것도 있지만 대부분은 일제강점기에 들어서면서 이왕가의 제사로 존속되었다. 국가와 왕실 사이에 공과 사의 다양한 왕실 제향이 '이왕가'라는 하나의 틀 속에서 운영된 것이다.

1) 종묘와 사시제

일제강점기 왕실 제사는 신위나 영정을 모신 사당 형태의 묘전궁(廟殿宮)과 시신을 안장한 무덤 형태의 능원묘(陵園墓)로 구분할 수 있다. 그리고 전자는 선왕과 선후를 모신 종묘·진전·본궁과 그 외 원조, 사친, 왕세자의 사당인 묘궁으로 다시 나눌 수 있다. 이 중에서 가장 중요한 것은 종묘이다. 종묘는 정전과 영녕전으로 구분되는데 정전은 세실(世室)과 지친(至親)의 왕을 모시는 곳인 반면, 영녕전은 조천된 신위를 모시는 별묘(別廟)에 해당한다.

조선 및 대한제국기 종묘에서 중요한 제향은 오향대제(五享大祭)였다. 이는 사계절의 첫 달인 음력 1·4·7·10월의 상순(上旬)에 지내는 사시제와 납일의 납향(臘享)을 합쳐서 부르는 말이다. 여기에 정조, 한식, 단오, 추석, 동지에 지내는 속제(俗祭)가 있었다. 그러나 1908년(융희 2) 향사이정에 의하여 납향과 속제가 폐지되어 정기 제향으로는 사시제만 남았다. 이러한 상황은 일제강점기에도 그대로 이어졌다. 결국 일제강점기 종묘 제향은 사시제를 기본으로 했다. 종묘의 삭망제 역시 폐지되고 분향만 거행했다.[7] 영녕전 제사는 춘추 종묘 제향일에 같이 거행되었다.

한편, 종묘에서는 춘 2월 상순과 추 8월 상순에 택일하여 고유제를 거행했다. 이는 춘추 봉심(奉審)과 연관된 것으로 전내(殿內) 비품의 수리와 개조 사실을 아뢰는 것이 목적이었다.[8] 음력으로 매월 시절음식을 올리는 천신 역시 유지되었다. 조선시대 종묘 묘정에 있었던 칠사당(七祀堂)[9]은 그

---

7 『宗廟誌』(K2-4375B), 「辨祀」.

8 『現行祭祀』(K2-2585), 「祭祀種類」.

9 칠사당은 인간의 일생을 보살피는 일곱 신의 위패를 모신 사당이다. 종묘 정전 뜰의 서쪽 편에 있다. 일곱 신은 생명을 관장하는 사명(司命), 집을 관장하는 사호(司戶), 부엌을 맡

제향이 폐지되었고, 공신당에는 동향대제에 같이 제사를 지냈다.

일제강점기 고종과 순종의 부묘 이후 종묘 정전에는 19실 48위가 봉안되었다. 영녕전에도 15실 32위가 있었다. 그러므로 한 번의 제향에도 많은 물력과 인력이 필요했다. 이러한 공간과 제향이 어떻게 관리되고 거행되었는지에 대해서는 뒤에서 자세히 살펴보겠다.

2) 진전과 다례

선원전, 준원전, 경기전은 모두 선왕의 어진을 봉안한 진전이다. 영흥의 준원전과 전주의 경기전은 조선 초부터 있었던 곳으로 태조의 어진을 모신 곳이다. 종묘에 이들의 신주가 봉안되어 정기적으로 제사를 받았음을 생각할 때 이 진전들의 건립과 제향은 중첩된 의식이라고 할 수 있다. 이렇게 종묘와 중첩되어 있는 왕 또는 왕비의 사당을 '원묘(原廟)'라고 했다. 물론 진전은 종묘와 완전히 동일하지는 않았다. 신주 대신에 초상화를 모셨고, 사시제 아닌 명절의 속절제가 주요 제향이었다. 이러한 매체와 시간의 차이는 시속을 따른 것이므로 진전의 제사는 종묘와 달리 속제로 간주되었다.

조선 후기 대표적인 진전은 영희전과 선원전이었다. 인조 대 세조와 원종을 모신 것에서 시작한 남별전은 1690년(숙종 16)에 영희전으로 전호가 바뀌었고, 새로 중건된 후에는 태조, 숙종, 영조, 순조의 어진을 모셨다. 또한, 영조는 정조, 한식, 단오, 추석, 동지, 납일의 속절제를 이곳에서 지

은 사조(司竈), 출입을 담당하는 국문(國門), 통행을 관장하는 국행(國行), 후사 없이 죽은 귀신인 공려(公厲), 실내 거처를 담당하는 중류(中霤)이다.

내게 하고, 여섯 제향 중 한 번은 친제(親祭)로 올리는 것을 정식화했다. 이를 통해 조선 후기 진전은 국왕이 선왕을 추모하고 가까이 모시는 주요한 의례 공간이 되었다.

영희전이 궁궐 밖 남산 자락에 있었다면 선원전은 궁궐 내에 있었던 진전이다. 애초 선원전은 문소전 내에 별도로 세워진 전각으로 선왕과 후비의 어진을 보관하던 곳이다. 이곳에서 별도의 제향을 거행하지는 않았다.[10] 그리고 임진왜란의 병화로 문소전과 함께 소실되고 복원되지 못했다. 선원전이 다시 나타난 것은 조선 후기 숙종 대였다. 1695년(숙종 21)에 숙종은 창덕궁 춘휘전 내에 자신의 어진을 봉안하고 선원전이라고 칭했다.[11] 이후 선원전에는 1776년(정조 즉위년)에 영조 어진을, 1800년(순조 즉위년)에는 정조 어진을, 1846년(헌종 12)에는 순조와 문조 어진, 1852년(철종 2)에는 헌종 어진을 봉안했다. 선원전에서는 선왕의 탄신일에 올리는 다례가 중요한 의식이었다. 궁궐 내에 있었던 선원전은 왕실의 사적인 공간이라 그 의식 역시 국가 전례로 드러나지 않았다. 그 외 경모궁 망묘루, 육상궁 냉천정, 경우궁 성일헌 등에 왕들의 어진이 봉안되었다.[12] 이곳의 어진 봉안은 어진에 대한 제향보다 경모궁, 육상궁, 경우궁에 있는 친부 또는 친모에 대한 효를 드러내는 것이었다.

대한제국기 고종은 진전에 매우 큰 관심을 가졌다.[13] 먼저 고종은 선원

---

10 『春官通考』 卷25, 吉禮「眞殿·璿源殿」.

11 『祭祀: 附璿源殿茶禮』(K2-4812), 「祭祀儀式ニ關スル件」.

12 조선 후기 지방에 진전이 세워진 예로 강화도의 영숭전(태조), 봉선전(세조), 장녕전(숙종 잠저 시 영전), 만녕전(영조 잠저 시 영전) 등이 있다. 이들은 지방민에게 국왕의 권위를 드러내기 위한 것이라기보다 전쟁에 대비한 보관의 의미가 강했다. 영숭전과 봉선전은 병자호란으로 폐지되고 만녕전의 어진은 영숭전으로 옮겨졌다. 조선시대 진전의 현황은 조선미, 「조선왕조시대에 있어서의 진전의 발달: 문헌상에 나타난 기록을 중심으로」, 『고고미술』 145(1980)를 참조.

13 대한제국기 진전에 관해서는 이욱(2004), 앞의 글, 81-84쪽 참조.

전의 건립에 주력했다. 고종은 즉위 초기 경복궁을 중건할 때 이곳에 선원전을 지어 숙종 이하 6위의 어진을 봉안했다. 그리고 러시아공사관에서 경운궁으로 돌아온 후에는 그곳에 선원전을 건립하고 어진을 모셔 왔다.[14] 이와 같이 고종 대에 선원전은 창덕궁, 경복궁, 경운궁의 세 궁궐에 모두 갖추어져 있었기 때문에 황제는 자신이 머무는 궁궐에서 선왕의 수용(睟容)을 쉽게 만날 수 있었다. 이것은 종묘 및 영희전에 행차할 경우의 번거로움에서 벗어나 선왕과의 일상적인 만남을 만들기 위한 것이다.

고종은 지방에 진전을 건립하는 데도 주력했다. 1901년에는 개성에 목청전을 중건했다. 또한 1902년에는 고종 자신의 어진과 황태자 예진을 평양행궁의 태극전과 중화전에 봉안했다. 이것은 조선 전기 평양에 태조의 영숭전이 있었던 전례를 들어 결정한 것으로 평양행궁의 정전인 태극전에 어진을, 동궁인 중화전에 예진을 각각 봉안했다.

중앙과 지방의 진전 건립은 왕의 초상화가 전국을 누비는 현상으로 이

〈광무 연간의 주요 진전〉

진전명	소재지	봉안 어진	비고
경기전	전주	태조	조선 초기 건립
준원전	영흥	태조	조선 초기 건립
목청전	개성	태조	1901년 중건
태극전	평양	고종	1902년 건립
중화전	평양	황태자(순종)	1902년 건립
영희전	한성	태조(1688), 세조(1637), 원종(1637), 숙종(1748), 영조(1778), 순조(1858)	1902년 경모궁 터로 이건
선원전	한성	태조, 숙종(영조 대), 영조(1777), 정조(1802), 순조(1846), 익조(1846), 헌종(1851)	제1실 태조 어진 모사, 1902년 화재로 중건
화령전	수원	정조	
망묘루 (평락정)	한성	정조, 순조, 익종, 헌종, 철종	경모궁 내, 1899년 선희궁 평락정으로 이봉
냉천정	한성	영조	육상궁 내
경우궁	한성	순조, 익종	경우궁 내

14 『고종실록』, 고종 34년 6월 19일.

어졌다. 1900년 선원전에 태조의 어진을 봉안하기 위해 영흥의 준원전에 봉안된 태조의 어진을 서울까지 모셔 왔다. 여기서 모사뿐만 아니라 영흥에서 서울까지의 675리를 어진을 모시고 왕복하는 행렬 그 자체가 장대한 행사였다. 영흥, 고원, 덕원, 안변, 신고산, 희양, 금화, 영평을 경유하여 4월 20일 서울에 도착한 어진을 맞이하기 위하여 고종은 태자와 함께 도성 밖까지 나갔으며 5월 17일에 다시 돌아갈 때도 도성 밖까지 나와 배송했다. 목청전에 태조의 어진을 모셔갈 때도 고종은 황토현 신교(新橋)에 친임하여 태조의 어진을 경건히 배웅했으며 문무백관은 영성문 앞 좌우에 배립(陪立)했다가 구파발까지 배종하고 입성했다.[15] 대한제국기 진전의 건립은 황제와 조종(祖宗)의 친밀성을 유지하고, 황실 및 황제의 이미지를 지방까지 확산시켜 나가는 의례적 전략이었다.

그러나 대한제국기에 활발했던 진전 의례나 그에 대한 관심은 1908년 향사이정으로 그 종말을 고했다. 영희전, 목청전, 화령전, 냉천정, 성일헌, 평락정은 폐지되고 이곳에 봉안되었던 어진들은 전부 선원전으로 옮겨졌다. 조선 초부터 유지되었던 전주 경기전과 영흥의 준원전을 제외하고는 궁궐 밖 진전을 모두 폐지하고 어진을 궁궐로 들인 것이다. 종묘가 한 곳에 하나만 존재해야 하는 매우 제한된 사당이라면 진전은 동일한 인물이라도 여러 곳에 건립할 수 있었다. 그만큼 진전은 군왕의 이미지를 백성들에게 확산하는 데 효과적인 매체였다. 그러므로 진전의 폐지는 궁궐 내에 고립된 왕권을 무엇보다 잘 보여주는 사건이었다.

일제강점기 초에 선원전은 경운궁에 있었다. 1907년 순종이 황위에 즉위한 후 창덕궁으로 거처를 옮겼지만 선왕의 어진은 고종이 머물고 있던 경운궁에 계속 있었다. 이때부터 경운궁은 덕수궁이라는 이름으로 바뀌

---

15 『황성신문』, 광무 5년 2월 14일, 잡보.

었다. 덕수궁 선원전 주변에 흥덕전이 있었고 영성문도 별도로 있어 정전이 있는 곳과 분리된 별도의 영역으로 인식되었다. 1919년 고종이 승하한 후 덕수궁 선원전은 빠르게 해체되었다. 1920년에 덕수궁 선원전에 있던 어진을 창덕궁으로 옮겼으며, 이후 덕수궁 선원전은 불교제중원이 들어와 1923~1924년까지 사용했다. 1938년에는 여기에 조선저축은행 사택이 신축되었고, 1949년 미국 공사관의 소유로 사택이 들어서게 되었다.[16] 그 대신 선원전은 1921년 3월 창덕궁 서쪽 대보단 터에 새로 증설되어 '신선원전'이라고 불리고, 어진은 이곳에 모셔지게 된다.

선원전 의례는『국조오례의』나『국조속오례의』에 실려 있지 않다. 그러나 실록이나『승정원일기』에는 영조 대 후반부터 시작하여 정조와 순조 대를 거치면서 선원전에서의 의례 기록이 자주 등장했다. 특히 정조와 고종은 선원전 탄신의례 때 신하들을 참예시켜 그 중요성을 높였다. 그러나 선원전 의례는 국가 공식 의례라기보다 왕가의 사적 의례 성격이 강했다. 영조 대의『국조속오례의』나 정조 대의『춘관통고』에는 선원전 의식에 대한 규정이 보이지 않는다. 다만, 1873년(고종 10)에 편찬된『태상지』에 선원전의 의례로 '탄신다례(誕辰茶禮)'와 '작헌례(酌獻禮)'가 명기되어 있다.[17] 그리고 탄신다례 때는 태상지에서 술만 준비하는 것으로 규정되어 있다. 그 외 삭망이나 동지, 정조 등의 다례 역시 공식적인 의식이 아니라 왕가의 사적인 의식으로 거행되었다.

일제강점기에도 선원전 다례는 자주 있었지만 다른 제향과 달리 정식화되지 못하다가 신선원전의 건립 이후에서야 정례화되었다. 1921년에 건립된 신선원전은 이전 시대의 것보다 훨씬 큰 규모였다. 전체 12실에 태

---

16 누리고고학연구소,『덕수궁 선원전 영역 발굴조사 보고서』(궁능유적본부, 2023), 63쪽.

17 영조 대에 편찬된『태상지』(奎貴865)에는 선원전에 관한 내용이 없으나 고종 대에 편찬된『태상지』(K2-2043)에는 선원전에 대한 기록이 나온다.

표 5 | 신선원전 봉안 어진 현황

실	대상	어진	선원전 이봉
1	태조	익선관본 1본: 1872년 이모(移模), 영희전 봉안	1908년
		익선관본 1본: 1900년 이모, 선원전 봉안	-
		익선관본 1본: 1900년 이모, 목청전 봉안	1908년
2	세조	익선관본 1본: 1735년 중모(重摸), 영희전 봉안	1908년
3	원종	사모본(紗帽本) 1본: 1872년 이모, 영녕전 봉안	1908년
4	숙종	익선관본 1본: 1748년 이모, 영희전 봉안	1908년
		익선관본 1본: 1900년 이모, 선원전 봉안	-
5	영조	사모본 1본: 1719년 도사(圖寫), 경희궁 태녕전 봉안, 창의궁 장보각 이봉, 1866년 육상궁 냉천정 이봉	1908년
		면복본 1본: 1744년 도사 태녕전 봉안, 영희전 이봉	1908년
		익선관본 1본(小本): 1744년 도사, 냉천정 봉안	1908년
		입자본(笠子本) 1본, 관본(冠本) 1본: 1757년 도사, 태녕전 봉안, 장보각 이봉, 1719년 냉천정 이봉	1908년
		익선관 1본 : 1900년 이모, 선원전 봉안(전봉)	-
6	정조	원유관 1본(소본): 1791년 도사, 경모궁 망묘루 봉안, 1899년 선희궁 평락정 이봉	1908년
		군복본 1본, 군복본 1(소본): 1791년 도사, 융릉 어진 봉안각, 1801년 화령전 이봉	1908년
		익선관본 1본: 1900년 이모, 선원전 봉안	-
7	순조	익선관본: 1808년 도사, 규장각 봉안, 경모궁 망묘루 이봉, 1899년 선희궁 평락정 이봉	1908년
		익선관본 1본: 1808년 도사, 규장각 봉안, 경우궁 성일헌 이봉	1908년
		원유관본 1본: 1820년 도사, 규장각 봉안, 경모궁 망묘루 이봉, 1859년 영희전 이봉	1908년
		원유관본 1본: 1900년 이모 선원전 봉안(전봉)	-
8	문조	면복 1본: 1826년 도사, 창경궁 연경당 봉안, 1837년 경모궁 망묘루 이봉, 1900년 선희궁 평락정 이봉	1908년(전봉)
		복건복 1본(소본): 1826년 도사, 연경당 봉안, 1837년 경우궁 성일헌 이봉	1908년
		원유관본 1본: 1900년 이모, 선원전 봉안	-
9	헌종	익선관본 1본: 1846년 도사, 규장각 봉안, 1851년 선원전 이봉, 1875년 경모궁 망묘루 이봉, 1899년 선희궁 평락정 이봉	1908년
		익선관본: 1900년 이모, 선원전 봉안(전봉)	-

10	철종	익선관본 1본, 면복본 1본(소본) : 1852년 도사	4본: 규장각 봉안, 1867년 천한전 이봉, 1875년 경모궁 망묘루 이봉, 1899년 선희궁 평락정 이봉	1908년
		군복본 1본, 원유관본 1본 : 1861년 도사		
11	고종	익선관본 1본, 복건본 1본(소본): 1872년 도사, 경운궁 중화전 봉안		1921년
		면복본 1본, 익선관본 1본, 군복 1본, 군복본1(소본): 1902년 도사, 중화전 봉안		
		익선관본 1본: 1902년 도사, 평양 풍경궁 태극전 봉안, 1908년 중화전 이봉		
		군복본 1본, 익선관본 1본: 1902년 도사, 중화전 봉안		
12	순종	익선관본 1본, 면복 1본, 군복 1본, 군복본 1본(소본), 복건본 1본(소본): 1902년 도사, 봉모당 봉안		1928년
		익선관본 1본 : 1902년 도사, 평양 풍경궁 중화전 봉안, 1908년 봉모당 이봉		
		익선관본 1본: 1928년 이모, 봉모당 봉안		

1908년 이봉은 칙령 제50호 향사이정에 의한 것임.
자료: 『제사: 부 선원전다례』(K2-4812)

조, 세조, 원종, 숙종, 영조, 정조, 순조, 문조, 헌종, 철종, 고종, 순종의 어진이 봉안되었다. 더불어 그동안 폐지되었던 탄신다례, 정조다례 등의 의례를 다시 행했다.[18] 일제강점기 선원전 의례로 정식화된 것은 조선시대와 마찬가지로 작헌례와 다례였다.

1937년에 작성된『홀기진설도』에 의하면 선원전의 작헌례 제물은 35기나 올라가는 성찬이다. 고유다례의 경우 17기의 제물을 올렸다.[19] 그런데 1934년에 영정을 개수한 후 올린 작헌례를 보면 "법찬 16기, 내찬 8기"라고 했으며, 다례는 "내찬 9기"를 진설했다고 했다.[20] 여기서 법찬과 내찬은 일제강점기에 등장하는 용어이다. 조선시대 문헌에 외찬과 내찬이라

18 『祭祀: 附璿源殿茶禮』(K2-4812), 「祭祀儀式ニ關スル件」, '璿源殿歷史概略'.

19 『笏記陳設圖』(K2-2587), 「璿源殿酌獻禮(親行同)」; 「璿源殿告由茶禮」.

20 『祭祀: 附璿源殿茶禮』(장2-4812), 「璿源殿御影幀修改」.

는 구분은 자주 보인다. 이는 제물을 준비하는 관서와 인적 구성이 외관인지 내관인지에 따른 구분이다. 재정적으로 본다면 정부의 공식적인 회계에 근거한 것과 내탕고에서 준비하는 것의 차이였다. 일제강점기에는 이러한 구분이 무의미한 상황이지만 법찬과 내찬이라는 용어의 사용으로 볼 때 전자는 이왕직 관원에 의해 준비하는 제물이고, 내찬은 이와 무관하게 이왕가 여성에 의해 마련되는 것으로 추정된다. 이러한 구분은 선원전이 그만큼 외부로 노출된 공적인 의례라기보다 왕실의 사적인 의례로 간주되었음을 보여주는 예이다. 이는 선원전을 관리·담당했던 관서의 변동을 통해서도 알 수 있다.

궁궐 내에 있었던 선원전은 국가의 공식적인 다른 사당과 달리 내관이 관리했다. 선원전 의식이나 제기·제물에 대한 규정도 의례서에 명문화되지 않았다. 오직 탄신 다례 때 봉상시에서 술을 공급할 따름이었다. 그런데 1908년 2월 궁궐의 내시 제도가 폐지되었다. 선원전을 관리할 인력이 사라진 것이다. 이에 황족 중에서 완홍군, 영선군, 완순군, 완평군, 의양군, 창산군 여섯 군(君)에 이지용, 이달용을 합하여 전체 8인이 돌아가며 삭망 분향을 수행했다.[21] 그리고 곧 선원전에서 전사보의 직원을 두어 입직하게 했다.[22] 이는 선원전이 공식적인 의례로 전환하는 계기가 되었다. 그러나 이왕가의 향소와 제향을 이왕직의 예식과에서 담당했던 것과 달리 선원전은 장시사(掌侍司)와 주전과(主殿課)에서 관리했다. 장시사와 주전과는 왕의 시중을 들고 궁궐을 관리하는 곳이다. 그러므로 이곳에서 선원전을 관리했다는 것은 선원전이 조상을 모시는 신의 도리보다 살아 있는 사람을 섬기는 인간의 도리에 근거했음을 보여준다.

---

21 『대한매일신보』, 융희 2년 2월 29일, 제2면.

22 『대한매일신보』, 융희 2년 3월 5일, 제2면.

3) 본궁과 춘추분제

본궁은 국왕이 잠저로 있을 때 거처하던 곳을 가리킨다. 함흥본궁은 태조 이성계가 왕이 되기 전에 살던 집이다. 태조는 즉위 후 이곳에 목조·익조·도조·환조 4대의 위판을 봉안했고, 그가 죽은 후에는 그와 신의왕후의 위판이 봉안되었다. 영흥본궁은 태조의 탄강지로 태조와 신의왕후의 위판을 봉안한 곳이었다. 이 두 본궁은 조선 초기부터 있었지만 국가 사전에 포함되지 않았고 제향 역시 내수사 차인(差人), 무격(巫覡) 등이 주관했다.[23] 국가에서 이에 대해 관심을 가진 것은 조선 후기 숙종 대부터였다. 숙종은 이곳의 연혁을 고찰하도록 명령했으며 1695년(숙종 21)에 신덕왕후의 위판을 영흥본궁에 합사했다. 정조 대에는 두 본궁의 제례를 정비하여 국가 사전에 포함시켰다. 1795년(정조 19)에는 환조와 의혜왕후의 위판을 영흥본궁에 봉안했다. 조선시대에 함흥본궁에서 거행하는 제사는 1년에 32회나 되었다. 1월 1일, 4월, 10월에 별대제(別大祭)가 있고, 별소제(別小祭)로 춘절제(春節祭, 2월), 반야제(半行祭, 6월), 추절제(秋節祭, 7월), 산제(山祭, 8월), 추석제(秋夕祭, 8월), 동절제(冬節祭, 11월), 다례(茶禮, 동지)가 있으며 설날과 추석 때를 제외한 매달 삭망에 삭망제가 있었다. 영흥본궁에서는 1년에 31회의 제사가 있었는데 별대제, 별소제, 삭망제는 함흥과 같았다. 다만 정조제는 소제에 포함되었고, 춘절제는 모시지 않았으며 추석에도 망제 의식으로 거행했다.[24] 그 외 야백제(夜白祭, 함흥 정월과 9월, 영흥 정월)와 야흑제(夜黑祭, 함흥 및 영흥 12월)도 있었다. 이러한 제향은 종묘나 왕릉에서 거행하던 일반적인 제사와 그 기원이 다르고 찬품(饌品)의 구성도 차이

---

23 이욱, 『조선 왕실의 제향 공간: 정제와 속제의 변용』(한국학중앙연구원 출판부, 2015), 336-342쪽.

24 『弘齋全書』 卷9, 序引(2), 「咸興永興本宮儀式」.

를 보였다. 그러나 융희 연간에 본궁 제사는 1년에 2번 춘분과 추분에 거행하는 것으로 정식화되었고, 일제강점기에도 축소된 형태로 계속되었다.

4) 칠궁과 춘추분제

앞서 살펴본 본궁은 국왕이 왕으로 즉위하기 전 궁궐 밖에서 살던 곳을 가리켰다. 그 밖에 왕자, 왕세자빈, 후궁, 공주가 궁궐을 벗어나 독립할 때 나라에서 지급하는 집을 '궁' 또는 '궁방'이라고 했다. 궁궐에서 태어난 왕의 자녀들은 성인이 되면 결혼하여 궁궐 밖으로 나갔다. 이를 '출합(出閤)'이라고 했다. 이때 집과 토지를 내려주어 그 생활을 안정되게 했다. 왕이 승하하면 그와 같이 궁궐에서 생활하던 후궁 역시 궁궐 밖으로 나가야 했다. 이에 궁방을 신설하여 경제적인 지원을 했다. 궁에 대한 지원은 해당인이 사망하더라도 지속되었지만 원칙적으로 4대에 한정되었다. 그러나 4대가 지나도 계속 제사의 기능을 담당했던 궁이 여러 군데 있었다. 대한제국 말기를 기준으로 하면 원종의 생모인 인빈김씨의 저경궁, 경종의 생모인 대빈장씨의 대빈궁, 영조의 생모 숙빈최씨를 모신 육상궁, 사도세자의 생모 영빈이씨의 선희궁, 효장세자(추존왕 진종)의 생모 정빈이씨의 연호궁, 순조의 생모 수빈박씨의 경우궁, 헌종의 후궁 경빈김씨의 순화궁, 완친왕의 완왕궁, 그리고 수진궁이 이에 해당했다. 이러한 궁들은 다양한 내력을 가지고 있다.[25]

---

25 수진궁은 예종의 제2남 제안대군의 사저였다. 대군이 사망한 후 후사가 없어 왕실에서 그곳에 신주를 봉안하고 제사를 지냈다. 이후 대군이나 군(君)으로 봉작되기 전에 죽은 왕자, 출합 전에 죽은 공자나 옹주, 자식이 없이 죽은 후궁의 신주를 이곳에 봉안하고 제사를 지내 주었다. 이렇게 수진궁은 왕실에서 어린 나이에 죽었거나 자식이 없는 자들의 제사를 지내는 곳이었다. 완왕궁은 고종과 영보당 귀인 이씨 사이에 태어난 완화군의 사당

이 중에서 저경궁, 대빈궁, 육상궁, 선희궁, 연호궁, 경우궁의 6궁은 왕의 사친(私親)이라는 특징을 지닌다. 모두 왕의 생모이지만 정비가 아니라 종묘에 들지 못한 후궁의 사당이다. 이들은 별개의 장소에서 각각의 제향을 받았다. 1870년(고종 7) 고종은 당시 방만해진 궁묘의 제향을 정리하면서 화빈윤씨의 사우를 경우궁으로 합치고, 희빈장씨(대빈궁), 정빈이씨(연호궁), 영빈이씨(선희궁), 의빈성씨의 사우를 육상궁에 함께 봉안했다.[26] 이때 단순히 신주만 이봉하지 않고 사우의 건물을 새로 지었다.[27] 하지만 1887년에 대빈궁, 1897년에 선희궁이 원래의 자리로 돌아갔다.[28] 이후 1908년 칙령 제50호 〈향사이정건〉에 의거하여 마침내 6궁이 육상궁으로 모이게 되었다. 당시 저경궁은 육상궁 내 별묘(전 연호궁 묘우), 대빈궁은 육상궁 별묘, 연호궁은 육상궁 묘우, 선희궁은 육상궁 별묘(전 의빈궁 묘우), 경우궁은 육상궁 내 별묘(전 의빈궁 묘우)로 옮겼다. 육상궁과 연호궁, 선희궁과 경우궁은 한 건물 내에 같이 있었다.[29]

이후 1929년 덕안궁이 육상궁으로 옮겨감으로써 이들은 '칠궁(七宮)'이라고 불렸다. 덕안궁은 고종의 후궁 귀비엄씨의 사당이었다. 1911년 7월

이다. 완화군은 1880년(고종 17)에 13세의 어린 나이로 죽었다. 대한제국에 들어와 순종이 황위에 즉위한 후 완화군은 완왕으로 추존되었다. 이후 완왕의 사당인 완왕궁이 일제강점기까지 이어졌다. 순화궁은 헌종의 후궁 경빈 김씨의 생전 궁호(宮號)이다. 경빈김씨는 헌종이 사망한 후 궁궐을 나와 경성의 중부 견평방에 살다가 1907년에 사망했다. 이후 순화궁은 경빈김씨의 사당으로 바뀌었다. 1908년 2월에 서부 반송방 미동으로 이건했다가 1911년 9월에 동부 인창면 경빈묘 구역에 사우를 새로 건립하여 신주를 봉안했다.

26 애초에 고종은 인빈김씨, 영빈김씨, 화빈윤씨의 사우를 경우궁으로 옮기고자 했다(『승정원일기』, 고종 7년 1월 2일). 그러나 그 다음날 영빈김씨를 제외하고, 이후 인빈김씨의 저경궁도 옮기지 않았다(『승정원일기』, 고종 7년 1월 22일).

27 『승정원일기』, 고종 7년 2월 26일.

28 송인호·조은주, 「왕실사묘 육상궁의 20세기 변화에 관한 연구」, 『대한건축학회논문집』 27-10(2011), 220쪽.

29 『陵園墓解說』(K2-4421), 「六宮沿革」.

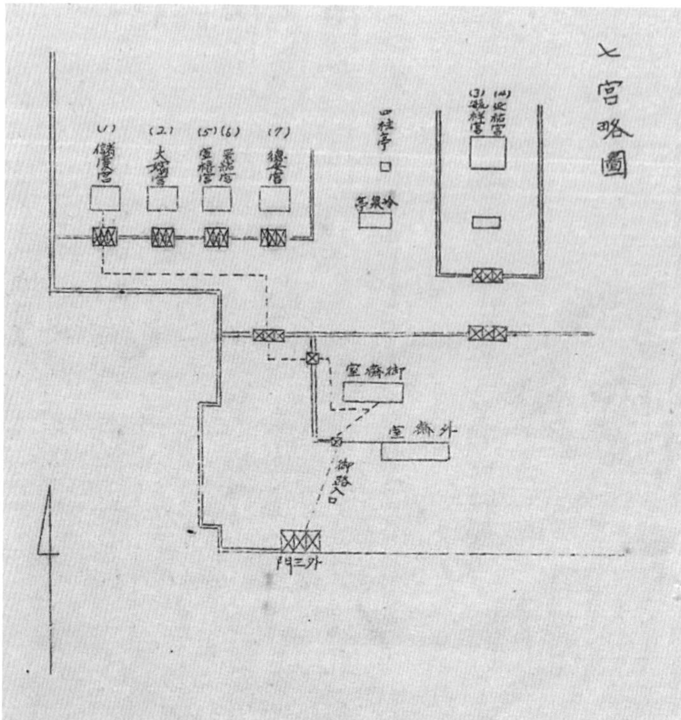

그림 1 | 일제강점기 칠궁 약도(「廟殿宮陵園展謁酌獻禮展拜儀」, RD 00815)

에 귀비가 사망한 후 덕수궁 내 홍덕전에 빈소를 마련하고 궁호를 '덕안(德安)'이라고 했다. 동년 8월에 영휘원에 안장한 후 혼궁을 덕수궁 옆 영복당에 설치했다. 1913년 11월에 이곳에 새로운 건물을 지어 신주를 봉안했다. 1929년 5월에 덕안궁은 육상궁으로 옮겨지면서 비로소 칠궁이 되었다. 이에 육상궁과 연호궁을 제외한 저경궁, 대빈궁, 선희궁, 경우궁, 덕안궁은 종묘와 같이 서쪽을 높여 순서대로 배열했다.

칠궁은 육상궁 영역 내에 있지만 별개의 건물 또는 감실로 구별되어 각각 제사를 받았다. 칠궁의 사당 내부는 종묘나 영희전, 왕릉 정자각과 다른 구조를 보여준다. 대개는 실내 중앙의 북쪽 벽 중앙에 당가(唐家)가

표 6 | 궁묘 제향의 변천

궁묘	신위	조성 이유	광무 연간	1908년	일제강점기(칠궁)
저경궁	인빈김씨	원종의 생모	춘추분제	춘추분제	춘추분제(소궁판)
대빈궁	대빈장씨	경종의 생모	-	춘추분제	춘추분제(소궁판)
육상궁	숙빈최씨	영조의 생모	사중삭제, 절제	춘추분제	춘추분제(대궁판)
연호궁	정빈이씨	진종의 생모	춘추분제	춘추분제	춘추분제(소궁판)
선희궁	영빈이씨	사도세자의 생모	사중삭제, 절제	춘추분제	춘추분제(소궁판)
경우궁	수빈박씨	순조의 생모	사중삭제, 절제	춘추분제, 기신	춘추분제(대궁판)
덕안궁	순헌귀비 엄씨	영친왕의 생모	-	-	춘추분제(대궁판)

설치되어 있고, 한 실에 두 위를 합봉했을 경우에는 벽의 좌우에 각각 당가를 설치하되 서쪽을 높였다. 당가 내부에는 신장(神欌)을 봉안했다. 신장 안에는 자리를 깔고 신주궤(神主櫃)를 두었다. 신주독에 봉안된 신주는 종묘의 신주와 달리 『주자가례』의 규정을 따라 제작한 것이다. 신주 몸체에는 도자(韜藉)를 씌웠다. 당가의 좌우와 전면에는 면장(面帳)이 있어서 내부를 가렸다. 당가 앞쪽에 신탑이 있고, 그 앞에 차례로 찬탁과 관지통을 두었다. 그리고 정당의 좌우칸에 책장(冊欌)과 인장(印欌)을 설치했다. 정당 삼문 내 좌우에는 개(蓋)와 작선(雀扇)을 각각 1쌍씩 세웠다. 정당의 앞쪽 문밖에는 주렴을 설치했다. 그리고 정당 뜰 바깥 중삼문에는 청목(靑木)으로 만든 휘장이 금령(錦鈴)을 단 낙영(落纓)과 함께 드리워져 있었다.

조선시대에 칠궁의 제향은 춘분, 하지, 추분, 동지에 지내는 사중삭제(四仲朔祭)와 명절에 지내는 절제(節祭)가 중심이었다. 고종 대를 중심으로 보면 육상궁이나 경우궁은 사중삭제와 절제를 지냈던 반면, 저경궁 이하 여타의 궁은 춘분과 추분에만 제향을 올렸다. 그러나 표 6에서 보는 것처럼 갑오개혁 이후 이 제향들은 점점 축소되었다. 1908년 향사이정으로 사시제는 폐지되고 춘추분제로 통일되었다. 그리고 이러한 규정은 일제강점기에도 지속되었다. 다만, 일제강점기 1932년『연행제사』(K2-2585)를 살펴보면 제수의 규모에서 두 그룹으로 구분되었다. 즉, 육상궁, 경우궁, 덕안궁의 그룹을 '대궁판(大宮板)'이라고 하고 저경궁, 연호궁, 대빈궁, 선희궁의 그룹을 '소궁판(小宮板)'이라고 불렀다. 대궁판은 면(麵)·탕 2기, 백청(白淸) 1기, 병(餠) 3기, 적(炙) 3기, 초강(醋薑) 1기, 편육(片肉) 2기, 어전(魚煎) 1기, 다식(茶食) 2기, 과일 3기, 산자(散子) 2기, 중박계(中朴桂) 2기, 작(爵) 3기를 준비했다. 소궁판의 진설은 대궁판보다 중박계(中朴桂) 1기, 다식(茶食) 2기, 떡 2기가 적으며 탕 1기가 많았다.

5) 능원묘와 청명제

일제강점기 이왕직에서 관리했던 이왕가 제향 공간을 볼 수 있는 자료 중에서 가장 포괄적인 정보를 담고 있는 것은「능원단묘 일람표(陵園壇墓一覽表)」(RD00405)이다. 이는 능, 원, 단, 묘(墓)의 순서로 자료를 정리했으며 각 무덤의 주인을 모신 사당, 주인의 위호(位號), 속병(續柄),[30] 탄신일, 즉위 또는 책봉일 등을 기록했다. 기록 대상은 능 50기, 원 12위, 단 1기, 묘 34기이다. 인물로 보면 80명의 왕과 왕후, 세자 3명, 세자빈 3명, 세손 1명 등 총 87명이다. 반면,「묘전궁표(廟殿宮表)(부내부府內部)」(RD00406)와「묘전궁능원단묘표(지방부)」(RD00401)는 능, 원, 묘 외에도 묘(廟), 전, 궁의 정보까지 포함하고 있다. 서울 경성과 지방으로 각각 나누어 정리했다.「묘전궁표(부내부)」에는 종묘, 영녕전, 선원전, 칠궁, 완왕궁의 위치와 봉안 인물 정보를 다루었다.「묘전궁능원단묘표(지방부)」는 묘(廟) 1개소, 전

30 속병은 친족이나 혈족 관계를 가리키는 일본어 つづきがら(続き柄)이다.

표 7 | 일제강점기 이왕가 원단묘 일람표

번호	명호	흘기	위호	친족 관계	위치
1	순창원		순회세자	명종 제1남	경기 고양군 신도면 용두리
			공회빈 윤씨	순회세자빈	
2	소경원		소현세자	인조 제1남	경기 고양군 원당면 원당리
3	영회원		민회빈 강씨	소현세자빈	경기 시흥군 서면 노온사리
4	의녕원		의소세손	장조 제1남	경기 고양군 연희면 아현북리
5	효창원		문효세자	정조 제1남	경성부 금정 2정목
6	순강원		인빈 김씨	선조 후궁 원종 사친	경기 양주군 진접면 내각리
7	소녕원		숙빈 최씨	숙종 후궁 영조 사친	경기 양주군 백석면 영장리
8	수길원		정빈 이씨	영조 후궁 진종 사친	경기 양주군 백석면 영장리
9	수경원		영빈 이씨	영조 후궁 장조 사친	경기 고양군 연희면 신촌리
10	휘경원		유빈 박씨	정조 후궁 순조 사친	경기 양주군 진접면 부평리
11	영휘원		순헌귀비 엄씨	고종 후궁 영친왕 사친	경기 고양군 숭인면 청량리
12	숭인원		이진(李晉)	영친왕 제1남	경기 고양군 숭인면 청량리
1	조경단		이한(李翰)	전주이씨 시조	전북 전주군 이동면 검암리
1	준경묘	⊙	이양무(李陽茂)	목조 고	강원 삼척군 미노면 노동
2	영경묘	⊙	이양무 부인 이씨	목조 비	강원 삼척군 미노면 동산동
3	연산군묘	⊙	연산군	폐위	경기 양주군 노해면 방학리
			부인 신씨		
4	회묘	○	폐비 윤씨	성종 후궁 연산군 사친	경기 고양군 숭인면 제기리
5	광해군묘	⊙	광해군	폐위	경기 양주군 진건면 송릉리
			부인 유씨		
6	명빈묘	○	명빈 김씨	성종 후궁	경기 양주군 구리면 아천리
7	경빈묘	○	경빈 이씨	명종 후궁	경기 양주군 진접면 내각리
8	성묘		공빈 김씨	선조 후궁	경기 양주군 진건면 송릉리

번호	명호	훼기	위호	친족 관계	위치
9	숙의묘	○	숙의 나씨	인조 궁인	경기 고양군 신도면 지축리
10	숙원묘		숙원 장씨	인조 궁인	경기 고양군 은평면 신사리
11	안빈묘	○	안빈 이씨	효종 후궁	경기 양주군 진건면 송릉리
12	대빈묘	⊙	대빈 장씨	숙종 후궁 경종 사친	경기 광주군 오포면 문형리
13	영빈묘	○	영빈 김씨	숙종 후궁	경기 양주군 진접면 장현리
14	소의묘	○	소의 류씨	숙종 후궁	경기 고양군 신도면 진관리
15	귀인묘	○	귀인 김씨	숙종 후궁	경기 양주군 구리면 인창리
16	의빈묘	◎	의빈 성씨	정조 후궁 문효세자 사친	경성부 금정2정목
17	화빈묘	◎	화빈 윤씨	정조 후궁	경기 고양군 연희면 아현북리
18	원빈묘	○	원빈 홍씨	정조 후궁	경기 고양군 숭인면 안암리
19	숙의묘	○	숙의 박씨	순조 후궁	경성부 금정 2정목
20	경빈묘	○	경빈 김씨	헌종 후궁	경기 고양군 숭인면 휘경리
21	숙의묘	○	숙의 김씨	헌종 후궁	경기 고양군 한지면 행당리
22	귀인묘	○	귀인 박씨	철종 후궁	경기 포천군 서면 선단리
23	귀인묘	○	귀인 조씨	철종 후궁	경기 포천군 한지면 행당리
24	숙의묘	○	숙의 범씨	철종 후궁	경기 고양군 은평면 홍제외리
25	숙의묘	○	숙의 방씨	철종 후궁	경기 고양군 은평면 홍제외리
26	숙의묘	○	숙의 김씨	철종 후궁	경기 고양군 은평면 홍제외리
27	귀인묘	◎	귀인 이씨 (내안당)	고종 후궁	경기 고양군 숭인면 월곡리
28	귀인묘	◎	귀인 이씨 (영보당)	고종 후궁	경기 고양군 숭인면 월곡리
29	귀인묘	◎	귀인 양씨 (복녕당)	고종 후궁	경기 고양군 숭인면 월곡리
30	정소공주묘		정소공주	세종 제1녀	경기 고양군 벽제면 대자리
31	인순공주묘		인순공주	중종 제5녀	경기 양주군 진접면 장현리
32	인성대군묘		인성대군	예종 1남	경기 고양군 신도면 용두리
33	숙신공주묘		숙신공주	효종 제1녀	경기 고양군 신도면 지축리
34	명선공주묘		명선공주	현종 제1녀	경기 광주군 중부면 탄리
35	명혜공주묘		명혜공주	현종 제2녀	경기 광주군 중부면 탄리

번호	명호	홀기	위호	친족 관계	위치
36	화억옹주묘		화억옹주	영조 왕녀	경기 고양군 신도면 진관외리
37	영온옹주묘		영온옹주	순조 제4녀	경성부 금정 2정목
38	완왕묘	⦿	완왕	고종 제1남	경기 고양군 숭인면 월곡리
39	왕녀묘		왕녀	영조 제1녀	경기 고양군 신도면 지축리
40	왕녀묘		왕녀	영조 제6녀	경기 고양군 신도면 지축리
41	왕자묘		대군	순조 제2남	경기 고양군 연희면 신촌리
42	왕녀묘		왕녀	선조 왕녀	경기 양주군 진접면 내각리
43	왕녀묘		왕녀	헌종 제1녀	경성부 금정 2정목
44	원자묘		원자	철종 제1남	경기 고양군 연희면 아현북리
45	원자묘		원자	고종 제1남	경기 고양군 연희면 아현북리
46	공주묘		공주	고종 제1녀	경기 고양군 숭인면 석관리
47	옹주묘		옹주	고종 서제1녀	경성부 금정 2정목
48	옹주묘		옹주	고종 서제2녀	경기 고양군 연희면 아현북리
49	대군묘		대군	고종 제3남	경기 고양군 숭인면 정릉리
50	대군묘		대군	고종 제4남	경기 고양군 신도면 용두리
51	왕자묘		왕자	고종 서제4남	경기 고양군 숭인면 청량리
52	왕자묘		왕자	고종 서제5남	경기 고양군 독도면 군자리

참조: ◎『홀기진설도』에 보이는 5묘, ⦿『홀기진설도』에 보이는 6묘, ○『홀기진설도』에 보이는 17묘

2개소, 본궁 3개소, 능 50기, 원 12기, 단 1기, 묘(墓) 52기이다. 「묘전궁능원단묘표(지방부)」를 「능원단묘일람표」와 비교하면 묘에서 성묘(공빈김씨), 귀인묘(귀인 양씨, 고종 후궁), 인성대군(예종 제1자), 화억옹주(영조 왕녀), 그리고 무명 왕자녀 14묘가 늘어났다. 이 세 자료에 있는 정보를 바탕으로 일제강점기 이왕직에서 관리했던 능원묘 중에서 알려진 능을 제외한 원묘만을 정리하면 표 7와 같다.

왕실의 무덤은 능(陵), 원(園), 단(壇), 묘(墓)로 구분할 수 있다. 능은 선왕과 선후의 시신을 안장한 곳이다. 반면, 원은 정비가 아닌 왕의 생모 또는 왕세자의 무덤을 가리킨다. 그 외 폐위한 왕이나 후궁 또는 대군이나

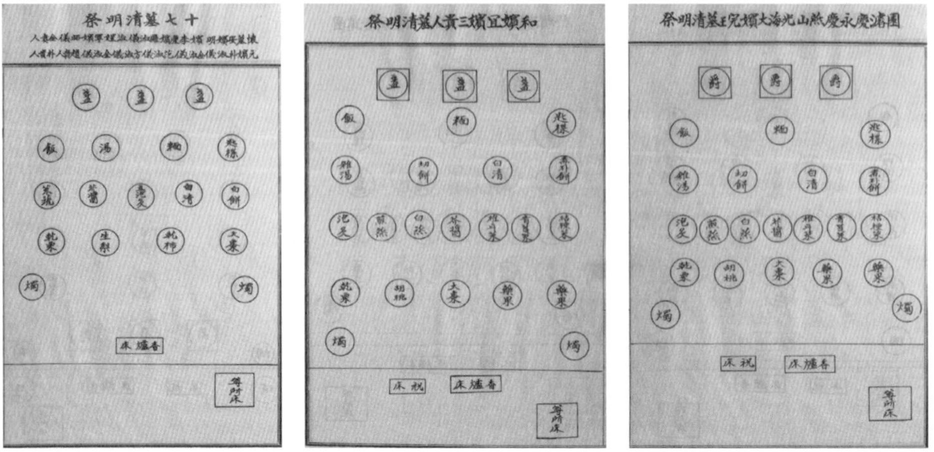

가장 많은 제물을 올리는 6묘　　작 대신 잔을 쓰는 5묘　　제물을 적게 올리는 17묘

그림 2 | 『홀기진설도』(K2-2587)

왕자의 무덤을 묘라고 했다. 조경단은 전주 이씨의 시조인 이한의 무덤이 있던 곳으로 추정되며 전주 건지산에 건립된 단이다. 단의 형태이지만 잃어버린 무덤을 기념하기 위한 곳이기 때문에 이왕직에서는 능원묘에 포함시켜 다루었다. 이러한 능, 원, 묘 사이에는 제향의 등급에 차이가 있으므로 준비하는 제수 역시 구별되었다.

능원의 구별 없이 사망 후 4대까지는 기신제와 청명제를 거행했던 반면, 4대가 지난 천위(遷位)의 무덤인 경우에는 청명제만 지냈다. 청명제는 한식제를 대신한 것이다. 1896년(고종 33) 4월 2일(양력) 궁내부의 건의에 따라 한식제를 청명제로 변경했다. 이 개혁은 동년 7월 24일(양력)에 옛 조치로 환원되는데 1899년(고종 36) 12월 31일에 다시 한식제를 청명제로 개정한 후 청명제가 공식적인 제사일이 되었다.

청명일에는 앞에서 살펴본 능원묘에서 제향이 있었다. 숭인원을 제외하면 표 7에 있는 모든 능원에서 청명일 제향을 올렸다. 『홀기진설도(笏記陳設圖)』(K2-2587)에 의하면 능에는 작 3기, 수라 1기, 면 1기, 잡탕 1기, 병

3기, 탕 1기, 백청 1기, 적 1기, 증 2기, 개장 1기, 채 3기, 실과 3기, 약과 3기의 제물을 준비했다. 원의 제물 역시 이와 비슷하지만 능에 비해 병 1기와 약과 1기가 적었다.

표 7에 나오는 52묘(墓)가 전부 제향을 받았던 것은 아니었다. 『홀기진설도』에 의하면 제향을 받는 곳은 28묘였다. 제상의 진설도를 보면 이 28묘의 제물은 세 단계로 구분할 수 있다. 첫 번째는 준경묘, 영경묘, 연산군, 광해군, 대빈군묘, 완왕묘 등 6묘이다. 이들은 28묘 중에서 가장 많은 제물을 준비했다. 작 3기, 반 1기, 면 1기, 병 3기, 백청 1기, 적 1기, 증 2기, 개장 1기, 채 3기, 실과 3기, 약과 2기 총 21기의 제물을 올렸다. 두 번째는

표 8 | 이왕가의 제향

<table>
<tr><th colspan="4" rowspan="2">구분</th><th rowspan="2">제향 공간</th><th colspan="3">제향</th></tr>
<tr><th>정기제</th><th colspan="2">비정기제</th></tr>
<tr><td rowspan="14">왕실</td><td rowspan="8">사당</td><td colspan="2">종묘</td><td>종묘 정전, 영녕전</td><td>대제</td><td></td><td>고유제</td></tr>
<tr><td colspan="2" rowspan="2">진전</td><td>선원전</td><td></td><td>작헌례</td><td>고유다례</td></tr>
<tr><td>준원전, 경기전</td><td>청명제, 추석제</td><td>작헌례</td><td>고유제</td></tr>
<tr><td colspan="2">본궁</td><td>함흥본궁, 영흥본궁</td><td>춘추분제</td><td>작헌례</td><td>고유제</td></tr>
<tr><td colspan="2">시조묘</td><td>조경묘</td><td>춘추분제</td><td></td><td>고유제</td></tr>
<tr><td rowspan="3">궁</td><td rowspan="2">칠궁</td><td>육상궁, 경우궁, 덕안궁</td><td>춘추분제</td><td>작헌례</td><td>고유제</td></tr>
<tr><td>저경궁, 대빈궁, 연호궁, 선희궁</td><td>춘추분제</td><td>작헌례</td><td>고유제</td></tr>
<tr><td>기타</td><td>완왕궁</td><td>춘추분제</td><td></td><td>고유제</td></tr>
<tr><td rowspan="6">무덤</td><td colspan="2" rowspan="6">능원묘</td><td>능</td><td>청명제, 기신</td><td>작헌례</td><td>고유제</td></tr>
<tr><td>원묘</td><td>청명제, 기신</td><td>작헌례</td><td>고유제</td></tr>
<tr><td>능원묘</td><td>청명제</td><td></td><td>고유제</td></tr>
<tr><td>8묘</td><td>청명제</td><td></td><td>고유제</td></tr>
<tr><td>17묘</td><td>청명제</td><td></td><td>고유제</td></tr>
<tr><td>준경묘, 영경묘, 조경단</td><td>청명제</td><td></td><td>고유제</td></tr>
</table>

자료: 『홀기진설도』(K2-2587)

화빈묘, 의빈묘, 3개의 귀인묘 총 5묘이다. 이들의 제물 구성은 앞의 것과 동일하지만 차이점이 하나 있었다. 술을 올리는 용기가 작이 아닌 잔(盞)으로 되어 있다. 마지막 17묘 역시 잔을 사용했고 제물의 수는 이보다 적었다.

제물의 차이가 있지만 28묘가 제사를 받는 청명일은 이왕가의 입장에서 가장 많은 제향이 있는 날이다. 왕릉 50기, 원 12기, 단 1기를 포함하면 전체 91곳에서 제향이 거행되었다. 종묘에 모신 왕과 왕후의 수도 적지 않지만 그보다 더 많은 수의 조상이 무덤에서 제향을 받는 것이었다.

지금까지 살펴본 이왕가의 제향을 공간별로 정리하면 표 8과 같다. 각 향소의 제향은 정기제와 비정기제로 구별된다. 이 중에서 기본이 되는 정기제를 살펴보면 이왕가의 제향은 크게 세 등급으로 나눌 수 있다. 즉, 1년에 4번 거행하는 종묘, 1년에 2번 거행하는 사당, 1년에 1번 거행하는 무덤이다. 4계절에 맞추어 거행하는 종묘의 사시대제가 이왕가의 가장 큰 제사였다. 나머지 사당에는 1년에 2번의 정기 제향이 있었다. 본궁, 조경묘, 칠궁, 완왕궁은 춘분과 추분에 정기제를 거행했다. 조선시대에 춘분과 추분 이외 하지와 동지에도 거행했던 곳도 모두 2회로 줄어들었다. 준원전과 경기전은 청명과 추석 때 정기제를 지냈다. 명절제의 전통을 따른 것이다. 조선시대에는 정조, 한식, 단오, 추석이 주요 명절이었으나 이것 역시 축소했다. 『홀기진설도』에는 선원전의 정기제가 구체적으로 제시되지 않았다. 조선의 관례와 다른 자료를 참조할 때 왕들의 생일에 작헌례 또는 다례를 올렸을 것이다. 마지막으로 무덤에는 청명일에 제향을 올렸다. 다만 불천위와 지친의 무덤에는 기신제를 거행했다. 일제강점기 이왕가의 제향은 조선시대와 비교하면 그 수가 대폭 줄어들었다. 그럼에도 불구하고 왕실(황실)의 제향은 일제강점기를 거치면서도 어느 것 하나 잃지 않고 유지되었다.

3. 제향의 축식 변화

대한제국이 망하고 황실은 왕가로 격하되었다. 그러나 왕실의 제사는 유지되었다. 이런 급격한 상황 변화를 대변하는 것이 융희 연간의 축식 의궤이다. 축식은 제향 때 신이나 조상에게 올리는 축문의 형식을 가리킨다. 축문에는 제사 시기, 주제자, 제사 대상, 주제자와 흠향자의 관계, 제수 종류 등에 관한 정보가 들어간다. 그중에서도 가장 중요한 부분은 제향을 거행하는 주제자와 제사 대상과의 관계를 보여주는 호칭이다. 축문에서는 제사의 연월일을 언급한 후 주제자의 사회적 지위와 이름, 제사 대상과의 관계를 나타내는 호칭을 표시했다. 표 9는 광무 연간에 종묘 오향대제 때 정전 제16실에 모셔진 문조(익종, 효명세자)에게 올린 축식이다.[31]

표 9에서 보는 것처럼 축문은 여덟 부분으로 구분할 수 있다. 이 가운데 주제자를 표기하는 부분 ②를 보면 "孝子皇帝 諱"는 황제인 고종의 지위와 흠향자 문조와의 관계를 보여준다. 즉, 사회적 지위와 흠향자 선조와의 혈연적 관계를 동시에 보여준다. 축문을 통해 고종과 문조는 부자간임을 알 수 있다.

이러한 축식은『국조오례서례』,『종묘의궤』,『궁원의(宮園儀)』등 각종 의례집에 실려 있다.『사전별의궤』(K2-2537),『전사축식(典祀祝式)』(奎 古5123-11),『사전의축(祀典儀祝)』(奎 古4206-16) 등과 같이 국가 사전에 속한 모든 제사의 축식을 모은 책도 있다. 대한제국기에는 개별 제향 또는 유사한 제향들의 축식을 모아 '의궤'라는 이름을 붙인 소위 축식의궤가 많이 제작되었다. 광무나 융희 연간에 만들어진 축식의궤는 대부분 연호를 비롯한 두

31 『(光武年)宗廟儀軌』(K2-2192),「宗廟五享大祭祝式」.

표 9 | 대한제국 광무 연간 종묘 정전 제16실 축식

① 維光武某年歲次某甲某月某甲朔某日某甲	- 시일
② **孝子皇帝 諱**	- 주제자
③ 謹遣臣[32]	- 섭행
④ 敢昭告于	- 행동
⑤ **皇考文祖** …	- 흠향자
⑥ 伏以節序易流 當玆令辰 采增感慕 聊薦明禋[33]	- 제사의 동기
⑦ 謹以牲幣醴齊粢盛庶品 式陳明薦[34]	- 제사의 준비
⑧ 尙饗	- 기원

사(頭辭)가 지워지고 수정되어 있다. 이러한 사정은 광무에서 융희로, 융희에서 다시 일제강점기로 급격히 변화된 시대적 상황을 보여준다.

1907년 7월에 고종이 일제의 강압에 의하여 황위를 순종에게 넘겨주었다. 이에 따라 제향의 주체도 변경되었다. 이런 권력 변동은 축문에 그대로 반영되었다. 순종이 즉위한 직후인 1907년 8월 24일에 축문에 대해 이중하(李重夏)는 다음과 같이 건의했다.

> 이번에 황제 폐하께서 즉위한 이후에는 여러 제사의 축문 형식을 마땅히 개정해야 할 것입니다. 종묘·전·궁·능·원·묘의 축문에 쓴 간지 아래에는 말을 첨가하여야 할 것이며 환구단 이하의 여러 제사 축문에는 전례대로 황제라고 정중히 쓰는 것이 제사 전례에 맞을 것 같습니다. 축문의 간지 아래에는 '태황제 신(휘)은 나이가 많아 자리를 물려주어 황제 신(휘)에게 붙여 감히 밝게 고합니다[太皇帝臣御諱, 倦勤傳禪, 屬皇

32 국왕이 친행할 때는 이 구절을 생략한다.

33 "삼가 세월이 쉬 흘러 이렇게 좋은 때를 만나니 더욱 그리움이 사무칩니다. 깨끗하고 공경스런 제사를 올려 흠향하소서."

34 "삼가 희생과 폐백과 향기로운 술, 자성과 여러 가지 제물로 경건히 밝은 제사를 드립니다." 속절제(俗節祭)에서는 '謹以牲醴庶品 式陳明薦'라고 썼다. 희생이나 폐백이 없는 진전과 왕릉제는 '희생', '폐백' 등의 용어를 생략했다.

帝臣御諱, 敢昭告]라고 말을 만드는 것이 어떻겠습니까?[35]

이중하는 고종에게서 황위를 물려받은 순종이 종묘를 비롯한 선조에 대해 제사지낼 때는 축문에 "태황제 신(휘)은 나이가 많아 자리를 물려주어 황제 신(휘)에게 붙여 감히 밝게 고합니다."라고 할 것을 건의했다. 그 외 환구단 이하 여러 제사에 대해서는 이전대로 '황제'라고만 주제자를 표시하자고 했다.

이를 반영한 형식이 『종묘사향대제축식(宗廟四享大祭祝式)』(K2-2182)에 나타나 있다.[36] 이 책은 광무에서 융희 연간으로 바뀔 때의 축식 변화를 그대로 보여준다. 제16실 문조에 대한 축문을 보면 "孝子太皇帝(臣) 諱 倦勤 傳禪 屬皇帝 (臣)諱 敢昭告于皇考文祖"라고 되어 있다. 여기서 축문의 주체는 '태황제', 곧 고종이다. 태황제 앞에 '효자', 문조 앞에 '황고(皇考)'라는 속칭(屬稱)을 붙이고 있기 때문이다. 만약 순종이 주제자가 되었다면 문조 앞에서 '조고(祖考)'라고 해야 할 것이다. 그러므로 융희 연간에 선조에 대한 제사권은 고종에서 순종으로 이양되지 않았음을 알 수 있다. 이 축식은 융희 연간의 상황을 반영하여 새로 작성한 것이 아니라 기존의 것에서 수정할 부분만 첨지를 붙여 쓴 것이다. 그러므로 속칭의 변화를 그대로 둔 것일 수도 있다. 그러나 분명 가장 큰 변화인 속칭을 제외하고 수정하는 것 역시 상황으로 볼 때 이해하기 어렵다. 그런데 그 변화를 확실히 알 수 있는 것이 일제강점기 축식이다.

『종묘사향대제축식』(K2-2181)은 종묘의 사향대제와 영녕전의 춘추대제

35 『순종실록』, 융희 1년 8월 24일.

36 이 책의 첫 장 하단에는 "因掌禮卿申箕善疏 皇帝下有臣字 丁未 七月初六日"라는 구절이 있다. 이에 따르면 이중하보다 신기선이 먼저 축식 개정을 건의한 것으로 보인다. 신기선은 1907년 7월 12일에 이중하의 뒤를 이어 장례원 경으로 임명되었다.

축식을 기록한 것으로, 정전 제1실 태조로부터 제18실 철종, 영녕전 제1실까지의 축문이 실려 있다. 여기에 실린 제16실 문조의 축식을 보면 "孝子諱 年老傳重 使子諱 謹遣 敢昭告于 顯考文祖"라고 되어 있다. 고종이 왕위를 전하여 아들로 하여금 신하를 보내게 하여 자신의 아비인 문조에게 아뢴다는 뜻이다. 즉 선조에 대한 제사가 고종의 명의로 진행되었음을 알 수 있다. 그러나 고종에 대한 '태황제'의 칭호는 보이지 않고 '효자(孝子)'로만 표기했다. 이러한 전환을 잘 담고 있는 또 다른 자료가 『전묘단축식의궤(殿廟壇祝式儀軌)』(K2-2486)이다. 이 의궤는 융희 연간에 경기전, 준원전, 조경묘, 조경단, 준경묘, 영경묘의 제향에 사용된 축식을 모은 책이다. 이 책은 융희 연간에 편찬되었다. 축문의 두사에 '융희' 연호가 있으며 "孝玄孫太皇帝(臣) 諱倦勤傳禪屬皇帝(臣)諱"라고 적혀 있기 때문이다. 그러나 일제 강점 이후 축문의 '융희' 연호를 띠지로 가리고, "孝玄孫太皇帝(臣) 諱倦勤傳禪屬皇帝(臣)諱"에는 "孝孫諱 年老傳重 使子諱"라고 적힌 띠지로 덮었다.

1919년 고종이 사망한 후 대리 형식의 축식은 사라지고 순종이 이왕가 제향의 주제자가 되었을 것이다. 그러나 고종 사후에 순종이 사용한 축식은 현재 보이지 않는다. 다만, 순종 사후 영친왕이 후사가 되어 종묘에서 사용한 축문이 있기 때문에 이를 통해 고종 사후의 축문 형식을 알 수 있다.

영친왕은 고종의 일곱 번째 아들이고 순종의 이복동생이므로 속칭은 많은 부분 순종과 동일하게 사용했다. 영친왕은 당시 종묘 제15실에 있던 문조에 대해 '현조고조(顯祖考祖)'라고 칭하고 자신을 '효손(孝孫)'이라고 했다.[37] 조손 관계를 보여주는 것이다. 그 외 황제 칭호는 보이지 않는다. 왕

37 『宗廟永寧殿儀軌』(K2-2187), 「宗廟大祭祝式」.

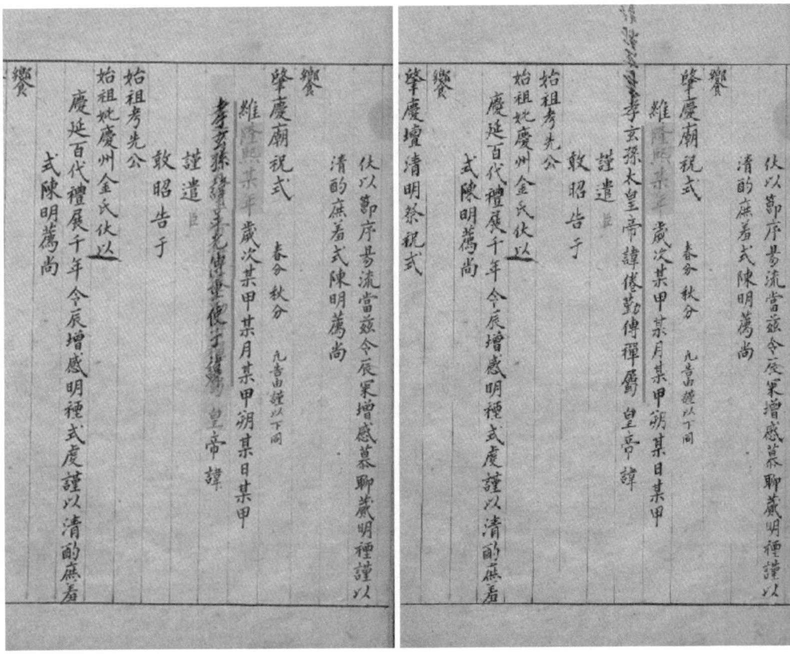

그림 3 | 일제강점기 축식 변화(고종 생존 시): (좌) 일제강점기 (우) 융희 연간
자료: 『전묘단축식의궤(殿廟壇祝式儀軌)』(K2-2486)

이라는 호칭도 적지 않았다. 자신을 향한 '신(臣)' 자도 넣지 않았다. 즉 사가(私家)의 예식을 따르고 있다. 종묘에 모셔진 역대 선왕과 선후 외에도 경기전과 준원전, 조경묘와 조경단의 전주이씨 시조, 준경묘와 영경묘의 목조 고비 등에 대해서는 모두 '효현손 휘'로 통일되었다. 그러나 칠궁에 모셔진 후궁, 순창원, 소경원, 영회원, 의령원, 효창원 등과 같은 세자, 세손의 원묘에는 '왕(王) 휘'를 썼다. 자신의 생모인 덕안궁 순헌 귀비엄씨에게는 절충적으로 '자왕(子王) 휘'로 자신을 표현하고 어머니를 '선비(先妣)'라고 불렀다.

마지막으로 강원도 영월의 장릉 옆에 있는 배식단 제향에는 '휘'를 빼고 '왕'만으로 주제자를 표시했다. 영월의 배식단은 단종에게 충절을 바친

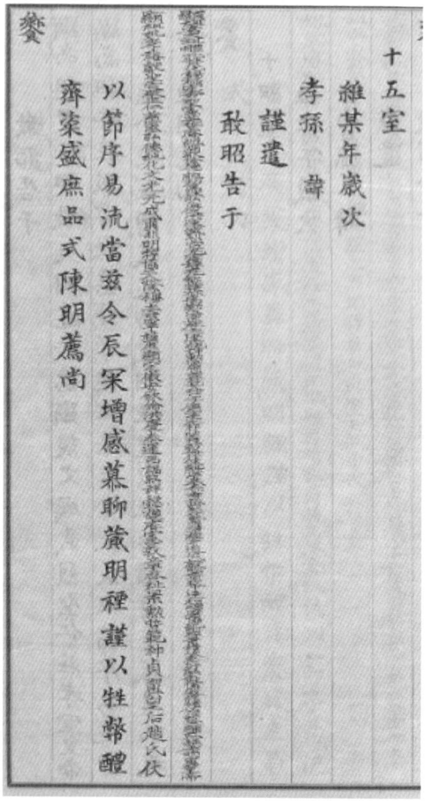

十五室
維某年歲次
孝孫 諱
謹遣
敢昭告于
以節序易流當茲令辰采增感慕聊薦明禋謹以牲幣醴
齊粢盛庶品式陳明薦尚
饗

그림 4 | 영친왕 축식(종묘 문조실)
자료: 『종묘영녕전의궤』(K2-2187)

268위에 대한 제단이다. 1791년(정조 15)에 처음 건립되어 1년에 한 번 제향을 지냈다. 왕실과 직접적인 혈연 관계가 없으나 종묘 공신당과 같이 군신의 의리에 맞추어 지내 온 제향이므로 일제강점기에도 지속되었다.

왕실의 시조로부터 종묘의 역대까지 직계로 이어지는 선조에 대해서는 왕의 지위를 버리고도 제향이 가능했다. 종통을 잇는 종사의 당연한 행위라고 할 수 있다. 그러나 나머지 왕세자, 왕세손, 후궁, 그리고 선조의 신하에 대한 제사는 이전 세대 '왕'이라는 명분 속에서 가능한 관계와 의

표 10 | 대한제국에서 일제강점기로의 축식 변화

시기	축식	출처
1897년 10월~ 1907년 7월	**孝子皇帝 諱 … 皇考文祖**	『(광무년)종묘의궤』(K2-2192)
1907년 7월~ 1910년 8월	孝玄孫太皇帝(臣) 諱倦勤傳禪 屬皇帝(臣)諱 … 皇考文祖	『종묘사향대제축식』(K2-2182)
1910년 8월~ 1919년 1월	孝孫諱 年老傳重 使子諱 … 顯考文祖	『종묘사향대제축식』(K2-2181)
1926년 4월~ 1945년 8월	(종묘 제15실) 孝孫 諱 … 顯祖考祖 文祖	『종묘영녕전의궤』(K2-2187)
	(경우궁) 王 諱 … 顯穆綏嬪朴氏 (덕안궁) 子 … 先妣純獻貴妃嚴氏	『묘전궁원단묘의궤』(K2-2445)

례였다. 속칭으로 연결될 수 있는 관계의 범위 밖 사람들이라고 할 수 있다. 그럼에도 나름의 역사성을 가지며 이왕가의 제향에 들어와 있으며 이들의 관계를 축식 속 '왕'이라는 호칭으로 표현했다.

일제강점기 이왕가의 제향에서 축식은 종묘를 비롯한 부계 선대에는 왕이라는 칭호를 사용하지 않았고, 칠궁이나 원묘의 제향, 곧 방계의 선조에게는 왕이라는 칭호를 사용했다. 그리고 영월 배식단처럼 왕과 신하의 관계로 맺어진 대상에게는 여전히 왕이라는 칭호를 사용했다. 대한제국기 황제라는 칭호나 조선시대 사왕(嗣王)의 호칭은 찾을 수 없었다.

제2장
종묘 공간의 운영

1. 종묘 시설의 축소와 전용

종묘는 조선 역대 왕과 왕비의 신위를 봉안한 사당이다. 조선 초기에 7칸으로 건립된 종묘가 현재와 같이 정전 19칸, 영녕전 16칸으로 확립된 것은 헌종 대였다. 정전과 영녕전의 이러한 구성은 현재까지 큰 변화 없이 이어졌다. 그러나 종묘와 영녕전 주변의 부속 건물에는 여러 변화가 있었다. 사라진 건물도 있으며 용도가 바뀐 건물도 있다. 일제강점기 종묘 내 건축물의 실상을 보기 위해서는 『종묘지(宗廟誌)』(K2-4375B)를 참고할 필요가 있다.[1] 일제강점기 말에 편찬된 것으로 추정되는 『종묘지』의 「묘제(墓制)」 조에는 당시 종묘 내 여러 건축물이 소개되어 있다. 이를 조선 후기 『종묘의궤속록(宗廟儀軌續錄)』에 실린 「종묘전도(宗廟全圖)」와 비교하면서 살펴보자.

종묘 묘정은 상하의 이중 월대를 통해 건물의 위엄을 높였다. 상월대는 무대와 같은 역할을 하여 제향 때 등가(登歌)와 집례자가 자리했다. 하월대는 넓게 펼쳐져 실제 마당과 같이 사용되었다. 하월대에서 상월대로 올라가는 계단은 세 개가 있는데 각각 '서계(西階)', '태계(泰階)', '조계(阼階)'

---

* 제2장은 필자의 「일제강점기 이왕직의 종묘 물품 관리」, 『장서각』 44(2020)을 수정·보완한 것이다.

1 『宗廟誌』(K2-4375B, 3책). 장서각에는 『종묘지초고』(K2-5122)가 있는데 그 내용이 『종묘지』와 거의 동일하여 이 『종묘지』의 초고로 여겨진다. 『종묘지초고』에는 목록 마지막에 '以上 右引繼候也 昭和十八年(1943)四月一日 岩本義臣'이라는 구절이 있으며 『종묘지』도 비슷한 시기에 만들어진 것으로 보인다. 이와모토 요시노부[岩本義臣]는 1942년 예식과 업무 분정에 따르면 구니모토 미츠토시[國本光壽], 모리모토 나오히코[森本直彦]와 함께 『종묘지』의 편찬을 맡았다. 1939년에 예식과에서 『종묘지』를 편찬한 인물은 이종룡이었다. 이를 볼 때 적어도 1939년부터 예식과에서 자료를 모아 편찬된 결과물이 『종묘지』였다.

그림 1 | 일제강점기 종묘 정전의 모습(국립중앙박물관 소장 조선총독부박물관 유리건판)

라고 했다. 태계 아래에는 검은빛을 띠는 모난 벽돌을 깔아 남쪽 신문(神門)까지 통하게 했는데 이를 '신로(神路)'라고 했다. 신로의 동편에 부알위(祔謁位)가 있다. 동편의 조계 아래에는 국왕의 자리인 판위(版位)가 있다. 조선시대에 판위는 서쪽을 향했다. 『종묘지』에는 판위에 대하여 "광무 원년에 월대 위에 북향으로 설치했다"라고 했다. 대한제국기에 판위의 방향이 북쪽으로 바뀐 것은 『대한예전(大韓禮典)』을 통해 확인할 수 있다. 그러나 판위가 월대 위로 옮겨진 내용은 찾을 수 없다. 일제강점기에 나타난 새로운 변화라고 할 수 있다.

묘정 남쪽에는 공신당(功臣堂)과 칠사당(七祀堂) 건물이 있었다. 1908년 향사이정에 의해 칠사에 대한 제향은 폐지되었으므로 칠사당은 건물만 있는 형편이었다. 종묘 정전의 남문은 신문으로 부묘 시 신주가 들어오는 문이다. 제향 시 천조의 희생 제물도 이 문을 통과해서 들어왔다.

종묘 정전의 동문은 왕과 제관이 드나드는 문이다. 『종묘지』에서는 동문의 정문 좌우로 협문이 있고, 그 북쪽에 소차방(小次房)이 있다고 했다.

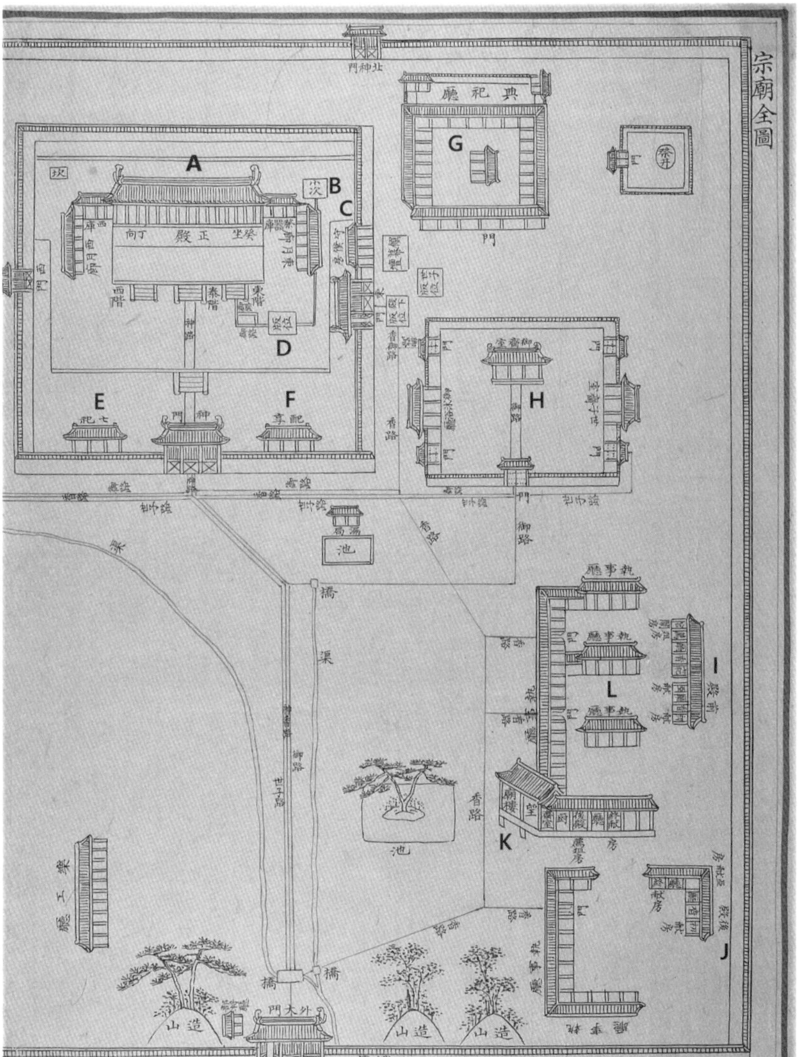

그림 2 | 「종묘전도」(『종묘의궤속록』, 서울대학교 규장각 한국학연구원 소장)
A: 정전, B: 소차, C: 수복방, D: 판위, E: 칠사당, F: 공신당, G: 전사청, H: 어재실, I: 전전(향대청), J: 후전(향대청), K: 망묘루, L: 집사청

이 자리는 조선시대 수복이 종묘를 수호하기 위해 거처하는 수복방(守僕房)이 있던 곳이다. 『종묘의궤』 또는 『종묘의궤속록』에 나오는 「종묘전도」에 의하면 동문 옆에 수복방이 있고, 동월랑 오른쪽 또는 뒤쪽에 '소차(小次)'가 있다. 이곳은 제향 때 국왕이 쉬기 위해 임시로 천막을 친 자리를 가리킨다. 소차는 행례 중 국왕이 잠시 들어가 쉬거나 옷을 갈아입기 위해 만든 천막이었다. 그러나 경우에 따라서는 그 옆에 있는 수복방을 소차로 사용했다. 예컨대, 1686년(숙종 12) 2월 현종비 명성왕후의 부묘 때 숙종은 수복방을 소차로 사용했다.[2] 영조 대에도 대신들이 영조에게 수복방을 소차로 이용할 것을 여러 번 권했고 마침내 1748년(영조 24)에 허가가 떨어졌다. 임시로 치는 천막과 달리 수복방에는 온돌이 있기 때문에 춥거나 습기가 많은 날에 이곳을 국왕의 임시 거처로 이용한 것이다. 이후에도 수복방을 소차로 자주 사용했던 것 같다. 그리하여 『춘관통고(春官通考)』의 「종묘영녕전전도(宗廟永寧殿全圖)」에는 기존의 수복방 자리를 '소차'로 표기했다. 그렇다면 수복방은 사라진 것일까, 옮겨진 것일까?

조선시대 또는 대한제국기 종묘에서 소차방이나 수복방의 존재는 잘 드러나지 않아 그 변화를 알 수 없다. 그러나 일제강점기에 종묘 수복방은 정전 동문 밖에 있는 전사청(典祀廳)에 있었다. 1934년에 작성된 「종묘영녕전이하 전물급 총면적 수량 표시(宗廟永寧殿以下建物及總面積數量表示)」는 종묘 수복청을 '전사청 내 부속(典祀廳內付屬)'이라고 설명했다.[3] 전사청은 제향 때 제물을 조리하고 준비하는 곳이다. 제물고(祭物庫), 제물 조성소, 부엌 등이 이곳에 있었다. 이곳의 부속 건물이었던 수복방은 8칸인데 방이 3칸, 마루 1칸, 주방 3칸, 대문 1칸으로 구성되었다. 이러한 수복방의

---

2 『승정원일기』, 숙종 12년 2월 8일.

3 『備置帳簿』(K2-4773), 「宗廟永寧殿以下建物及總面積數量表示」.

모습을 보여주는 것이 그림 3의 전사청 약도이다.[4] 이것은 1937년에 전사청을 수리할 때 사용했던 것으로 당시 전사청 내 건물의 용도를 간략히 메모했다. 여기 하단에 '수복힐소(守僕詰所)'라는 메모가 있다. 힐소는 근무하기 위해 모여 있는 장소를 의미한다. 그 옆에 길게 내려온 건물의 마지막 하단에 '수복식당'도 보인다. 전사청은 제향 때 제물을 조성하는 곳이므로 제향이 없는 날에는 빈 공간이 되었다. 그리고 매달 2번의 천신 때 잠시 사용했다. 그러므로 평상시에는 이를 수복이 거처하는 공간으로 바꾼 것이다.

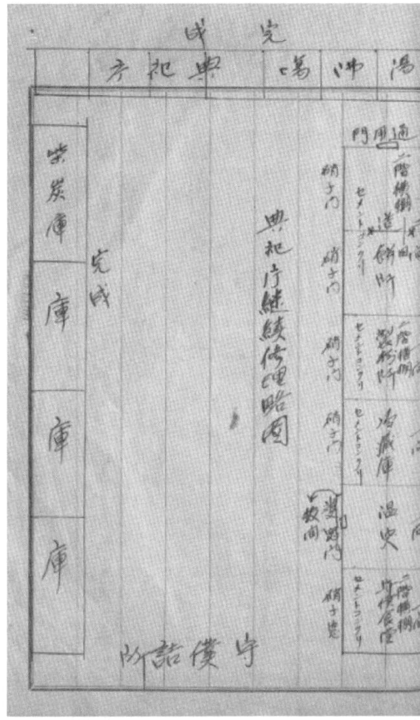

그림 3 | 종묘 전사청 약도
자료: 『종묘청구부』(K2-3238)

반면, 소차방은 왕의 행차와 연관되어 나타난다. 예를 들어, 1912년 3월 왕이 종묘와 영녕전에 전알했는데 행차에 앞서 종묘에서는 장사계 능무 주임에게 "전알하실 때 소용될 점화목"을 청구했다. 구체적인 청구 내역은 "어재실(御齋室) 1태(駄)(3차 점화), 동재실(東齋室) 1태(3차 점화), 소차방(양처兩處) 반태(半駄)" 등이었다.[5] 소차방 양처는 종묘 정전과 영녕전 각각에

4 『宗廟請求簿』(K-3238, 8-1), 「宗廟發 第84號, 昭和 12年 10月 20日, 半年度 新營修理個所 調査報告ニ關スル」, '典祀廳繼續修理略圖'.

5 『宗廟請求簿存案』(K2-3647), 「請求書 第11號」(명치 3월 7일).

있는 소차방을 가리킨다. 이렇게 소차방은 어재실과 더불어 왕의 행차 때 사용하는 공간으로 바뀌었음을 알 수 있다.

한편, 전사청 남쪽에 있는 재전(齋殿)에도 변화가 보인다. 조선시대 왕이 재계하는 어재실이 북쪽에 남향으로 있고, 그 동편에 세자재실(世子齋室), 서편에 어목욕청(御沐浴廳)이 마주보고 있었다. 그런데 일제강점기에는 어목욕청이 배종 직원이 머무는 귀빈실로 바뀌었다.

『종묘지』에서는 재실의 남쪽에 악공청 6칸, 헌관방 2칸, 향대청 2칸이 서쪽을 바라보고 있다고 했다. 이 영역은『종묘의궤속록』「종묘전도」에서 전전(前殿)의 초헌관, 향청, 아헌관, 그리고 칠사당의 향청(香廳), 정전의 천조관(薦俎官)과 궁위령(宮闈令)이 머무는 곳으로 나타난다. 향청은 제향에 사용할 향축을 보관하는 곳이다. 천조관은 제향 중 희생의 고기[俎肉]를 올리는 집사자이며 궁위령은 선비(先妃)의 신주를 출납하는 내관이다. 이 중에서 칠사의 향청이 있는 곳이 악공청으로 바뀐 것을 알 수 있다. 조선시대 악공청은 정전 남문 밖에 별도로 있었는데 이곳으로 옮겨진 것이다. 궁위령을 맡은 내시는 없어졌고, 제관의 수도 줄어들었기 때문에 가능한 일이었다.『비치장부(備置帳簿)』(K2-4773)에서는 악공청을 아악부청(雅樂部廳)이라고 칭하고 "대청 10칸, 창고[庫] 6칸, 월랑 2칸, 출입문 1칸, 총 19칸"이라고 설명했다.

다시『종묘지』에서는 이 건물들 앞쪽에 월랑 13칸이 있고, 그 남쪽에 신당 2칸이 있으며 신당은 공민왕의 영정을 봉안한 곳이라고 설명하고 있다. 이곳은 전전의 향청 맞은편에 길게 이어진 행랑을 가리킨다. 현재 향대청이라고 불리는 공간의 대문 좌우로 연결된 행랑이다. 그 남쪽에 망묘루 2칸, 관방(官房) 2칸, 사정방(使丁房) 1칸, 협문 1칸, 천조방 1칸이 있는데 모두 남향이라고 했다.[6] 이는 현재 망묘루와 연결된 건물군이다.「종묘전도」에 재실, 종묘의 종헌관과 영녕전의 천조관이 머무는 곳으로 표시된 곳인데 천조방을 제외하면 직원과 원역이 근무하는 곳으로 바뀌었다.

그 동남쪽에 창고 4칸이 있는데 이전에 영녕전 향대청으로 사용하던 공간이라고 했다. 이곳은 「종묘전도」의 오른쪽 맨 아래쪽에 그려진 '후전(後殿)'의 향청과 헌관의 방이 있는 곳을 가리킨다. 이것 역시 영녕전의 헌관이 축소된 것을 의미했다. 『종묘지』에서는 그 북쪽에 목욕실 1칸이 있고 그 남쪽에 외삼문이 있다고 했다.

『종묘지』에서 설명하는 건축물과 「종묘전도」의 것을 비교하면 후자에 보이던 것이 전자에서 생략된 것을 알 수 있다. 전전의 향청과 행랑 사이에 모두 남쪽을 향해 서있는 세 개의 '집사청(執事廳)'이라는 건물은 보이지 않는다. 역시 「종묘전도」에 후전의 향청 앞에 있는 'ㄴ'자 형태의 집사청 건물도 보이지 않는다. 일제강점기 때 집사청으로 불리던 건축물이 이미 사라진 것을 알 수 있다. 「종묘전도」에는 '집사청'이라고 불리는 건물이 종묘 내에 많이 있었다. 『종묘지』에서 '월랑(月廊)'이라고 칭한 곳도 「종묘전도」에서는 집사청이라고 적혀 있다. 그러므로 부속 건물의 용도 중 가장 큰 변화는 집사청의 대폭 축소라고 할 수 있다. 이는 종묘 제향에 외부의 참여 인원이 거의 없었음을 보여주는 것이다. 또한, 제향을 당일이 아닌 전날 저녁에 거행했기 때문에 재숙하는 의식도 사라졌다. 종묘 제향 때 헌관을 비롯한 집사에 차정된 수많은 관원이 일시에 머물 수 있는 공간을 마련해야 했던 조선시대 종묘와 전혀 다른 위상을 건물의 용도를 통해 알 수 있다.

6 『宗廟誌』, 「廟制」.

2. 소장 물품의 분류와 관리

종묘의 여러 공간에는 신주를 포함하여 다양한 물품이 존재했다. 종묘 물품은 세 가지로 나누어 볼 수 있다. 첫 번째는 선왕의 상징물과 의장에 관한 것이다. 신주, 책보, 용봉선(龍鳳扇), 용봉개(龍鳳蓋) 등은 왕의 존재를 표시한다. 이 물품들은 종묘가 선왕과 선후의 혼령이 상주하는 곳임을 보여준다. 두 번째는 제향을 위한 기물이다. 종묘는 신과 인간의 만남인 제향을 거행하는 곳이었다. 신을 모셔 예물을 드리고 음식을 올리고 음악으로 그 공덕을 찬양했다. 이를 위한 많은 물건이 신물(神物)로서 소중히 다루어졌다. 그 대표적인 것이 제기(祭器)이다. 좀 더 범위를 넓히면 제기에는 제물을 조리하는 기명(器皿)들도 포함될 수 있다. 주로 전사청이라고 불리는 신주(神廚)에서 사용되고 보관되는 조리 도구들이 이에 속한다. 음악을 연주하는 다양한 악기 역시 중요한 물품이었다. 마지막으로 종묘를 업무 공간으로 바라볼 때 드러나는 사무용품이 있다. 종묘에는 신주를 비롯한 각종 기물을 외부의 위험으로부터 지키고 관리하며 제향을 준비하는 인력이 상주했다. 일제강점기에는 전사, 전사보, 수복, 사정, 방직, 군사 등이 그들이다. 이들이 근무할 때 필요한 비품 역시 종묘를 유지하는데 매우 중요한 부분이다.

이러한 물품들을 관리하고 유지하는 것, 그리고 제향 등의 행사에 맞추어 사용하는 것이 종묘에 근무하는 관리들의 임무였다. 일제강점기 종묘 연구가 가지는 특징은 이러한 물품 관리에 대한 세밀한 검토가 가능하다는 점이다. 조선시대 종묘 기물은 의궤를 통해서 알려졌다. 의궤는 물품의 명칭부터 제작 방법, 재료, 장인 등 다양한 정보를 제공한다. 그러나 임시 기구인 '도감(都監)'에서 제작한 것을 중심으로 하기 때문에 종묘 내 물품의 전반적인 현황과 소비를 이해하는 데는 한계가 있다. 그에 비해 일제강점기 종묘 물품에 대한 정보는 풍부한 편이다. 의례가 아니라 일상 업무 차원에서 생산된 물품 관련 문서가 많이 남아 있기 때문이다. 이는 종묘의 관리와 제향의 시행을 이해하는 데 큰 도움을 줄 것이다.

1) 설비품과 보관품

종묘 물품의 현황 조사는 일제가 대한제국을 강제로 병합하기 이전인 1909년(융희 3) 4월에 이미 있었다. 현전하는 자료 중에서 종묘 내 물품 전체 현황을 처음으로 보여주는 것은 1909년 4월에 작성된 『종묘 영녕전 설비 보관품부(宗廟永寧殿設備保管品簿)』(K2-3232)이다. 이 책은 종묘의 정전, 영녕전, 공신당, 재실 등에 있는 물품들을 '설비품(設備品)'과 '보관품(保管品)'으로 나누었다. 설비품은 공간의 구분과 활용을 위해 설치된 물품들로서 가구류를 비롯하여 의장(儀仗), 욕석(褥席), 휘장(揮帳), 지의(地衣) 등이 해당했다. 반면, 보관품은 설비품 내에 보관된 물품들로서 제기를 비롯한 각종 기명이 포함되었다. 『종묘 영녕전 설비 보관품부』은 이러한 구분을 기본으로 하여 종묘 물품을 '종묘 설비품', '종묘 보관품', '공신당 보관품', '영녕전 설비품', '영녕전 보관품' 등으로 나누어 정리했다. 이는 당시 종묘에 있던 물품 전체에 대한 일괄 조사였다. 각 물품의 이름과 수량, 형태와 색을 기록했다. 서류의 마지막 장에는 조사 담당자인 전사보(典祀補) 남하원(南夏元)의 이름과 도장이 찍혀 있다.

한편, 1910년 3월에는 장례원 전사 장효진과 주사인 일본인 아리마 공[有馬公]이 와서 악기와 제기 물품을 조사했다. 아리마 공은 1911년 이왕직 장사계에서 물품 주임을 맡았던 아리마 슈이치[有馬秀一]로 추정된다. 그

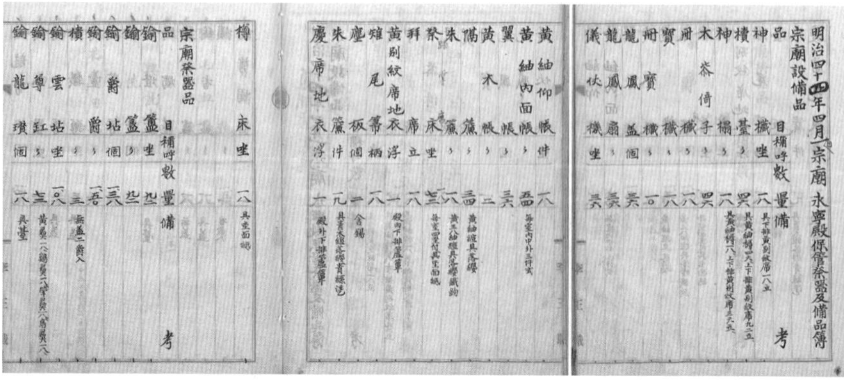

그림 4 | 「종묘영녕전보관제기급비품부」(일부)
자료: 『보고급회첩존안』(K2-4890)

리고 같은 해 6월에 장례원에서는 제기와 제품 이외에 수복방 등 각 직소의 문구, 도서, 현판, 비품 등을 조사하여 10일 이내로 등록을 만들어 본원에 보고할 것을 명했다. 이에 따라 종묘에서는 14일에 각 처소의 문구, 도서, 현판, 비품 현황을 기록한 등록책을 장례원에 보냈다. 그리하여 일제강점이 되기 전에 종묘 내 물품에 대한 조사는 일단락되었다.[7]

종묘 물품에 대한 이러한 전수 조사는 일제강점 직후인 1911년에 다시 이루어졌다. 『보고급회첩존당(報告及回牒存檔)』(K2-4766)에 편철된 「회첩 제3호(명치 44년 2월 27일)」에 따르면 종묘에서는 1910년 12월 전향과(典享課) 통첩 1028호에 따라 물품을 조사했다. 이 조사는 종묘 물품을 기본적으로 '설비품', '제기품(祭器品)', '어필문적류(御筆文簿類)'로 구분했다. 그리고 이와 별도로 '선원전 작헌례 제기품', '[명성황후] 부알(祔謁)시 제기', '제향시 제기 임시훼상충용건(臨時毁傷充用件)', 각 재실과 각 직소에 비치된 물품과 일상용품을 조사했다. 이를 기초로 1911년부터 제기품과 비품의 현재부

7 『傳掌記』(K2-3615), (1910년) 3월 9일, 6월 4일, 6월 10일.

(現在簿)를 비치하여 물품의 이동과 훼손·파상이 있으면 기입했다가 1년을 4분기로 나누어 분기 마지막 달에 물품의 변동 사항을 기재하여 보고하도록 했다.[8]

이러한 구분에 따른 물품 조사 결과를 「종묘영녕전보관 제기급비품부(宗廟永寧殿保管祭器及備品簿)」에서 볼 수 있다. 이 문서는 1912년(명치 45년) 4월 11일 종묘에서 관수소(管守所)로 발송한 것이다.[9] 이 문서는 종묘 물품을 '종묘 설비품', '종묘 제기품', '공신당 제기품', '영녕전 설비품', '영녕전 제기품', '이안청(移安廳) 비품', '재실 비품', '종묘·영녕전 제향 시 임시 파상충용건(臨時破傷充用件)', '명성황후 부알 시 제기품', '선원전 작헌례 시 제기품', '종묘·영녕전 각 직소 비품', '종묘·영녕전 각 처 도서 현판 비품(各處圖書懸板備品)', '종묘·영녕전 제향용 잡품(祭享用雜品)' 등으로 구분하여 열거했다.

이러한 구분은 1909년의 것보다 더 세분화된 것이며 1910년 12월의 지시 내용과 거의 일치한다. '종묘', '공신당', '영녕전'으로 3등분되었던 공간이 종묘, 공신당, 영녕전, 이안청, 재실, 직소 등으로 더욱 세분화되었다. 이안청은 사당의 내부를 수리나 조천(祧遷)할 때 신주를 임시로 보관해두는 곳이다. 종묘의 경우, 서쪽 협실 옆의 행랑처럼 앞쪽으로 길게 조성된

---

8 『報告及回牒存檔』(K2-4766), 「회첩 제3호」(명치 44년 2월 27일)에는 12월 말에 물품 이동을 보고하는 것으로 되어 있는데 「보고 제35호」(명치 44년 12월 28일)는 분기별로 보고하는 것으로 되어 있다.

9 『報告及回牒存案』(K2-4890), 「통첩 제26호」(명치 45년 4월 11일)에는 '明治 44年 4月 1日 宗廟永寧殿保管祭器及備品簿'라는 문서가 첨부되어 있다. 이 문서의 제목에 나온 "明治四十五年四月一日"의 '五' 자 위에 '四'를 다시 썼다. 통첩 제26호에는 비품부를 "다시 기록하여 통첩한다"라고 한 것으로 보아 당시 새로 조사한 것이 아니라 기존에 작성된 비품부를 다시 기록하여 보낸 것으로 추정된다. 그러므로 이 비품부의 작성 시기를 1911년 4월 1일로 추정할 수 있다. 필자는 이 장부의 작성 시기를 잠정적으로 통첩 제26호의 일시를 따라 1912년으로 정했다.

방이 이안청으로 사용되었다. 한편, 이 서류에서 재실은 어재실(御齋室)을 가리키는데 왕과 왕세자가 제향 전에 재계를 위해 머무는 곳이다. 1909년 조사에서는 이안청과 재실의 물품이 모두 '종묘 보관품'에 같이 있었는데 1912년 조사에서는 공간을 더욱 세분화했다. 관원과 원역이 근무하는 곳인 직소의 물품은 1909년 조사에서 없었으며 1910년 6월 조사를 바탕으로 작성된 것으로 보인다. 직소는 업무 공간으로 헌관방(獻官房), 전사보방(典祀補房), 방직방(房直房), 수복방, 군사방(軍士房), 대문군사방(大門軍士房) 등으로 구분되었다. 수복방과 군사방은 종묘와 영녕전에 각각 있었다. 아울러 설비품과 보관품에 더하여 제기와 비품의 구분도 보인다. 도서와 현판을 별도로 구분하여 조사한 것 역시 새로운 면모이다. 당시 현판은 어재실에 2좌, 향대청에 6좌, 망묘루에 16좌, 수복방에 6좌 총 30좌나 되었다. 그 외「종묘북계도(宗廟北階圖)」,[10]「대등록(大謄錄)」,[11]「종묘책보도식책(宗廟冊寶圖式冊)」[12]을 비롯한 각종 도서들은 종묘의 기능을 잘 보여준다.

한편, '명성황후 부알 시 제기품'은 1897년 12월 9일 명성황후의 발인과 졸곡을 마치고 종묘에서 거행했던 부알례 때 사용한 제기이다. 부알례는 상례의 부제(祔祭)에 해당하는 것으로 사당에 망자의 신주를 모시고 가서 조상에게 인사를 시키는 제사다. 조선시대 국상에서는 부알례를 거행하지 않았는데 명성황후 국장에서 중국 역대 전례를 참조하여 시행했다. 명성황후 신주를 종묘에 모시고 가서 종묘 정전의 상계(上階) 위에서 부알례를 행한 후 제14실 순조비 순원왕후 신위의 왼편에 서쪽을 향하도록 모시고 부향제(祔享祭)를 거행했다.[13] 부향제를 거행한 후 신주는 혼전인 경효

---

10 이 도서는 현재『虞主埋安處圖本』(K2-2163)이라는 이름으로 장서각에 소장되어 있다.

11 이 도서는 현재『宗廟謄錄』(K2-2212, K2-2172, K2-2173, K2-2174)이라는 이름으로 장서각에 소장되어 있다.

12 장서각 소장『宗廟各室冊寶奉安圖』(K2-2168)가 이 책으로 추정된다.

전으로 다시 옮겨져 그곳에서 제향을 받다가 1921년 고종과 함께 종묘에 부묘되었다. '부알 시 제기품'은 이때 사용한 제기를 가리킨다. 이 제기들은 부알례 이후 다른 곳으로 옮겨지지 않고 종묘 내 별도 공간에 계속 보관되고 있었다.

'선원전 작헌례 시 제기품'을 통해 종묘에 경운궁 선원전 제기를 보관했던 것을 알 수 있다. 종묘에 선원전 제기가 보관되었던 것은 선원전의 화재 때문이었다. 1900년(광무 4) 10월 14일 선원전에서 화재가 발생하여 전각과 어진 등이 소실되었다. 이때 불에 타다 남은 것들을 수습하여 종묘의 해당 신실 북쪽에 있는 섬돌 주변에 매안했는데[14] 선원전에 남아 있던 제기들도 종묘에 옮겨 보관했던 것 같다. 목록에 보이는 선원전 제기들은 대부분 놋쇠로 만든 것들이다. 유산자우리(鍮散子于里), 유중계우리(鍮中桂于里) 등의 선원전 제기는 종묘에 있던 것과 전혀 다른 형태이기 때문에 종묘에서 사용할 수는 없었다.[15] 반면, 경운궁에 선원전을 중건하고 영정을 다시 모사하여 봉안할 때 각 실의 제기도 같이 제작했다.[16] 이 제기들은 사용되지 않고 종묘에 계속 보관되다가 1913년 5월 선원전에 반납되었다.[17]

---

13 이욱, 「대한제국의 성립과 명성황후 국장의 변화」, 『종교와 문화』 34(2018), 59쪽.

14 『고종실록』, 고종 37년 10월 21일.

15 「璿源殿酌獻禮時祭器品」에 포함된 제기는 산자우리, 중계우리, 유다식우리, 유종자우리, 유접시, 유면기, 유탕기, 홍칠원반 총 8종이다.

16 『太祖肅宗英祖正祖純祖文祖憲宗影幀摸寫都監儀軌』(K2-2765)에 당시 제작한 제기들의 도설이 실렸다. 이때 만든 우리(于里)는 은으로 제작되었다.

17 『宗廟文書發送簿』(K2-2175, 10-10), 「發送番號 56(5月 14日) 璿源殿祭器返納의 關ᄒᆞᆫ 件」.

2) 일류물품과 이류물품

설비품과 보관품 또는 비품으로 구분했던 물품 관리 구분에는 1922년(대정 11년)에 이르러 새로운 범주가 추가되었다. 이해 9월 예식과에서는 「물품취급내규(物品取扱內規)」를 제정했다.[18] 이 규정의 목적은 물품 관리의 통일성을 높이는 것이었다. 내규에 의하면 종래 물품의 명칭이 제각기 다르고 그 취급 방법이 통일되지 않아 물품을 정리하는 데 지장을 초래했다. 따라서 새로운 내규를 만들었으므로 이를 따라 물품을 관리할 것을 지시했다. 여기서 통일성은 다양하게 생각해 볼 수 있다. 이 규정은 종묘에 한정되지 않고 묘(廟), 전(殿), 능(陵), 원(園), 묘(墓) 등 당시 이왕직이 담당하던 제향 공간 모두에 적용되었다. 그러므로 내규에서 강조하는 통일성은 다양한 공간에서 서로 다른 방식으로 물품을 관리해 오던 관습을 깨고 통일된 방식을 적용하겠다는 것이었다. 통일성이 가장 절실한 곳은 사물의 명칭이었다. 각각 조금씩 다르게 불렀던 혹은 다르게 표기했던 물품명을 통일하는 일이 시급했다. 다음으로 물품의 분류와 그에 따른 처리 방식의 통일성이다. 마지막으로는 문서 관리 서류의 양식과 기재 방식의 통일이다. 이를 좀 더 구체적으로 살펴보자.

내규는 전체 3장 17조로 되어 있다. 주요 내용을 살펴보면 다음과 같다. 먼저 제1장 '종류의 구별'은 물품의 분류에 관한 것이다. 제1조에서는 각 제향 공간에 설치 또는 비치된 물품을 기존과 전혀 다른 범주인 '일류비품

---

18 『物品取扱內規』(K2-3148), 「物品取扱內規」(대정 11년 9월). 이 자료는 1922년 이왕직 장시사 예식과에서 보낸 종묘의 물품 취급 관련 공문과 규정, 집무 시간표를 1930년 편철한 것이다. 이 내규는 제정된 후 10여 년이 지난 1930년대에도 제대로 지켜지지 않았다. 특히 분산된 왕릉의 경우, 그런 사례가 많았다. 예를 들어, 1932년 4월 18일자 「참봉에회 회보」에 의하면 직원들이 일류비품을 소각 또는 폐기한 후 보고하는 사례가 있다며 내규를 숙독하여 처리할 것을 지시했다[『宗廟接受公文綴』(K2-2211, 9-6)].

(一類備品)’, ‘이류비품(二類備品)’, ‘소모품(消耗品)’으로 구분했다. 내규의 설명에 의하면 ‘일류비품’은 “영구히 사용한 후에도 그 형체가 존재하는 것”을 가리킨다. 반면, ‘이류비품’은 “사용 후 자연히 파상되어 사용할 수 없는 것”이라고 했다. 마지막으로 ‘소모품’은 “사용 당시에 한정된 것”이다. 일류비품과 이류비품을 구분하는 결정적인 요소는 사용 이후 형체의 지속성이라고 할 수 있다.

제2장 ‘취급의 방침’에서는 이 물종들의 취급 방침을 다루었다. 이에 따르면 일류비품은 주무 상관의 수속(手續)을 경유하지 않고 자의로 폐기하거나 태워 없앨 수 없으며 다른 곳으로 옮길 수도 없었다. 이류비품은 파상되어 사용할 수 없게 되면 소모품으로 취급하여 즉시 폐기 또는 소각한 후 보고해야 했다. 반면, 소모품은 사용할 때 수량과 용도 사유만 수불부(收拂簿)에 기입하면 되었다. 담당자는 제반 물품을 존중히 보관하고 사용하되 부패의 염려가 있는 물품은 건조와 정리에 특별히 주의해야 했다. 한편, 도난, 망실, 이동 등의 일이 발생했을 때는 즉시 보고해야 했다. 만약 담당자 또는 사용자의 고의나 부주의로 이러한 일이 일어났을 때는 직접 변상하게 할 수 있다고 주의를 주었다. 한편, 물품을 인계할 때는 양쪽의 책임자가 연명한 인계서를 제출해야 했다. 그리고 주무 상관의 허락이 있는 경우 외에 사적으로 사용할 수 없으며 타인에게 빌려줄 수도 없었다. 마지막 제3장 ‘장부의 취급’에서는 일류비품, 이류비품, 소모품의 수불부를 비치할 것을 지시했다. 이때 물품의 명칭과 수량의 단위를 임의로 변경할 수 없음을 강조했다.

이 규정에 따라 종묘 물품을 분류하여 조사한 결과가 『종묘 영녕전 물품현재표』(K2-3231)이다. 이 문서는 1922년 12월 7일에 종묘에서 예식과에 보고한 문서이다. 여기에 수록된 물품을 보면 먼저 「종묘 제1류 물품 현재표」에 31종의 물품이 적혀 있다.[19] 그리고 「종묘 제기품」 117종, 「공신당 제

표 1 | 물품 분류 방식 (단위: 종)

설비보관품부(1909년)*		보관 제기 및 비품부(1912년)**		물품현재표(1922년)***	
				일류물품	이류물품
종묘 설비품	34	종묘 설비품	24	31	24
종묘 보관품	153	종묘 제기품	101	117	-
		이안청 비품	4	6	2
		재실 비품	10	1	10
		종묘 영녕전 각처 도서현판비품	24	24	-
공신 보관품	15	공신 제기품	17	12	10
-	-	종묘 영녕전 악기품	-	36	4
영녕전 설비품	34	영녕전 물품	23	25	19
영녕전 보관품	98	영녕전 제기품	81	47	-
-	-	파상충용건	66	79	-
-	-	명성황후 부알 시 제기	26	34	2
-	-	선원전 작헌례 시 제기품	8	-	-
-	-	종묘 영녕전 각직소 비품	63	-	-
-	-	종 묘영녕전 제향용 잡품	37	-	43

자료: *『종묘영녕전설비보관품부』(K2-3232), **「종묘영녕전보관제기급비품부」(『보고급회첩존안』, K2-4890), ***『종묘영녕전물품현재표』(K2-3231)

기품」12종, 「종묘·영녕전 악기품」36종, 「영녕전 제1류 물품 현재표」 25종, 「영녕전 제기품」47종, 「이안청 물품」6종, 「재실 비품」1종, 「종묘·영녕전 제향 시 제기 임시파상충용품」79종, 「명성황후 부알 시 제기품」 34종, 「종묘 영녕전 각처 도서현판물품」24종이 나온다. 이어서 「종묘 제

19 1922년 「물품취급내규」에서는 '일류비품', '이류비품'이라고 했는데 1922년 『종묘영녕전물품현재표』(K2-3231)와 1923년 『종묘물품현재표』(K2-4816)에서는 '일류물품', '이류물품'이라는 용어를 사용했다. 당시에 비품과 물품의 용어가 혼용되었음을 알 수 있다. 이 책에서는 규정 내용을 언급할 때가 아니면 실제 보고서에 사용되었던 '일류물품'과 '이류물품'이라는 용어를 주로 사용했다.

2류 물품현재표」에는 24종, 「영녕전 제2류 물품현재표」에는 19종, 「종묘 영녕전 악기품 제2류 물품현재표」 4종, 「공신당 제2류 물품현재표」 10종, 「이안청 비품 제2류 물품현재표」 2종, 「재실비품 제2류 물품현재표」 10종, 「명성황후 부알 시 제기 제2류 물품현재표」 2종, 「종묘영녕전 제향용 잡품 제2류 물품현재표」 43종이 실려 있다. 표 1에서 볼 수 있듯이 1922년 『종묘 영녕전 물품현재표』에는 '종묘 영녕전 악기품'이 새로 보인다. 제1류와 제2류를 모두 합쳐 악기는 총 40종이다. 이 악기는 서류상 1913년(대정 2년) 7월 26일에 인계받은 것으로 되어 있다.[20]

여기서 일제강점기 초에 설비품과 보관품으로 구분되었던 종묘 물품들이 제1류와 제2류의 구분에 의해서 어떻게 나뉘는지 살펴보자.

표 2에서 알 수 있듯이 '설비품'은 종묘 신실 내에 설치된 가구, 휘장, 자리 등을 가리킨다. 신실 내에 설치된 대표적인 가구는 신장(神欌), 신탑(神榻), 책장(冊欌), 보장(寶欌) 등이다. 신장은 신주를 봉안하는 장을 가리키는데 '신주장(神主欌)' 또는 '감실(龕室)'이라고도 했다.[21] 소나무와 잣나무를 주로 이용하여 만든 목가구이며 조선시대에는 주칠을 했는데 대한제국기에 황제로 추존된 황제의 경우, 황칠을 했다. 신장의 전면은 주렴으로 가렸는데 표에 보이는 내주렴(종설 23)이 이에 해당한다. 외주렴(종설 31)은 각 신실의 지게문[戶] 밖에 내려진 주렴인데 '신문주렴(神門朱簾)'이라고도 했다.

신장 바로 앞쪽에는 신탑이 있는데 제향 때 신주를 내어서 안치하는 곳이다. 감실 밖에 있는 제상과 비슷한 높이이며 좌우와 뒤쪽에 낮은 난간이 있다. 선왕의 혼령이 제사를 받는 자리가 된다. 신장의 좌우에는 보장과 책장이 있다. 보장이 책봉을 받을 때나 존호, 시호 등을 받을 때 주어지

20 『宗廟文書發送簿』(K2-2175, 10 10), 「發送番號 78(7月 26日) 樂器引繼에 關훈 件」.

21 장경희, 「조선후기 종묘 신실 내 목공예품의 종류와 제작 실태: 『부묘도감의궤』를 중심으로」, 『동양학』 40(2019), 248쪽.

표 2 | 종묘 설비품의 변동

1909년				1922년			
분류	번호	품명	건수	품명	건수	분류	번호
종설	01	신장神欌	18좌	신장	18좌	종묘1	001
종설	02	(신장)하석下席	18건	황별문석黃別紋席	18건	종묘2	001
종설	03	독대櫝臺 상석上席	46건	독대	46건	종묘1	002
종설	04	독대 황욕黃褥	46건	황주욕黃紬褥	46건	종묘1	003
종설	05	독대 하석	92건	황별문석(독대 상하)	92매	종묘2	002
종설	06	신탑神榻	18좌	신탑	18좌	종묘1	004
종설	07	신탑 황욕	18건	황주욕	18건	종묘1	005
종설	08	신탑 상석	36건	황별문석(신탑 상하)	36매	종묘2	003
종설	09	신탑 하석	36건	황별문석(신탑 상하)	36매	종묘2	003
종설	10	의자倚子	46좌	의자	46좌	종묘1	006
종설	11	책장冊欌	18좌	책장	18좌	종묘1	추1
종설	12	보장寶欌	24좌	보장	24좌	종묘1	007
종설	13	용봉개龍鳳盖	36건	용봉개	36개	종묘1	022
종설	14	용봉선龍鳳扇	36건	용봉선	36개	종묘1	023
종설	15	개기盖機	36건	개기	36좌	종묘1	024
종설	16	앙장仰帳	18건	황주黃紬 앙장	18건	종묘2	004
종설	17	내면장內面帳	18건	황주 면장(18건)	18건	종묘2	005
종설	18	좌우익장左右翼帳	36건	황주 익장	36건	종묘2	006
종설	19	중면장中面帳	18건	황주 면장(18건)	18건	종묘2	005
종설	20	외면장外面帳	18건	황주 면장(18건)	18건	종묘2	005
종설	21	동서격장東西隔帳	2건	황목장黃木帳	2건	종묘2	007
종설	22	격렴隔簾	34건	격렴	34건	종묘1	025
종설	23	내주렴內朱簾	18건	(내)주렴	18건	종묘1	026
종설	24	장걸이欌乫里	36건	-			
종설	25	상탁床卓	18좌	제상(72, 매실4좌, 座面紙 포함)	19건	종묘1	028
종설	26	좌면지座面紙	18좌		18좌	종묘1	028
종설	27	내배석內拜席	18좌	배석	18좌	종묘2	008
종설	28	전내지의殿內地衣	1부	황화문석黃花紋席(전내 하)	1부	종묘2	009
종설	29	치미추雉尾箒	18병	치미추	18병	종묘2	010

종설	30	승진판承塵板	2개	무력제진취鉞力製塵取	2개	종묘2	011
종설	31	외주렴外朱簾	19건	(외)주렴	19건	종묘1	029
종설	32	줄乼	38건				
종설	33	준소지의樽所地衣	1부	지의(준소용)	1부	종묘2	012
종설	34	준소상樽所床	18좌	준소상	18좌	종묘1	030
추품				옥책玉冊	213	종묘1	008
추품				죽책竹冊	12좌	종묘1	009
추품				시책諡冊	14좌	종묘1	010
추품				교명敎命	20좌	종묘1	011
추품				내교內敎	1좌	종묘1	012
추품				국조보감國朝寶鑑	32좌	종묘1	013
추품				옥보玉寶	126좌	종묘1	014
추품				금보金寶	123좌	종묘1	015
추품				금인金印	3좌	종묘1	016
추품				옥인玉印	11좌	종묘1	017
추품				은인銀印	2좌	종묘1	018
추품				시인諡印	1좌	종묘1	019
추품				시보諡寶	8좌	종묘1	020
추품				유서諭書	1좌	종묘1	021
추품				답장踏掌	18좌	종묘1	027

종설: 종묘설비품, 추품: 1922년에 추가된 물품, 종묘1: 종묘일류물품, 종묘2: 종묘이류물품
1909년 자료: 『종묘영녕전 설비보관품부』(K2-3232), 1922년 자료: 『종묘영녕전 물품현재표』(K2-3231)

는 인보(印寶)를 보관하는 장이라면 책장은 죽책이나 옥책을 보관하는 장이다. 그 외 교명이나 국조보감도 책장에 보관되었다. 이러한 장들은 모두 목가구이다.

종묘 정전 내부는 19칸인데 1칸이 하나의 신실이 된다. 그러나 칸 사이는 벽으로 가로막힌 것이 아니라 주렴이 내려져 있다. 표 2에서 격렴(隔簾)(종설 22)이 이에 해당한다. 수렴과 더불어 공간을 구분하고 성소를 가려주는 것이 휘장이다. 신실 내에는 다양한 휘장이 설치되어 있었다. 앙장(종설

16), 내면장(종설 17), 좌우익장(종설 18), 중면장(종설 19), 외면장(종설 20), 동서격장(종설 21) 등이 모두 휘장이다. 앙장은 천장에서 드리운 것이며 내면장은 신장 앞에 내려진 휘장이다. 중면장과 외면장은 감실의 신탑 앞쪽에 설치되어 감실을 가리는 역할을 한다. 중면장과 외면장은 모두 좌우 두 폭으로 되어 있어 제향 때 좌우로 걷어 기둥에 묶었다. 그 외 용봉개, 용봉선의 의장과 배석(拜席), 욕(褥), 지의(地衣) 등의 자리들이 설비품에 포함되었다.

이러한 설비품의 품목들은 1922년 『종묘영녕전 물품현재표』(K2-3231)에서 일류품과 이류품으로 구분된다. 이러한 구분은 가치를 기준으로 한 것이 아니다. 사용 후 형체의 변형을 기준으로 삼았기 때문에 물품의 재질이 큰 변수가 되었다. 표 2에서 보는 것처럼 목가구나 주렴과 달리 천으로 만든 휘장은 모두 이류물품으로 간주되었다. 그리고 배석, 지의 등의 자리들도 이류물품에 포함되었다. 표 2에서 보이지 않지만 제기 중에서 대나무로 만든 폐비(幣篚)나 변(籩)과 같은 제품도 이류물품에 포함되었다. 이렇게 파손되기 쉬운 재질의 물건들이 이류물품으로 간주되었다. 그러나 목두(木豆)는 일류물품에 속했다.[22]

반면, 1909년 보관품에는 제기와 조리도구를 중심으로 조사되었지만 1922년 일류물품에는 책장과 보장에 들어 있는 책, 인, 교명, 국조보감 등의 수량도 게시되었다. 설비품 안에 있는 내용물도 같이 조사한 것을 볼 수 있다. 물론 실별로 종류와 수량을 기재한 것이 아니라 옥책, 죽책, 시책, 교명, 내교, 국조보감, 옥복, 금보 등의 전체 수량만 게시했다.

22 1922년 제2류 물품현재표에 나오는 황주면장은 내면장, 중면장, 외면장을 모두 합한 것이다. 1923년『종묘물품현재표』(K2-4816)에서는 황세내면장, 황세외면장 이외에 중면장은 별도로 보이지 않는다. 이들은 모두 일류물품으로 분류되어 있다. 종묘와 영녕전 각 신실의 휘장은『전내비품존법개요』(K2-4805)에 자세히 실려 있다. 여기에는 신실마다 내면장, 좌우익장, 중면장, 앙장, 외면장이 있다. 중면장과 외면장은 좌우로 두 장을 맞붙여 놓은 상태이다. 그 외 전 내부의 좌우벽에 황목격장이 있다.

그림 5 | 일제강점기 종묘 신실의 모습(국립중앙박물관 소장 조선총독부박물관 유리건판).

한편, 1922년의 『종묘영녕전 물품현재표』(K2-3231)에서 물품을 분류하는 첫 번째 기준은 공간이었다. 즉, 종묘와 영녕전을 구분한 후 일류물품과 이류물품의 구분이 나온다. 그리고 이안청, 재실의 물품이 별도로 구분되어 있다. 그런데 1923년에 작성된 『종묘물품현재표』(K2-4816)는 물품을 종류별로 먼저 구분하여 적고 각각에 대한 공간별 수량을 제시했다. 즉, '종묘·영녕전 제1류 물품현재표', '종묘·영녕전 제2류 물품현재표'와 같이 일류물품과 이류물품으로 물품을 먼저 구분한 다음 해당 물품을 차례로 적고, 그 아래에 종묘, 영녕전, 공신당의 공간 구분을 넣었다. 그리하여 특정 물품이 종묘, 영녕전, 공신당에 몇 개씩 있는지 일목요연하게 볼 수 있도록 했다.

1934년에 작성된 『비치장부』(K2-4773) 역시 물품을 먼저 내세우고 각 물품이 소재한 공간과 수량을 기재했다. 이 비치장부의 물품 구분을 보면 '제기일류품부(祭器一類品簿)', '묘전내비품부(廟殿內備品簿)', '종묘·영녕전 악기부(宗廟永寧殿樂器簿)', '종묘영녕전 제향용 잡품 제2류 물품부(第二類物品簿)', '종묘·어재실 비품 이류품부', '종묘청용(宗廟廳用) 비품 일류품부', '종묘 비품 책류부(冊類簿)', '수복방 용품보관(用品保管)' 등으로 되어 있다. 이는 일류물품과 이류물품을 기본 구분으로 하지만 제기, 악기, 비품 등 물품의 용도를 중시하여 구분하고 있음을 알 수 있다. 그리고 1909년『종묘영녕전 설비보관품부』(K2-3232)에서 볼 수 있었던 설비품의 범주가 다시 등장했다. 신장이나 신탑 같은 제품이 다시 설비품으로 분류된 것이다. 나아가 이런 각 물품의 수량을 종묘, 영녕전, 공신당, 이안청인 서고(西庫) 등으로 구분하여 일목요연하게 파악할 수 있게 했다.

3) 책보의 도난과 관리

1924년 4월 9일에 영녕전 내 주고(酒庫)의 쇄자(鎖子)가 파쇄되어 떨어져 있는 것을 종묘 직원이 발견했다. 이에 땅에 난 종적(從跡)을 즉시 조사하니 좌경문 근방에 인적이 있었다. 다시 영녕전으로 들어와 서협실의 봉문을 살피니 봉문의 쇄자 2개가 파손된 것을 발견했다. 이에 전사보 이하 수복들이 문을 열고 봉심하자 제8실 덕종실과 제9실 예종실 보장의 문이 열려 있고, 보궤가 제상 아래에 열려 있었다. 살펴보니 제8실 금보(金寶) 2과(顆)와 제9실 금보 3과가 없어졌다.[23] 이에 종묘에서 곧바로 상급 과(課)에 보고하자 장관 민영기와 과장 이항구 이하 전사와 전사보가 봉심

---

23 『宗廟日誌』(K2-2208, 2-1), 대정 13년 4월 9일.

표 3 | 종묘 책보록

번호	책명	청구번호	시기
1	『종묘책보등록』	K2-2212	
2	『종묘각실 책보봉안도』	K2-2168	1899년 이후
3	『책보록』	K2-4668	1909년 이후
4	『종묘영녕전 책보록』	K2-2190	1924년

했고 순사가 와서 형적을 조사했다. 4월 12일에 묘전에 봉안된 봉안책과 도식책을 예식과에 보내고, 14일에는 영녕전에 위안제를 설행했다.[24]

그러나 책보를 훔친 범인을 찾지 못한 가운데 5월 6일 하향대제를 지낸 후 그날 오후 2시에 영녕전 제8·9실의 금보를 봉안했다.[25] 이 금보는 찾은 것이 아니라 새로 만든 것이었다. 이후 도난을 방지하기 위해 5월 23일에는 종묘와 영녕전 각 실의 문을 잠그는 횡목(橫木) 요중(腰中)에 편철(片鐵)을 덧댔다. 『종묘일지』(K2-2208)에 따르면 6월 18일에 전사 정만조가 견책을 당하고 전사보 홍성두가 1개월 월봉 중 10분의 1을 감봉당하고, 수복 유한봉, 번덕화, 사정 박삼봉이 면직되었다. 그 사유가 적혀 있지 않지만 책보 도난 사건과 연관된 것으로 보인다. 정만조는 당시 종묘 근무자 중 최고 지위인 전사였다. 그리고 4월 9일 도난일에 입직했던 직원은 전사보 홍성두였다.

금보는 종묘 봉안 물품 중에서 가장 귀한 것이었다. 물론 나무로 만든

---

24 『宗廟日記』(K2-4820, 3-3), 대정 13년 4월 14일. 당시 책보 도난 사건이 발생한 바로 다음 날에 이왕직 차관 시노다 지사쿠와 예식과장 이항구가 효창원에서 하루 종일 골프를 쳐서 물의를 빚었다. 한편, 창덕궁 경찰서에서는 이 사건을 전주이씨 대동종약소에서 이왕직 장관인 민영기를 배척하기 위해 꾸민 음모로 보았다[김대호, 「일제하 종묘를 둘러싼 세력 갈등과 공간 변형: 1920년대 식민 권력과 귀족 세력의 관계를 중심으로」, 『서울학연구』 43(2011), 11-12쪽].

25 『宗廟日記』(K2-4820, 3-3), 대정 13년 5월 6일.

신주가 선왕의 유일무이한 상징물이기 때문에 가장 중요한 것이다. 그와 함께 신실에 보관된 책과 보 역시 선왕의 공덕을 표상하는 것이기 때문에 중시되었다. 신주나 책보는 여타의 의장물과 구별되었다. 조선시대와 대한제국기에 종묘에서 관리하는 대표적인 물품이 책보였다. 이들의 상태를 실별로 정리했다. 일제강점기에 들어와 책보는 다른 '일류물품'과 더불어 계상되었다. 앞에서 언급한 것처럼 1922년에 작성된 『종묘영녕전 물품현재표』(K2-3231)에는 종묘와 영녕전에 보관된 옥책, 죽책, 시책, 교명, 내표, 국조보감, 유서(諭書), 책보, 금보, 금인, 옥인, 은인, 시인, 시보 등의 수량이 종묘와 영녕전으로 구분되어 적혀 있다. 책장, 보장, 용봉개, 용봉선 등의 의장과 같은 표에 기록되었다. 그리고 실별로 구분되지 않았고, 치수에 대한 언급이 없었다.

그러나 1924년 도난을 당한 후 종묘에서는 각 실의 책보를 다시 조사하여 『종묘영녕전 책보록(宗廟永寧殿冊寶錄)』(K2-2190)이라는 제목으로 편철했다. 이 책은 종묘와 영녕전의 책보 현황을 개괄하고 각 실의 책장과 보장의 각 층에 있는 책보의 수량과 치수를 기록했다. 그리고 각 실의 책보는 1943년에 편찬된 『종묘지』(K2-4375B)의 「종묘각실 책보록(宗廟各室冊寶錄)」, 「영녕전각실 책보록」에 실별로 수록되었다.

3. 일본어 물품명의 표준화

1922년 『종묘영녕전 물품현재표』(K2-3231)에서 이류물품에 속하는 '鉽力製塵取'을 주의할 필요가 있다(표 2, 종설 30번, 종묘2 11번). 여기서 '鉽力(ブリキ)'은 네덜란드어 blik를 음차한 것으로 양철, 생철을 가리킨다. 양철은 안팎에 주석을 입힌 얇은 철판이다. 그리고 塵取(ちりとり)는 쓰레받기를 가리킨다. 그러므로 錻刀製塵取는 양철로 만든 쓰레받기이다. 그런데 이 '錻力製塵取'에 상응하는 물품은 1909년에 그 명칭이 승진판(承塵板)이었다. '먼지를 담는 판'이라는 뜻이다. 이렇게 승진판이 塵取로 바뀐 것은 물품명 표기 규정의 변화 때문이었다.

앞에서 언급한 1922년『물품취급내규』(K2-3148)의 제3장 '장부의 취급'은 물품 장부를 작성하는 방식을 다루었다. 일류비품, 이류비품, 소모품 3종의 출입장부를 비치해야 한다. 그런데 이때 중요한 것은 물품의 명칭과 호칭을 새로 정한 것에 따라 기입해야 한다는 점이다. 이를 위해서 별지에「물품유별표」를 만들어 각 물품의 옛 명칭과 새 명칭을 병기했다. 이 대조표에서 옛 명칭과 새 명칭이 서로 다른 것은 119건이나 된다. 이렇게 명칭을 통일한 것은 이전에 기관마다 다른 명칭으로 불렸던 것을 통일하기 위한 것일 수 있다. 비품을 신청하고 이를 지급하는 상호 관계에서 혼선을 없애기 위한 것이다.

그런데 물품 명칭의 통일에서 주의할 것은 일본어의 유입이다. 새 명칭의 대부분이 일본 이름이었기 때문이다. 종묘를 비롯한 이왕가의 향소를 체계적으로 관리하기 위해서는 물품명을 통일하는 것이 매우 시급한 일이었다. 그리하여 통감부 시기부터 일본은 조선의 물품명을 통일하려고 했다. 1910년(융희 4) 1월 20일 내장원(內藏院) 조도과장(調度課長)이 발급한「물품 명칭 및 호칭 일정(一定) 건」에는 물품명의 통일이 필요한 까닭을 다음과 같이 설명했다.

> 종래 각 관청에서 청구하는 물품의 명칭과 칭호가 일정하지 않아 정리에 불편하기에 특별히 알립니다. 이후로 청구할 때는 왼쪽의 명칭과 칭호에 의하여 제출하시기 바랍니다.[26]

위 조치는 물품을 지급하는 내장원의 입장에서 볼 때 물품명이 통일되지 않아서 오는 혼란을 제거하기 위한 것이다. 여기서 명칭은 물품의 이름이며 칭호는 수량을 세는 단위를 가리킨다. 당시 제시한 물품은 장지(壯紙) 등 132종이나 된다.

그런데 물품명을 통일하려는 노력은 여기서 끝나지 않았다. 같은 해 3월에 또 다시 내장원 조사과에서는 명칭의 통일과 관련하여 다음과 같은 문서를 보냈다.

> 지금 일반 각 관청에서 널리 사용하는 비품의 명칭과 칭호를 별지와 같이 하나로 정하여 3월 25일부터 실시할 것을 이미 결재받았으니 이 날 이후는 좌측에 의거하여 취급하고자 합니다. 이에 알리니 살피기 바랍니다. 단, 좌측에 기록한 관청의 특종 물품의 명칭은 아직 정하지 않았으니 필요에 따라서 구매함과 동시에 해당 물품의 명칭을 부기하여 그 관리의 책부를 사용 관청에게 맡길 것입니다.[27]

인용문에서 여러 관청에서 두루 사용되는 비품의 명칭과 칭호를 정했으니 동일한 것과 각 관청에서 사용하는 특수한 물품에 대한 명칭과 칭호는 해당 관청에서 별도로 정하여 관리할 것을 지시하고 있다. 이 서류에서 제시한 물품의 명칭을 살펴보면 제1류 관청용제기구(官廳用諸器具) 38종, 제2류 문구용잡품(文具用雜品) 32종, 제3류 기타잡품(其他雜品) 57종, 제4류 쇄소포주농구류(洒掃庖廚農具類) 61종이 있다. 그리고 마지막에 각 물품에 "품명, 소속 관서, 번호"를 기입하여 부착하는 라벨을 제시했다.

---

26 「物品名稱及稱號一定ノ件」(RD 00414).

27 「物品名稱及稱號一定ノ件」(RD00414), 통첩(융희 4년 3월 일).

이러한 물품들은 관청에서 사용하는 기물과 문구류들이며 이 물품명들을 통일하는 것은 행정 업무의 효율성을 높이고 물품 관리를 위한 기본 자료를 마련하기 위한 것이다. 다만, 이 물품명들을 정하는 기준이 제시되지 않고 있다. 그런 가운데 확정된 물품명에는 일본어가 상당수 유입되었다. 이는 일제강점기에 들어서서 조선어를 대신하여 일본어 중심으로 물품명을 정리할 때 분명히 드러난다.

한편, 각 관청의 특종 물품은 시종원, 장례원, 전선사, 주마과(主馬課), 주전원(主殿院), 내장원, 수학원(修學院), 어원사무국(御苑事務局), 규장각, 각관청(各官廳) 등으로 구분했다. 종묘와 연관된 장례원의 사례를 들어보면 "제의예전악사(祭儀禮典樂事)에 관한 물품"이 특종 물품에 해당한다. 그 구체적인 것은 장례원에서 정하여 부기해야 한다. 이에 대한 장례원의 즉각적인 반응은 보이지 않는다.

그러나 일제가 조선을 식민지화한 후 이왕직에서는 물품명에 대한 문제를 다시 제기하고 통일하려고 했다. 1912년 6월 21일 「물품 취급에 관한 건」의 문서가 그 대표적인 것이다.[28] 장사계 능무실에서 종묘 물품 취급자에게 보낸 이 문서에서 주임 아리마 슈이치[有馬秀一]는 종래 관청용품과 제향용 잡품을 청구할 때 사람들이 여전히 일본식과 조선식 이름을 혼용할 뿐만 아니라 품명이 일정하지 않아 업무에 지장이 심하다고 했다. 이에 별지에 첨부하는 '내지명(內地名)'에 의거하여 물품을 취급할 것을 지시했다. 별지 첨부 품명 중에서 조선식 명칭과 일본식 명칭이 서로 다른 물품은 89건이 되었다. 이 중에서 1922년 『물품취급내규』(K2-3148)에 신식과 구식의 차이로 다시 등장하는 물품은 표 4와 같다.

표 4에서 보는 것처럼 1922년 신식과 구식 대조의 많은 부분은 일본식

---

28 『宗廟公文來綴』(K2-2169, 2-1), 「物品取扱ニ關ハル件」(명치 45년 6월 21일).

표 4 | 물품명의 구식과 신식 차이

	구식	신식	참조
1	印朱盒, 琉璃印朱含	肉池(にくち)	인주합
2	數板, 算板	算盤(そろばん)	주판
3	含錫水桶	バケツ	함석 수통
4	灌水器, 含錫 灌水器	如露(じょうろ)	물뿌리개
5	食刀	庖刀(ほうとう)	식도
6	光耳, 葉光耳	鍬(くわ)	괭이
7	層梯	梯子(はしご)	사다리
8	長道里	金槌(かなづち)	장도리
9	鐵棒	金梃(かなてこ)	철봉
10	三足鐵, 三足釗	五德(ごとく)	화로받침, 솥받침
11	洋墨器	インキ壺	잉크병
12	吸取機, 吸水機	吸取器 (すいとりき)	흡취기
13	洋鐵朴兒只, 長柄瓢	柄杓(ひしゃく)	바가지
14	白木	木綿(太)(もめん)	무명
15	補褥	敷布團(しきぶとん)	요
16	衾	掛布團(かけぶとん)	이불
17	三台	萩製塵取(はぎせいちりとり)	삼태기
18	掃塵板, 塵板	鉽力製 塵取(ちりとり)	쓰레받기
19	火鍤	十能(じゅうのう)	부삽
20	抄筆	小筆(大筆,中筆)	초필
21	鐵筆軸	ペン軸	펜대
22	鐵筆軸觸, 鐵筆尖	ペン先	펜촉
23	印朱	朱肉(しゅにく)	인주
24	黑印朱	黑肉(こくにく)	검정 인주
25	洋墨	インキ(靑,紅)	잉크
26	糊	不易糊(ふえきのり)	풀
27	美濃冊衣	美濃表紙(みのひょうし)	미롱 표지
28	長斫	薪 (まき)	땔나무
29	白炭, 炭	木炭 (もくたん)	백탄
30	洋火, 唐煌	燐寸(マッチ)	성냥

31	燈皮	洋燈ホヤ	램프
32	燈心, 燈芯	洋燈芯(ようとうしん)	심지
33	空石	空叺(あきがます)	섬(가마니)
34	半紙冊衣	半紙表紙 (はんしひょうし)	반쪽 책 표지
35	黃冊衣	黃表紙 (きびょうし)	황색 책 표지
36	綴冊衣	綴表紙(とじびょうし)	제책 표지
37	日本周紙	日本 卷紙(まきがみ)	일본 두루마리 종이
38	出勤簿紙	出勤簿 用紙(ようし)	출근부용 종이
39	文書收受簿紙(接受簿), 文書接收簿紙	文書收受簿 用紙(ようし)	문서접수부 용지

구식 자료: 「物品取扱ニ關ハル件」(1912), 신식 자료: 『물품취급내규』(1922)

과 조선식의 구분이었으며 그중에서 조선식이 아닌 일본식의 명칭을 정식 명칭으로 규정하고 있다. 물론 여기에는 서양 문물의 수용 과정에서 외래어를 음차한 것도 있다. 양동이(バケツ), 잉크(インキ), 펜(ペン) 등이 그런 예이다. 이에 대한 대응으로 조선에서는 수통(水桶), 양묵(洋墨), 철필(鐵筆) 등의 말이 만들어졌는데 그럼에도 일본식 발음의 외래어를 공식어로 사용하게 된 것이다. 인주는 肉池(にくち), 관수기(灌水器)는 如露(じょうろ), 삼족철(三足鐵)은 五德(ごとく), 식도(食刀)는 庖刀(ほうとう), 바가지(朴兒只)는 柄杓(ひしゃく), 삼태(三台)는 萩製塵取(はぎせいちりとり), 화삽(火鍤)은 十能(じゅうのう), 양화(洋火)는 燐寸(マッチ), 공석(空石)은 空叺(あきがます), 책의(冊衣)는 表紙(ひょうし) 등으로 바뀌었다. 如露는 물뿌리개이며 五德은 삼발이 형태의 쇠이며 十能은 삽이다. 그리고 燐寸은 성냥의 일본말이고 空叺은 가마니를 가리킨다. 우리나라에서 백목(白木)과 목면(木綿)은 혼용되어 사용했지만 일본에서는 면직물을 白木이라고 하지 않는다. 그런 의미에서 백목 대신 목면을 공식어로 사용했다.

표 4는 1912년에 조선식과 일본식의 차이를 확인하고 일본식의 사용을 공식화했음에도 10년이라는 세월 속에서 여전히 남아 있는 조선어를 보

여준다. 역으로 1912년에 다르게 언급되었던 물품명 중 1922년에는 일치되어 나타나는 것들도 있다. 그중 대부분은 일본어로 이미 통일되었다. 재떨이인 회판(灰板)은 灰落(はいおとし)으로 통일되었고, 갈퀴(乫箕) 대신 熊手(くまで), 화로(火爐) 대신 火鉢(ひばち), 타구(唾口) 대신 唾壺(だこ), 연적(硯滴) 대신 水入(みずいれ), 서취기(鼠取器) 대신 捕鼠器(ねずみとりき), 열쇠[開金] 대신 鍵(かぎ), 봉투(封套) 대신 封筒(ふうとう)가 공식어가 되었다. 물론 조선어가 그대로 유지된 것도 있다. 주발(周鉢)과 丼(どんぶり) 중에서 주발이 공식어가 되었고, 차일(遮日)과 日覆(ひよけ)에서 차일이 공식어가 되었다. 그러나 조선식과 일본식의 용어가 다른 경우, 일본식이 공식어로 채택되는 경우가 훨씬 많았다.

일제강점기 이왕직은 종묘를 비롯한 이왕가 제사를 통합적으로 관리·운영했다. 각 단묘에 필요한 물품과 비용을 장사계 또는 제사과의 승인하에 관수소 또는 봉상소에서 지급받았다. 이러한 과정은 문서의 수발을 통해서 이루어졌다. 그러므로 용어의 통일은 기본적이면서도 중요했다. 식민지 상황에서 만난 일본과 조선은 물품명을 통해서 불일치를 드러냈다. 불평등 구조에서 용어는 당연히 일본어 중심으로 통일되었다.

4. 소용 품목의 분류와 청구

1) 잡품과 소모품

종묘의 주요 업무는 선왕과 선후의 혼령을 바라지하는 것이었다. 계절마다 거행하는 대제 외에도 달마다 초하루와 보름에 분향을 하고, 새로

나는 과일이나 제철 음식도 매달 준비해서 올려야 했다. 이런 날이면 신실의 문을 열고 신주를 모시며 준비한 향을 피우고 음식을 올렸다. 신께 올리는 음식이나 향은 기본이고 이를 준비하기 위한 각종 기물이 갖추어져야만 의식이 순조롭게 진행되었다. 음식을 조리해야 하고 새벽에 행사를 거행하기 위해서는 불을 밝혀야 했으며 행사에 오는 사람들의 거처도 손봐야 했다. 앞에서 살핀 종묘의 설비품과 비품 대부분은 이 제향을 위해 존재하므로 이때가 되면 장(欌)이나 함(函), 창고에서 나와 각자의 역할을 담당했다. 하지만 제향을 온전히 수행하기 위해서는 더 필요한 것이 있었다. 설비품과 비품이 장기적으로 사용하는 것들이라면 제향 때 한두 번 사용하고 버리는 것들도 많았다. 이러한 물품들을 이왕직에서는 '잡품(雜品)'과 '소모품(消耗品)'이라는 이름으로 관리했다.

제향 소모품에 대한 규정은 통감부 시기에 이미 등장했다. 1908년 7월 향사이정에 관한 칙령이 반포된 후 정부는 9월에 각 제향에 들어가는 제수품을 조사했고, 12월에는 제향 때에 필요한 잡품과 소모품의 품목을 조사하여 그 비용을 계상했다. 이는 제향비의 충당 방식이 바뀌었기 때문에 필요해진 것이었다. 이전에는 각 단묘에 소속된 토지가 있어서 그로부터 제향 비용을 충당했다. 그렇지 않으면 장흥고, 선공감, 제용감 등 정부의 각사에서 필요한 물품을 제공했다. 그러나 이들이 모두 국유화되거나 폐지되었기 때문에 내장원에서 일괄적으로 제향 비용을 지급해야 했다. 그러므로 내장원은 각 제향의 규모를 정확히 알고 있어야만 했다. 이는 비단 제향뿐만 아니라 단묘의 운영에도 마찬가지였다. 각 향소의 시설을 정확히 알고 있어야만 그에 대한 운영과 보수 등의 비용을 책정할 수 있고, 이를 기반으로 제향을 유지할 수 있기 때문이다.[29]

---

29 『享費規定』(K2-2581, 5-2), 「祭享用雜品及消耗品費等에 關ᄒᆞᆫ 件」(융희 2년 12월 18일).

1908년 12월에 궁내부 내장원에서는 향사이정 이후 변화된 제향에 맞추어 각 제향에 소용되는 잡품과 소모품의 수량과 사용 연한을 정하고 각 물품의 시가를 정하여 제향 경비를 추정할 수 있게 했다. 이러한 규정은 1909년 2월 23일 반포된 훈령 제6호에 따라 곧바로 시행되었다. 제향 때마다 새로 정해진 비용에 따라 물품을 신청하면 상부에서 그 비용을 종묘에 지급하는 것이다. 종묘에서는 이 비용으로 해당 물품을 준비하여 사용하는데 잡품은 그 사용 연한을 잘 고려하여 관리해야 했다.[30]

당시 마련된 잡품과 소모품의 종류 및 수량, 시가는 일제강점기에도 이어졌기 때문에 그 내용을 먼저 살펴볼 필요가 있다. 1908년 12월에 작성된 『향비규정(享備規定)』(K2-2581, 5-2)의 잡품비와 소모품비의 내용은 『종묘영녕전소모책(宗廟永寧殿消耗冊)』(K2-3233)에 나오는 잡품비와 소모품비의 내용과 동일하다. 다만, 전자가 종묘 이외의 제사도 함께 다룬 것이라면 후자는 종묘에 관련된 것만 실었다. 이 중에서 종묘대제 때 소용되는 잡품의 품목은 표 5와 같다.

표 5에서 볼 수 있듯이 당시 제향에 사용되는 물품 중 48종이 잡품으로 정해졌다. 제기 등의 물품을 씻고 닦을 때 사용하는 수건류, 향축 등의 물건을 싸는 보자기, 제물을 덮어 보호하는 유둔(油芚), 청소 및 조리 도구 등이다. 그리고 제관, 숙수, 수복 등이 입는 의복도 있었다. 이 물품들은 대부분 직물로 만든 것이고 거칠게 사용하여 오래가지 못하는 것들이다. 각 물품은 수량뿐만 아니라 시가와 사용 연한도 나와 있다. 이는 비용의 지출과 관계되기 때문이다. 당시 각 물건의 시가는 별도로 「제향 시 소용잡품 시가표(祭享時所用雜品時價表)」를 만들어 규정했다. 이에 기초하여 종묘 제향에 필요한 물품과 그 시가를 단가로 잡아 비용을 계상했다. 사용 연

30 『宗廟永寧殿消耗冊』(K2-3233), 「訓令第六號」(융희 3년 2월 23일).

표 5 | 종묘 제향시 소용 잡품(공신당 포함)

물명	수량	배용기한(년)	단가(圓.錢里毛)	합계(圓.錢里毛)
독정건櫝淨巾	46건	1	0.49	22.54
의자건椅子巾	18건	1	0.49	8.82
식정건拭淨巾	18건	1	0.15	2.70
상식건床拭巾	18건	1	0.105	1.89
작건爵巾	18건	1	0.15	2.70
작세건爵洗巾	18건	1	0.15	2.70
향로건香爐巾	5건	1	0.50	2.50
준소복樽床袱	18건	1	0.64	11.52
증대포甑帶布	10	1	0.30	3.00
증개포繒蓋布	8	1	0.30	2.40
증병복蒸餠袱	6	1	1.40	8.40
장위대대腸胃大帒	10	1	0.49	4.90
관세건盥洗巾	10	1	0.21	2.10
제기수정포祭器修整布	2필	1	1.80	3.60
숙수정의熟手淨衣	10	2	1.40	14.00
숙수정수熟手淨袖	10	2	0.21	2.10
숙수정상熟手淨裳	10	2	0.42	4.20
수복홍의守僕紅衣	20	1	4.00	0.80
수복두건守僕頭巾	20	1	0.36	7.20
묘사제복廟司祭服	1	6	20.00	0.20
가자복架子袱	5	1	0.91	4.55
전축복塡祝袱	1	1	0.975	0.975
축식복祝式袱	1	1	1.725	1.725
천신복薦新袱	10	1	0.945	9.45
향축장香祝欌 도배저주지塗褙楮注紙	10장	1	0.0225	0.225
향축장 도배백지塗褙白紙	1권	1	0.16	0.16
생기牲器 복유둔覆油芚	10번	1	0.50	5.00
제물祭物 복유둔覆油芚	10번	1	0.50	5.00
전사청용典祀廳用 유둔油芚	10번	1	0.50	5.00

유오柳筽	10부	1	0.40	4.00
유기柳箕	2부	1	0.44	0.88
지배석地排席	20건	1	0.16	3.20
축농杻籠	5개	1	0.16	0.80
행담行擔	5개	1	0.46	2.30
노추蘆箒	10개	1	0.075	0.75
목표木瓢	6개	1	0.30	1.80
과표果瓢	6개	1	0.05	0.30
자완磁碗	36개	2	0.90	32.40
사보아砂甫兒(대臺 포함)	36개	2	0.30	10.80
수옹水瓮	10좌	2	1.00	10.00
대통大桶	4개	2	0.50	2.00
세마미추細馬尾箒	5개	1	0.50	2.50
죽추竹箒	4개	1	0.30	1.20
초성草省	4개	1	0.10	0.40
조리助里	2개	1	0.04	0.08
식도食刀	3개	1	0.30	0.90
화수염和水塩	4석	1	1.60	6.40
배석拜席	5립	1	0.50	2.50
계			1년합	232.065
			2년합	75.50
			6년합	20.00

자료: 『향비규정』(K2-2581, 5-2)

한은 최소 1년이며 6년인 것도 있다. 제향 때 묘사(廟司)의 제복 연한이 6년으로 가장 길었다. 그 외 대부분은 최소 1년이므로 잡품은 최소 1년에 다섯 번까지는 사용할 수 있어야 했다.

한편, 제향에 소용되는 소모품의 종류는 다음과 같다. 소모품은 잡품과 달리 물품의 사용 연한이 없었다. 이는 소모품에는 일회용품만이 포함되었음을 보여준다.

표 6에 나오는 소모품은 제향 준비용, 제향용, 제향 후 진상용 등으로 구분할 수 있다. 숙설목은 제향 음식을 조리할 때 필요한 땔감으로 제수 음식을 끓이거나 익히고, 삶고 찌는 데 소용되었다. 정전 뜰을 밝히는 땔나무인 정료목(庭燎木)을 비롯하여 횃불[炬], 초[燭] 등은 조명을 위한 물품이다. 이 물품들은 제향이 새벽에 거행되었음을 보여준다. 물론 종묘 정전 내부는 낮에도 어두워 조명이 반드시 필요했다. 진설촉(陳設燭)은 정전 내 신실의 제상에 설치하는 초이다. 조선시대에 제작된 종묘 제향 시 찬물진설도(饌物陳設圖)에 따르면 제상에서 신위가 있는 안쪽의 양 모퉁이에 등잔이 있고 바깥쪽 모퉁이 양쪽에 촛대가 있어서 초를 꽂았다. 반면, 준소촉(樽所燭)은 정전 지게문 밖의 준소상에 놓는 것이다. 표 6에 따르면 진설촉은 18쌍인데 준소촉은 9쌍이다. 종묘 각 신실 내 제상마다 한 쌍의 촉을 두는 데 반해 진설촉은 준소상마다 한 쌍이 아닌 것을 알 수 있다. 망료촉(望燎燭)은 제향의 마지막에 축문을 태울 때 밝히는 초로 정전 뜰의 서북쪽에 설치했다. 제향 때 묘정의 어둠을 밝히는 것은 횃불이다. 30개의 횃불은 묘정 주변에 돌아가며 설치했던 것으로 보인다. 용지(龍脂)는 횃불에 사용하는 기름이다.

한편, 숯은 희생의 간(肝), 발기름[膋], 모혈(毛血), 쑥[蕭], 서(黍), 직(稷)을 태우는 화로에 사용하기 위한 것이다. 희생제의 일종인 종묘 제향은 그 전날에 소, 양, 돼지를 도살하여 날고기를 준비하는데 이때 희생의 모혈과 간료(肝膋)를 별도로 준비했다가 올렸다. 그리고 상향 후 쑥, 서, 직을 기름과 함께 화롯불에 태웠다. 이러한 절차는 온전한 희생을 잡았음을 고하는 의식인 동시에 신을 부르는 의식이었다. 이때 숯은 화로에 불을 피우기 위한 것이다.

소모품에는 의외로 종이가 많이 등장한다. 제향을 마치고 보고할 때 필요한 서계지(書啓紙), 제물을 왕실에 진상할 때 물목을 적는 단자용(單子用)

표 6 | 종묘대제 시 소용되는 소모품

물품	수량	단가(圓.錢里毛)	합계(圓.錢里毛)	참조
숙설목熟設木	7태駄	1.50	10.50	조리 시 연료
정료목庭燎木	1태	1.50	1.50	조명
거炬	30병柄	0.50	15.00	조명
탄炭(번간용燔肝用 포함)	4석石	1.00	4.00	제향
진설촉陳設燭	18쌍雙	0.18	3.24	조명
준소촉樽所燭	9쌍	0.18	1.62	조명
명화촉明火燭	1쌍	0.18	0.18	조명
망료촉望燎燭	1정丁	0.09	0.09	조명
용지龍脂	50병柄	0.10	5.00	조명
설소爇蕭	5타朶	0.10	0.50	제향
모초茅草	4개	0.15	0.60	제향
서계지書啓紙(저주지楮注紙)	10장	0.0225	0.225	문서
진상단자進上單子 저주지	10장	0.0225	0.225	진상
진상 양육봉과저유지羊肉封裹楮油紙	3장	0.03	0.09	진상
진상 줄바條所	2간의良衣	0.18	0.36	진상
진상복주병進上福酒甁	4개	0.30	1.24	진상
번육단자지膰肉單子紙(저주지)	10장	0.0225	0.225	진상
병개저주지餠盖楮油紙	3장	0.03	0.09	진상
계			44원 64전 5리	
4차 합계			178원 58전	
外	1년계			
홀기지笏記紙 도련지擣鍊紙	8장			제향
전축필塡祝筆	8병			전축
묵墨	8정			전축
화위리저주지火圍里楮注紙	18장			미상
봉과백지封裹白紙	1권			진상
합계			3원 28전 5리	

자료: 『향비규정』(K2-2581, 5-2)

저주지, 제향 후 진상할 고기를 쌀 때 사용할 기름종이 저유지(楮油紙)가 그것이다. 홀기(笏記)를 적는 용지는 일반 종이보다 두껍고 질긴 도련지(擣鍊紙)를 사용했다. 대축이 축문에 초헌관의 이름을 기록할 때 사용할 붓과 먹도 필요했다. 화우리(火圍里)는 '불어리'를 가리키는데 불티가 바람에 날리는 것을 막고자 화로에 들씌우는 제구로 위에는 바람이 통하도록 구멍이 뚫려 있었다.[31] 또한, 난방이 아니라 불을 밝히는 화위리등(火圍里燈)도 있었다. 화위리(火圍里) 저주지는 화위리를 만드는 데 사용되는 종이를 가리킨다.

2) 물품 청구와 조달

일제강점기 종묘에서 상부에 올린 문서는 청구서와 보고서가 대종을 이루었다. 보고서는 직원의 근무 상황을 정기적으로 보고하는 직원 근무 월보와 직원 근무 성적표가 대표적이다. 그 외 상부의 요청에 따른 직원 주소록 보고나 상황에 따라 문갑(門鑑)이나 잡품 등의 반납에 따른 보고가 있었다. 반면, 청구서에는 분향, 천신, 고유제, 대제 등의 제향에 필요한 소모품 청구와 제기, 악기, 사무용품 등의 수선이나 요청이 있었다. 또한, 제향 때는 제관을 위해 재실의 점화목을 청구했다.

그런데 종묘의 관리를 위해서는 제향 외 평상시의 업무에 필요한 소모품이 있을 수밖에 없었다. 종묘 관련 문서철 중에서 『종묘청구부(宗廟請求簿)』(K2-3238)는 업무 관련 물품들을 상부에 청구한 내역을 기록한 것이다. '청구월일', '청구품명', '칭호', '수량', '비고', '보조자인', '주임자인', '수령월

31 김연주, 「순종가례발기의 차자표기 해독」, 『한국사상과 문화』 90(2017), 152쪽.

일'로 구분된 칸에 각 사항을 기입했다. 흥미로운 것은 청구 날짜와 수령 날짜를 구분하고 있다는 점이다. 이것은 해당 물품들을 종묘에서 직접 구매하지 않고 다른 곳에서 받아 썼음을 의미한다. 비용을 청구하여 상인들에게서 직접 구매하는 제향의 소모품과는 다른 조달 방식이다.

종묘의 물품과 제물을 지급한 곳은 관수소(管守所)였다. 날인하는 보조자는 물품을 수령하는 종묘의 전사보이고, 주임자는 관수소의 직원이였다. 1911년에 장사계에서는 물품을 수령하고 보관할 보조원 1명을 선정하라고 종묘에 지시했고, 이에 종묘에서는 전사보 김익동을 선정하여 통지했다.[32] 이 중에서『종묘청구부』에 기록된 것은 대개 한 달을 기준으로 종묘 운영의 소모품들을 청구한 것이다. 그 중요한 부분은 당연히 직원과 원역이 근무하는 곳의 난방 및 조명 연료, 각종 문서의 작성을 위한 종이와 문방구들이다. 비고란에는 물품의 용도를 적어서 그 사용처를 알 수 있게 했다. 1911년 3월의 예를 보면 표 7과 같다.

위에서 매달 정기적으로 청구한 대표적인 물품이 종이이다. 미농전괘지(美濃全罫紙), 미농반괘지(美濃半罫紙), 미농반지반괘지(美濃半紙半罫紙) 등 미농지(美濃紙)[33]로 만든 용지는 매달 요청하여 지급받았다. 매수는 달마다 차이가 있지만 전괘지(全罫紙)의 경우, 대부분 30~40매 정도였다. 그 외 봉투, 먹, 붓 등도 공문서 작성을 위해 자주 청구되었던 품목이다. 그 외 각종 연료가 주요 청구 대상이었다. 이는 조명용과 난방용으로 구분할 수 있다.

석유는 밤에 불을 밝히기 위한 연료로 사용되었다. 전사보가 근무하는 관방(官房)과 수복과 방직, 군사들이 근무하는 원역방(員役房)에는 남포등

---

32 『報告及回牒存檔』(K2-4766),「회첩 제1호」(명치 44년 2월 18일).

33 미농지는 닥나무 껍질로 만든 일본의 전통 종이로 얇고 질긴 특성이 있다. 일본 기후현 미농(美濃: 일본어 발음으로는 미노) 지방에서 생산되어 붙여진 이름이다. 미농지는 괘선을 박아 공문서를 작성하는 데 사용했다.

(南浦燈)이 있었고 그 외 조명 시설로 장명등이 있었다. 여기에 소용되는 석유의 양은 계절에 따라 편차가 있었는데 겨울에는 49.5합이라면 여름에는 30합 정도였다. 1912년 기준으로 남포등은 헌관방 2개, 종묘 수복방 1개, 영녕전 수복방 1개, 영녕전 군사방 1개, 대문 군사방 1개 등 총 6개가 있었다. 그리고 장명등은 전사보방, 종묘 동문, 종묘 남신문, 영녕전 동문, 외대문 등 5곳에 설치되어 있었다.[34] 남포등과 장명등 모두 석유등이었다. 1916년 8월 25일에 종묘에 전등을 가설하는 공사를 시작하여 같은 달 30일에 마치고 불을 밝혔다.[35] 이후에는 석유 청구는 보이지 않는다.

등불을 켤 때 꼭 있어야 하는 것이 양화(洋火)이다. 양화는 성냥을 가리키는데 7월부터는 '燐寸(マッチ)'이라는 일본식 이름으로 나왔다. 그러나 다음 달부터 다시 양화라는 물명을 사용했다. '燐寸'으로 정착하게 된 것은 1912년 7월부터이다. 이것은 앞에서 언급했던 1912년 6월 21일의 「물품 취급에 관한 건」과 연관된 것이다. 양촉(洋燭)은 종묘와 영녕전을 순야할 때 쓰는 순야등(巡夜燈)에 사용했다. 매일 밤 3차례 이들을 들고 순찰했다. 그러나 1912년 2월에는 순경석유등(巡更石油燈)을 청구하고 매달 양촉 대신 석유를 15~30합을 청구한 것으로 보아 석유등으로 교체한 것 같다. 소목과 백탄은 난방을 위한 연료로, 청구하여 사용한 후 매달 남은 것과 부족한 것을 보고했다.

한편, 제향 때 청구한 물품들을 살펴보자. 1911년 5월 6일에 거행하는 하향대제에 소용된 소모품의 청구 문서를 보면 표 6에 나오는 소모품과 종류와 수량이 동일했다.[36] 삭망제의 경우에도 마찬가지였다. 추향대제인

34 『報告及同牒存案』(K2-4890), 「報告 第23號(明治 45年 4月 4日) 宗廟 永寧殿 各直所備品」.

35 『宗廟日誌』(K2-4697), 大正 5年 8月 25日.

36 『宗廟請求簿存案』(K2-3647), 「청구서 제8호」(명치 44년 4월 28일).

표 7 | 1911년 물품의 청구와 수령

청구월일	청구품명	수량	비고	수령월일
3월 3일	미농美濃 전괘지全罫紙	40매	공문 작성용	3월 9일
	미농 반괘지半罫紙	40매	공문 작성용	
	미농 반지반괘지半紙半罫紙	40매	공문 작성용	
	소봉투小封套	30매	공문 작성용	
	잡건雜巾	9척	관방官房 및 수복방 3처 소용	
	묵墨	2정	공문소용	
	등피燈皮	10개	5처소 장명등長明燈 및 관방 원역 남포용南浦用	3월 14일
	축추杻箒	10병	관방 및 원역방員役房 소용	
	삼태三笞	10개	관방 및 원역방 소용	
	함석수기含錫水器	2개	수복청守僕廳 양전兩殿 소용	3월 18일
	양철수박洋鐵水朴	3개	관청官廳 및 수복청 소용	
	줄乼	3건	관청 및 수복청 소용	
	수철화로水鐵火爐	1좌	방직방房直房 소용	도착하지 않음
3월 4일	소목燒木	153속	관방 및 원역방 3월 31일 소용	3월 4일
3월 8일	백탄白炭	38관	관방 및 원역방 3월 31일 소용	3월 8일
	석유石油	495승	관방 원역방 남포 및 장명등 소용	3월 14일
	양화洋火	6대袋	관방 및 원역방 소용	
	방추房箒	5병	관방 및 원역방 소용	3월 18일
	연적硯滴	2개	종묘 영녕전 전축塡祝 소용	〃 (비품)
	반지전괘지半紙全罫紙	20매	청구책 소용	〃
3월 10일	인주육印朱肉	1합	관방 소용	3월 18일
3월 21일	저주지楮注紙	10장	봄 수개 고유제 진상 및 번육 단자용	3월 23일(관수소)
	저유지楮油紙	2장	진상 번육 봉과 소용	3월 23일(관수소)
	추도錐刀	1개	관방 및 수복방 공문 소용	4월 25일

자료: 『종묘청구부』(K2-3238, 8-3)

경우 얼음[氷] 75정이 추가되었다.[37] 그러나 잡품은 제향이 있을 때마다 청구하지 않고 해당 물품이 소진되었을 때 신청했다. 1911년의 경우를 보면 춘향대제 때는 잡품의 청구가 보이지 않지만 추향대제 때는 있었다. 전체 물품 중에서 장위대대(腸胃大帒) 10건, 증대포(甑大布) 10건, 목표(木瓢) 6개, 과표(果瓢) 6개, 식도(食刀) 3개 총 5종의 물품을 청구했다.[38]

한편, 음력 초하루와 보름에 거행하는 삭망분향이나 천신은 그 규모가 작은 만큼 소모품도 적었다. 분향 시 필요한 소모품은 향탄 1석과 황촉 36쌍이었다. 이를 통해 볼 때 분향은 제물의 준비 없이 18실의 신위에 향을 태우는 것으로만 진행하는 것임을 알 수 있다. 천신은 올리는 품종에 따라 약간의 차이가 있었다. 과일과 같이 특별한 조리 없이 올리는 경우에는 의식 진행에 필요한 횃불과 의식이 끝난 후 진상할 때 음식을 싸거나 단자를 쓸 때 필요한 종이가 전부였다. 예를 들어, 1912년(대정 1) 8월 7일에 음력 7월령 천신 1회분을 신청한 청구서를 보면 장유지(壯油紙) 4매, 저주지 4매, 조선백지 8매, 홰 4본 총 4종의 물건이 실려 있다. 장유지는 진상을 위한 포장지이며 저주지는 진상 단자용이고 조선백지는 단자용이었다. 이때 천신에는 잣, 배, 연밥, 청포도 등 과일이나 씨앗이 올라갔다. 반면, 익히거나 구워서 올리는 음식의 경우, 땔나무나 숯이 추가되었다. 1912년 2월 8일에 올린 청구서 제4호에 "익히거나 구운 음식에는 목탄이 있고 과일 종류에는 목탄이 없다"라고 명기했다.[39] 1912년 11월 29일에 청구한 음력 11월 월령 천신 소모품을 보면 땔나무 12관, 숯 3관, 저유지 2매, 저주지 2매, 조선백지 4매, 거(炬) 2본 총 6종이었다. 여기서 신과 탄은 모

37 『宗廟請求簿存案』(K2-3647), 「청구서 제20호」(명치 44년 8월 21일).

38 『宗廟請求簿存案』(K2-3647), 「청구서 제21호」(명치 44년 8월 21일).

39 『宗廟請求簿』(K2-3238, 8-3), 「청구서 제4호」(명치 45년 2월 8일).

표 8 | 1916년 10월 수복의 업무(물품 관련 사항)

날짜	내용	참조
13일	제품 중 파상건, 동향대제 소모품 청구서 제출	대제
14일	음력 10월 분향·천신·동향대제 봉과지封裹紙, 사기말砂器末, 제등촉提燈燭 청구서 제출	대제, 분향
19일	천신할 석류를 전사보 최병일과 수복 유한봉이 배진함	천신
20일	천신관 이홍묵이 천신 진상	천신
24일	동향대제 소용 제기祭器를 수정修整하기 위해 제향부祭享夫 송덕문, 김원식 등이 옴(24일, 25일)	대제
25일	음력 10월 향탄香炭과 천신 및 동향대제 소모품을 상민商民 조문원이 진배함	대제, 천신
26일	동향대제용 건제물乾祭物을 전사보 최병일과 수복 손영선, 유한봉이 배진함	대제
27일	(음력 10월 1일) 분향시 전사 이재덕과 전사보 이홍묵, 최병일이 참석함 동향대제용 제물 숙설을 위해 출입직 수복이 합번하여 거행함	대제,분향
28일	동향대제 제물 희생을 전사보 최병일과 수복 남택진, 유한봉이 배진함	대제
29일	(음력 3일) 동향대제 철찬撤饌 후 양궁兩宮 진상과 각처 준여餕餘 분배시 합번 거행	대제
30일	제기를 제기장祭器欌에 넣기 위해 출입직 수복이 합번함	대제

자료: 『종묘일지』(K2-4697)

수 숙설용(熟設用)이다. 당시 천신 품목은 백어탕(白魚湯)과 청어적(青魚炙)이었다.[40]

한편, 표 8을 보면 종묘의 제향 때 물품 청구와 공급이 어떻게 이루어지는지 알 수 있다.[41] 1916년 10월 29일에 동향대제가 있었는데 이를 위해서 같은 달 13일에 동향대제 소모품 청구서를 제출했다. 이 소모품은 위에서 살핀 표 6의 목록과 동일하다. 이렇게 청구한 소모품은 관수소에서 수령하는 것이 아니다. 25일 일지 내용에는 "천신 동향대제 소모품을 상민 조문원이 진배"했다고 적혀 있다. 즉, 해당 물품은 상민들이 직접 가져온 것

40 『宗廟請求簿』(K2-3238, 8-3), 「청구서 제45호」(대정 1년 11월 29일).

41 『종묘일지』(K2-4697), 대정 5년 10월.

이다. 이에 대한 대금은 관수소에서 지급했는지 종묘에서 지급했는지는 불명확하다. 일제강점기 초에는 관수소에서 소모품비를 종묘로부터 받아 상인들에게 물품을 구매하고 영수증을 상부에 보고했다. 그러나 이러한 업무 형식이 계속 유지되었는지는 좀 더 살펴보아야 한다. 반면, 제물은 관수소를 통해서 왔다. 26일에는 건제물(乾祭物)을 전사보와 수복이 관수소에서 받아왔고,[42] 27일에는 동향대제 제물을 조리하기 시작했다. 28일에는 희생을 역시 전사보와 수복이 관수소에 가서 받아왔고, 29일에 제향 후에는 준여를 고종과 순종의 거처에 진상하고 각처에 나누었다. 그리고 제향 다음 날 제기를 장에 다시 넣으면서 제향이 마무리되었다.

---

42 종묘에서 관수소 또는 봉상사에서 받아온 제물은 건제물, 진제물, 희생으로 구분되는데 건제물은 제물 또는 마른 식재료를 가리키는 것으로 추정된다. 벼, 기장, 밀가루 같은 곡류가 대표적인 건제물이었을 것이다. 그러나『제향용소모품청구부』(K2-4813)에 수록된 「종묘 춘향대제 건제물 제수품」이라는 문건에서는 피(稗), 갱미, 기장 같은 곡류 외에도 과일, 청주, 울금주, 간장, 사슴고기 젓갈, 미나리김치 등 술이나 젓갈, 김치도 같이 있어 건제물의 실체를 명확히 규정하기 어렵다.

제3장
종묘 제향의 운영

1. 제향 경비의 구성

1) 제기와 제물의 구성

조선시대 종묘의 기본 제사인 오향대제(五享大祭)는 변(籩)과 두(豆)가 각각 12개 놓이는 대사(大祀)에 해당했다. 여기에 소, 양, 돼지의 희생을 잡고, 신위마다 보(簠)와 궤(簋) 2개씩, 등(㽅)과 형(鉶) 3개씩을 준비하는 종묘 제향은 매우 성대한 제사였다. 18실의 종묘를 기준으로 하면 변과 두만 하더라도 432개를 준비해야 했다. 봄과 가을 영녕전의 제향까지 합치면 준비해야 할 제물의 양은 엄청났다. 그렇다면 조선시대 종묘 제향의 규모가 일제강점기에 그대로 유지되었을까?

그림 1은 1937년에 작성된 종묘 사시대제(四時大祭)의 진설도이다. 위에서부터 6개의 작(爵)이 나란히 있는 데까지가 제상(祭床)이고, 그 아래는 준소상(尊所床)이다. 준소상은 술독을 놓아두는 상탁으로 정전의 지게문 바깥쪽에 설치하고 그 위에 술항아리와 술잔을 두었다. 헌작(獻爵) 때면 헌관이 먼저 준소상에 임하여 작에 술을 채운 다음 신실로 들어가 신께 올렸다.

그림 1에는 국그릇인 등과 형을 제외하면 제기의 이름이 보이지 않으나 사각형과 원형으로 구분된 제기의 수량은 조선시대의 것과 차이가 없다. 이 진설도는 왕 1위와 왕후 1위를 위한 제사상이다. 진설된 제기는 변 12개, 두 12개, 등 6개, 형 6개, 보 4개, 궤 4개, 성조(腥俎) 3개, 숙조(熟俎) 3개, 모혈반 1개, 간료등 1개, 작 6개이다. 보와 궤는 밥그릇으로, 등과 형은 국그릇으로 간주되었기 때문에 각각의 신위마다 올렸다. 즉, 1위마다 보와 궤 각 2개, 등과 형 각 3개씩 올렸다. 술잔인 작은 신위마다 3개씩 올

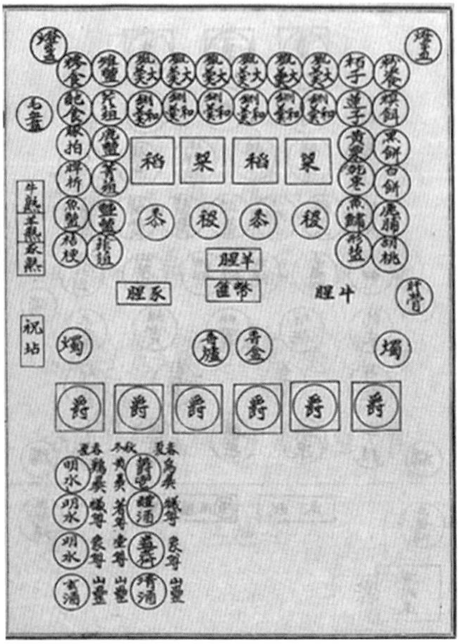

그림 1 | 일제강점기 종묘 대제 진설도
자료: 『홀기진설도』(K2-5078)

렸다. 그러므로 만약 계비가 있어 3위가 되면 등과 형, 보와 궤, 작은 그 수가 늘어났다. 나머지 제기는 신위의 수와 관계없이 1실, 곧 하나의 제상을 기준으로 정해진 수량만큼 올렸다. 이러한 구성은 조선시대의 것과 다르지 않다. 실마다 올라가는 제물의 수에 변동이 없음을 의미한다.

그렇다면 제기에 담긴 제물은 어떨까? 이 진설도에 나온 제물을 조선시대 『종묘의궤』에 실린 진설도의 것과 비교하면 등과 형, 보와 궤의 구성은 모두 동일하다. 희생의 수량이나 배치 역시 동일하다. 차이를 보이는 것은 변과 두에 담기는 제물이다. 변은 대나무로 엮은 그릇으로 마른 음식을 담고, 두는 나무를 깎아 만든 그릇으로 물기가 있는 음식을 담았다. 여기에 담기는 24가지 음식은 젓갈[醢], 절인 채소[菹], 과일[果], 떡[餠] 등으로 구분할 수 있다. 젓갈류로는 토해(兎醢, 토끼고기 젓갈), 녹해(鹿醢, 사슴고기 젓갈), 담해(醓醢),[1] 어해(魚醢, 생선 젓갈)가 있고, 절인 채소에는 근조(芹菹, 미나리김치), 청저(菁菹, 무김치), 구저(韭菹, 부추김치), 순저(筍菹, 죽순김치)가 있다. 이들은 모두 두에 담는 대표적인 음식이다. 반면, 능인(菱仁, 마름 열매), 감인(芡仁, 가시연밥), 율황(栗黃), 건조(乾棗), 진자(榛子) 5가지 과일은 모두 변에 담는다. 변에 담

1 담해는 육즙이 많은 젓갈을 가리킨다.

는 구이(糗餌),[2] 분자(粉餈),[3] 흑병(黑餠), 백병(白餠)과 두에 담는 이식(酏食),[4] 삼식(糝食)[5]은 떡류에 속하는 음식들이다. 그 외 두에 담는 돈박(豚拍, 삶은 돼지갈비)과 비석(脾析, 천엽), 변에 담는 어수(魚鱐),[6] 녹포(鹿脯), 형염(形鹽, 호랑이 모양으로 쌓은 돌소금) 등이 있다. 이러한 변두의 음식을 일제강점기 종묘의 것과 비교하면 표 1과 같다.

변과 두 전체 24종의 제물 중에서 조선시대와 일제강점기가 서로 다른 것은 순저(筍菹)-길경(桔梗), 토해(兔醢)-치해(雉醢), 능인(菱仁)-백자(柏子), 진자(榛子)-연자(蓮子), 율황(栗黃)-황률(黃栗), 검인(芡仁)-호두(胡桃) 총 6건이다. 그러나 율황과 황률은 말려서 껍질을 벗긴 밤을 가리키는 이칭이므로 이를 제외하면 불일치한 경우는 모두 5건이다.

능인과 검인은 수택(水澤)에서 나는 과실을 대표했다. 능인은 마름을 가리킨다. 연못이나 강에서 자라는 한해살이풀이다. 검인 역시 못이나 늪에서 자라는 수련과 한해살이풀의 열매인 가시연밥의 씨를 말한다. 그런데 이들은 조선시대에 이미 구하기 쉽지 않았다. 그리하여 『종묘의궤』에서는 이를 폐지한다고 했다. 그러나 영조 대에 12변·두에 이들이 있는 까닭은 땅과 물에서 생산되는 것을 두루 준비했음을 보여주기 위한 것이라며

---

2 구이는 마른 밥을 찧어서 가루를 내 만든 미병(米餠)이다.

3 분자는 콩가루를 뿌려서 만든 미병이다[왕런샹(주영하 옮김), 『중국음식문화사』(민음사, 2010), 103쪽].

4 이식은 입쌀가루를 주 재료로 하고 이리를 잡아 그 기름으로 지져 만든 떡이다[왕런샹(2010), 위의 책, 106쪽].

5 삼식은 소, 양, 돼지 등의 고기를 같은 양으로 썰어 작은 덩어리를 만든 후 지져서 만든 떡이다[왕런샹(2010), 앞의 책, 106쪽].

6 어수는 쪼개어 말린 생선이다. 『주례』의 주석에는 동해에서 나는 생선이라고 설명했다[『周禮止義』, 「邊人」, 註, "鱐者 析幹之 出東海 王者備物 近者腥之 遠者乾之 因其宜也"]. 조선에서는 이 설명에 의거하여 대구어(大口魚)를 사용했다[『宗廟儀軌』(奎14220) 第4冊, 犧牲饌品].

표 1 | 조선시대와 일제강점기 종묘 대제 변두의 제물 비교

변				두			
조선시대	일제강점기	조선시대	일제강점기	조선시대	일제강점기	조선시대	일제강점기
삼식糝食	삼식	토해兔醢	치해雉醢	능인菱仁	백자柏子	분자粉餈	분자
이식酏食	이식	근저芹菹	근저	진자榛子	연자蓮子	구이糗餌	구이
돈박豚拍	돈박	녹해鹿醢	녹해	율황栗黃	황률黃栗	흑병黑餠	흑병
비석脾析	비석	청저菁菹	청저	건조乾棗	건조	백병白餠	백병
어해魚醢	어해	담해醓醢	담해	어수魚鱐	어수	녹포鹿脯	녹포
순저筍菹	길경桔梗	구저韭菹	구저	형염形鹽	형염	검인芡仁	호도胡桃

조선시대 자료: 『종묘의궤』(奎14220), 일제강점기 자료: 1937년『홀기진설도』(K2-5078)

능인과 검인으로 준비하되 구하기 어려운 경우에는 연자로 대체하여 수택에서 나는 음식을 갖추도록 했다.[7] 이러한 경향은 대한제국기에도 지속되었던 것으로 추정된다. 그리하여 1908년『향비규정』[8]에서 종묘 향수품을 살펴보면 능인은 백자로, 검인은 연실로 대신한다고 했다. 아울러 진자는 호도로 대체했다.[9] 진설도만으로 비교할 때 능인(菱仁)→백자(柏子), 진자(榛子)→연자(蓮子), 검인(芡仁)→호도(胡桃)의 변화는 실제로 능인→백자, 진자→호도, 검인→연실로 바뀐 것임을 알 수 있다. 즉, 호도와 연실의

7 『승정원일기』, 영조 37년 5월 2일, 영조 39년 10월 4일.

8 『享費規定』(K2-2581)은 전체 5책이다. 제1책에는 1908년 9월 7일에 입안한「祭需品調査規程에 관한 件」과「祭享用犧牲減省의 件」이 수록되어 있다. 제2책에는 1908년 12월 18일에「祭享用雜品及消耗品費 등에 관한 件」이 수록되어 있다. 제3책에는「제향용잡품급소모품비 등에 관한 건」과「幣帛及香祝費에 관한 件」(1908년 9월 7일 입안)이 있다. 제4책에는「제수품조사규정에 관한 건」,「폐백급향축비에 관한 건」,「제향용희생감생의 건」이 있는데 모두 1908년 9월 7일에 입안된 것이다. 제5책에는「順和宮及同墓所享費에 관한 件」(1909년 8월 13일 입안),「外三代陵享需費規定에 관한 件」(9월 27일 입안),「莊陵에 配享하는 忠臣壇祭需費規定에 관한 件」(12월 9일 입안)이 수록되어 있다. 이 중에서 제2책과 제4책의 문서는 담당자의 도장이 날인되어 있는 원본인 반면, 나머지는 결재 도장이 없는 사본이다.

9 『享費規定』(K2-2581, 5-4),「宗廟18室46位四時大祭享需規定」.

위치가 바뀌었다.

한편, 『향비규정』은 토해에 관하여 "4월에서 8월 사이는 토끼 대신 꿩고기[雉]를 사용"한다고 했다. 즉, 하향대제와 추향대제에는 토끼 대신 꿩으로 만든 젓갈을 사용했음을 알 수 있다. 그리고 1920년에 만들어진 『개정제수품 개정소모품 규정』(K2-2527)에서는 토해를 치해(雉醢)로 대신한다고 했다. 아울러 순저(筍菹)는 길경(桔梗)으로 대체한다고 했다. 길경은 도라지를 가리킨다.

이러한 사정을 살펴볼 때 『홀기진설도』에 실린 종묘 제물의 명칭은 조선시대 『종묘의궤』 등 의례서에 실린 것과 달리 조선 후기부터 대용하던 제품을 그대로 기입한 것임을 알 수 있다. 조선시대에는 의례서의 규정을 그대로 명기하고 실제로 조달 가능한 것으로 대체했지만 일제강점기에는 실제를 따라 정리한 것이다. 그만큼 의례서의 형식적인 규범성의 약화로 볼 수 있다. 대체 품목의 등장은 원 품목을 구하기 어려웠기 때문이었다. 시장에 의존할 수밖에 없는 현실 속에서 구매 가능한 제물이 제상에 올라갔다. 이런 변례를 제외하면 일제강점기 종묘 제향의 제물은 조선시대의 것과 다르지 않았다.

2) 제수품의 종류와 수량

제상에 올라가는 제물 중에는 특별한 가공을 거치지 않고 그대로 제상에 올라가는 음식이 있는 반면, 여러 재료를 조합해서 만들어지는 음식도 있다. 전자의 대표적인 것이 과일이다. 과일의 대부분은 원래 모습 그대로 제상에 올라간다. 젓갈류는 원재료를 가공한 것이지만 향소에서 직접 만들지 않고 구매했다. 그러나 떡은 쌀이나 기타 곡류를 조합하여 가공해 만든 것이다. 이와 같이 제물 하나하나마다 들어가는 재료나 조리 방식이 달랐다. 그리하여 조선시대 제물을 공급하는 봉상시(奉常寺)에서는 제향별 진설도 외에 제물단자(祭物單子)의 목록을 가지고 있었다. 이는 봉상시가 향소에 보내는 제물 또는 제물을 만들기 위한 식재료의 목록에 해당했다. 종묘의 입장에서는 봉상시에서 받아오는 제수는 진설도의 제물이 아니라 제물단자의 식재료였다. 이러한 사정은 일제강점기 종묘 운영에서도 마찬가지였다. 다만, 일제강점기에는 이왕가 제향에 필요한 제물의 재료를 공급하는 기관이 대한제국기 봉상사(奉常司)에서 관수소(管守所)로 바뀌었다. 종묘에서는 제향 때면 관수소에 가서 식재료를 가져와 제수를 준비했다. 이때 중요한 식재료의 물목을 제수품(祭需品) 또는 향수품(享需品)이라고 했다.

일제강점 초기의 제수품은 1908년에 작성된『향비규정』의 체계를 따르고 있었다.『향비규정』제4책에 실려 있는「祭需品調査規定에 關흔 件」은 환구단을 비롯한 대한제국기 제향에 필요한 제수의 종류와 수량, 그것의 시가(時價)를 정리한 것이다. 이 중에서 종묘 제향의 전체 비용을 살펴보면 표 2와 같다. 여기서 제향 비용이 향수(享需), 자성곡(粢盛穀), 저품(菹品), 희생, 폐향축(幣香祝)으로 구분되어 있음을 알 수 있다.

이러한 구분은 기본적으로 제물의 특징에 따른 것이지만 한편으로는 제물의 공급처와 관련 있었다. 조선시대 향축은 향실(香室)에서 준비했다. 다만, 폐백은 봉상시에서 준비했다. 소, 양, 돼지의 희생은 전생서(典牲署)에서 기른 후 제사 바로 전날 향소로 가져왔다. 자성곡은 보와 궤에 담는 서, 직, 도, 량의 곡식과 떡에 들어가는 곡류[10]인데 여기서는 동적전(東籍

---

10 『종묘의궤』의 '자성(粢盛)' 항목에서는 밥[飯]과 떡[餠]을 다루고 있다. 여기서 밥이란 보궤에 담는 도(稻), 양(粱), 서(黍), 직(稷)을 가리킨다. 떡은 분자, 구이, 흑병, 백병, 삼식, 이식 등이다[『종묘의궤』(奎14220) 제4책, 희생찬품].

표 2 | 신정향수비 통계표(종묘)(단위: 圓.錢里毛)

구분	향수*	자성곡	저품	희생	폐향축	합
비용	1,856.788	352.810	200.760	1,340.000	82.288	3,832.646

*: 향수비는 사시대제, 배향공신, 환구단 제향 전 태조실 고유제(2차)의 제향비를 합친 것이다. 춘추 수개 고유제 등은 빠져 있다(『향비규정』 5-4).

田)과 서적전(西籍田)에서 생산된 것을 가리킨다. 보와 궤에 담는 곡식 중 직미(稷米)는 적전에서 생산되지 않았다. 저품(菹品) 역시 적전에서 생산된 채소로 만들어졌기 때문에 별도로 구분되었다. 적전에서 생산되지 않은 식재료는 모두 공인들이 시장에서 구매한 것이다. 그러므로 적전의 생산물은 왕실 제사의 정성을 최대한 보여주는 상징적인 것이라 할 수 있다. 1908년 이후 제수가 통합적으로 관리되었음에도 향수, 자성곡, 저품, 희생, 폐향축의 구분은 지속되어 일제강점기에도 이어졌다. 이러한 구분이 사라지고 '제수품' 항목에서 제수의 종류별로 정리된 것은 1929년 『향수품규정』(K-2584)부터였다. 그 이전의 『개정제수품 개정소모품 규정』(K2-2527)이나 『종묘 18실 사시대제 제수품 개정표』(K2-4819)는 제수품이라는 항목으로 모았으나 기존의 향수품, 자성곡, 저품 등의 순서를 그대로 유지한 채 정리되었다. 자성곡, 포, 젓갈, 과일, 저품 등의 순서로 재정리된 것은 1929년이었다.

이 중에서 향수품에 관해서 살펴보고자 한다. 향수품으로 분류된 물품을 정리하면 표 3과 같다. 변화 양상을 알기 위해 고종 대 편찬된 『태상지(太常志)』(K2-2043)와 일제강점기 기록 중 처음으로 등장하는 1916년 『개정제수품규정(改定祭需品規定)』(K2-2528)을 같이 게시했다. 『향비규정』의 향수품 수량은 고종 대 『태상지』의 것을 대부분 따르고 있다.

일제강점기 향수품의 변화에서 먼저 주목할 것은 물품의 명칭이다. 1908년 『향비규정』에 나오는 물품명을 1916년에 작성된 『개정제수품규정』

표 3 | 종묘 사시대제 향수규정에 나오는 향수비 물품 및 수량

명칭 (『향비규정』)	『태상지』 (1873년)	『향비규정』 (1908년)	『개정제수품규정』(1916년)		참조
	매실 수량	매실 수량	명칭	매실 수량	
직미稷米	(매위) 4승 5합	4승 5합	패稗	1.8승	자성
중포中脯	5조	5조	포脯	5개	포
녹해鹿醢	1근 8량	1근 8량	녹해	1근 80匁[11]	좌동
담해醓醢	1근 8량	1근 8량	담해	1근 80匁	좌동
어해魚醢	1미	1근	어해	1근	좌동
토해兔醢	1구(4~8월 치해雉醢)	1근(4~8월 꿩 사용)	토해	1근	좌동
혜醯(食中米)		2승	미米	8합	담해
황률黃栗	1승 5합	1승 5합	건률乾栗	9합	율황
대조大棗	1승 5합	1승 5합	대조	9합	건조
백자柏子 (능인菱仁 대체)	1승 5합	1승 5합	송실松實	9합	능인
연실蓮實 (연인芡仁 대체)	1승 5합	1승 5합	연蓮	9합	감인
호도胡桃 (진자榛子 대체)	1승 5합	1승 5합	호도胡桃	1.05승	진자
죽순竹笋	1승 5합	1승 5합	순筍	75匁	저
염塩	1승 5합	1승 5합	염	7.2합	형렴
대구어大口魚	3미	3미	설鱈	3미	어수
점미粘米	4승 5합(분자)	5승	나미糯米	2승	분자, 삼식
황태黃太	태 1승(분자) 태 1승(구이)	2승	대두大豆	8합	분자, 구이
진유眞油	3합 2석(삼식) 4합(燈진유)	7합 2석	백호마유白胡麻油	2.9합	삼식
청주淸酒	예주 4병 반	4병 반	청주淸酒	8.1승	작
울금주鬱金酒	1병	1병	울금주	1.8승	울창주

11 匁는 '몬메(もんめ)'라고 읽는 일본 한자이다. 무게를 나타내는 단위이며 3.75g으로 환산된다. 한국의 무게 단위로 하면 돈에 해당한다.

개자芥子	1합	1합	개芥	75匁	비석
생강生薑	1량 2전	1량 2전	생강	12匁	비석
청주淸醬	간장 7합 (형갱)	1승 7합 2석	장유醬油	6.9합	비석
초醋	7석	7석	초酢	4석	비석
형갱염鉶羹塩	每器 1합 (每位 3합)	3합	-		형갱
형갱초鉶羹醋	매기 1합 (매위 3석)	3석	-		형갱
5촉燭	每室 2정 樽所燭 1정	3정	납촉蠟燭(중)	3본本(각실 전내 2, 준소1)	
8촉	[17실] 2병	[18실] 2정	납촉(中)	(18실) 3본(호정 용2, 주악소용1)	조명
조촉照燭	[17실] 1정	[18실] 1정	-		조명
조등황밀 照燈黃蜜	[17실] 6량	[18실] 6량	밀납	(18실) 60匁	조명
법유法油	[17실] 6합	[18실] 6합	-		조명

자료: 『태상지』(K2-2043), 「五享大祭·單子式」; 『향비규정』(K2-2581, 5-4), 「宗廟18室 46位 四時大祭享需規定」; 『개정제수품규정』(K2-2528), 「宗廟18室 46位 四時大祭享需規定」

의 것과 비교할 수 있다. 직미(稷米)는 패(稗), 황률(黃栗)은 건률(乾栗), 백자(柏子)는 송실(松實), 죽순(竹筍)은 순(筍), 대구어(大口魚)는 설(鱈), 황태(黃太)는 대두(大豆), 진유(眞油)는 백호마유(白胡麻油), 청장(淸醬)은 장유(醬油)로 바뀌었다. 참깨를 호마 또는 백호마라고 하고, 참기름을 호마유(胡麻油), 백호마유로 표시하는 것은 『동의보감』 같은 우리나라 문헌에서도 발견되지만[12] 일본에서 자주 사용하는 용어이다. 조선시대에는 참기름을 진유, 향유, 진향유라고 불렀다. 진유를 백호마유로 개칭한 것은 일본인에게 익숙한 용어로 고친 것이다. 설(鱈)은 대구어의 일본어 たら에 해당하

12 한복진, 「한국 음식에서 참깨와 참기름의 전통적 이용」, 『동아시아식생활 학회지』 15-2(2005), 142쪽.

는 한자이다. 이러한 변화는 앞 장에서 살펴본 것처럼 자연스러운 현상이 아니라 당시에 각 물품의 명칭을 통일하려는 의도적인 노력에 따른 것이다.

두 번째로 주목할 것은 초[燭]이다. 향수품의 대부분이 음식의 식재료인데 그와 무관한 초가 같이 실려 있다. 그 내용을 살펴보면 오촉(五燭), 팔촉(八燭), 조촉(照燭)으로 구분되었다. 오촉은 종묘, 영녕전, 사직, 경모궁의 대향(大享), 영희전의 고제(告祭), 문묘 계성사의 중삭제(仲朔祭), 현륭원 절향(節享), 관왕을 모신 동(東)·남묘(南廟), 둑소(纛所), 선무사(宣武祠), 관군사(官軍祠)의 절사 때 올리는 초였다.[13] 종묘대제에서 오촉은 실마다 3정(丁)을 준비했는데 2정은 정전 내에 설치하고 1정은 준소에 두었다. 촉의 무게는 4량 8전이다. 팔촉은 대향 시 집례가 있는 곳에 설치하는 초로 2정을 두었다. 집례가 홀기를 소리내어 읽을 때 보기 위한 것이다. 조촉은 상월대 아래 헌가의 앞쪽에서 장대에 매달아 밝히는 것으로 1정을 두었다. 협률랑의 지시에 따라 휘와 더불어 조촉을 올리면 음악이 연주되기 시작했다. 제향 때 소용되는 이러한 초들은 1908년『향비규정』에 그대로 나타나고, 일제강점기에도 그대로 사용되었다. 다만, 1916년『개정제수품규정』에서는 오촉, 팔촉, 조촉의 명칭이 사라지고 납촉(蠟燭)이 등장했다. 이는 새로운 것이 아니라 명칭의 개정에 따른 것이었다.『향비규정』에서 알 수 있듯이 기존의 오촉, 팔촉, 조촉은 모두 황밀(黃蜜)을 사용하여 만들었기 때문에 명칭을 납촉으로 통일한 것이다. 그리고 집례 앞을 밝힌 팔촉과 헌가에 있던 조촉을 구별하지 않고 모두 납촉이라고 불렀다.

그런데 여기서 초는 제물과 동일한 '향수품'으로 간주되었다. 오향대제를 비롯한 국가 제례는 대부분 저녁에 거행했기 때문에 조명기구가 필수

13 『祀典事例便考』(K2-2538),「享需各種看品法·祭燭」.

적이다. 더욱이 종묘 같은 사당 내에는 별도의 조명을 두지 않으면 제향이 불가능했다. 조선시대 조명기구는 초, 등잔(燈盞), 횃불[炬], 화톳불[燎] 등이 있었다. 횃불이나 화톳불이 실외용이라면 초와 등잔은 실내용으로 사용되었다. 이들을 실외에서 사용할 때는 초롱과 같은 보호장치가 필요했다. 어떤 형태이든 불을 밝히는 이런 조명장치는 헌물이라기보다 소모품에 가깝다. 그런데 헌물의 개념에 가까운 향수품에 포함되어 있다.

이는 소모품과 비교할 때 더욱 분명해진다. 『향비규정』에 의하면 종묘대제 시 '소모품' 항목에도 초가 보인다.[14] 「종묘대제 시 소용 소모품」에는 "진설촉(陳設燭) 18쌍(雙)", "준소촉(樽所燭) 9쌍", "명화촉(明火燭) 1쌍", "망료촉(望燎燭) 1정" 등으로 나온다. 각 신실 내에 진설촉이라는 이름으로 1쌍의 초가 있으며 준소상에는 1개의 초가 사용된 것으로 보인다. 뜰을 밝히는 조명일 것으로 보이는 명화촉이 정전의 양쪽에 하나씩 설치된 것 같고, 마지막으로 망료례를 거행하는 곳에 망료촉이 있었다. 그러므로 향수품과 소모품의 초를 합치면 실마다 촛불이 6개씩 있으며 그외 집례자의 창홀, 협률랑의 주악용, 명화용 등이 있었다.

이렇게 분리되어 정리된 초의 규정은 1920년대에 이르면 소모품으로 통합되었다. 1920년에 작성된 『개정제수품 개정소모품 규정』(K2-2527)에서 초는 "납촉(50근) 57본"과 "납촉(15근) 57본"으로 구분되는데 전자의 용도를 "1실에 2본과 준소 1본, 호정(呼灯) 2본, 주악 1본"이라고 했다. 반면, 후자의 용도는 "진설 36본, 준소 18본, 명화 2본, 망료 1본"이라고 했다.[15] 이후 『향수품규정』(K2-2584)에서도 마찬가지로 나타났다. 그러므로 기능적인 면과 봉헌적인 면을 동시에 갖추고 있었던 제향용 초가 일제강점기

14 제2장의 '4. 소용 품목의 분류와 청구' 부분 참조.

15 『改正祭需品改正消耗品規定』(K2-2527), 「宗廟大祭消耗品」.

에 들어와 불을 밝히는 소모품으로 일괄 처리되었음을 알 수 있다.

세 번째로 수량의 감소를 볼 수 있다. 앞에서 언급한 것처럼 일제강점기 이왕가의 종묘 제향에서 제물은 큰 변화 없이 이전 형태를 유지했다. 12변두의 대사 규모가 지속된 것이다. 그러나 제상에 올라가는 제물의 양은 이전보다 줄었다. 보와 궤에 담는 서, 직, 도, 량의 수량을 비교하면 1908년『향비규정』에서는 위마다 4승 5합이었던 직미(稷米), 경미(粳米), 서미(黍米)가 1916년에는 1승 8합으로, 1920년에는 1승 5합으로 줄어들었다. 위마다 6승이었던 점율미도 2승 4합을 거쳐 1920년에는 2승으로 감소했다.

젓갈을 살펴보면 1근 8량이었던 녹해, 담해가 1920년에는 160문으로 줄어들었다. 1승 5합이 일반적이었던 과일도 1916년에 9합, 1920년에 7합으로 줄었다. 포와 같이 수량이 그대로인 것도 있지만 전반적으로 볼 때 종묘 제향의 제물은 일제강점기에 들어와 축소되었음을 알 수 있다.

이와 같이 일제강점기 종묘 제향에 사용되는 제물은 종류의 면에서 크게 달라지지 않았지만 물품의 명칭, 구분, 수량 등에서 변화를 보였다. 첫째, 제물의 전체 수량은 동일했으나 구입의 어려움으로 다른 것으로 대체되는 물품이 있었다. 이런 대체품들은 조선시대부터 나타난 것도 있으며 일제강점기 시장 환경에 따른 것도 있었다. 둘째, 물품의 변화가 없더라도 조선과 일본의 용어가 다른 경우, 일본에서 통용되는 명칭으로 대체되었다. 셋째, 제수품과 소모품에 중첩되어 나타났던 초는 점점 소모품으로 간주되었다. 넷째, 제수품은 전반적으로 그 수량이 축소되었다. 이왕가의 종묘대제 제물은 이전과 같은 제기의 수에 유사한 음식이 사용되었으나 각각의 양은 줄어들었다.

표 4 | 종묘대제 각실 제물의 용량 변화(일부)

명칭	1908년	1916년	1920년	1929년
직미	(1위) 4승 5합	1.8승	1승 5합	1승 5합
갱미 粳米	(1위) 4승 5합	6.4승 (밥용 매위 1승 8합/ 떡용 매실 4승 6합	밥용 1위 1승 5합/ 떡용 1실 4승	밥용 1위 1승 5합/ 떡용 1실 4승
서미 黍米	(1위) 4승 5합	1.8승	(서黍) 1위 1승 5합	(서) 1위 1승 5합
점률미 粘栗米	(1위) 6승	(점률) 2.4승	(나률糯栗) 1위 2승	(나률) 1위 2승
녹해	1근 8량	1斤 80匁	160匁	160匁
담해	1근 8량	1斤 80匁	160匁	160匁
어해	1근	1斤	1미尾	1미尾
토해	1근(4~8월 꿩)	1斤	1우羽(닭 또는 꿩)	(계해鷄醢) 1우
죽순	1승 5합	75匁	75匁	(질경桔梗) 160匁
청저	1목두木豆	(1위) 1 5개	10개	10개
근저	1목두	(1위) 4파	1파	1파
구저	1목두	(1위) 25匁	20匁	20匁
황률	1승 5합	(건률乾栗) 9합	(건률) 7합	(건률) 7합
대조	1승 5합	9합	7합	7합
백자 (능인 대체)	1승 5합	(송실松實) 9합	(송실) 7합	(송실) 7합
연실 (검인 대체)	1승 5합	(연蓮) 9합	(연) 7합	(연) 7합
호도 (진자 대체)	1승 5합	(호도) 1.05승	(호도) 7합	(호도) 7합
중포	5조	(포) 5개	(포) 5개	(포) 5개

1908년 자료: 『향비규정』, 1916년 자료: 『개정제수품규정』, 1920년 자료: 『개정제수품 개정소모품 규정』(K2-2527), 1929년 자료: 『향수품규정』(K2-2584)

2. 희생의 공급과 분배

1) 희생의 수량과 분할

종묘 제향에 가장 중요한 제물은 희생이다. 조선시대 종묘를 비롯한 국가 제사에서 희생은 제향의 필수적인 요건이었다. 대·중·소사로 사전에 등재된 국가 제사는 모두 희생을 바쳤다. 희생으로는 소, 양, 돼지가 사용되었다. 종묘 제향은 소, 양, 돼지의 세 가지 희생을 모두 갖춘 대사였다. 일제 병합으로 인하여 대·중·소사의 국가 제사가 모두 사라졌지만 일제강점기 이왕가의 종묘 제사는 희생제의 면모를 여전히 가지고 있었다. 이는 선원전이나 왕릉의 제향과 구별되는 것이었을 뿐만 아니라 여타 일반인의 제사와도 구별된 것이었다.

종묘 제향에서 희생물은 네 가지로 구분되어 제상에 올라갔다. 첫째는 모혈(毛血)과 간료(肝膋)이고, 둘째는 날고기[腥], 셋째는 수육[熟肉], 넷째는 국과 떡을 위한 조리용이다. 제향이 시작되고 신을 부르는 의식이 끝나면 양의 털과 소·양·돼지의 피를 쟁반[槃]에, 간과 율료(膟膋)[16]를 등(甄)이라는 제기에 담아 신위에 올렸다. 희생의 주요 부위는 날고기와 수육의 형태로 올렸다. 희생을 올리는 제사를 혈식이라고 부르는데 이는 피가 흘러내리는 생고기를 올리는 모습을 나타낸 것이다. 그러므로 희생의 생고기는 제사에서 가장 중요한 제물이었다. 수육은 희생을 삶은 고기이다. 제향 중 진숙(進熟), 궤식(饋食), 천조(薦俎) 등으로 불리는 절차는 모두 이 수육을 올리는 의식이었다. 천조에 사용하는 희생의 부위를 살펴보면 소와

16 율료(膟膋)는 발기름으로 짐승의 내장과 내장 사이에 있는 지방덩어리를 가리킨다.

양은 장, 위, 폐를 익혀 올렸으며 돼지는 껍질[膚]을 사용했다.[17] 그 외 희생의 고기는 각 신위마다 3그릇씩 올리는 형갱(鉶羹)의 국과 삼식(糝食)의 떡을 만드는 데 사용되었다.[18]

대한제국 말기 종묘에서 한 번 대제를 지낼 때 사용하는 희생 수는 소 5마리, 양 7마리, 돼지 18마리였다. 돼지는 각 신실에 한 마리씩 사용한 것이다. 그 외 소와 양은 신실의 수보다 희생의 수가 적었다. 그러므로 각신실에 희생을 올리기 위해서는 이를 적절하게 분할해야 했다. 그리고 한 마리 돼지도 날고기용, 수육용, 국용, 떡용 등으로 나누어 사용해야 했다. 그렇다면 한 마리의 희생을 어떻게 분할했을까?

1908년 『향비규정』에서는 종묘 18실의 대제 때 소용되는 희생의 수를 표 5와 같이 규정했다.[19] 표 5에 의하면 소의 경우, 한 마리를 머리와 네 다리의 5조각으로 나누었다. 그러면 5마리의 소에서 25조각의 고기를 마련할 수 있다. 이 가운데 세 마리에 세 조각을 더한 '3척 3각'의 고기, 곧 18조각의 고기를 날 것으로 조(俎)에 담아 올렸다. 나머지 '1척 2각'의 7조각은 국과 떡을 만드는 데에 사용되었다. 양은 한 마리를 3등분하여 6마리 18조각을 각실에 생고기로 올렸으며 나머지 1마리를 국과 떡에 사용했다. 반면, 돼지고기는 반 마리씩 각실에 올렸다. 그리하여 18마리에서 9마리를 생고기로 사용하고 나머지 9마리를 국과 떡을 만드는 데 넣었다. 표 5에서 천조(薦俎)의 절차에 등장하는 익힌 수육은 어떻게 준비되는지 설명이 없다. 이는 위에서 언급한 것처럼 수육은 내장을 넣어서 끓였기 때문이다.

---

17 『종묘의궤』(奎14220), 제4책, 「희생찬품」.

18 삼식(糝食)은 백미 가루를 찐 후에 소, 양, 돼지 고기와 섞어 방형으로 자른 덩어리를 기름에 지진 떡이다.

19 『享費規定』(K2-2581, 5-1), 「祭享用犧牲減省의 件」 '犧牲排用件'.

표 5 | 종묘 18실 대제에 사용되는 희생 수량(1908년)

희생(수량)	분해 방식	조각 수	용도
소(5척)	5척×5각=25각	3척 3각(18조각)	우성牛腥
		1척 2각(7조각)	국[羹]·떡[餠]
양(7구)	7구×3분=21분	6구(18조각)	양성羊腥
		1구(3조각)	국·떡
돼지(구)	18구×2분=36분	9구(18조각)	시성豕腥
		9구(18조각)	국·떡

이러한 희생의 수는 일제강점기에도 유지되었다. 그러나 양이 염소로 바뀌었다. 1916년 『개정제수품규정』(K2-2528)에도 소, 염소[羔], 돼지의 희생 수는 각각 5, 7, 18마리로 나온다.[20] 조선시대에 국가 제사의 희생으로 사용되었던 소, 양, 돼지 중에서 양은 국내에서 기르기 힘든 가축이었다. 그리하여 양을 중국에서 수입하여 충당할 때도 있었으며 염소로 대체하기도 했다. 조선 후기 전생서(典牲署) 주부로 있었던 황윤석(黃胤錫)의 기록에 의하면 대사의 제사에는 양을 사용했지만 중사 이하의 제사에는 양 대신 염소를 사용하는 경우가 많았다. 종묘 제향에서 양이 염소로 교체된 시기는 정확히 알 수 없다. 다만, 1916년 『개정제수품규정』에는 '羔'로 표기되어 있는 것으로 보아 양 대신 염소를 희생으로 삼은 것으로 추정할 수 있다. 양이 염소로 바뀌었지만 수량은 그대로 유지되었다.

그러나 1920년 4월에 작성된 『개정제수품 개정소모품 규정』(K2-2527)에는 소, 염소, 돼지의 희생 수가 각각 5, 6, 15마리로 줄어들었다.[21] 1921년

20 『改正祭需品規定』(K2-2528), 「宗廟十八室四時大祭用犧牲」.

21 『改正祭需品改正消耗品規定』(K2-2527), 「宗廟十八室四十六位四時大祭享需品規」(대정 9년 4월 1일). 이 제품 규정표는 소, 염소, 돼지의 희생 수를 애초 각각 4, 5, 14마리로 적었다가 5, 6, 15마리로 수정했다.

『종묘18실 사시대제 제수품 개정표』(K2-4819)에서는 소, 염소, 돼지가 각각 4, 5, 14마리로 더 줄어들었다.[22] 반면, 1929년『향수품규정(享需品規程)』에서는 소, 염소, 돼지가 각각 6, 7, 16마리 늘었다.[23] 이러한 자료를 통해 일제강점기 초에는 기존의 방식대로 소 5마리, 양 7마리, 돼지 18마리를 종묘 대제의 희생으로 올렸으나 고종의 부묘가 있었던 1921년경에 소 4마리, 염소 5마리, 돼지 14마리로 줄었다가 순종의 부묘 이후인 1929년부터는 소 6마리, 염소 7마리, 돼지 16마리로 늘어난 것을 알 수 있다. 이러한 증가의 원인은 순종 부묘로 인한 신실의 증가에서 찾을 수 있다. 기존에 18실까지 있던 종묘 정전이 19실로 늘어난 것이다. 한 칸의 증가에 비해 희생의 증가율이 더 높은데 이것은 종묘와 종묘 제향에 대한 관심의 증대로 볼 수 있을 것이다.

그러면 희생이 줄어든 경우, 희생의 배분은 어떻게 했을까? 이를 위해서는「희생진설표(犧牲陳設表)」라는 자료를 볼 필요가 있다. 1913년 7월부터 1920년 8월까지 종묘 제향 후 제물의 진상과 분배 규정을 편철한『준여분배표(餕餘分排表)』(K2-4821)에는 1920년에 작성된 희생진설표가 있다.[24] 그 내용을 정리하면 표 6과 같다.

표 6에 의하면 1920년에 종묘대제의 희생은 이전보다 소 1마리, 염소

---

22 『宗廟18室 四時大祭祭需品改正表』(K2-4819),「宗廟十八室四時大祭祭需品改正表」.

23 『享需品規定』(K2-2584),「宗廟十九室(四十八位) 四時大祭 祭需品 數量表」.

24 『餕餘分排表』(K2-4821)는 1913년 7월부터 1920년 8월까지 종묘·영녕전의 대제와 고유제, 공신당의 제사를 마치고 남은 음식을 보낼 대상과 수량을 기록한 표이다. 매년 기록한 것이 아니라 1913년, 1915년, 1918년, 1920년의 내용을 담고 있다. 준여를 마친 것을 기록한 보고서가 아니라 준여의 대상이나 희생의 수량 변화에 따른 규정 변화를 기록한 것이다. 1913년과 1915년에는 이왕직의 관제가 개편됨에 따라 준여의 배분 대상에 변동이 생겼다. 1918년에는 이순공이 사망하고 그 지위가 이우에게 계승됨에 따라 진상 대상에 변동이 있었다. 그리고 1920년에는 희생의 수가 감소하면서 준여의 분량을 개정한 내용이 실려 있다.

표 6 | 종묘대제 희생 진설표(1920년)

희생	분절	생갑 牲匣	대갱 大羹	화갱 和羹	떡 餠	돈박 豚拍	천조 薦俎	계
소	두頭 4	4						4두 32괴塊
	후각後脚 8	4	4					
	전각前脚 8	8						
	갈비加里 8	2	4		2			
	항項 4			4				
염소	두 5	5						5두 55괴
	후각 10	5	5					
	전각 10	5	5					
	가리 10	10						
	흉胸 (전협前脅) 5	5						
	사등沙登 (정척正脊) 5	5						
	북피北皮 (횡척橫脊) 5	1	4					
	항項 (정척脡脊) 5		2	2	1			
돼지	두 14	14						14두 140괴
	각 56	30	18			8		
	갈비 28	10		3	1	10	4	
	북피 14						14	
	항 14		14					
	흉 14		14					

자료: 『준여 분배표』(K2-4821), 「餕餘表」(1920년 8월), 宗廟四時大祭犧牲陳設表

2마리, 돼지 4마리가 줄었다. 이렇게 감소한 희생은 18실의 각실에 분배하는 방식에 변화를 가져왔다. 소 4마리의 분배를 살펴보면 감축된 부분을 갈비[加里]와 항정[項]으로 보충했다. 소 1마리에 머리, 앞다리 2조각, 뒷다리 2조각, 갈비 2조각, 항정 1조각 8부위를 잘라 희생으로 사용했다.

그리하여 전체 4마리가 32조각으로 되었다. 이 중에서 18덩이를 생갑에 올리는 날고기로 사용했다. 대갱과 화갱은 국을 가리킨다. 대갱은 등(甄)이라는 제기에 담아 올리는 국이고 화갱은 형(鉶)이라는 제기에 담아 올리는 국이었다. 이 둘은 모두 희생의 고기를 주 재료로 하지만 대갱은 다른 양념을 넣지 않은 고깃국이고 화갱은 맛을 내는 다른 재료를 내 만든 국이다. 소고기의 경우, 대갱에 뒷다리와 갈비를 사용하지만 화갱에는 항정만 사용했다. 염소나 돼지의 경우에도 대갱에 들어간 고기가 화갱에 들어간 것보다 많았다.

이전에 양 7마리를 희생으로 사용할 때는 1마리를 3등분하여 6마리로 18실의 생고기를 공급했다. 그리고 나머지 1마리를 국거리로 사용했다. 그러나 1920년에는 염소 5마리로 대신하면서 1마리를 머리 1조각, 뒷다리 2조각, 갈비 2조각, 가슴[胸] 1조각, 사등(沙登) 1조각, 북피(北皮) 1조각, 항정 1조각 전체 11조각으로 나누었다. 가슴은 앞쪽 갈비[前脅]를 가리키며 사등은 정척(正脊)이라고도 하는데 동물의 앞쪽 등뼈를 가리키고, 북피는 뒤쪽 등뼈(橫脊)이다.[25] 5마리의 염소 55조각에서 36조각을 생갑에 올렸으니 각실에 2조각씩 올린 것이다. 나머지는 국거리와 떡을 만드는 데 넣었다.

마지막으로 돼지고기는 14마리를 올렸는데 1마리당 머리, 다리 등 10조각으로 나누어 전체 140조각을 사용했다. 돼지고기의 사용을 보면 다른 것과 달리 천조(薦俎)가 나온다. 앞에서 언급한 것처럼 소와 양(또는 염소)의 경우, 천조에 사용되는 수육은 내장을 사용하고 돼지고기는 껍질을 사용했다. 다만, 이 표에서는 돼지의 갈비와 등뼈도 포함된 것을 알 수 있다.

25 『종묘의궤』에 의하면 사등(沙登)은 정척(正脊)의 속칭이고, 북피(北皮)는 횡척(橫脊)의 속칭이라고 했다. 등심은 앞쪽을 정(正)이라고 하고, 그 다음을 정(脡)이라고 하며 뒤를 횡이라 했다.

이것이 조선시대 관행이었는지 일제강점기에 바뀐 것인지는 알 수 없다.

일제강점기에도 종묘 제향은 희생제의 성격을 유지했다. 여타의 국가 제사가 사라진 상황에서 이것은 유일한 희생제였다. 조선시대 희생을 길렀던 전생서도 사라지고, 종묘에서 제향 전날에 도살하던 재살청(宰殺廳)도 사라졌다. 그럼에도 희생의 날고기를 준비하여 제상에 올리는 전통은 유지되었다. 다만, 희생의 수효가 조선시대보다 줄었고, 이에 따라 각각의 희생을 더 세분하여 사용했다.

2) 준여의 진상과 분배

제향은 신께 희생과 제물을 올리는 것으로 끝나지 않고 신이 흠향한 음식을 인간이 다시 맛보는 절차로 마무리된다. 음복(飮福)이라는 표현처럼 신의 축복을 나누는 것이다. 제향 후 인간이 나누어 맛보는 음식을 준여(餕餘)라고 했다. 준여 음식은 제사에 참여한 사람뿐만 아니라 현장에 없었던 사람에게도 제공되었다. 그러므로 준여 음식을 통해 제사 공동체의 범위를 알 수 있다. 준여는 진상과 분배로 구분되었다. 진상이 왕, 왕비, 대비, 왕세자에게 올리는 것이라면 분배는 제향에 참여한 제관, 종친, 고위 관료 등에게 나누어주는 것이다. 조선시대 제향 후 준여의 나눔을 자세히 알 수 없다. 반면 일제강점기에는 『준여 분배표』(K2-4821)를 통해 그 실상은 엿볼 수 있다.

이 자료는 1913년 3월에 마련한 준여 분배표와 1920년 8월 18일 추향대제부터 시행된 준여 분배표의 두 문건을 합철한 것이다. 일제강점기 전반의 상황을 알 수는 없으나 이를 통해 제향 후 제물을 어떻게 나누었는지 개략적으로 알 수 있을 것이다.

먼저 준여를 받는 사람을 알아보자. 『준여 분배표』에 게시된 준여 대상자는 왕공족, 이왕직 간부, 헌관 및 집사자, 제향 관련 이왕직 직원과 원역으로 구분할 수 있다. 왕공족은 덕수궁[고종], 창덕궁[순종], 이강공(李堈公, 의친왕), 이준공(李埈公), 이우공(李鍝公) 등을 가리킨다. 준여를 받는 대상은 상황에 따라 바뀌었다. 1913년 준여 분배표에는 덕수궁, 창덕궁, 이강공, 이준공으로 되어 있었으나 1920년에는 이준공 대신 이우공이 나온다. 이는 1918년에 이준이 사망하고 공의 지위가 이우에게 계승됨에 따른 변동이었다. 그 외 이왕직 직원을 살펴보면 장관, 차관, 찬시주임(贊侍主任), 능무주임(陵務主任), 종묘 전사 겸 헌관(典祀兼獻官), 천조관(薦俎員), 전사보 겸 차비(典祀補兼差備, 2인), 대축, 집례, 집례 겸 봉조원(齋郎兼捧俎員), 장사계(掌祀係, 사무관 2인, 전사 2인), 장사계속(屬) 5인, 고(雇) 3인, 아악사장(雅樂師長), 아악사(雅樂師) 2인, 장사계 용원(傭員), 관수소 역원(員役) 이하 소정(掃丁), 관수소 직(直), 수의(獸醫), 아악대(雅樂隊), 종묘 수복 14인, 종묘 사정(使丁) 11인, 제향군(祭享軍), 재살군(宰殺軍) 등이었다.[26] 1913년과 1915년에 이왕직 관제가 개편되면서 준여 배분의 대상에 변동이 생겼다.

위와 같이 당시 상당히 많은 사람이 준여에 참여했다. 왕공족 외, 이왕직의 장·차관 고위자, 종묘 상부 기관인 장사계 임원, 종묘 직원과 원역, 그리고 제향의 준비에 수고한 재살군까지 음식을 나누었다. 그중에서도 종묘의 전사와 전사보, 수복이 준여의 많은 부분을 챙겼다. 제향을 마치고 준여의 음식을 나누어 분배하는 일까지 수복의 몫이었다. 이러한 경향은 영녕전 제향에서도 마찬가지이다. 다만, 배향공신의 경우, 79가(家)나 되는 공신 후손가에게 포 2조씩을 보냈다.

26 『餕餘分排表』(K2-4821), 「宗廟大祭 祭物撤享後 每次 進上及各處 餕餘分排表」(명치 44년 3월). 이 규정은 1913년 8월 1일 춘향대제 때부터 시행한다고 했다.

한편, 1920년에는 희생의 수가 감소하면서 준여의 분량을 개정한 내용이 실려 있다. 1920년이면 고종이 이미 승하했으나 상기가 끝나지 않아 혼전에 있을 때이다. 그러므로 덕수궁 준여는 혼전인 효덕전에 올린 것으로 보인다.

『준여 분배표』에 나오는 희생의 부위를 열거하면 우각(牛脚), 우내근(牛內筋), 우외근(牛外筋), 우두(牛頭), 소갈비[牛加里], 우내장(牛內腸), 우족(牛足), 소꼬리[牛尾], 소뼈[牛骨], 양의 고기[羊肉], 양간(羊肝), 돼지의 다리[豕脚], 돼지고기[豕肉], 돼지내장[豕內腸] 등이다. 1913년 준여 배분을 먼저 살펴보자. 이때는 5마리 소를 각각 5조각으로 잘라 전체 25조각을 제사에 사용했는데 그중에서 '3척 3각'의 18조각은 날고기로 올리고, '1척 2각'의 7조각은 국거리로 사용했다. 준여는 3척 3각의 날고기를 중심으로 이루어졌다. 덕수궁과 창덕궁에 각각 소의 다리를 4개씩 올렸고, 이강공, 이준공, 이왕직 장관, 차관, 찬시주임 다섯 명에게는 1개씩 올렸다. 그리고 소머리 5개는 종묘 전사 겸 헌관과 영녕전 전사보 겸 차비에게 각각 1개씩 보내고, 종묘 수복에게 3개를 보냈다. 머리보다 다리를 진상용으로 사용하고 있음을 알 수 있다.

7마리 중에서 6마리를 날고기로 올리는 양의 경우에는 1마리를 3등분하여 18조각으로 만들었다. 준여의 경우, 양고기가 전체 54조각인 것으로 보아 18조각을 다시 3조각씩 나누어 분배한 것을 알 수 있다. 양고기는 머리와 다리의 구별 없이 고기로만 칭하고 있는 것도 소고기와 다른 점이다.[27] 54조각 중에서 덕수궁과 창덕궁에 각각 20개씩 올렸고, 이강공, 이준공, 이왕직 장관, 차관, 찬시 주임에게 각각 2개씩 올렸다. 그리고 능무

27 『준여분배표』에 게재된 1923년「宗廟大祭祭物撤享後每次進上及各處餕餘分排表」에는 '양각(羊脚)'이 등장하지만 이후 기록에서는 모두 양간(羊肝)으로 되어 있으므로 기록상 오류로 간주할 수 있다.

주임에게 4개를 올렸다. 양의 경우, 간을 특별히 구별하여 덕수궁과 창덕궁에 2개씩, 종묘 전사 겸 헌관과 전사보 겸 차비관에게 각각 1개씩 올렸다.

돼지는 18마리를 희생으로 바쳤는데 그중에서 9마리를 날고기로 올리고 나머지 9마리는 국과 떡을 만드는 데 사용했다. 그러므로 9마리가 준여로 사용되었다. 준여표에는 돼지 다리가 10개인데 덕수궁과 창덕궁에 각각 5개씩 보냈다. 돼지고기는 79조각으로 나누어 이강공 이하에게 두루 보냈다. 특히 종묘의 상급 기관인 장사계나 제사계 직원에게 돼지고기의 많은 양이 분배되었다. 이는 제향 참여와 관계없이 주어진 할당량이었다.

희생의 준여를 가장 많이 가져가는 것은 종묘 수복이었다. 수복은 우내근(牛內筋), 우외근(牛外筋), 소머리[牛頭], 소갈비, 우족(牛足), 소꼬리[牛尾], 소뼈[牛骨], 양고기[羊肉], 돼지고기[豕肉], 돼지내장[豕內腸]과 같이 소, 양, 돼지의 다양한 부위를 가져갔다. 종묘 제향을 준비하는 데 절대적인 수복의 역할을 준여의 배분에서 확인할 수 있다. 준여를 나누어 포장하고 보내는 일도 수복의 주요 업무였는데 외부에 보내는 것을 제외한 많은 제물을 그들끼리 나누었음을 알 수 있다.

한편, 1920년 준여 배분을 살펴보면 희생의 감소가 준여에 그대로 적용된 것을 알 수 있다. 5마리 소가 4마리로 줄었고, 양 7마리가 염소 5마리로 줄었다. 이에 덕수궁과 창덕궁에 올리는 우각과 고육(羔肉)의 수량이 반으로 줄었다. 그리고 이강공과 이우공에게 올리는 돼지고기의 수량이 줄었다. 수복에게 할당된 몫도 줄어들었다. 그 외 다른 준여의 수량은 대체로 기존대로 유지되었다. 1920년 준여에 보이는 특징은 조선인과 일본인의 구별이다. 1913년에 장사계 소속 속과 고에게 보내던 것이 1920년에는 조선인과 내지 일본인으로 구분되어 나타났다. 내지 일본인에게는 과일을 보내고, 조선인에게는 돼지고기와 포를 보내는 방식으로 이원화되었다.

표 7 | 제향 후 준여 분배표(희생 고기 부분, 1913년과 1920년)

진상 및 분배처	우각 牛脚	우내근 牛內筋	우외근 牛外筋	우두 牛頭	우갈비 牛加里	우내장 牛內腸	우족 右足	우미 牛尾	우골 牛骨	양육 羊(羔)肉	양간 羊(羔)肝	시각 豕脚	시육 豕肉	시내장 豕內腸	골부 骨部
덕수궁	4(2)									20(10)	2(2)	5(5)			
창덕궁	4(2)									20(10)	2(2)	5(5)			
이강공	1(1)									2(2)			3(2)		
이준공(이우공)	1(1)									2(2)			3(2)		
장관	1(1)									2(2)			2(2)		
차관	1									2			2		
찬시주임(장시사장)	1									2(2)			4(2)		
능무주임(제사과장)			2							4			2(2)		
종묘 전사 겸 헌관				1(1)							1(1)		3(3)		
천조원													3(2)		
영녕전 전사보 겸 차비 2인				1(1)	4(4)		4(4)				1		4(4)		
대축													2(2)		
집례													2(2)		
재랑 겸 봉조원													2(2)		

장사계 사무관 2인, 전사2인 (제사과 사무관 2인)													8(6)		
장사계 속5인, 고3인													8		
(조선인, 속 3, 전사보 6, 고 4 계 13)													(26)		
아악사장													1(2)		
장사계 고용원													1		
관수소 원역 이하 소정 掃丁(봉상소 원역)			3(3)			5(5)								7(7)	
관수소 직直 (봉상소 고雇 2)													2		
수의獸醫													1(1)		
아악대(前列依)													1		
종묘 수복 ˙4인		10(8)	4(4)	3(2)	5(3)		16(12)	5(4)	15(10)	(4)	1		15(6)	7(7)	
종묘 사정 ˙1인					1(1)								10	3(5)	(3)
제향군祭享軍														1	
재살군宰殺軍			1(1)												
(제원음복諸員飮福)													(8)		

* 1913년 준여분배 수량(1920년 준여분배 수량)

자료: 『준여 분배표』(K2-4821)

그리고 그 양도 늘었다.

희생의 고기만 준여로 사용된 것이 아니었다. 포, 과일, 술, 생선, 떡 등 다양한 제수가 산 사람들에게 전달되었다. 그중에서 많은 것이 떡, 포, 과일이었다. 중포(中脯)는 매실마다 5조씩 올렸으므로 전체 90조가 되었다. 이들 모두 준여로 사용되었다. 이 중에서 덕수궁과 창덕궁에 각각 10조씩 올리고, 이강공, 이준공, 장관, 차관에게 5조씩 올렸다. 나머지는 찬시 주임, 능무 주임, 제관, 차비, 장사계와 수복이 차지했다.

과일은 실마다 5가지 과일을 준비했으므로 전체 90그릇이 되었다. 이것 역시 모두 준여로 소진되었다. 덕수궁과 창덕궁에 오색 과일로 5그릇씩 올렸으며 나머지는 장·차관 이하 골고루 분배되었다.

종묘 제사에서 떡은 분자(粉餈), 구이(糗餌), 흑병(黑餠), 백병(白餠), 삼식(糝食), 이식(酏食) 등이 있다. 각 신실에 6그릇의 떡이 진설되므로 전체 108그릇의 떡이 준비되었다. 전체 108그릇의 떡이 준여로 나누어졌다. 주로 아래 사람들을 대상으로 했다. 전사보 겸 차비관 2인에게 12그릇, 관수소 직(直)에게 5그릇, 본묘 수복 14인에게 81그릇, 본묘 사정 11인에게 10그릇을 보냈다.

제기 변에 담는 음식은 마른 것들이라 준여로 사용하기에 편하지만 두에 담는 음식은 젖은 음식이라 준여로 사용하기 쉽지 않다. 떡의 경우는 그나마 포장하여 보낼 수 있으나 침채나 젓갈류는 담아 보내기에 적절한 음식이 아니다. 대갱과 화갱의 국 역시 준여로 사용할 수 없다. 이런 음식들은 어떻게 했을까?

『준여 분배표』에는 젓갈[醓] 7그릇과 저(菹) 72그릇, 염(鹽), 돈박(豚拍), 간료(肝膋), 비석(脾析), 천조(薦俎), 대갱(大羹), 화갱(和羹) 각 18그릇이 등장한다. 그런데 이들은 모두 종묘 수복에게 주어졌다. 수복은 준여를 준비하여 진상하고 나누어주는 역할을 맡은 사람들이다. 그러므로 실제로 보내

표 8 | 제향 후 준여 분배표(희생 외 부분, 1913년과 1920년)

진상 및 분배처	중포 中脯	오색과 五色果	과果	주酒	대구어 大口魚	병餠	반飯	육색병 六色餠	해醢	삼색해 三色醢
덕수궁	10(10)	5(5)								
창덕궁	10(10)	5(5)								
이강공	5(3)									
이준공(이우공)	5(3)									
장관	5(3)		5(5)							
차관	5(3)		5(5)							
찬시 주임(장시사장)	4(2)		5(2)							
능무 주임(제사과장)	3(2)		10(5)	2						
종묘 전사 겸 헌관	3(3)		3(3)	3(2)	3(3)					
천조원	2(2)		3(2)	(/1)						
영녕전 전사보 겸 차비 2인	4(4)		6(6)	8(4)	8(6/4)	12(12)				
대축	2(2)		1(1)							
집례	2(2)		1(1)							
재랑 겸 봉조원	2(2)		1(1)							
장사계(사무관 2인, 전사 2인) (제사과 사무관 2인)	8(6)		8(6)	4(2)						
장사계(속屬 5인, 고雇 3인)	8		8							
(내지인, 속 2인, 고 5, 기수 1 계 8)			(16)							
(조선인, 속 3, 전사보 6, 고 4 계 13)	(26)									
아악사장	(1)		1							
아악사 2인	2(2)			2	(4)					
장사계 고용원					2					
관수소 원역以下 이하 수정掃丁			1	6(4)			(12)			
관수소 직直				(2)	2(2)	5(5)	8(8)		4(4)	
수의獸醫			1(1)							
아악대				5						
종묘 수복 14인	10(4)		20(20)	16(21)	36(14)	81(69)	15(140)		62(56)	
종묘 사정 11인			1	11(6)	3(2)	10(10)	24(24)		6(6)	
제향군				4(2)						
재살군										
(제원諸員 음복)			(5)	(4)				(12)		(6)

* 1913년 준여분배 수량(1920년 준여 분배 수량)
자료: 『준여 분배표』(K2-4821)

표 9 | 수복과 사정의 준여 분배표(희생 제물 제외)

골부 骨部	중포	과	주	대구어	병	반	해	사색저 四色菹	염 塩	돈박 豚拍	간료 肝膋	비석 脾析	천조 薦俎	대갱 太羹	화갱 和羹
수복 14인	10 (4)	20 (20)	16 (21)	36 (14)	81 (69)	15 (140)	62 (56)	72 (72)	18 (18)	(10)	18 (18)	18 (18)	18 (18)	18 (18)	18 (18)
사정 11인		1	11 (6)	3 (2)	10 (10)	24 (24)	6 (6)								

* 1913년 준여 분배 수량(1920년 준여 분배 수량)
자료: 『준여 분배표』(K2-4821)

주고 남은 종묘 제향의 음식을 그들이 가져간 것으로 이해할 수 있다. 그들의 독점력은 사정과 비교해도 매우 큰 것을 알 수 있다. 사정은 과일, 술, 대구어, 떡, 반, 염 등만 가져갈 뿐이었다. 종묘 내 고용인으로 있지만 수복과 사정의 위계를 준여의 배분에서 알 수 있다. 마지막으로 1920년 준여표에는 '제원 음복(諸員飮福)'이 새로 등장했다. 당일 제향에 참여한 사람들이 모여서 음복한 것으로 보이는데 과일과 술, 떡과 젓갈로 준비했다.

결국 종묘 제향 후 제물은 종묘와 이왕직 직원의 범위 내에서 소비된 것을 볼 수 있다. 그런 의미에서 이왕가와 이왕직의 자체 행사로 볼 수밖에 없다. 이렇게 이왕직의 행사로 끝날 수밖에 없는 것은 이왕직 외부의 사람들이 제향에 참여하기 어려운 구조 때문이다. 조선시대 종묘 제향은 종묘 밖 사람들도 같이 참여하는 국가 행사였다. 그러나 일제강점기 종묘 제향은 종묘의 내부 구성원과 이왕직 직원에 의해 치러졌다. 헌관과 집사자에서 이왕직 외부인의 참여가 급격히 줄어든 것이다. 이런 까닭에 준여의 배분 역시 이왕직의 범위 내에서 이루어졌다.

3. 천신품의 월령과 변화

천신은 제향과 구별된다. 제향은 가축을 희생으로 삼아 신에게 올리는 희생제의 성격을 지니는 반면, 천신은 농경 세시에 기반을 둔 수확제의 성격을 지닌다. 물론 첫 수확이나 첫 소생을 신에게 바침으로써 나머지를 섭취하는 데 대한 위협을 제거한다는 의미에서 천신을 광의의 희생제로 볼 수도 있다. 그러나 가축을 도살하는 폭력적 요소가 거의 나타나지 않는 천신은 절차나 성격에서 제향과 구별된다. 계절의 변화에 따라 자연의 첫 소생물을 신에게 바치는 천신은 자연의 순환과 생산, 이를 바탕으로 한 인간의 삶이 신 또는 조상을 매개로 상호 연결되어 있음을 보여준다. 한편, 이와 달리 봉건 사회에서 천신은 통치자의 왕권을 표상하는 의식이었다. 천신은 계절의 변화뿐만 아니라 각 지역의 토산물과 연관되어 있기 때문이다. 특정 지역의 토산물을 종묘에 올리는 것은 그 지역이 종묘의 왕통을 계승한 왕에게 속한 것임을 보여주는 의식이었다.

천신은 종묘 외 빈전(殯殿)과 혼전(魂殿)에서도 시행했다. 이는『국조오례의』흉례조(凶禮條)의 「조석곡전급상식의(朝夕哭奠及上食儀)」에 나오는 "새로운 음식이 있으면 올리는 데 상식의(上食儀)와 같이 한다"라는 내용에 근거한 것이다.[28] 이에 따라 대한제국기와 일제강점기 초에는 경효전과 의효전에서도 종묘와 같이 천신 의식이 있었다.

1908년 향사이정은 제향에 대한 큰 변화였지만 천신에도 그 여파가 있었다. 천신물의 대상과 공급에 관한 규정이 바뀌었기 때문이다. 1908년

---

28 『國朝五禮儀』 卷7, 凶禮, 「朝夕哭奠及上食儀」; 『進上謄錄 19』(奎12958, 6-3), 경자년 6월 8일.

11월 6일 내장원에서는 「천신비 규정에 관한 건」을 입안했다. 이 규정의 기본 취지는 천신 물종의 수량을 줄이고 각 물종의 가격을 시가(時價)에 맞게 조절하는 것이었다.[29] 아울러 천신물의 진배와 지불 방식을 다음과 같이 변경했다.

1. 종래에 천신 물종을 종묘의 수복이 진배하는 예가 있었으나 이를 원역에게 담당하여 거행케 한 데는 다소 폐단이 있음을 인식할 뿐만 아니라 순서에도 적당치 아니하다. 그러므로 지금부터는 일체의 향수 물품을 진배하는 일을 회사에게 위탁한다.
2. 종래 천신 물품의 대가 지급은 진배할 때마다 명세서로 청구했으나 본 규정이 재결을 거치는 동시에 이를 1개월씩 계산하여 합계 금액의 지발표(支撥表)를 만들어 내장원 출납과에 송부하고, 진배하는 당월 25일 내에 본표에 의거하여 지불한다. 천신월령은 구력(舊曆)으로 규정한 것이니 1월에는 구력 월령 2월로 간주한다.[30]

위 인용문을 볼 때 기존에 종묘에 올리는 천신 물종을 종묘의 수복이 진배했다. 이는 수복이 경상(京商)과 연계하여 물품을 진배했음을 짐작케 한다. 그런데 위의 규정은 이러한 방식에 여러 폐단이 있으며 공급의 순서에도 적당하지 않다고 지적하면서 천신물의 일체를 회사에 위탁하는 것으로 정했다. 여기서 회사는 구체적인 언급이 없지만 당시 상황으로 볼 때 '동양회사(東洋會社)', 즉 동양척식주식회사의 일종으로 보인다. 1906년

29 『향비규정』(K2-2580), 「薦新費規定에 關한 件」(융희 2년 11월 6일 입안), "宗廟 景孝殿 懿孝殿에 進排ᄒᆞᄂᆞᆫ 薦新物種의 數量을 減省ᄒᆞ옵고 代価ᄂᆞᆫ 時價로써 規定ᄒᆞ와 別紙對照表時價表ᄅᆞᆯ 調製添付ᄒᆞ압고 物種進排代価支撥의 方法을 左記ᄒᆞ와 玆에 仰稟홈"

30 『향비규정』(K2-2580), 「薦新費規定에 關한 件」(융희 2년 11월 6일 입안).

에 작성된 「궁내부용달동양회사완문(宮內府用達東洋會社完文)」에 따르면 궁내부에서는 각 관청에서 필요한 물품을 동양회사에 일임했다.[31] 이 완문에 언급된 조달 품목은 대략적이지만 국내외 직물, 철물, 목물, 서적, 주물 연초, 옥석, 약품, 과일, 해산물, 기명, 촉등 등 매우 다양하다. 그리고 여기서 언급되지 않은 것은 추후에 마련하는 것으로 되어 있다. 궁내부에서는 천신 물품도 이 회사에 맡겨서 조달하겠다는 것이다.

그 외 조달 방식의 변화로 1개월 단위의 청구와 지급이 있다. 천신 의식은 월령에 맞추어 거행되었지만 매달 천신품은 한 가지가 아니라 여러 가지였다. 기존에는 이 물품들의 조달 환경에 따라 건마다 진배하고 명세서를 올렸는데 이를 바꾸어 달별로 모아서 조달하고 진배하는 형태로 바뀐 것이다. 이와 관련하여 천신 월령은 음력을 기준으로 한다는 것을 부기했다. 당시 양력의 사용이 공식화되었지만 제사와 천신은 음력의 시간을 계속 따르고 있었다.

이러한 규정에 의해 마련된 천신 월령표를 살펴보면 다음과 같다. 표 10의 규정은 월령의 비용 중에서 천신의 물종 71종을 추린 것이다. 실제 표에서는 천신할 때 필요한 소촉(小燭), 등진유(燈眞油), 맛을 내기 위한 초(醋), 간장(艮醬), 호초(胡椒) 등의 물종과 가격이 같이 나오지만 여기서는 생략했다. 이 천신 물종을 살펴보면 이전 것과 크게 달라진 것은 없다. 다만, 당시까지 외공(外貢)으로 공급되었던 물품들은 대부분 다른 것으로 대체했다.

2월의 방어(魴魚), 3월의 표고(蔈古), 6월의 토련(土蓮), 7월의 민어(民魚), 10월의 목과(木果), 산행(山杏), 서여(薯蕷), 11월의 건광어(乾廣魚), 수압(水鴨), 황률(黃栗), 12월의 능인(菱仁), 비자(榧子) 등은 이전에 지방에서 직접

31 『宮內府用達東洋會社完文』(K2-3128).

표 10 | 종묘 천신 물종 규정 및 가격(매실)

월	1908년			1911년
	물종	매실 수량	계	
1월	조곽早藿	5봉	90봉	○
2월	방어魴魚	1미尾	18미	-
	생복生鰒	15개	270개	○
	빙氷	1정	18정	○
	작설雀舌	5전	9량	-
	반건치半乾雉	2수	36수	-
	수근水芹	3악握	54악	○
	생합生蛤	1두	18두	-
	낙지絡蹄	1급級	18급	-
3월	궐채蕨菜	10악	180악	○
	표고蔈古	1승	1두 8승	-
	신감채辛甘菜	10악	180악	-
	황석수어黃石首魚	30미	540미	-
	생석수어生石首魚	3미	54미	○
	눌어訥魚	2미	36미	-
	위어葦魚	2급	36급	○
4월	죽순竹筍	10본	180본	○
	진어眞魚	1미	18미	○
	오징어烏賊魚	2미	36미	-
5월	앵도櫻桃	1승 5합	2두 7승	○
	황행黃杏	1승 5합	2두 7승	-
	과자苽子	30개	540개	○
	대맥大麥	4승	7두 2승	○
	소맥小麥	4승	7두 2승	○
6월	도미稻米	4승	7두 2승	○
	율미粟米	2승	3두 6승	○
	서미黍米	2승	3두 6승	○
	직미稷米	2승	3두 6승	○

월	1908년			1911년
	물종	매실 수량	계	
	임금林檎	1승 5합	2두 7승	○
	이실李實	1승 5합	2두 7승	○
	서과西瓜	1개	18개	○
	진과眞瓜	3개	54개	○
	가자茄子	10개	180개	-
	토연土蓮	1승 5합	2두 7승	-
	동과冬瓜	2개	36개	-
7월	민어民魚	1미	18미	-
	연실蓮實	1승 5합	2두 7승	○
	백자柏子	1승 5합	2두 7승	○
	호도胡桃	1승 5합	2두 7승	-
	생리生梨	10개	180개	○
	청포도靑葡萄	5타朶	90타	○
	진자榛子	1승 5합	2두 7승	-
8월	홍시紅柿	30개	540개	○
	대조大棗	1승 5합	2두 7승	○
	생률生栗	3승	5두 4승	○
	예주醴酒	1병	18병	○
	송이松茸	15개	270개	○
	생해生蟹	10개	180개	○
	부어鮒魚	3미	54미	-
9월	석류石榴	5개	90개	○
	산포도山葡萄	5타	90타	-
	미후도獼猴桃	1승 5합	2두 7승	-
	생안生雁	1수首	18수	-
10월	목과木果	5개	90개	-
	산행山査	1승 5합	2두 7승	-
	유자柚子	5개	90개	○
	서여薯蕷	15본本	270본	○

월	1908년			1911년
	물종	매실 수량	계	
10월	생문어生文魚	1미尾	18미	-
	은어銀魚	20미	360미	○
	건시乾柿	1접貼	18접	-
	대구어大口魚	2미	36미	-
	은행銀杏	2승	3두 6승	○
11월	백어白魚	30미	540미	○
	건과어乾廣魚	2미	36미	-
	청어靑魚	1급	18급	○
	수압水鴨	1수首	18수	-
	황률黃栗	1승 5합	2두 7승	-
12월	능인菱仁	1승 5합	2두 7승	-
	비자榧子	1승 5합	2두 7승	-
	수어秀魚	1미	18미	○
	생토生兎	1수	18수	○

1908년 자료: 『향비규정』(K2-2580), 1911년 자료: 『천신비규정』(K2-2576)

진상했던 공물이었다.[32] 대동법 이후 공인(貢人)을 통해 시장에서 구입하는 것이 일반적이었지만 시장에서 구하기 어려운 것들은 지방의 공물로 구했다. 그러므로 제주도와 함경도 등과 같이 먼 곳에서 나는 물품을 다른 것으로 대체함으로써 지역민의 어려움과 공급의 불편함을 해소했다고 할 수 있다. 한편 이전과 비교할 때 달라진 점은 수량의 축소이다. 1월의 조곽(早藿)을 이전에는 전체 180봉을 올렸는데 이 규정에서는 90봉으로 반으로 줄였다. 2월의 생복도 360개에서 270개로 감축했다. 이러한 축소

32 대한제국기 천신의 현황은『宗廟薦新月令』(K2-2213)을 참조할 수 있다. 이 자료는 1895년부터 1906년까지의 상황을 반영하고 있다. 전체적인 천신 품목은 대체품을 제외하면『향비규정』의 내용과 동일하다.

표 11 | 외공 물품의 대체 현황

월	기존 천신품	외공지역	대체품
2월	송어松魚	강원도	방어
	생복生鰒	전라도	-
3월	청귤靑橘	제주도	표고
4월	죽순竹筍	경상도	-
6월	은구어銀口魚	황해도	토련
7월	건어鰱魚	함경도	민어
10월	감자柑子	제주도	목과
	금귤金橘	제주도	산행
	생문어	강원도	-
11월	과어苽魚	함경도	건광어
	당유唐柚	제주도	황률
12월	유감乳柑	제주도	능인
	동정귤洞庭橘	제주도	비자

자료: 『종묘천신월령(宗廟薦新月令)』(K2-2213); 『향비규정』(K2-2581)

를 통하여 감액된 금액이 477엔 37전 8리나 되었다. 경효전과 의효전에서 감축한 것까지 합치면 전체 676엔 7전 4리의 감액이 이루어졌다.[33] 이렇게 1908년 『향비규정』은 기존의 천신 품종을 가능한 한 그대로 둔 채 각 물종의 수량을 줄이고 그 비용을 시가에 맞추어 새로 정한 데 의의가 있었다.

통감부 시기에 마련된 이러한 천신 비용 규정의 기본 틀은 일제강점기에도 그대로 이어졌다. 그러나 일제강점기에는 천신의 물종이 대폭 줄었다. 1911년 3월 27일 이왕직 회계계에서 입안한 「천신비 규정 개정에 관한 건」에 따르면 71종 중에서 31종은 제외하고 40종만 천신의 대상으로 삼았다.[34]

---

33 『향비규정』(K2-2581), 「薦新物種減省에 對ᄒᆞᆫ 代價對照統計表」.

34 『薦新費規定』(K2-2576), 「薦新費規定改正ノ件」.

표 10의 물품 중에서 오른쪽 칸에 ○으로 표시한 것만 1911년에 천신 대상으로 정해지고 나머지는 폐지되었다. 또한, 확정된 천신 품목 중에 시가가 이전과 차이나는 것이 있다. 변동 상황을 보면 3월 궐채의 경우, 물가가 올랐지만 그 외의 것들은 시가가 하락했다. 그리하여 천신의 전체 물가 비용은 1909년의 것보다 더 적어졌다.

1911년 규정은 일제강점기에 대체로 지켜졌다. 한 사례로 1917년 한 해 동안 종묘에서 거행했던 천신 대상을 살펴보았을 때 위의 규정과 동일한 물품이 등장했다. 문헌의 단편적인 기록을 통해 천신 과정을 추정하면 먼저 천신의 날짜를 정하는 것은 종묘 상부의 제사과에서 담당했다. 현전하는 『천신건(薦新件)』(K2-2575)이 이와 관련된 문서철이다. 1919년부터 1924년까지의 기록인 이 문서철은 이왕직 제사과에서 천신의 물품과 설행 날짜를 상주(上奏)하는 문서이다. 제사과에서 천신 날짜·장소·물품을 정하여 기안한 문서가 이왕직 장관까지 전달되면 장관이 이 내용을 왕에게 보고하여 재가를 받았다. 문서에는 '啓'자인이 찍혀 있다. 이렇게 날짜가 정해지면 종묘에 통지했다. 기안 날짜와 천신일을 보면 천신 이틀 전에 기안이 이루어졌다.

한편, 천신 하루 전날 전사보와 수복 각 한 명이 관수소(管守所)에 가서 천신 물품을 받아왔다. 관수소는 일제강점기 종묘 등에 물품을 조달하는 관청이었다. 1917년 11월부터는 봉상소(奉常所)로 바뀌었다. 1911년 3월까지는 관수소에서 천신 물종을 종묘에 직접 보내주었다. 그런데 1911년 3월 17일부터 천신 물품은 관수소에서 1개월에 2차로 나누어 지급했는데 종묘의 입직 전사보와 수복이 관수소에 와서 수령하는 것으로 정했다.[35] 그러므로 천신 물품을 구매하는 데 종묘 직원이 전혀 관여하지 않았다. 정

35 『本署齋官入直日記』(K2-5041), 대정 6년 3월 17일.

표 12 | 천신용 소모품 표준량(1회분)

<table>
<tr><th colspan="2">천신 물종</th><th>소모품</th><th>수량</th><th>비고</th></tr>
<tr><td>탕湯(18기)</td><td>생복, 석수어, 궐채, 진어, 죽순, 생해, 송용, 은어, 서여, 은행, 백어</td><td>신薪</td><td>12관</td><td></td></tr>
<tr><td>반飯(18기)</td><td>소맥, 대맥, 율미, 도미, 서미, 직미</td><td>신</td><td>16관</td><td></td></tr>
<tr><td>적炙(18기)</td><td>위어, 청어</td><td>숯炭</td><td>3관</td><td></td></tr>
<tr><td colspan="2" rowspan="2">장유지壯油紙</td><td>저유지楮油紙</td><td>2매</td><td>진상 포장용</td></tr>
<tr><td>저주지楮注紙</td><td>2매</td><td>진상 단자용</td></tr>
<tr><td colspan="2" rowspan="2">조선백지朝鮮白紙</td><td>백지白紙</td><td>4매</td><td>단자용</td></tr>
<tr><td>거炬</td><td>2본本</td><td></td></tr>
</table>

자료: 「薦新用消耗品標準量ノ件」『宗廟公文來綴』, K2-2169, 2-1)

해진 비용으로 제물을 준비하는 것은 관수소[봉상소]의 몫이었다. 그리고 1912년 3월 27일에는 관수소에서 종묘로 천신품을 옮길 때 이전에는 관수소 인부나 소정(掃丁)에게 부담하게 했는데 이때부터는 종묘의 군사에게 부담하게 했다. 관수소에서 종묘에 윤첩을 보내 천신물과 감봉(監捧) 일시를 알려주면[36] 담당자가 관수소로 가서 받아왔다. 종묘에서는 천신 의식을 수행하는 데 필요한 소모품만 준비했다. 천신 기일 전에 소모품을 상부에 청구하고 금액을 받아서 준비했다.

천신을 준비할 때 소용되는 소모품은 천신 종류에 따라 달랐는데 그에 대한 규정이 1912년 5월에 마련되었다.[37] 그 내용은 표 12와 같다. 표 12에서 알 수 있듯이 천신물은 날 것 그대로 올린 것도 있지만 탕(湯)이나 반(飯), 구이[炙]로 조리해서 올렸다. 표 12에 나오지 않는 과일류는 특별히 가공 없이 올린 것으로 추정된다. 반면, 생복 등 11종은 탕으로 올렸으며

---

36 『宗廟公文來綴』(K2-2169, 2-1), 「輪牒」(명치 45년 6월 12일).

37 『宗廟公文來綴』(K2-2169, 2-1), 「薦新用消耗品標準量ノ件」(掌祀發 第393號, 명치 45년 5월 30일).

소맥(小麥) 등 6종은 쪄서 올렸다. 위어와 청어는 구이로 조리하여 올렸다. 이렇게 조리하는 경우, 땔감이 필요하기 때문에 종묘에서는 표 12를 기준으로 땔감과 숯을 소모품으로 청구했다. 또한, 해당일 새벽에 천신을 마치면 곧바로 천신 물품을 창덕궁과 덕수궁에 진상했다. 그리고 장사계에 1그릇 또는 2그릇을 보내며 무사히 마친 것을 보고했다.[38] 이때 필요한 포장지와 단자용 종이 역시 소모품으로 요청했다.

천신품의 변화는 1931년에 보인다.[39] 이때 개정된 월령의 천신품은 표 13과 같다. 표 13에서 보는 것처럼 1931년의 물품은 기존의 월별 구분을 온전히 따르지는 않았다. 5월의 소맥과 대맥은 6월로 옮겼고, 11월의 백어도 12월로 옮겼다. 6월의 쌀[稻米]와 좁쌀[粟米]은 사라지고, 8월에 갱률(粳栗)과 나률(糯栗)이 새로 등장했다. 그리고 같은 물품의 명칭이 바뀐 것도 있다. 준치라는 진어(眞魚)는 시(鰣)로 바뀌고, 숭어의 수어(秀魚)라는 표기는 치(鯔, ぼら)로 변경되었다. 이러한 변화가 1931년에 갑자기 생긴 것은 아니다. 1920년대 자료에서도 부분적으로 나타나고 있다.[40] 그리고 얼음이 없어지고 생대합과 산포도가 추가되어 41종의 천신물을 올렸다. 1931년「천신품 월령 개정표(薦新品月令改正表)」에는 천신의 수량 외에도 조리 시 재료, 천신 때 용기, 소모품 등도 표기했다.[41] 이에 의하면 생선을 올릴 때는 작설차를, 참마인 서여(薯蕷)를 올릴 때는 꿀[淸蜜]을 같이 올렸다.

1년에 4번의 큰 제사와 매월 2번의 천신은 일제강점기 종묘의 정기적

---

38 『報告及回牒存案』(K2-4890),「보고 제10호」(명치 45년 3월 6일).

39 『祭享用消耗品請求簿』(K2-4813),「昭和六年三月日 薦新品月令改正表」.

40 『享需品規程』(K2-2584)의「宗廟薦新一室計」에는 6월령에 '도미'와 '율미' 대신 粳米와 糯米가 나온다.

41 천신품을 천신 때 담는 용기별로 구별하면 다음과 같다[『祭享用消耗品請求簿』(K2-4813),「昭和六年三月日 薦新品月令改正表」]. 유종자, 유다종은 이 규정이 성립된 이후 추가로 기록한 내용이다.

표 13 | 1911년과 1931년의 천신품 비교

월령	1911년 규정	1931년 규정
1월	조곽	조곽
2월	생복, 빙, 수근	생복
3월	궐채, 생석수어, 위어	생대합, 수근, 생석수어
4월	죽순, 진어	궐채, 죽순, 위어, 시(진어)
5월	앵도, 과자, 대맥, 소맥	앵도, 과자
6월	도미, 율미, 서미, 직미, 임금, 이실, 서과, 진과	소맥, 대맥, 임금, 이실, 서과, 진과
7월	연실, 백자, 생리, 청포도	생리, 청포도, 연실
8월	홍시, 대조, 생률, 예주, 송이, 생해	홍시, 대조, 생률, 생해, 예주, 송실, 송이, 갱률粳栗, 나률糯栗, 서黍, 직稷
9월	석류	석류, 산포도
10월	유자, 서여, 은어, 은행	유자, 서여, 은어, 은행
11월	백어, 청어	청어
12월	수어, 생토	백어, 치(수어), 생토

자료: 『祭享用消耗品請求簿』(K2-4813)

인 제향이었다. 그 외 봄과 가을 개수를 위한 고유제도 정례적으로 거행되었다. 이러한 제향에서 중요한 것은 제물이었다. 일제강점기 종묘대제의 제물 구성은 조선시대의 그것과 큰 차이가 없었다. 12변·두의 많은 음식을 다 갖추어 올렸다. 다만, 조선시대와 비교할 때 양이 줄었다. 그리고

〈월령의 천신품〉

죽변竹籩	조곽, 앵도, 과, 임금, 이실, 서과, 진과, 수근, 생리, 연실, 대조, 생률, 송실, 석류, 유자, 서여, 은행
목두木豆	생복, 생대합, 생석수어, 궐채, 죽순, 시, 대백, 소맥, 송이, 사색미四色米, 은어, 백어, 치
생갑牲匣	위어, 청포도, 홍시, 생해, 산포도, 생토, 청어
작爵	예주
유종자鍮鍾子	청밀(薥蕦 천신시)
유다종鍮茶鍾	작설(생선 천신시)

구하기 어려운 것은 다른 것으로 교체했다. 조선시대와 크게 달라진 것은 음식의 조달 방식이었다. 공인의 공물에 의존하던 것과 달리 시장에서 구매해야 했다.

제향이나 천신이 끝나면 신께 올린 음식을 나누었다. 조선시대에 준여의 배분 방식에 대하여 알려진 것이 없는 상황이라 일제강점기 『준여 분배표』는 종묘 제향을 이해하는 데 큰 도움이 된다. 동일하게 적용하기 어렵지만 조선시대 준여의 배분에 수복의 비중이 높았을 것으로 추정된다. 일제강점기 종묘는 제물을 통하여 선조와 소통하고, 이왕가와 이왕직의 사람을 연결했다.

제4장
종묘 인력의 운영

1. 이왕직의 조직 개편

1910년 8월 대한제국은 국권을 상실했지만 황실은 이왕가로 존속되었다. 이왕가는 강제 합병으로 일본에 편입된 대한제국의 황가를 의미한다. 여기에는 왕족과 공족이 있었다. 왕족에는 고종, 순종과 그의 비, 영친왕이 있었고, 순종의 아우인 의친왕(이강공)과 그의 비, 고종의 형인 완흥군(흥친왕, 이희공)과 그의 비는 공족에 해당했다.[1] 같은 해 12월에 이왕가와 관련된 업무를 담당하는 기구로서 이왕직의 관제가 마련되어 1911년 2월부터 그 업무가 시작되었다. 이왕직은 일본 궁내성의 하부 기구로 궁내대신의 감독을 받아 조선 왕족과 공족의 집안 사무를 담당했다.[2]

1910년 이왕직의 관제를 살펴보면 서무계(庶務係), 회계계(會計係), 장시계(掌侍係), 장사계(掌祀係), 장원계(掌苑係) 5개 계(係)로 이루어졌다.[3] 서무계는 왕가의 보첩과 문적(文籍), 고서와 인장을 보관하고 공문서류를 처리했으며 도서를 관리하고 인사를 담당했다. 회계계는 이왕가의 재산을 관리하고 궁궐 및 청사의 관리와 수리를 맡았다. 장시계는 창덕궁에 기거하는 이왕의 신변을 보호하고 의식을 수행했으며 나인을 관장했다. 장사계는 왕가의 사당과 무덤을 관리하고 제사·아악 등에 관한 업무를 담당했다. 장원계는 박물관, 동물원, 식물원에 관한 일을 맡았다. 그 외 이태왕부, 왕세자부, 공족부가 별도로 설치되어 이태왕, 왕세자, 공족에 관한 사

1 신조 미치히코는 '이왕가'라는 용어가 공족을 포괄하지 못하기 때문에 '이왕족(李王族)'이라는 용어가 더 적절하다고 했다[新城道彦, 『天皇の韓國併合』(東京: 法政大學出版局, 2011), 2쪽]. 그러나 필자는 이 책에서 공족에 대해서는 다루지 않기 때문에 '이왕가'라는 용어를 통일해서 사용했다.

2 이윤상, 「일제하 '조선왕실'의 지위와 이왕직의 기능」, 『한국문화』 40(2007), 325쪽.

3 『순종실록 부록』, 명치 44년 2월 1일.

표 1 | 이왕직의 조직 변화

개편 시기	사무
1911.02.01.	서무계, 회계계, 장시계, 장사계(제의실/능무실), 장원계
1913.07.24.	서무계(능무실), 회계계, 장시계, 장원계
1915.03.24.	장시사, 서무과, 회계과, 주전과, 제사과, 농사과, 장원과
1916.06.10.	장시사, 서무과, 회계과, 주전과, 제사과, 농사과, 장원과, 의식과
1918.06.15.	장시사, 서무과, 회계과, 영선과, 제사과, 장원과, 의식과
1920.10.30.	장시사, 서무과, 회계과, 예식과
1928.08.14.	서무과, 회계과, 예식과, 주전과
1941년 무렵	서무과, 회계과, 예식과, 주전과, 산림과

자료: 장신, 「일제하 이왕직(李王職)의 직제와 인사」, 『장서각』 35(2016), 75쪽 참조·보완

무를 보았다. 서무계, 회계계, 장시계, 장사계, 장원계의 5계 중에서 종묘의 사무를 책임진 곳은 장사계였다.

이후 1913년 7월 24일 「이왕직 사무 분장 규정」(이왕직 발, 제185호)에 의하여 이왕직에서 장사계가 폐지되어 제의 및 능무에 관한 일이 서무계로 옮겨졌다.[4] 그러나 1915년 3월 관제가 장시사(掌侍司), 서무과, 회계과, 주전과(主殿課), 제사과(祭祀課), 농사과(農事課), 장원과(掌苑課)의 1사 6과 체제로 다시 개편될 때 제사 관련 업무는 제사과로 일임되었다. 제사과는 제사와 더불어 향소를 관리했다. 신설된 주전과는 궁제(宮第) 및 창덕궁 내에 소재한 청사와 그 부속물의 관리를 맡았다. 서무과와 회계과에 집중된 일들을 제사과와 주전과에 분속시킨 것이다. 이때의 개정은 사무를 간단히 하고 인원을 축소하는 데 중점을 두었다. 당시 개편으로 인하여 면직된 직원이 14명이나 되었다. 더욱이 고용원은 서울과 지방을 합쳐 90명이나 줄었다.[5] 일제강점기 초에 기존의 것을 그대로 유지하는 데서 벗어나

4 장신, 「일제하 이왕직(李王職)의 직제와 인사」, 『장서각』 35(2016), 75쪽.

새로운 상황에 맞게 개편하기 시작한 것이다.

1916년 6월에 의식과(儀式課)가 새로 생겨 이왕직 관제는 전체 1사 7과로 바뀐다. 이때 의식과는 종전에 장시사에서 담당하던 빈객 접대, 향연 개최 등을 맡았기 때문에 제사과의 업무와 구별되었다.[6] 고종이 사망한 후인 1920년에 이왕직의 관제는 장시사, 서무과, 회계과, 예식과의 1사 3과로 축소되었는데 이때 예식과에는 이전 제사과와 의식과의 업무를 통합했다. 즉, 예식과의 사무는 제사, 묘·전·궁·분영·부속 삼림의 관수, 의식 관장, 빈객 접대, 그리고 아악 공연 및 전수에 관한 일이었다.[7]

이왕직은 이왕가의 운영을 위한 조직인 만큼 이왕의 보좌를 중심에 두고 왕실의 재산을 관리하는 것을 업무의 주요 목표로 삼았다. 이러한 업무의 범위와 내용은 일제강점기 동안 크게 바뀌진 않았다. 다만, 1919년 고종의 사망, 1926년 순종의 사망은 장시(掌侍)의 업무를 축소시켰다. 1928년 순종의 부묘 이후 그를 보좌하던 장시사가 폐지되었다. 순종의 측근에서 건강을 살피고 음식을 올리는 일이 사라졌기 때문이다. 다만, 순종비 순명효황후가 당시 낙선재에 살아 머물렀으므로 이를 보좌하기 위해 주전과를 부활시켰다. 주전과는 궁궐의 기물을 보관하고 왕대비의 식사나 의료를 담당하며 소속 나인을 관장했다. 그리고 왕가의 문적과 인장을 관수하는 일을 맡았다.[8] 나머지 서무과, 회계과, 예식과의 업무는 이전과 거의 동일했다. 이후 네 과의 주요 업무는 해방될 때까지 큰 변동이 없

---

5 『매일신보』, 1915년 4월 1일, 제2면.

6 『순종실록 부록』, 대정 5년 6월 10일.

7 『순종실록 부록』, 대정 9년 10월 30일, "第五條, 禮式課에서는 左의 事務를 掌홈. 一, 祭祀에 關호 事項. 二, 廟祭, 殿祭, 宮墳塋及其附屬森林의 管守에 關호 事項. 三, 儀式에 關호 事項. 四, 賓客接待에 關호 事項. 五, 雅樂에 關호 事項."

8 『宗廟報告請求存擋及接受綴』(K2-2180), 第3號, 「李王職布達 第2號(昭和 3年 8月 15日) 李王職 事務分掌規程 中 左ノ通改正ス」.

었다.

『순종실록 부록』의 1920년 10월 30일 기록에 나오는 예식과의 업무 분장은 1939년 자료를 통해 보다 구체적으로 알 수 있다. 1939년 예식과에서는 본과의 사무를 24가지로 나누어 담당했다.[9] 인사 업무에서 빈객 접대까지 업무를 나열하고 해당 업무의 담당자를 기입했다. 이러한 예식과의 업무는 1942년에 이르러 더 체계적으로 정리되어 나타났다. 이를 정리한 것이 표 2이다.

표 2는 1942년 6월 22일에 예식과에서 예하 부서에 통보한 「사무 분담에 관한 건」이라는 문서를 정리한 것이다. 예식과에서는 업무를 서무계, 제사계, 아악부로 구분하고 각각에 주임을 임명했다. 서무계 주임은 속(屬) 고쿠보 요시쓰구(小久保善次)였는데 아악부의 주임을 겸임했다. 제사계 주임은 전사 가와니시 카이쇼(河西海鍾)[10]였다. 당시 이왕직의 주요 예식은 제사와 아악으로 구분될 수 있으며 서무는 제사와 아악의 업무를 수행하는 데 필요한 인적·물적 자원을 관리하는 일을 맡았다. 빈객을 접대하는 일이 간혹 있었지만 국권을 상실하고 고종과 순종이 승하한 후 외교적 차원의 의식은 거의 없었다. 예식에서 아악 분야가 세분화되고 중요시된 것이 일제강점기의 매우 독특한 현상이었다. 아악은 제사 등의 의례에서 독립되어 확대되고 재생산되었다. 제향과 별도로 아악은 공연과 방송 출연을 통해 대중과 만났다. 악기와 문헌의 보관 및 관리 외에도 교육과 이론 연구까지 업무가 확대되었다.

이제 제향 관련 업무를 살펴보자. 제향 관련 업무의 기초는 제향 공간과 그곳에 근무하는 인력에 대한 감독이었다. 물론 예식과는 이들을 직접

---

9 『잡서류』(K2-2210, 2-1), 「예식과 사무 분담」. 이 서류는 보낸 날짜가 기록되어 있지 않다. 앞에 편철된 「참봉예회회보」(소화 14년 4월 17일)에 첨부된 문서인 것 같다.

10 가와니시 카이쇼(河西海宗)는 유해종의 창씨개명 후 이름이다.

표 2 | 이왕직 예식과의 업무 분장

구분	사무	담당자
서무계	주임	小久保善次
	1. 직원(고용인 포함)의 신분 변동 및 근무 조사	森山高吉, 國本光壽
	2. 관인 보관	森山高吉, 若木信行
	3. 급여 관리	若木信行, 千田隆久
	4. 청용(聽用) 물품 관리	李城種世, 宋完淳
	5. 문서 접수·발송·기록	
	6. 문서 번역, 청원 사건 조사	國本光壽, 豊川洋有
	7. 문서 편찬·보존	國本光壽, 宋完淳
	8. 통계 보고	李沔鎔, 宋完淳
	9. 묘전지	岩本義臣, 國本光壽, 森本直彦
	10. 관혼전례	李沔鎔, 若木信行, 千田隆久, 豊川洋有
	11. 연중식례	
	12. 빈객 접대	
제사계	주임	河西海鍾
	1. 향소 직원 근무 감독	森山高吉, 大森晧市, 國本光壽[李光壽]
	2. 사당과 무덤 관리	森山高吉, 大森晧市,
	3. 제사 업무	
	4. 예산 결산	森山高吉, 大森晧市
	5. 제향용품 관리	若木信行, 大森晧市
	6. 제향비 출급	若木信行, 千田隆久
	7. 숙수 파견	國本光壽, 豊川忠義
	8. 향축 준비 및 전달	安東忠鎭, 森本直彦, 甄原瑩
	9. 제향일 지정	大森晧市, 森本直彦
	10. 제기 제품 의물 관수	大森晧市, 豊川忠義, 守屋榮
	11. 제물 검사 및 요리	
	12. 장제전례	八田口敎, 安東忠鎭, 牛峰定久, 平田武夫, 森山直彦, 甄原瑩
아악부	주임	小久保善次
	1. 아악부 일반 사무	
	2. 부원 지도 및 취체	

구분	사무	담당자
아악부	3. 묘·전·궁 기타 주악	
	4. 특별 연주	
	5. 손님 안내(악기 해설)와 악기 연주	
	6. 방송	
	7. 시간 합주(매일 정시)	
	8. 악기·악복 보관·출납	
	9. 음악 도서 보관·정리	
	10. 음악 이론 연구 지도	
	11. 아악생에 대한 보통과(중등 정도) 교수	
	12. 아악생에 대한 음악 교수	
	13. 정신작흥	
	14. 체육보건	
	15. 이습회(肄習會)	
	16. 호조회(互助會)	
	17. 아악생 조성회(助成會)	

자료: 『잡서류』(K2-2210, 2-2) 禮第82號(소화 17년 6월 22일)「事務分担ニ關スル件」.

관리하기보다 문서를 통해 관리했다. 종묘에서 소속 인력에 대해 근무 상황과 인사 변동을 보고하면 이를 접수하고 처리하는 방식이었다. 묘전(廟殿)과 분영(墳塋)의 관리에는 보수하는 일이 큰일이었다. 그 외 제기 등의 의물을 관리하는 것도 중요했다. 제향을 준비하는 구체적인 업무로는 제향용품 지급, 제향비 지출, 제수품의 출납 검사와 봉과 등의 일이 있었다. 제수를 요리하는 숙수의 관리도 중요했다. 이러한 제향 관련 업무는 일제강점기부터 해방 때까지 지속되었다.

한편, 제향과 직접 관계되지는 않지만 예식과에서 이왕가의 예식에 관한 자료를 모으고 정비했음을 위의 사무 규정을 통해 알 수 있다. 서무계의 사무 중에는 '묘전지(廟殿誌)', '관혼전례(冠婚典例)'에 관한 것이 있으며 제사계에서도 '장제전례(葬祭典例)'에 관한 사항이 있다. 이는 이왕가가 전통을 무조건 고수하기보다 현 상황에 맞는 형태로 의식을 재규정하려고 노력했음을 알 수 있다. 현 상황이란 식민지 왕가에 적합한 예식을 가리킨다. 1930년대 후반에 편찬된『관혼례강의』(K2-2619, 2620),『혼례의건』(K2-2729),『상의식안(喪儀式案)』(K2-2954),『상의안(喪儀案)』(K2-2956),『상장』(K2-2958),『왕상의(王喪儀)』(K2-2992, 2993),『제사』(K2-2560, 2562, 4811) 등의 편찬물은 이들을 통해 만들어진 것이었다. 1939년에 '제식전례조사(祭式典禮調査)'라는 업무가 '관혼전례', '장제전례'라는 업무로 세분화된 것은 예식과에서 나름 이왕가의 예식에 대한 정리가 마무리되었음을 의미했다. 1939년 업무 분장에서 이종룡이 혼자 맡았던 '묘전지'의 업무는 1941년에 이와모토 요시노부[岩本義臣], 구니모토 고주[國本光壽], 모리모토 나오히코[森本直彦] 3명으로 담당 인원이 늘어났다. 현재 한국학중앙연구원 장서각에 보관된『종묘지 초고』(K2-5211)와『종묘지』(K2-4374)가 이들에 의해 편찬된 것으로 추정된다. 특히『종묘지 초고』에는 이와모토 요시노부가 인계자로 되어 있어 이들의 역할을 확실히 알 수 있다.

한편, 일제강점기 아악에 대한 관심이 고조된 것은 예식과의 업무 분장을 통해서도 확인된다. 1939년에 세분화되지 않았던 아악부의 업무는 1941년에 구체적으로 분화되었다. 특히 특별 연주, 방송, 시간 합주 등은 연주 활동이 이제 의례와 분리되었음을 잘 보여주며 아악생에 대한 교육 역시 중요시되었음을 보여준다. '정신작흥(精神作興)', '체육보건(體育保健)'은 아악부에 관한 업무라기보다 식민지 조선에 전시 체제를 강화하기 위한 것이었다. 이러한 사안들을 통해 종묘 역시 그러한 전시 체제에서 벗어나지 못했음을 알 수 있다.

2. 종묘 직원의 구성

1) 제향 직원의 구분

일제강점기 이왕가의 제향 업무를 담당하는 사람은 직원과 고용원으로 구분할 수 있다. 직원은 이왕직의 공식적인 관원을 가리킨다. 1910년 12월에 공포된 이왕직 관제에 의하면 이왕직에는 장관, 차관, 사무관, 찬시, 전사(典祀), 전의(典醫), 기사(技師), 속(屬), 전사보(典祀補), 기수(技手), 참봉(參奉)을 두었다. 이 중에서 이왕가의 제향과 관련된 주요 직책은 전사와 전사보였다. 주임(奏任)인 전사는 제사와 분영(墳塋)에 관한 사무를 담당했다. 판임관(判任官)인 전사보는 '제사에 종사'하는 일을 맡았다.[11] 1911년 2월『이왕직 직원안』에 전사 8명과 전사보 24명의 명단이 나온다. 종묘, 경효전, 의효전, 6궁, 선원전, 조경묘, 경기전, 준원전, 함흥본궁, 영흥본궁, 그리고 이들을 통괄하는 장사계 등에 분포해 있었다. 즉 전사와 전사보는 묘·전·궁의 사당에 배치되거나 이왕직의 제사를 총괄하는 직책을 맡았던 것을 알 수 있다. 반면, 왕릉에는 참봉이 있었다. 참봉은 판임대우로 분영의 관리와 수호를 맡고 제사에 종사하는 직원이었다.[12] 1911년 2월 기준으로 능원을 관리하는 참봉은 75명이었다.

직원 외에 각 향소에는 '원역(員役)'이라는 고용원이 별도로 있었다. 1914년 당시 묘·전·궁·능·원·단·묘 등에 속했던 고용원으로 제감(祭監)

---

11 『순종실록 부록』, 명치 43년 12월 30일,「皇室令 第34號, 李王職官制」.

12 『순종실록 부록』, 명치 43년 12월 30일, "宮內省令 第18號 判任待遇等外에 宮內職員職制中改正件 發表(李王職에 參奉을 置홈이라 參奉은 七十五人을 判任待遇로홈 墳塋의 管守와 及祭祀에 從事홈이라 參奉의 俸給은 月俸으로ᄒᆞ야, 三十圓以下로홈이라)."

45명, 수복 138명, 숙수(熟手) 10명, 사정(使丁) 263명, 묘지기 16인이 있었다.[13] 이들은 직원에 속하지 않는 인원이었다. 향소의 사정에 따라 직원과 고용원의 구성이 달랐는데 종묘에는 전사, 전사보, 수복, 사정 등이 업무를 보았고, 제향이 있을 때 숙수가 파견되었다. 반면, 능·원·묘의 경우, 참봉, 제감, 묘지기 등이 있었다.

이왕직 문서에 의하면 종묘를 비롯한 궁·능·원·묘 등에 근무하는 직원을 '재관(齋官)'이라고도 칭했다. 조선시대 『국조오례의』에 보이는 재관은 제향을 수행하기 위해 차출된 관원을 가리키는 용어였다. 그런데 일제강점기에는 향소에 근무하는 관원을 재관이라고 칭했다.[14] 재관은 제향, 봉심, 분향, 기타 업무 일체를 처리하고 원역을 감독하는 일을 맡았다. 명예참봉과 제감 역시 임시적이기는 하지만 재관으로 간주되었다. 이들은 참봉이 비번이거나 출타 중일 때 그 역할을 대신했다. 반면, 원역은 재관의 지휘를 받아 제사, 잡무, 수직에 복무하는 자였다. 향소의 내외를 청소하고 제기를 닦고 정돈하며, 물품을 받아오고 제물을 조설(調設)하는 등의 일에 종사했다. 수복보다 낮은 지위의 사정은 재관의 지휘를 받들어 향소의 곳곳을 청소하고, 수복의 업무를 보조하고 기타 잡무를 수행했다. 그 외 제향부(祭享夫)도 있었는데 복무는 사정에 준했다.[15] 종묘에서 대제를 준비할 때 제향부를 임시로 고용하여 제기를 수정하는 일을 맡겼다.

1911년 2월 1일 이왕직의 「사무 분장 규정」에 의하면 이왕직은 서무계, 회계계, 장시계, 장사계, 장원계의 예하 조직을 두었으며 사당과 무덤에 관한 사무는 장사계에서 담당했다.[16]

---

13 『순종실록 부록』, 대정 3년 1월 16일.

14 『傳掌記』(K2-3615), 『本署齋官入直日記』(K2-5041), 「齋官會議訓示」(RD00177).

15 「재관회의 훈시」(RD00177), '員役服務에 關하여'(예식과).

장사계는 제의 주임과 능무 주임 각 1명씩을 두고 그 아래에 전사, 속(屬), 전사보를 두어 업무를 수행했다. 일제강점기 초 장사계에 속한 왕실의 사당과 무덤을 살펴보면, 종묘, 경효전, 의효전, 6궁, 선원전, 조경묘, 경기전, 준원전, 함흥본궁, 영흥본궁, 조경단, 덕릉 등의 능원, 덕안궁 등이 있었다. 여기서 경효전과 의효전은 혼전(魂殿)에 해당한다. 경효전은 고종의 비인 명성황후의 혼전이고, 의효전은 순종의 비인 순명효황후의 혼전이다. 이들은 종묘에 부묘하기 전까지 신주를 봉안한 임시 사당이었다. 따라서 경효전은 1921년에 고종과 명성황후의 신주가 종묘에 봉안됨으로써 폐지되었고, 의효전 역시 1928년에 순종과 순명효황후의 신주가 부묘됨으로써 폐지되었다. 그리고 6궁은 이후 덕안궁을 더해 칠궁이 되었다. 묘·전·궁 등의 사당에는 전사 또는 전사보를 두어 관리했으며 능원에는 참봉 1~2명을 두어 관리하게 했다. 종묘의 경우, 전사 1명, 전사보 4명이 있었다. 전사와 전사보는 대한제국 융희 연간에 생긴 관직이었다.

조선시대 종묘서의 조직과 비교하면 일제강점기에는 제조와 부제조의 직책이 없었다. 제조는 조선시대에는 육조의 속아문 중 당상관이 없는 관서에 두었던 2품 이상의 겸임직이다. 제조는 해당 관서의 일을 총괄했다. 종묘를 담당하던 종묘서의 경우, 도제조 1원(1품), 제조 1원(2품)이 있었다. 그리고 겸직이 아닌 종묘서 담당 관원으로 영(令) 1원(종5품), 직장(直長) 1원(종7품), 봉사(奉事) 1원(종8품), 부봉사(副奉事) 1원(정9품), 수문부장(守門部將) 1원(종6품)의 관원이 있었다.[17]

1894년 갑오개혁 이후 종묘의 제조는 '제거(提擧)'로 바뀌었다가[18]

---

16 『순종실록부록』, 명치 44년 2월 1일.

17 『종묘의궤』(奎14220) 제4책, 「官員」.

18 당시 종묘서, 사직서, 영희전, 경모궁에 제거(提擧), 영(令), 참봉 1인씩을 두었다(『고종실록』, 고종 32년 4월 2일).

표 3 | 1911년 이왕직 직원 명단

구분		명단
장관		민병석
차관		小宮三保松
서무계	문서 주임(사무관)	青山淺治郎
	조사 주임(사무관)	村上龍佶
	인사 주임(사무관)	김동완
	도서 주임(사무관)	이회구
회계계	경리 주임(사무관)	蜷川新
	영선 주임(사무관)	林文太郞
	주전 주임(사무관)	이겸제
	구사 주임(사무관)	이기홍
장시계	계장	윤덕영
	예식 주임(사무관)	고희성
	선무 주임(사무관)	多田桓
장원계	박물관 주임(사무관)	末松熊彦
	식물원 주임(사무관)	유치형
	동물원 주임(기사)	岡田信利
장사계	제의 주임(사무관)	김규희
	사무관	윤희구
	전사	이강주
	속	임광훈
	전사보	강태현, 최병일
	능무 주임(사무관 겸)	村上龍佶
	전사	장호진, 윤시용, 유해종
	속	이인두, 엄창섭, 성규운, 有馬秀一
	전사보	정인환, 이재영
	종묘 전사	이재덕
	전사보	이창선
		김영래
		김익동
		김홍식
이태왕	사무실 주임(사무관)	이항구
	찬시실 주임(찬시)	김춘희
왕세지	사무관	고희경
이강공	사무관	增田英信, 김택기
이희공	사무관	黑埼美智雄

자료: 『李王職職員案』(K2-578)(1911년 2월 1일 서임)

1896년 12월 9일에 다시 '제조'가 되었다. 이와 함께 봉상사에도 제조 5인과 부제조 10인을 두었다.[19] 이때 제조는 이전과는 달리 겸직이 아니라 제사 관련 단독 상설직이었다. 특히 이들은 부족한 제관의 역할을 수행했다. 대한제국기 의정부와 궁내부로 이원화된 정부 조직은 국가 제사 운영에 어려움을 가져왔다. 당시 국가 제사는 궁내부 소관이라는 인식이 확산됨으로써 의정부 관원들이 제관의 참여를 꺼렸기 때문이다. 이런 상황을 타개하기 위해서는 궁내부 내에 제사를 전담할 관원들이 필요했다. 그 결과, 새로 만들어진 것이 제조였다. 물론 국가 제사에 의정부 관원들이 완전히 배제될 수는 없었다. 특히 지방관들은 지방에 있는 국가 제사를 관리하고 제향까지 거행할 의무가 있었다. 그럼에도 국가 제사를 원활히 수행하기 위해서는 제관에 충원할 별도의 관원이 필요했다.

그러나 제조는 융희 연간에 사라지고 제사와 관련하여 전사의 직책이 새로 등장했다. 1907년 7월 20일에 고종이 강제로 퇴위당하면서 궁내부 조직은 일제에 의해 대대적으로 개정되었다. 1907년 11월 27일에 개정된 「궁내부 관제」(포달 제161호)에 의해 궁내부 소속 원(院)이나 사(司)가 여럿 폐지되고 관리도 대폭 감축되는 한편, 일본인이 궁내부 수뇌에 배치되었다.[20] 그 가운데 장례원에 제사 관련 직책으로 전사장(典祀長), 전사, 전사보 등이 신설되었다. 이들은 왕실의 전례 관련 사무를 담당하고 향소를 관리하고 제사를 담당했다.[21]

이러한 전사와 전사관 제도는 1908년 12월 28일에 발표된 「궁내부 소

---

19 『大韓帝國 官報』, 「第504號(건양 원년 12월 11일) 宮內府官制中改正ᄒᆞᄂᆞᆫ 件」.

20 서영희, 「대한제국의 보호국화와 일제 통감부」, 『역사비평』 52(2000), 213쪽.

21 『大韓帝國 官報』 附錄(융희 원년 11월 29일), 「布達 제161호 궁내부관제」, "제23조 … 典祀長 一人, 勅任或奏任, 掌典官兼任, 壇廟社殿宮陵園墓의 事務를 管理ᄒᆞ고 祭需調達及守護을 掌ᄒᆞᆷ이라. 典祀 三十人以內, 勅任或奏任名譽官, 祭事를 掌ᄒᆞᆷ이라. 典祀補 二十五人 判任內十五人 名譽官, 祭官의事務를補助ᄒᆞᆷ이라."

관 단묘사전궁릉원묘관제」(포달 제185호)에 의해 국가 사전의 기본적인 직책이 되었다.[22] 이에 의하면 단·묘·사·전·궁에는 전사와 전사보를 두고, 능원묘에는 참봉을 두었다. 다만, 조경단은 능원묘에 준하여 참봉을 두었다. 조경단은 전주이씨의 시조인 사공공 이한(李翰)의 묘소가 있던 곳으로 추정되는 전주 건지산에 세워진 단이다. 사직단같이 특정 신에게 제사 지내는 제단과 달리, 조경단은 묘역의 연장선으로 간주되었음을 알 수 있다. 이 규정에서 정의한 각 직책의 임무를 보면 전사는 칙임 또는 주임으로 장례원경의 지휘 감독을 받아 제사를 담당하고 서무를 관리했다. 전사보는 판임관으로 전사의 지휘 감독을 받아 제사와 서무에 종사했다. 참봉은 판임관으로 장례원경의 지휘 감독을 받으며 역시 제사와 서무에 종사했다.

1909년(융희 3) 6월 30일 궁내부 장례원에는 전사가 30명, 전사보가 19명이었다.[23] 이와 별도로 표 4에서 보는 것처럼 환구단, 사직, 종묘, 경효전, 의효전, 함흥본궁, 6궁에 전사가 1명씩 있었다. 그 외 사당에는 전사보를

---

22 『掌禮院日記』(K2-2139, 4-2), 융희 2년 12월 28일, 「布達 第185號 宮內府所管壇廟社殿宮陵園墓官制」. 조문의 내용은 다음과 같다.

第1條　壇廟社殿宮에 典祀와 典祀補를 寘ᄒᆞ고 陵園墓에 參奉을 寘ᄒᆞ고 但肇慶壇은 陵園墓에 準홈.

第2條　典祀ᄂᆞᆫ 勅任 又ᄂᆞᆫ 奏任이니 掌禮院卿의 指揮監督을 承ᄒᆞ야 祭祀를 掌ᄒᆞ고 庶務를 管理홈.

第3條　典祀補ᄂᆞᆫ 判任이니 典祀의 指揮監督을 承ᄒᆞ야 祭祀及庶務에 從事홈. 但典祀를 寘치아니ᄒᆞᆫ 廟殿에 在ᄒᆞ야ᄂᆞᆫ 掌禮院卿의 指揮監督을 承ᄒᆞᆯ者로 홈.

第4條　參奉은 判任이니 掌禮院卿의 指揮監督을 承ᄒᆞ야 祭祀及庶務에 從事홈.

第5條　壇廟社殿宮典祀典祀補及陵園墓參奉의 定員은 別表에 依홈.

〈附則〉

第6條　本官制ᄂᆞᆫ 隆熙3年 1月1日로 붓터 施行홈.

第7條　壇廟社殿宮陵園墓에 關ᄒᆞᆫ 從前의 官制ᄂᆞᆫ 本官制施行日로 붓터 廢止홈.

第8條　本官制施行의 結果로 廢官된 者에게 ᄂᆞᆫ 隆熙 2年布達第 171號 宮內官退官恩賜金支給規程을 適用홈.

23 『(융희 3년 6월) 職員錄』(국립중앙도서관, 朝57-130-2).

두었는데 종묘에는 전사 김영전(金永典) 1명을 비롯하여 전사보 남하원(南夏元), 김익동(金益東), 장규환(張圭煥), 남교양 등 4명이 있었다. 조경단 이하 각 능원묘에는 참봉이 있었다. 대한제국기에 37기 능원에 속한 참봉의 수는 모두 80명이었다. 한 능에 2명의 참봉이 근무하는 것은 조선시대부터 관례였다. 2명의 참봉은 같이 근무하는 것이 아니라 1명씩 교대로 입직했다. 그러므로 한 곳에 1명의 참봉만 둘 수는 없는 형편이었다. 덕릉과 안릉, 헌릉과 인릉, 태릉과 강릉과 같이 2기가 함께 있는 경우에도 2명의 참봉을 두었다. 그러나 동구릉이나 서오릉과 같이 관리해야 할 능의 수가 늘어나면 2명으로 감당하기 어려워 참봉의 수를 더 늘렸다. 동구릉에는 6명의 참봉이 있었고, 서오릉과 서삼릉에는 4명의 참봉이 있었다.

일제강점기에 전사와 참봉은 어떻게 되었을까? 전사와 참봉의 수는 일제강점기 초 대부분 그대로 유지되었다. 종묘에 소속된 1명의 전사와 4명의 전사보는 대부분 다른 사람으로 교체되었으나 인원수는 그대로 유지되었다.[24] 참봉 역시 왕릉 1기당 2명으로 그대로 유지되었다. 다만, 동구릉, 서오릉, 서삼릉의 참봉 수가 줄어들었다. 그리하여 일제강점기 초인 1911년 능원의 참봉 수는 75명이 되었다. 이는 대한제국기보다 5명이 줄어든 것이다. 75명 중 27명이 일제강점 이후 이직이나 퇴직 없이 본래 능원에 계속 근무했다. 나머지 48명 중 17명의 참봉은 근무지를 옮겼다. 본래의 근무지에 그대로 있거나 다른 능으로 이직한 44명의 참봉은 능원에서 계속 근무했다. 즉 대한제국기 참봉 중에서 약 60%가 일제강점기에도 참봉직을 유지했다. 그러나 이러한 연속성은 강제 병합 직후에만 해당했다.

---

24 『李王職職員案』(K2-578). 이 문서는 1911년 당시 이왕직 직원의 부서별 배치 인원을 기록한 문서이다.

표 4 | 일제강점기 이왕가 향소의 직원 명단

향소	직책	직원명			
		1909년	1911년	1913년	1932년
환구단	전사	민용기	-	-	-
	전사보	이의종, 김철수	-	-	-
사직	전사	심상한	-	-	-
	전사보	신석룡, 윤기동	-	-	-
종묘	전사	김영전	이재덕	-	정인환
	전사보	남하원, 김익동, 장규환, 남교양	이창선, 김영래, 김익동, 김홍식	-	고희정, 이현구, 윤장섭
경효전	전사	이재덕	민달식	-	-
	전사보	윤준구, 정현의	김룡규, 조한걸	-	-
의효전	전사	민종묵	정만조	-	-
	전사보	홍순익, 심종찬	유기형, 홍순익	-	-
조경묘	전사보	최남형, 정익모	이기신, 홍승경	이기신	김진태, 송종홍(제)
경기전	전사보	최종렬, 오수영	최종렬, 최병주		
준원전	전사보	이린재, 원승희	이린재, 원승희	이린재	-
함흥본궁	전사	오중묵	-	-	-
	전사보	이찬재	이찬재	이찬재	이병렬, 이봉점(제)
영흥본궁		최석린	최석린	이린재	이종봉, 주성철(제)
6궁	전사	민달식	신규선	-	박순회
	전사보	조명근, 이영재	장세호, 곽한봉	-	이정구, 이인영
선원전	전사보	-	윤기동, 이회수	-	-
조경단	참봉	이린상, 이기신	이현기, 이량민	김풍진	김약성(참), 이현기(제)
준경묘·영경묘	참봉	이정곤, 이동익	이동익, 최빈길	이완교	이주황(참), 유진완(제)
덕릉·안릉	참봉	김주호, 이정렬	이창렬, 이재욱	홍종진	김윤환, 김두수
지릉	참봉	이상학, 윤태호	이상임, 김상훈	김상훈	김영은, 이손우
숙릉	참봉	이재건, 장두남	홍종진, 장두남	원승희	김정진, 한원교
의릉(義陵)	참봉	이종설, 오기수	이종설, 한도선	이종설	이구정, 한부협
순릉	참봉	한필번, 한하용	한필번, 한하용	한도선	김용일, 한수만
정릉·화릉	참봉	오관묵, 이교영	이윤재, 이재엽	이재숙	이용근, 황규녕

향소	직책	직원명			
		1909년	1911년	1913년	1932년
동구릉	참봉	이응렬, 이태응, 조재환, 박제돈, 이경규, 이학구	박두화, 이응렬, 최중식, 이태응	이태응, 최중식	여태현, 윤기병
제릉	참봉	유달수, 어태선	어태선, 박우양	신석룡	이완구, 한학순
정릉	참봉	이량민, 박승조	이홍묵, 박영검	윤량구	양주삭, 김심현
후릉	참봉	김진수, 원영상	장규환, 유달수	유달수	홍방현, 김도중
헌릉·인릉	참봉	김상희, 송헌섭	이재호, 유인식	유인식	이병욱, 이규문
영릉寧陵·영릉英陵	참봉	이순응, 이달영	김복규, 이달영	김복규	서재국, 남상학
장릉莊陵	참봉	한용즙, 이상기	한용즙, 신석룡	이원하	이교원, 이돈의
사릉	참봉	이재찬, 이린응	이재찬, 이린응	이재찬	이성구, 조동정
광릉·휘경원	참봉	이규, 임덕규	최중식, 임덕규	임덕규	이재찬, 이지송
서오릉·순창원	참봉	임백선, 송시헌, 박승달, 이지용	이경규, 조기연, 이정곤	조병억, 박정희	이장화, 조완호
공릉·순릉·영릉	참봉	이린구, 조구순	조구순, 이흥규	윤준구	조태호, 김기응
선릉·정릉	참봉	이재호, 박초양	이홍래, 이화옥	원영상	이홍구, 조만구
온릉	참봉	김석영, 구훈서	이완교, 윤교성	윤교성	김용묵, 김석영
희릉·효릉·예릉·소경원	참봉	최빈길, 김복규, 이회수, 황형	유치헌, 이지용	유진완	김사필, 박홍서
태릉·강릉	참봉	이원하, 유치헌	이원하, 이찬영	이순응	이겸구, 김수영
장릉(章陵)	참봉	이규형, 김교제	김교제, 박초양	박초양	김용면, 이종화
장릉(長陵)	참봉	오관응, 이범기	오관응, 이범기	김학범	고응한, 한영수
의릉(懿陵)	참봉	김승현, 박정희	김승현, 박정희	오경은	도진오, 김은규
융릉·건릉	참봉	유봉주, 송병륜	김진수, 원영상	김동혁	정운덕, 이병두
홍릉	참봉	오경은, 김보규	오경은, 박승달 (영휘원 겸무)	김교제, 오경은	이덕주, 김복규
유릉	참봉	김홍진, 조중한	김근영, 조천희	어태선	민효식, 이상덕
순강원	참봉	윤일영, 이재욱	이순응, 박무빈	박무빈	이병재, 이재욱(제)
소녕원·수길원	참봉	최중식, 박의승	박희승, 윤제구	박희승	곽한봉, 이복규(제)
수경원	참봉	이인식, 박로식	박재승, 김영선	이찬영	김제헌, 이경열(제)
영회원	참봉	한경리, 이홍래	김동혁, 송병륜	조구순	이원영, 강해덕(제)
의령원	참봉	남성희, 서승순	서승순, 박제근	최남형	서상규, 이우상(제)

향소	직책	직원명			
		1909년	1911년	1913년	1932년
효창원	참봉	박희준, 박재승	박희준, 김용대	민승기	임기호, 정덕영(제)
흥원	참봉	조일원, 방주엽	조일원, 방주엽	이응준	-
영휘원	참봉	-	오경은, 박승달 (홍릉 겸무)	홍릉에 배속	이중만, 오세욱(제)
덕안궁	전사보	-	곽한봉, 이재영	-	-
완왕궁	-	-	-	-	이민석(제)

* 1909년: 『職員錄』(국립중앙도서관 朝57-130-2)
* 1911년: 『李王職職員案』(K2-578)
* 1913년: 『恭順永陵公文接受』(K2-2288) 4월 30일
* 1932년 : 『書式備考及雜綴』(K2-4897), 「廟殿宮陵園端廟 祭監以上住所錄」
* (제): 祭監

전사 및 참봉의 인원수는 1913년에 이르러 급격히 감소했다. 장서각 소장 『공·순·영릉 공문 접수』(K2-2288)[25]에 따르면 1913년에 참봉의 수가 반으로 줄었다. 각 능에 2명씩 있던 참봉의 수는 모두 1명으로 줄었다. 4명이었던 동구릉과 3명이었던 서오릉의 경우, 2명으로 감소했다. 전사 역시 마찬가지였다. 경기전과 조경묘에 각각 2명씩 배정되었던 전사는 통합하여 1명으로 축소되었다. 종묘의 경우, 1913년 직원 자료가 현전하지 않는 대신 1914년 자료를 볼 수 있다. 이에 의하면 종묘의 전사 1명은 그대로 유지되었지만 전사보는 4명에서 2명으로 줄었다.

종묘 내 2명의 전사보는 교대 근무가 가능했다. 그러나 능원에는 2명이 1명으로 줄었기 때문에 기존처럼 교대 근무가 현실적으로 불가능했다. 그리하여 이왕직에서는 참봉과 전사보의 근무일수를 매달 19일로 늘렸다.[26]

---

25 이왕직 장사계 또는 서무과에서 파주 삼릉인 공영, 순릉, 영릉에 보낸 공문을 삼릉에서 모은 서류철이다.

26 『恭順永陵公文接受』(K2-2288), 「掌祀 發第258號(대정 2년 5월 2일) 定期出勤日變更ノ件」.

그리고 참봉이나 전사 및 전사보의 직책 외에 제감(祭監)이라는 직책이 새로 마련되었다. 제감은 전사 또는 참봉을 보조하여 제향 관련 사무, 봉심, 분향 등의 일을 수행했다. 그리고 전사보나 참봉이 출장 등으로 근무지에 부재할 때 그들의 일을 대신하는 임시직이었다.[27] 종묘에는 제감은 보이지 않으며 주로 왕릉에서 부족한 참봉의 역할을 대신했다.

그러나 일제강점기에 능원의 직원이 계속 줄어들었던 것은 아니다. 표 4에서 알 수 있듯이 1932년 능원을 관리하는 직원은 1기당 2명을 기준으로 하고 있다. 원(園)의 경우, 참봉 대신 제감의 수효가 많지만 2명의 직원을 두어 서로 교대할 수 있도록 했다. 1913년에서 1932년 사이 참봉의 수에 대한 연도별 추이를 알 수 없으므로 이러한 변화의 시점을 정확히 알 수는 없다. 다만, 종묘와 능원의 관리가 일제강점기에 이르러 소홀해지지는 않았다. 능원의 경우, 도난이나 화재의 위험 때문에 이왕직에서는 직원의 상주를 매번 강조했다. 그리하여 각 능원을 관리하는 데 최소 2인 이상을 두었다.

2) 종묘 관리직의 업무

종묘 내 전사와 전사보의 주요 업무에 대해 살펴보자. 종묘에서는 분기별로 처리한 업무를 상급 기관에 보고해야 했는데 이를 '반기분 사무성적보(半期分 事務成績報)'라고 했다. 현재 장서각에는 2건의 성적 보고서가 있다.[28] 1919년 '상반기분(1월 1일~6월 30일) 사무성적보'[29]와 1920년 '하반기분

27 『恭順永陵公文接受』(K2-2288), 「掌祀 發第253號(대정 2년 5월 1일) 祭監服務心得ノ件」; 「齋官會議訓示」(RD00177), '一, 服務에 關한 件'.

28 『恭順永陵公文接受』(K2-2288)에 따르면 1912년 3월부로 '사무 처리 성적 보고'를 종래 월

(7월 1일~12월 31일) 사무성적보'가 그것이다.[30] 1년의 차이가 있지만 일제강점기 종묘 업무를 이해하는 데는 지장이 없다. 이에 의하면 업무는 '제향 사무(祭享事務)', '통상 사무(通商事務)', '공문 접수(公文接受)', '문서 발송(文書發送)' 4가지로 구분되었다. 사무의 주체를 명시하지 않았지만 내용상 종묘에 근무하는 전사와 전사보의 사무로 이해할 수 있다.

제향 사무는 종묘 정전과 영녕전의 관리와 제향에 관한 것이었다. 전사보는 매일 밤 입직 수복으로 하여금 사정을 인솔하여 종묘와 영녕전 주변을 2차례 돌며 순찰하게 했다. 또한, 매달 5일 단위로 종묘와 영녕전을 봉심하고 사정과 수복에게 청소를 시키고 내부의 공기를 환기하게 했다. 매월 초하루와 보름 때는 분향을 거행했다. 분향에 필요한 향은 연초에 예식과에서 일괄적으로 받았다.[31]

그다음 천신, 대제, 수개(修改) 고유제 등의 제향 관련 업무가 있었는데, 이에 관해서는 제물의 배진(陪進)과 제향의 수행으로 구분할 수 있다. 전사보는 매달 두 번 수복을 데리고 봉상소에 가서 천신품을 감봉한 후 받들어 왔다. 그리고 다음 날 새벽에 천신례를 거행했다. 제향에 앞서 제물의 수령이 전사의 중요한 업무임을 알 수 있다. 이는 사시대제와 고유제에서도 마찬가지였다. 1년에 2회, 봄과 가을에 거행하는 수개 고유제가 있었다. 수개 고유제는 수개할 것이 있으면 거행하는 비정기적인 고유제로 간주할 수 있다. 그러나 『종묘일지』 등에 의하면 봄가을의 수개 및 그에 따른 고유제는 매년 정례적으로 거행되었다. 1919년 상반기에는 고종

별, 연도별로 하던 것을 폐지하고 상하로 반분기로 보고할 것을 지시했다. 보고서에 기재된 내용은 제향 사무와 통상 사무로 구분했다(掌祀 發第173號, 대정 2년 3월 27일).

29 「宗廟大正八年上半期分事務成績報」(RD00313).

30 『보고존안』(K2-4767), 「宗廟 大正 9年 下半期分(自7月1日로 至12月末日迠) 事務成績報」.

31 『종묘숙직일지』(K2-4818), 소화 13년 1월 17일.

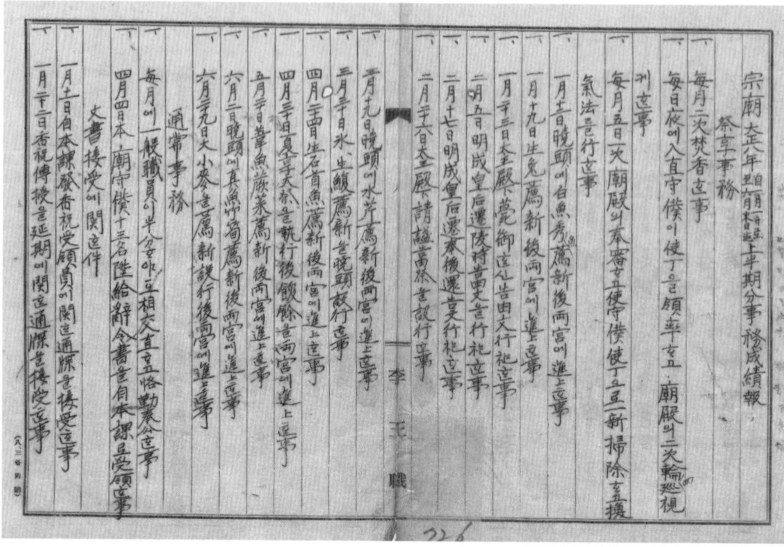

그림 1 | 「종묘 대정 8년 상반기분 사무성적보」(RD00313) (부분). 1919년 7월 이후에 작성된 이 문서는 고종의 국상 기간이라 묵색(墨色)으로 인쇄한 용지를 사용했다.

의 승하가 있었기 때문에 상례와 관련된 고유제가 여러 건 보인다. 천신과 제향을 마치면 천신물과 준여를 창덕궁과 덕수궁에 진상하는 일도 매번 나타났다.

매달 5일이나 삭망일의 분향, 제향 등은 모두 음력을 기준으로 한 것이었다. 공문서는 양력을 기준으로 했지만 제향과 청소의 정례적인 일은 여전히 음력을 따랐다. 천신과 사시대제 역시 음력을 기준으로 했다. 음력 중심의 업무가 양력으로 바뀐 것은 1940년 이후에서였다.[32] 이때부터 매달 양력 5일, 10일, 15일, 20일, 25일에 종묘의 이상 유무를 확인하는 봉심을 거행했다. 그리고 음력 그믐과 보름에 거행했던 삭망분향은 양력 1일과 15일의 분향으로 바뀌었다. 사시대제 역시 마찬가지였다. 1940년 사시

---

32 『종묘숙직일지』(K2-4817).

제의 경우, 양력 2월 5일(춘향대제, 음력 12월 28일), 5월 6일(하향대제, 음력 3월 29일), 8월 8일(추향대제, 음력 7월 5일), 11월 7일(동향대제, 음력 10월 8일)에 거행했다. 기존에 음력을 기준으로 1·4·7·10월에 하던 것이 바뀐 것을 알 수 있다. 이 시기 음력에서 양력으로 전환한 것에 대한 명확한 지시 사항을 찾기는 어렵다. 다만, 1939년 10월 「참봉예회회보」에서 제사를 양력으로 고치고 신년을 양력으로 할 것을 생활 개선책으로 지시한 것에 비추어 볼 때 이 시기를 전후하여 사회 전반의 변화에 따라 종묘의 업무와 제향이 양력을 기준으로 바뀐 것으로 추정된다.[33]

한편, 일제강점기 종묘의 제향시간은 이전과 달랐다. 조선시대에 제향은 당일 새벽에 거행하는 것이 정례였다. 예를 들어, 5월 4일(음력 4월 5일)이 하향대제일이라면 5월 4일 새벽에 제향을 지냈다. 그러나 일제강점기에는 5월 3일 저녁에 제향을 지냈다. 실제 1938년 5월 4일 하향대제를 살펴보자. 5월 3일 오후 1시에 종묘 헌관이 향축폐를 배진하여 종묘에 도착하면 종묘 전사보와 예식과 전사보 등 종묘에 있는 제관 전부가 향대청 정문 밖에서 맞이했다. 오후 4시에 제물을 진설하여 오후 7시경에 마쳤다. 그리고 오후 9시부터 제향을 시작하여 12시경에 예를 마쳤다. 다만, 제상에서 제물을 치우는 일이 다음 날 오전 4시까지 이어졌다.[34] 양력에 맞추어 제향일을 정했던 1940년에 오면 제향 시간이 전날 저녁 7시로 더 앞당겨졌다.[35] 새벽까지 기다리지 않고 저녁에 제향을 마친 것이다.

'통상 사무'는 인사에 관한 것이 많았다. 직원의 근무 상황을 보고하고, 부임, 해임, 승급이 있으면 빠짐없이 기록했다. 그리고 외부에서 종묘를

---

33 『잡서류』(K2-2210, 2-1), 소화 14년 10월 「참봉예회회보」, "生活改善緊縮ニ關スル件 … 4, 祭祀ヲ陽曆ニ改ムルコト新年ハ陽曆ノ 月 日一回トリス".

34 『종묘숙직일지』(K2-4818), 소화 13년 5월 3일.

35 『종묘숙직일지』(K2-4817), 소화 15년 2월 4일.

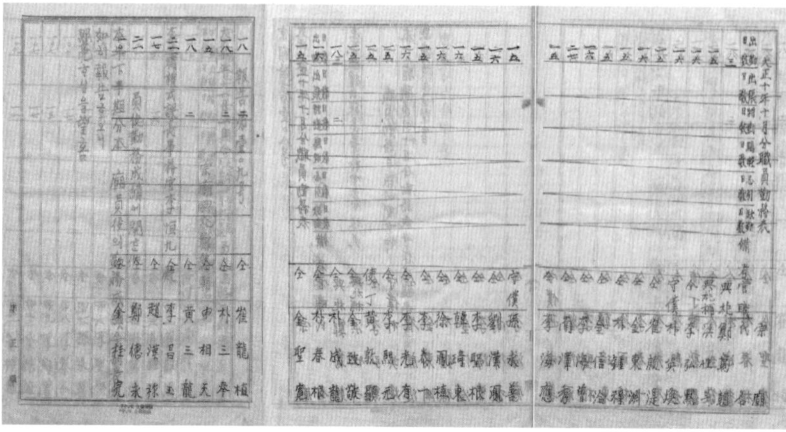

그림 2 | 1921년(대정 10) 10월분 직원 근무표(『보고존안』, K2-4767, 종묘발 제108호, 대정 10년 11월 1일)

방문한 기록을 볼 수 있는데 대개 종묘 수리와 연관된 일이었다. 이런 일은 1920년에 주로 나타났다. 7월 12일, 10월 8일에 예식과 직원이나 영선과 직원이 와서 종묘와 영녕전을 살폈고, 10월 15일에 수리를 시작했다. 12월에는 소차방, 재실, 향대청 등에 수리할 곳을 조사했다. 이러한 움직임은 고종의 부묘를 준비하면서 종묘를 점검한 것으로 추정된다.

전사와 전사보의 업무 중에서 많은 양을 차지하는 것은 공문의 접수와 발송이었다. 1920년 하반기를 보면 '제물 신규정 급 준여 분배표(祭物新規定及餕餘分排表)'(8월 15일), '경내 제초 급 청결법(境內除草及清潔法)에 관한 공문'(9월 22일), '공문취급(公文取扱)에 관한 公文'(9월 22일), '궁내관 관등 봉급령 개정 공문'(9월 30일), '천장절 축하(天長節祝賀) 공문'(10월 31일), '사무분장규정(事務分掌規定)에 관훈 공문'(11월 3일), '당직원 보고 급 화기취체 보고(當直員報告及火氣取締報告) 폐지의 공문'(11월 10일), '삼림피해 보고용지 급 처리방법(森林被害報告用紙及處理方法)에 관한 공문'(11월 15일), '직원 근무성적표에 관한 공문'(12월 7일)을 접수했다. 이 공문들이 현전하지 않기 때문에 자세한 내용은 알 수 없지만 제물 준여에 관한 것은 『개정제수품 개정소모품 규정』(K2-2527), 『준여 분배표』(K2-4821)에 나오는 준여표와 연관된 것으로 고종 승하 이후 변화된 양상을 보여준다.

한편, 종묘에서 상급 기관에 발송하는 문서는 지시에 따른 보고서나 종묘 내 필요한 물품, 수리 등에 관한 청구서였다. 인사 관련 정례 보고서로 '직원 근무 월보', '원역 근무 성적 보고서'가 있었다. 전자는 월 단위로 직원의 근무 상황을 보고하는 것이고, 후자는 원역의 근무 상황을 분기별로 보고하는 것이었다. 근무 성적은 직원의 출근 상태를 가리킨다.

그 외 제향 및 수리에 관한 청구서가 있었다. 제향과 관련해서는 '삭망분향 소모품 청구서', '천신 소모품 청구서', '추향대제 소모품 청구서', '추향대제 제기 수정용 사기말 청구서', '제등촉 급 봉과지(提燈燭及封裹紙) 청구서' 등과 같이 제향을 앞두고 필요한 물품을 청구하는 것이었다. 사기말은 유기 그릇을 닦고 광을 내기 위한 사기 가루를 말한다. 이러한 것이 정례적인 청구라면 비정기적 청구서로 '건물 삼루 급 퇴락처 수리 청구서', '정전 삼루 급 파상개소(正殿滲漏及破傷個所) 수리 청구서', '어로방전급외궁장파손개소(御路方塼及外宮牆破損個所) 수리 청구서', '묘전배석(廟殿拜席) 청구서' 등이 보인다.

위와 같이 종묘의 전사와 전사보는 종묘와 영녕전을 관리하고 제향을 수행하며 이를 위한 물품을 청구하고 보고하는 등의 일을 맡았다. 청소하고 수호하는 일은 수복을 통하여 이루어졌다. 제향의 준비 과정에도 수복이 맡은 일은 많았다. 청구한 물품을 가져오는 일이나 제향을 위한 정비·정돈 등의 일은 수복의 몫이었다. 반면, 전사와 전사보는 이들을 통솔하고, 상부 기관의 문서를 받아 지시한 것을 시행하고, 청구서와 보고서 등을 작성하여 보내는 문서 행정을 전담했다.

3. 제관 구성의 변화

조선시대 국가 제사는 국가의 공식적인 의식이었다. 여기서 공식적인 의식이란 국왕의 명령을 받은 관원이 의전에 따라 집행하는 것을 의미한다. 국왕의 명령을 받아 제향을 수행하는 관원을 '재관(齋官)' 또는 '제관(祭官)'이라고 불렀다. 제관은 제향에 앞서 계율을 지킬 것을 맹세하고 재계(齋戒)를 거친 후 제사에서 각자의 임무를 수행했다.

하지만 제관은 종교 집단의 사제와는 달랐다. 제관은 종교 전문가가 아니며 향소(享所)에 거주하면서 신을 위해 봉사하는 자도 아니었다. 그들의 정체성은 국가 관료에 있었다. 제관은 종교적 지식이 아니라 관품에 따라 정해졌다. 자격에 합당한 자 중에서 왕의 명령으로 차출된 자들이었다. 국가 제사는 왕의 명령과 이를 수행하는 관원을 통해 공적인 의식으로 간주되었다.

일제강점기에 종묘를 비롯한 이왕가의 제향은 국가의 공식적인 의식이 아니었다. 이왕가 가문의 행사에 불과했다. 식민지 권력을 대표하는 것도 아니었다. 이왕가는 식민지 조선의 통치자가 아니기 때문이다. 일본 천황의 은사에 의해 유지된 이왕가의 가례였던 것이다. 그렇다면 누가 이왕가의 제향에 제관이 되었는지 살펴보자.

1) 친행 시 제관의 구성

일제강점기 종묘 제향의 제관 구성을 파악하기 위해서는 1932년에 작성된 『현행제사(現行祭祀)』(K2-2585)를 살펴볼 필요가 있다. 이 책은 이왕가의 묘·전·궁·능·원·묘에서 거행하는 제향의 종류, 비품, 제물, 제관 등을 기록한 필사본 책이다. 표지에 '초사(抄寫)'라고 적혀 있어 완성된 최종본이 아님을 알 수 있다. 그러나 이 책은 각 제사의 모습을 구체적으로 다루고 있어 이왕가 제향의 전모를 파악하는 데 매우 중요하다. 이 중에서 「제관 명칭급 자격 변경건(祭官名稱及資格變更件)」은 제관의 명칭 및 인원수를 '육전조례(六典條例)', '제관 변경(1923)', '현행 제관'으로 나누어 제시했다.

먼저 국왕이 직접 제향을 주관할 때 등장하는 제관의 수를 도식화하면 표 5와 같다. 여기서 기준으로 삼은 『육전조례』는 1866년(고종 3)에 반포된 법령 자료집으로, 『대전회통』 이후 완성된 육전 체제에 따라 각 관청의 규정을 수록한 책이다. 제관에 관한 규정은 이조(吏曹) 향관(享官)조에 나온다.

일제강점기에서 본다면 『육전조례』는 조선시대 법령 중 최근의 규정이라고 할 수 있다. 다만, 『현행제사』는 『육전조례』의 내용을 대부분 그대로 등사했지만 궁위령(宮闈令)의 수에서 차이가 있다. 『육전조례』에서는 친제인 경우, 궁위령을 맡은 내관이 6명이고 섭행일 때는 내관 3명이라고 했는데 이 책에서는 친행과 섭행 모두 3명으로 기재되었다. 이렇게 내관의 수를 줄여도 조선 후기 종묘 대제를 치르는 데 동원되는 관원의 수는 114명이나 되었다.

종묘 제향에 제관의 숫자가 많은 것은 두 가지 요인으로 설명할 수 있다. 하나는 친향에 따른 직책의 세분화 때문이다. 초헌, 아헌, 종헌의 헌관을 제외하면 진폐찬작관(進幣瓚爵官)을 비롯하여 23가지 직책이 보인다. 이 중에는 작을 올리고 희생을 올리는 등의 실제적인 의식을 거행하는 자도 있지만 찬자(贊者), 알자(謁者), 찬인(贊引) 등과 같이 동선을 안내하는 집사도 있다. 이 외에 진폐찬작관이나 전폐찬작관(奠幣瓚爵官)은 국왕의 친행 때만 등장하는 집사이다. 예의사(禮儀使)도 마찬가지이다. 이들은 대

표 5 | 일제강점기 제관의 변화(친행)

제관 명칭	담당 관원(인원수)		
	1866년	1923년	1932년
초헌관	왕전하(1)	왕전하(1)	왕전하(1)
아헌관	왕세자(1)	후작(1)	당직 장관(1)
종헌관	대신(1)	남작(1)	예식과장(1)
진폐찬작관	이판(1)	종1품(1)	당직고등관(1)
전폐찬작관	이의吏議(1)	종2품(1)	당직고등관(1)
천조관薦俎官	호판戶判(1)	종1품(1)	당직고등관(1)
예의사	예판禮判(1)	정2품(1)	당직고등관(1)
전사관典祀官	본서령本書令(1)	(전사관 겸 협률랑) 판임(1)	(전사관 묘사)당직판임(1)
묘사廟司	본서령本署令(1)	(묘사 겸 축사) 판임(1)	
궁위령宮闈令	내관(3)	-	
당상집례堂上執禮	당상堂上(1)	당상(1)	(집례)당직판임(1)
당하집례堂下執禮	승품옥당陞品玉堂(1)	판임(1)	-
집준	승품옥당양사陞品玉堂兩司(18)	판임(1)	당직판임(1)
대축	옥당한주玉堂翰注(18)	판임18(매실1)	당직판임(2)
축사	옥당양사玉堂兩司(18)	-	(축사 겸 협률랑) 당직판임(1)
재랑	양사兩司 승문참하承文參下(18)	판임(1)	(재랑 겸 봉조관) 당직판임(1)
봉조관	음관蔭官 수호정首戶正(18)	판임(1)	-
관세위盥洗位	문관(2)	-	당직판임(1)
작세위爵洗位	문관(2)		
아종헌관세위亞終獻盥洗位	문관(1)	-	-
장생령掌牲令	전생서관典牲署官(1)	-	-
협률랑協律郎	장악원관掌樂院官(1)	-	-
찬자	인의引儀(2)	판임(2)	판임대우(2)
알자	인의(2)	-	
찬인	인의(2)	-	
제감祭監	2	-	
합계	114	33	16

출처: 『現行祭祀』(K2-2585), 「宗廟親行 祭官名稱及資格變更件」

제라는 제사의 등급과 국왕의 친행이라는 요소에 의해 늘어났다. 즉, 섭행에 비해 친행에서는 국왕의 집례를 돕는 직책이 추가되어 제관의 수가 늘어났다.

또한, 제관의 수가 늘어나는 요인으로 세실(世室)의 증가를 지적할 수 있다. 고종 대 종묘 정전에는 제1실 태조부터 제18실 철종까지 전체 18위의 왕이 모셔져 있었다. 초헌, 아헌, 종헌을 맡은 각각의 헌관은 제1실부터 제18실까지 각 실을 순서대로 들어가서 술을 올렸다. 그런데 이런 헌관을 돕는 집준(執尊), 축사(祝史), 재랑(齋郎) 등은 한 사람이 아니라 실마다 배정되어 있었다. 축문을 읽는 대축(大祝)도 실마다 1명씩 대기하고 있다가 헌관이 오면 맡은 임무를 완수했다. 각 신실에 올릴 조육(俎肉)을 들고 가는 봉조관(奉俎官)도 실마다 배정되었다. 이렇게 실마다 1명씩 배정된 인원 때문에 전체 집사의 수가 증가했다.

그러나 조선시대 제향의 제관 수는 일제강점기에 들어와 대폭 줄어들었다. 1923년의 규정에 따르면 전체 제관의 수는 33명이었다. 이는 조선시대에 비하면 4분의 1 수준이었다. 그 후 33명에서 절반 이상이 줄어 16명이 되었다. 여기서 '현행'은 어느 시기인지 명시되어 있지 않다. 그러나 속표지에 적힌 '소화 7년'이라는 표시를 따르면 1932년을 현행의 시기로 추정할 수 있다.[36]

이렇게 제관의 수가 대폭 줄어든 것은 조선시대 각 실에 1명씩 배치했던 집준, 대축, 축사, 재랑, 봉조관의 인원 중에서 대축을 제외하고 모두 1명으로 줄였기 때문이다. 18명씩이던 집준, 축사, 재랑, 봉조관이 각각

36 『현행제사』(K2-2585)의 본문 중 「璿源殿祭官資格의 件」에서 '현행 제관'에 대한 설명이 두 번 나온다. 하나는 '대정 13년 1월 16일 계하'로 되어 있고, 그다음은 '소화 3년 9월 1일 결재'라고 되어 있다. 이에 따라 종묘 제관의 '현행'을 1928년으로 추정해 볼 수 있으나 확신하기는 어렵다. 어느 것이든 순종 국장 이후의 상황을 반영한 것이다.

1명으로 줄어든 것이다. 그리고 제관의 직책 중 작세위, 관세위, 아·종헌 관세위, 장생령, 찬자, 알자, 찬인, 제감 등을 차출하지 않았다. 그리하여 친행 제사에 차출되는 집사는 진폐찬작관 이하 12종이었다.

한편, 1932년 '현행' 제관의 특징은 제관이 전부 이왕직의 간부와 직원으로 구성되었다는 점이다. 왕전하가 친행할 경우에는 아헌관을 이왕직 장관, 종헌관을 예식과장으로 정했다. 1922년의 규정에는 아헌관과 종헌관은 각각 후작과 남작이 맡았고, 진폐찬작관, 전폐찬작관, 천조관, 예의사는 종1품, 정2품, 종2품이 맡았다. 여기서 후작과 남작은 1910년 8월 29일 황실령 제14호 〈조선귀족령〉에 의해 마련된 귀족의 작위 중 하나이다. 1910년 후작은 윤택영, 이재완, 박영효, 이재극, 이해승, 이해창 6명, 백작은 이완용, 민영린, 이지용 3명, 자작은 고영희 등 22명, 남작은 조희연 등 45명으로 총 76명이었다.[37] 종묘 제관에 귀족과 이전 관리를 포함시킨 것은 종묘 제향이 이왕가의 집안일에 한정되지 않음을 보여준다. 조선시대 국가 제사와 마찬가지로 종묘 제향이 공적인 의식이라는 주장이었다. 그러나 엄밀히 보면 이 작위들은 고종이나 순종이 아니라 일본 천황이 내린 것이었다. 반면, 진폐찬작관 이하에 보이는 종1품, 종2품 등의 품계는 당시 아무 효력이 없는 이전 시기의 관품이었다. 그럼에도 제관의 자격으로 제시된 것은 대한제국의 황제가 내린 관품이기 때문이다. 이는 당시 왕이라는 이름으로 남아 있는 순종의 현실이기도 했다. 현실적으로 권력이 없는 국왕은 전통의 권위 속에서 자신과 자신의 의례를 수행했다.

순종의 종묘 친행이 많았던 1921~1923년의 사례를 보면 아헌관은 후작 윤덕영, 백작 이지용, 자작 민병석, 후작 박영효, 백작 이완용이었고, 종

37 1910년에 작위를 받은 76명 중 작위를 거부하거나 반납한 사람은 8명으로 김석진, 윤용구, 홍순형, 한규설, 민영달, 조경호, 조정구, 유길준이다.

헌관은 백작 이지용, 윤용식, 후작 윤덕영, 자작 이재곤 등이었다. 후작 윤덕영이 종헌관을 할 때 아헌관은 왕세자[영친왕]였다. 아헌관은 후작과 백작이 주로 맡았지만 자작도 보인다. 종헌관은 자작이 많았지만 백작과 후작도 상황에 따라 참여했다. 반면, 천조관은 남작이 맡았다. 이런 의미에서 1924년 규정은 아헌관을 제외하면 실제보다 더 넓은 범위에서 제관을 구할 수 있도록 했다.

그러나 1932년 현행 제관에서는 이러한 귀족의 작위나 이전 품계는 보이지 않는다. 왕전하 초헌관에 대응하여 아헌관과 종헌관은 이왕직 장관과 예식과장이 하도록 규정했다. 당시 이왕직의 직제에 의거하여 제관을 마련되었으며 귀족 역시 배제되었다. 그러므로 이왕가의 제사임을 뚜렷이 보여주었다. 그만큼 종묘 제향의 공공성은 사라졌다. 그러나 1932년 친행의 규정은 실제로 적용되지 않았다. 당시 이왕가의 수장이었던 영친왕은 종묘에 나아가 대제의 제향을 지낸 적이 없었기 때문이다. 종묘 대제는 모두 섭행으로 거행되었다.

2) 섭행 시 제관의 구성

조선시대에도 섭행 시 제관의 수는 친행 때보다 훨씬 적었다. 그리고 참여하는 제관의 품계를 낮추어 친행보다 격을 낮추었다. 일제강점기 종묘 섭행 시 제관의 구성 역시 마찬가지이다. 먼저 1924년 10월에 국왕에게 승인을 받은 제관의 구성을 살펴보면 표 6과 같다. 헌관은 초헌, 아헌, 종헌으로 구분되고 각각 백작, 정2품, 예식과장이 맡는 것으로 되어 있다. 당시 백작 작위를 받은 사람은 이완용, 민영린, 이지용 3명이었다. 그 위의 후작은 6명이었으므로 전체 9명이 국왕을 대신하여 종묘 제향의 초헌관이 될 수 있었다.

헌관 외 집사자를 보면 천조관, 집례, 전사관 겸 대축, 묘사 겸 축사 겸 협률장, 재랑 겸 봉조관이 있었는데 겸직이 많은 것을 알 수 있다. 겸직을 통해 제관의 전체 수가 대폭 줄었다. 조선시대 40명이던 인원이 8명으로 감축된 것이다. 대축으로 임명된 판임관은 1명이므로 18실을 각각 옮겨가면서 축문을 읽어야 했다. 이는 쉬운 일이 아니었다. 거기에 전사관의 임무까지 겸해 행했다. 재랑을 겸하는 봉조관 역시 쉬운 일이 아니었다. 봉조관은 전생서 앞 찬만대에서 희생의 조육(俎肉)을 생갑(牲匣)에 담아 각 신실까지 운반하는 직책이다. 18실의 조육을 혼자 담당하는 것은 불가능에 가까웠다. 이를 위한 보조 인원이 있거나 조육을 신실 가까이 미리 갖다 놓는 변례가 없으면 불가능한 설정이었다. 실제로 일제강점기 종묘 제향 때 조육을 동문 밖 찬만대가 아닌 정전 신실 옆 창고에 여러 개씩 쌓아두었다. 이에 불결하고 소란스럽다고 고칠 것을 주장하는 자도 있었으나 변화의 모습은 찾아보기 어렵다.[38] 어떤 형태든 섭행에서는 각 실에 부여된 인원을 줄이고 한 명이 여러 직책을 겸하는 방식으로 그 숫자를 줄였던 것을 알 수 있다.

1932년 현행 제관을 살펴보자. 여기에는 겸직이 헌관에도 적용되었다. 초헌관은 종헌관을 겸하고, 아헌관은 천조관을 겸했다. 그러므로 초헌관은 상향 및 관지(灌地)를 위하여 제1실에서 제19실까지 갔다 온 후 초헌을 위해 다시 각 신실을 돌면서 작을 올렸다. 그리고 아헌 때 쉬었다가 종헌 때 또 다시 19실을 차례로 돌며 작을 올려야 했다. 진찬(進饌) 때 19실을 돌며 각 신실에 조육을 올린 천조관은 아헌 때가 되면 다시 작을 올리기 위해 19실을 돌아야 했다. 한 신실에는 2위 또는 3위의 왕과 왕후가 있으므

38 『祭禮陳設圖說』(K2-2571),「薦俎의 예를 변경흘 理由와 淺見」.

표 6 | 일제강점기 제관의 변화(섭행)

<table>
<tr><th colspan="3">육전조례(1866년)</th><th colspan="3">1924년 10월 25일 계하</th><th colspan="3">현행 제관(1932년)</th></tr>
<tr><th>제관</th><th>직책</th><th>인원수</th><th>제관</th><th>직책</th><th>인원수</th><th>제관</th><th>직책</th><th>인원수</th></tr>
<tr><td>초헌관</td><td>1품</td><td>1</td><td>초헌관</td><td>백작</td><td>1</td><td rowspan="2">초헌관 겸 종헌관</td><td rowspan="2">당직전사</td><td rowspan="2">1</td></tr>
<tr><td>종헌관</td><td>아경亞卿</td><td>1</td><td>종헌관</td><td>예식과장</td><td>1</td></tr>
<tr><td>아헌관</td><td>정경正卿</td><td>1</td><td>아헌관</td><td>정2품</td><td>1</td><td rowspan="2">아헌관 겸 천조관</td><td rowspan="2">당직전사</td><td rowspan="2">1</td></tr>
<tr><td>천조관</td><td>호의</td><td>1</td><td>천조관</td><td>당직 전사</td><td>1</td></tr>
<tr><td>전사관</td><td>종묘서령</td><td>1</td><td rowspan="2">전사관 겸 대축</td><td rowspan="2">판임관</td><td rowspan="2">1</td><td rowspan="2">대축</td><td rowspan="2">판임관</td><td rowspan="2">1</td></tr>
<tr><td>대축</td><td>옥당양사</td><td>4</td></tr>
<tr><td>묘사</td><td>종묘서령</td><td>1</td><td rowspan="3">묘사 겸 축사 겸 협률랑</td><td rowspan="3">판임관</td><td rowspan="3">1</td><td rowspan="3">묘사 겸 축사 겸 협률랑</td><td rowspan="3">판임관</td><td rowspan="3">1</td></tr>
<tr><td>축사</td><td>음관</td><td>5</td></tr>
<tr><td>협률랑</td><td></td><td>1</td></tr>
<tr><td>당상집례</td><td>승품옥당</td><td>1</td><td rowspan="2">집례</td><td rowspan="2">판임관</td><td rowspan="2">1</td><td rowspan="2">집례</td><td rowspan="2">판임관</td><td rowspan="2">1</td></tr>
<tr><td>당하집례</td><td>승품양사</td><td>1</td></tr>
<tr><td>재랑</td><td>음관</td><td>5</td><td rowspan="2">재랑 겸 봉조관</td><td rowspan="2">판임관</td><td rowspan="2">1</td><td rowspan="2">재랑 겸 봉조관</td><td rowspan="2">판임관</td><td rowspan="2">1</td></tr>
<tr><td>봉조관</td><td>음관</td><td>5</td></tr>
<tr><td>궁위령</td><td>내관</td><td>3</td><td></td><td></td><td></td><td></td><td></td><td></td></tr>
<tr><td>장생령</td><td></td><td>1</td><td></td><td></td><td></td><td></td><td></td><td></td></tr>
<tr><td>찬자</td><td></td><td>2</td><td></td><td></td><td></td><td></td><td></td><td></td></tr>
<tr><td>알자</td><td></td><td>2</td><td></td><td></td><td></td><td></td><td></td><td></td></tr>
<tr><td>찬인</td><td></td><td>2</td><td></td><td></td><td></td><td></td><td></td><td></td></tr>
<tr><td>제감</td><td></td><td>2</td><td></td><td></td><td></td><td></td><td></td><td></td></tr>
<tr><td colspan="2">합계</td><td>40</td><td colspan="2">합계</td><td>8</td><td colspan="2">합계</td><td>6</td></tr>
</table>

자료: 『현행제사』(K2-2585) 「(宗廟 攝行)祭官名稱 及 資格 變更件」

로 작을 올리는 횟수는 최소 40회가 넘었다.

그 외 묘사는 축사와 협률랑을 겸했고, 재랑은 봉조관을 겸했다. 그리하여 전체 6명의 인원으로 대제를 마쳤다. 제관은 모두 이왕직 직원이었다. 특히 헌관 및 천조관은 당직 전사가 맡는 것으로 되어 있었다. 묘사(축사, 협률랑 겸임), 집례, 대축, 재랑(봉조관 겸임)은 판임관이 맡았다. 판임관은 각 행정 관청에서 임명하는 하급 관원이었다. 이왕직의 경우, 속(屬), 전사보, 전의보(典醫補), 기수(技手) 등이 이에 속했다.[39]

이렇게 1930년대에 이르면 종묘대제가 이왕직 내부의 의식으로 축소된 것을 알 수 있다. 이러한 과정은 고종과 순종의 사망 이후 영친왕 시기의 종묘 모습을 반영한 것이었다.

그러면 실제 제관의 차정은 어떤 모습이었을까? 일제강점기 초 제관의 실제 구성은 『상계 급 처판건(上啓及處辦件)』(K2-3650)과 『본서 재관 입직 일기(本署齋官入直日記)』(K2-5041)를 통해 알 수 있다. 전자는 종묘, 능, 원 등 이왕가 제향 전체의 제관을 기록한 문서철인 반면, 종묘 숙직일기인 후자는 종묘 제향의 제관만 기록했다. 『상계 급 처판건』의 자료 중 흥미로운 것은 1911년 11월부터 '제관'이라는 표현이 사라지고 '제원(祭員)'이라는 용어가 등장한 점이다. '헌관'도 '헌원(獻員)'이라고 했다. 이는 종묘 제향의 집사를 조선시대와 같은 관원이 아니라 이왕직 직원이 맡고 있음을 보여주는 것이다. 그러므로 제원이나 헌원은 시대적 변화에 따른 종묘 제향의 위상을 분명히 보여주는 것이다.[40] 그러나 이후 이 용어들은 다른 자료에서도 등장하지만 기존의 제관이나 헌관 역시 관습적으로 사용되었다. 이 책에서는 관례적으로 사용되었던 제관이라는 용어를 그대로 사용했다. 이러한 자료를 통해 1911년과 1912년 종묘대제 제관을 살펴보면 표 7과 같다.

---

39 속은 서무에 종사하고, 전사보는 제사에 종사하고, 전의보는 의료, 기수는 건축·토목·원예 등의 기술에 종사하는 직책이다(『순종실록 부록』, 명치 43년 12월 3일, 「李王職官制」).

40 이러한 변화를 보여주는 것으로 『의효전일기』(K2-2479)가 있다. 이는 순종비인 순명효황후의 혼전일기이다. 이 일기는 1908년에서 1913년까지 혼전에서 거행한 제전 등의 일을 기록한 것이다. '이왕직' 용지에 작성된 것이므로 초고를 일제강점기 어느 순간에 등사한 것임을 알 수 있다. 혼전에서는 삭망제와 사시제를 거행했는데 그 기록이 이 책에 빠짐없이 기록되어 있다. 그런데 이 제사들의 집사자를 1908년에서 1912년까지는 '헌관(獻官)'으로 기록했다가 1913년 1월 9일 춘향대제부터 '헌원(獻員)'으로 표기하기 시작했다(『의효전일기』, 계축 정월 9일).

표 7 | 일제강점기 초 종묘대제 제관 구성(섭행)

	1911년 하향대제	1911년 추향대제	1911년 동향대제	1912년 춘향대제
일시	5월 6일(음4.8)	8월 2일(음7.4)	11월 24일(음10.4)	2월 27일(음1.10)
헌관	종묘 전사 이재덕	종묘 전사 이재덕	종묘 전사 이재덕	종묘 전사 이재덕
천조관	장사계 전사 이강주	관수소 전사 장호진 (감제 겸임)	장사계 전사 윤시용	유해종
묘사 겸 축사	이창선	종묘 전사보 이창선 (협률랑 겸임)	종묘 전사보 이창선	이창선(협률랑 겸임)
대축	김익동	육궁 전사보 장세호	이재영(전사관 겸임)	이재영
재랑 겸 봉조관	김홍식	육궁 전사보 곽한봉	육궁 전사보 김익동	김익동
집례	김영래	장사계 전사보 강태현	장사계 전사보 강태현	최병일

자료: 『본서재관입직일기』(K2-5041)

일제강점기 초 제향을 살펴보면 이때는 헌관, 천조관, 대축, 묘사, 재랑에 1명씩 배정했다. 삼헌을 해야 하는 헌관도 1명만 보인다. 헌관은 종묘에 근무하는 전사가 주로 맡은 것을 알 수 있다. 천조관은 장사계, 관수소 전사 등과 같이 종묘 밖 예식과 내 전사 중에서 선출했다. 축문을 읽는 대축도 1명이었다. 일제강점 이후 위축된 종묘 제향의 모습을 제관을 통해 알 수 있다.

그러나 고종이 승하하여 그 신위를 종묘에 부묘한 후 순종의 종묘 행차가 이전보다 많아졌다. 이와 더불어 섭행에서도 격을 높인 경우를 볼 수 있다. 표 8에서와 같이 1921년 동향대제와 1924년 하향대제는 섭행이지만 친행의 예에 준해서 거행했다. 그리하여 다른 섭행과 달리 초헌, 아헌, 종헌의 헌관을 모두 갖추었다. 1921년 동향대제의 경우, 대축도 실마다 배치하고 친향에만 보이는 진폐찬작관이나 전폐찬작관도 임명했다. 그러나 1924년 하향대제에서는 헌관만 친행에 맞추었다. 『현행제사』의 「제관명칭 급 자격 변경건(祭官名稱及資格變更件)」에 보이는 '제관 변경(1924년 10월

표 8 | 1920년대 종묘 사시대제(섭행) 제관 구성

	1921 추향	1921 동향 (친행례)	1922 춘향	1922 추향	1923 춘향	1923 추향	1924 춘향	1924 하향 (친향례)	1924 추향
날짜	8월 10일	11월 4일	2월 6일	8월 29일	2월 18일	8월 17일	2월 13일	5월 7일	8월 4일
(초)헌관	정만조	후작 이완용	전사 정만조	정만조	정만조	사무관 이항구	정만조	이재극	장관
아헌관		백작 이지용						민상호	
종헌관		윤용식						김덕한	
천조관	신규선	남작 민영기		이원응	이성묵	사무관 조동원	이성묵	이성묵	전사 정만조
천조관 겸 헌관			전사 윤세용						
묘사	홍성두			홍성두	홍성두	전사보 홍성두	홍성두	김용면	전사보 홍성두
묘사 겸 축사		이홍묵	전사보 홍성두						
전사관 겸 대축		(전사관) 이용로	전사보 이재영						
대축	정인환	조동호 등 18명		이재영	정인환	전사보 정인환	정인환	이재영	전사보 이재영
재랑	이종룡	류시혁		이종룡	김용규	전사보 김용면	김진태	김충진	전사보 김진태
재랑 겸 봉조관		(봉조관) 이용철	전사보 김용규						
집례	류해종	(당상) 김영직 (당하) 안도	전사보 류시혁	이정구	이정구	전사보 김정진	이정구	이정구	전사보 김용면
자료	『종묘일기』(K2-4820, 3-1)			『종묘일기』(K2-4820, 3-2)			『종묘일기』(K2-4820, 3-3)		

25일 계하)'의 법식[표 6 참조]은 고종의 부묘 후 종묘 섭행의 모습을 반영한 것임을 알 수 있다.

한편, 순종 승하 후인 1930년대 종묘 제향의 제관 구성을 살펴보면 직책의 겸행이라는 특징을 볼 수 있다. 이는『현행제사』에서 본 것과 동일하

다. 1930년대 제관의 구성은 1938년 동향대제를 기점으로 전후가 조금 다른 모습을 보여준다. 1930년대 전반을 먼저 보면 헌관이 1명이다. 그리고 천조관, 감제, 집례, 전사관 겸 대축, 묘사 겸 축사 협률랑, 재랑 겸 대축, 재랑 겸 봉조관 등의 집사가 있었다. 『종묘일기』에 나오는 이런 직책으로서는 헌관 1명이 삼헌을 어떻게 했는지 알 수 없다. 『현행제사』에 나오는 것처럼 초헌관이 종헌관을 맡고 아헌관이 천조관을 겸하는 것인지에 대한 언급은 없다. 1938년 동향대제부터 '헌관 겸 천조관'이 등장한다. 헌관 1명이 삼헌을 하기에는 신실이 너무 많은 것을 고려하면 아헌관이 천조관이 겸임했을 것으로 보인다.

그 외 독특한 점이 몇 가지 있다. 첫째 '감제관(監祭官)'의 등장이다. 명칭으로 보아 제사를 감찰하는 직책으로 보인다. 조선시대 제사에 항상 있던 감찰의 변용으로 보인다. 1938년에 감찰직은 가타부치 유메지로[片淵梅次郎]라는 인물이 혼자 맡았다. 종묘의 상급 기관에서 제향을 감찰했다는 것을 의미한다. 이는 이전보다 종묘에 대한 관심과 통제가 많아졌음을 보여준다. 둘째, 대축의 직무를 담당하는 인원이 2명이다. 대축의 일을 1명이 전담하는 것이 아니라 '전사관 겸 대축', '재랑 겸 대축'과 같이 2명이 나누어 맡았다. 이들의 역할이 어떻게 구분되는지는 알 수 없다. 대축의 역할은 매우 다양하다. 대축의 일을 분담했는지, 혹은 같은 일을 하는데 19실의 공간을 나누어서 했는지는 알 수 없다. 그런데 1938년 동향대제부터는 대축의 일을 전담하는 집사가 1명 있고, 이와 별도로 '축사 겸 대축'이 정해져 있다. '재랑 겸 대축'은 보이지 않는다.

반면, 1938년 동향대제부터 겸직 경향이 줄어든 것을 볼 수 있다. 이전에 겸직이었던 것을 다시 나누어 여러 사람에게 분담시키고 있다. 이전에는 묘사, 축사, 협률랑의 세 직책을 1명이 담당했다. 묘사는 제물을 감봉하고, 제기의 수정(修整)을 감시하고 신실의 신악(神幄)을 정리하고 청소

표 9 | 1935~1940년 종묘대제 제관(섭행)

직책	1935 춘향대제	1937 춘향대제	1938 하향대제	1938 추향대제	1938 동향대제	1939 하향대제	1940 춘향대제	1940 추향대제
날짜	2월 9일	2월 15일	5월 18일	8월 13일	11월 23일	미상	2월 26일	8월 9일
헌관	사무관 이성묵	전사 정연교	전사 이종룡	전사 이종룡	전사 이종룡	전사 이종룡	전사 이정구	전사 인연교
천조관	전사 유해종	전사 박순회	전사 김충진	정연교				
천조관 겸 헌관					전사 김충진	전사 정연교	전사 정연교	전사 安東忠鎭
감제관	전사 박순회	전사 三原英彦	전사 片淵梅次郎	전사 片淵梅次郎	전사 片淵梅次郎	전사 片淵梅次郎		
묘사 겸 축사 협률랑	전사보 이병렬	윤장섭	전사보 윤장섭	전사보 이정구				
협률랑					아악사 이병성	아악사 이병성	아악사 장인식	아악사 장인식
전사관 겸 묘사					전사보 이정구	전사보 이정구	전사보 이우식	전사보 이우식
전사관 겸 대축	전사보 이현구	김용면	전사보 이정구	전사보 성낙서				
대축					전사보 윤장섭	전사보 김준선	전사보 윤장섭	전사보 윤장섭
축사 겸 대축					전사보 여태현	전사보 이광수	전사보 김준선	전사보 이인영
재랑	전사보 성낙서				전사보 이병렬	촉탁 임창재	전사보 장룡이	전사보 고응한
재랑 겸 대축		김준선	전사보 이병렬	이광수				
재랑 겸 봉조관	전사보 이인영	임기호	전사보 이광수	전사보 이인영				
봉조관					전사보 이광수	전사보 임기호	전사보 임기호	전사 임기호
집례	전사보 김용한	김충진	전사보 김준선	전사보 김준선	전사보 김준선	전사보 이우식	촉탁 임창재	전사보 이병렬
출처	「재관회의 훈시」 (RD00177)	『종묘일지』 (K2-2209)	『종묘숙직일지』(K2-4818)			『잡서류』 (K2-2210, 2-1)	『종묘숙직일지』 (K2-4817, 2-2)	

하는 일을 맡았다. 축사는 제향이 시작하기 직전에 신주를 궤에서 받들어 내오고 제향을 마치면 신주를 다시 들였다. 그리고 제향 시 향, 용찬(龍瓚), 폐백, 작(爵) 등을 올릴 때 이를 도왔다. 협률랑은 음악의 시작과 끝을 알리는 중요한 직책이다. 그런데 이 3가지를 겸하던 관례가 1938년 동향대제부터 사라져 협률랑이 독립되었다. 그뿐만 아니라 협률랑을 아악사가 맡았다. 음악 전문가의 몫으로 고정된 것이다. 묘사와 축사의 겸직은 '전사관 겸 묘사', '축사 겸 대축'으로 바뀌었다. 이는 업무의 유사성을 고려한 것이다. 전사관은 음식을 전담하고, 묘사는 종묘의 공간을 담당하는 직책이다. 이러한 업무 특성 때문에 이 직책은 이전부터 종묘 관원 중에서 맡는 것이 관례였는데 1938년부터는 이 둘을 겸직으로 묶었다. 그리하여 종묘대제 시 제관은 1930년대 8명이었는데 1938년 동향대제 이후 10명으로 늘었다.

마지막으로 참반원의 등장이다. 이전에도 종묘 제향에 참여하는 관계자가 있었겠지만 그 기록이 없어서 누가 참여했는지 알 수 없다. 그러나 『종묘숙직일지』에는 1938년 하향대제부터 참반원의 명단이 적혀 있다. 예를 들어, 이 하향대제에는 예식과 주임인 전사 가타부치 유메지로, 전사보 장용이, 촉탁 히타가 에이슈케[日高英介], 칠궁 전사 정연교, 궁내성 장전 겸 어용저(掌典兼御用邸) 촉탁 공작 이토 히로마사[伊藤博精] 등이 참여했다.[41]

종묘의 업무를 주관하는 자는 전사와 전사보였다. 그러나 제향은 이들만으로는 수행할 수 없었다. 4~5명의 종묘 전사보 인원으로는 불가능한 일이었다. 그러므로 외부의 힘을 빌려야 했다. 조선시대에 종묘 제향은 국가의 일이었기 때문에 관원이 제관의 일을 맡았다. 그러나 일제강점기 종

41 『宗廟宿直日誌』(K2-4818), 소화 13년 5월 3일.

묘 제향은 관의 인력을 빌릴 수 없었다. 일제강점기 초 귀족이나 대한제국기의 관료를 헌관으로 참여시켰지만 순종 사후에는 그것마저 사라졌다. 섭행 중심의 종묘 제향은 종묘와 그 상부 기관인 이왕직 직원, 특히 예식과의 전사나 전사보가 수행했다. 왕실의 친척들도 제관에 참여하지 않았다. 철저히 이왕가의 이왕직 행사로 간주된 것을 알 수 있다. 그럼에도 불구하고 1938년 이후 종묘 제향이 이전보다 더 정비되었음을 제관을 통해 알 수 있다. 단순 비교이지만 제관의 수가 늘었기 때문이다. 이는 일제강점기 이왕직 의례에 대한 관심이 높아진 것을 의미했다.

제5장
종묘의 비공식 영역

1. 공민왕 신당의 실체

1) 논란 속 공민왕 신당

종묘는 조선시대 역대 왕과 왕후의 신주를 모신 사당이다. 목조부터 영친왕까지 모두 83위의 신주가 봉안된 이곳은 조선왕조를 표상하는 최대의 제향 공간이다. 종묘는 조선 건국과 함께 개성에 건립되었다가 한양으로 천도하면서 1395년(태조 4)에 현재의 장소에 새로 지어졌다. 외삼문을 통과하여 곧바로 보이는 신도를 따라가면 정전이 나오고, 그 안에 들어가면 넓은 월대 위에 19칸의 일자형 건물이 단순하면서도 엄숙한 자태로 펼쳐진다. 묘정 앞쪽에는 공신당과 칠사당이 있으며 정전 뒤편에는 조묘(祧廟)인 영녕전이 있다. 이 모든 것이 어우러져 종묘는 조선 최고의 성소가 되었다. 일제강점기에는 칠사당의 제사가 폐지되었지만 나머지 제사는 그대로 유지되었다.

그런데 종묘를 논할 때 언급되지 않는 사당이 있다. 외삼문에서 멀지 않은 망묘루 뒤편에 있는 이 사당은 담장에 가려 잘 보이지 않는다. 사당의 문을 열고 들어가면 공민왕과 노국공주가 나란히 앉아 있는 영정이 있다. 이 사당의 정식 명칭은 '고려 공민왕 영정 봉안지당(高麗 恭愍王 影幀 奉安之堂)'이지만[1] 일반적으로 '신당(神堂)'이라고 부른다. 전하는 말에 의하면 여기에 봉안된 영정은 한양에 종묘를 새로 지을 때 북쪽으로부터 회오리바람을 타고 날아와 묘정에 떨어졌는데 이에 놀란 군신들이 사당을 지어

---

* 제6장은 필자의 「종묘의 공민왕 신당과 수복 연구: 일제강점기 《종묘일지》와 《대방하기》를 중심으로」, 『종교문화비평』 40(2021)을 수정·보완한 것이다.

1 [네이버 지식백과] 두산백과, 「종묘 공민왕 신당」, 2021. 5. 11 검색.

봉안하고 제사를 지냈다고 한다.[2] 이 이야기의 출처는 일제강점기에 편찬된『종묘지(宗廟誌)』로 '신당(神堂)' 항목에 나온다.

봄과 가을 1년에 2번 제사를 지낸다(2월과 10월 중순이다). 이것은 정식 제례가 아니다. 종묘 직원이 갹금(醵金)을 내어서 술, 과일, 포, 2가지 떡을 준비하여 축문 없이 단헌(單獻)으로 기사(祈祀)를 지냈다. 태조 4년 을해년(1395년)에 한양을 도읍으로 정하고 종묘와 궁궐을 건립했다. 동년 9월 종묘에 완성을 아뢰고 4조(祖)의 신주를 송경(松京)에서 한양의 새로운 종묘로 옮겨 봉안했다. 하루는 홀연히 회오리바람이 북쪽에서 일어나 물건 하나가 말려 공중에서 묘정의 뜰로 떨어졌다. 받아 보니 고려 공민왕 영정이었다. 많은 사람이 놀라고 기이하게 여겨 마침내 이 사당을 짓고 그 영정을 봉안하여 비로소 춘추에 2번 제사를 거행하여 오늘에까지 이르렀다. 비록 상고할 문헌이 없으나 이것은 진실로 옛 늙은이들이 전하여 준 야설(野說)이다.[3]

『종묘지』에 따르면 신당은 향대청 동남쪽에 있고 고려 공민왕의 영정을 모셨다. 이 신당에서는 매년 2월과 10월 중순에 제사를 지내는데『종묘지』는 그 의식을 정식 제례가 아니라고 했다. 이 신당의 유래는 불명확하지만 일제강점기 종묘에 공민왕 사당이 있었고, 이곳에서 1년에 2번의 제향이 거행되었던 것을 알 수 있다.『종묘지』는 이 신당의 제향을 '직원'이 주도했다고 설명했다.

이 외에 신당에 관한 중요 자료로『대한매일신보』의 기사가 알려져 있

2 [네이버 지식백과] 한국민족문화대백과,「공민왕신(恭愍王神)」, 2021. 5. 11 검색.

3 『종묘지』(K2-4375B),「神堂」.

그림 1 | 종묘 내 공민왕 신당의 내부 모습(2011년 필자 촬영)

다. 이 신문의 1908년 9월 8일자에 다음과 같은 기사가 실려 있다.

> 종묘 안에 있는 칠사와 부군당의 사우를 재작일(再昨日)에 모두 헐고 각 위패는 매안하는 고유제를 설행했다더라.[4]

종묘 내 칠사당과 부군당의 사우를 모두 헐고 그 신주를 매안했다는 위의 조치는 같은 해 7월에 있었던 사전 개혁의 결과로 볼 수 있다. 이때 순종은 조령을 내려 대제, 별제, 속제, 삭제, 망제 가운데 중요하지 않은 제사를 생략하고 정사(政事)를 보는 날에 신당에서 거행하는 고사를 폐지하라고 지시했다.[5] 이러한 사정을 고려하면 대한제국기에 이미 종묘 내에

4 『대한매일신보』, 1908년 9월 8일 제2면.

5 『순종실록』, 융희 2년 7월 23일, "大祭別祭俗祭朔望祭中重要치아니훈 祀典은 省略홈. 神堂衙日告祀의 類는 永히 廢止케홈."

공민왕 신당이 별도로 존재했음을 알 수 있다. 물론 여기서 '신당'과 신문의 '부군당'이 동일한 것인지 의문을 제기할 수 있다. 그러나 현재까지 학계는 신당을 부군당의 다른 이름으로 간주하고 있으며[6] 이 책에서도 이를 받아들인다.[7]

그럼에도 종묘 신당에 대한 연구는 별 진척이 없었다. 그 부진에는 3가지 요인이 있다. 첫 번째는 자료의 한계이다. 위에서 살핀 몇 가지 단편적인 기사를 제외하면 종묘 신당의 자료를 찾기 쉽지 않았다. 둘째, 조선시대 부군당 연구의 중요한 자료가 되어 온 『숙천제아도(宿踐諸衙圖)』에 종묘 신당이 나타나지 않는 것 역시 종묘 내 신당의 존재를 확증하기 어렵게 만들었다. 『숙천제아도』는 한필교가 자신이 평생 근무했던 관아들을 그

---

6 오문선, 『서울부군당제 연구』(한국학중앙연구원 한국학대학원 박사학위논문, 2009), 11쪽; 서영대, 「부군당신앙」, 『서울 2천년사: 조선시대 서울의 종교와 신앙』(서울특별시 시사편찬위원회, 2014), 361쪽.

7 부군당에 대한 연구는 민속학에서 주로 이루어졌다. '서울과 경기도에서 마을의 수호신을 모셔 놓은 신당'으로 정의하는 것에서 알 수 있듯이 부군당은 마을 신앙의 일종으로 간주되었다(『민족문화대백과사전』, 「부군당」). 특히 서울과 경기 지역을 중심으로 그 사례가 보고되었다. 서울에 전승된 부군당은 2009년 50곳이나 된다. 한강변의 부군당이 한강 나루의 상업 발전 및 마을 형성과 연관되어 주목을 받았다. 그러나 부군당은 관청 내에 있었던 사당에서 유래했다. 그런 의미에서 부군당은 "도성 내에 있는 육조를 비롯하여 한성부, 사헌부 등 조선 전기에 건립된 대표적 관아 내부에 존재하는 신당"으로 이해할 수 있다[유승훈, 「경강변 부군당의 성격과 역사적 전개 양상」, 『서울학연구』 20(2003), 103쪽]. 그리하여 관청 소재 사당이 마을 신앙으로 정착되는 과정에 대한 연구가 부군당 연구의 중요한 주제였다[오문선(2009), 위의 논문; 김태우, 「조선시대 부군당 출현의 역사적 맥락과 존재 양상에 대한 고찰」, 『서울민속학』 6(2019)]. 한편, 조선시대 관아 속 사당으로 부군당을 정의할 때 부군당은 서울 지역 중앙 관서에 있던 것과 각 지방 치소(治所)에 있던 것으로 구분할 수 있다. 후자의 경우, 향리들의 중심 공간으로 부군당이 간주되었다. 이 경우 중앙 권력에 의해 운영되는 종묘, 사직, 문묘, 성황, 여단 등과 구별되어 각 지역의 토착 신앙을 바탕으로 한 제향 공간으로 주목받았다. 이에 비해 전자의 경우, 지역적 연대보다 정부의 행정 조직을 기반으로 한 것이었다. 부군당은 각 관서마다 있었을 정도로 관서의 일부로 간주되었다. 지방과 마찬가지로 중앙의 부군당 역시 주도 세력은 아전들이었다. 아전 연구가 미약한 만큼 관아의 부군당에 대한 연구 역시 큰 진척이 있었던 것은 아니다.

림으로 남긴 화집이다. 여기에는 호조, 종묘서, 사복시, 선혜청, 종친부, 오위도총부, 공조 등의 관아 건물이 그려져 있는데 이 중에서 사복시, 종친부, 공조, 제용감, 선혜청에 신당이 세밀하게 묘사되어 있다. 그러나 종묘서에는 신당이 나오지 않는다. 그림의 상세한 정도로 보아 기록 과정에서 누락되었다기보다 당시 종묘서에 신당이 없었을 가능성이 높다는 것이다.[8]

마지막으로 조선시대 종묘의 위상을 생각하면 이 공간에 음사로 치부되는 신당의 존재를 받아들이기 쉽지 않다. 일반적인 관아 내에 존재해온 신당은 이서배(吏胥輩)의 비중과 역할을 고려할 때 가능하지만 선왕을 모신 사당 내에 또 다른 사당을 둔다는 것은 이해하기 어렵다. 이런 상황에서 공민왕 신당은 공민왕과 태조 이성계의 관계 속에서 이해되었다. 즉, 종묘 내 공민왕 신당은 한때 태조가 군왕으로 모셨던 공민왕에 대한 충성의 표현이라는 이해이다. 이는 신당의 주체를 태조로 간주한 셈이다.

여기서는 일제강점기 자료를 중심으로 종묘 신당의 실상을 살펴보고자 한다. 『종묘일지(宗廟日誌)』, 『종묘일기(宗廟日記)』 등 일제강점기 동안 종묘 직원이 작성한 업무 일지를 통해서 신당의 존재를 확인할 것이다. 그리고 1911년에 작성된 『대방하기(大房下記)』의 회계책을 통해 신당 내 의례의 모습을 구체적으로 살펴볼 것이다. 나아가 이 신당의 관리와 의례를 주관했던 직원이 누구인지 밝히고자 한다.

8 오문선(2009), 앞의 논문, 37쪽.

2) 수복의 신당 기록

앞에서 언급한 부군당 철거 기사는 대한제국기 종묘에 신당이 존재했음을 보여준다. 그렇다면 이보다 앞선 신당 관련 기록은 없을까? 1892년(고종 29) 6월 신정왕후의 신주를 종묘에 봉안하는 과정을 기록한 『(신정왕후)부묘도감의궤』에서 신당의 수리 기록을 찾을 수 있다. 당시 부묘에 앞서 종묘의 여러 건물이 보수되었는데 망묘루, 대청직 온돌 다음에 나오는 신당 수리 기사는 서술 순서로 볼 때 공민왕 신당을 가리키는 것이 확실하다.[9] 그러나 단편적인 내용이라 그 이상의 정보를 알 수는 없다. 반면, 1908년 이후 종묘 신당 관련 기록은 종묘 관원이 기록한 일지에서 쉽게 찾을 수 있다.

종묘 직원의 관서일지의 일종인 『전장기』에 따르면 1910년 3월 20일에 일본인 무라카미[村上]가 사람을 보내 "신당의 화정(畵幀) 5본을 철거하여" 갔다가 사흘 뒤에 다시 돌려주었다.[10] 그러므로 1908년에 철거된 신당은 곧바로 복원되었다는 것을 알 수 있다. 이 신당은 일제강점기로 이어졌다.

현재 한국학중앙연구원 장서각에는 일제강점기 종묘 관련 일지가 다수 있다. 표지에 있는 서명으로 구분하면 『종묘일기』, 『종묘일지』, 『종묘숙직일기(宗廟宿直日記)』 세 종류다. 『종묘일기』는 전체 6책이 남아 있고, 『종묘일지』는 전체 5책, 『종묘숙직일지』는 3책이 남아 있다. 그 외 1911년의 『본서재관입직일기(本署齋官入直日記)』와 1945년의 『(수복청)일기』 역시

9 『(神貞王后)祔廟都監儀軌』(K2-2254), 光緖18年(壬辰)4月日祔廟都監修理所儀軌, 壬辰 5月 12日修理處, "望廟樓溫堗窓隻分閣改塗 月臺及步石動退修補 大廳直溫堗一間 改排 **神堂月臺方甎修補** 石墻改築 守門將處所溫堗一間·軍士房溫堗一間改排."

10 『傳掌記』(K2-3615), 융희 4년 3월 12일; 3월 23일.

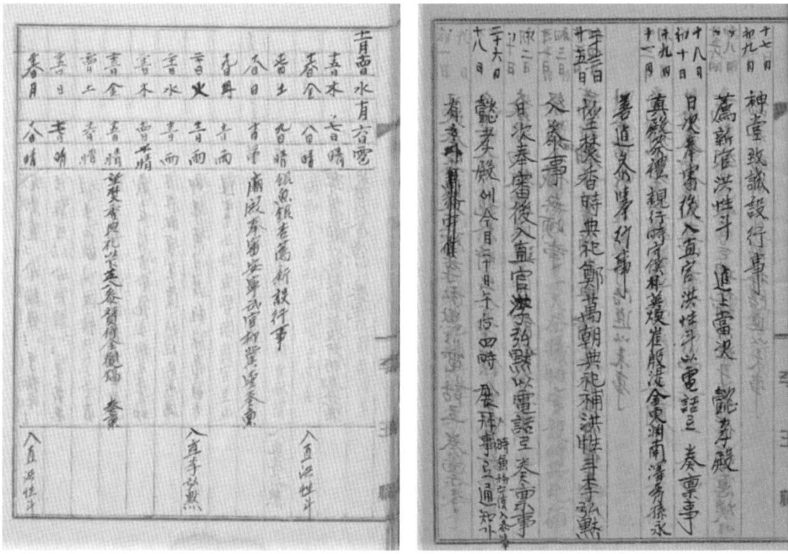

그림 2 | 『종묘일기(K2-4820)와 『종묘일지』(K2-2208)의 1923년 11월(음 10월) 기록

일지류에 포함시킬 수 있다.[11] 이런 일지류의 내용을 통해서 종묘의 주요 행사와 업무를 개괄적으로 파악할 수 있다.

그런데 이 일지들은 왜 다른 이름으로 존재할까? 더욱이 같은 시기에 두 종의 유사한 서류철이 남아 있는 까닭은 무엇일까? 1922년에서 1925년 사이에는 『종묘일기』(K2-4820)와 『종묘일지』(K2-2208)가 동시에 존재한다. 이렇게 한 부서에 2개의 업무 일지가 존재하는 것은 이해하기 어렵다. 그런데 두 책을 비교하면 형식상 차이가 있다. 『종묘일기』(K2-4820)는 괘선지에 가로선을 그어 칸을 만든 후 내용을 기록했다.[12] 기재 내용은 크게 3단

---

11 이왕직 장사계에서는 1912년부터 일지가 없는 곳에는 일지를 두어 근무 및 기타 제반 사항을 상세히 기입할 것을 지시했다[『宗廟公文來綴』(K2-2169, 2-1), 「掌祀發 第17號(명치 45년 1월 12일)」.

12 『종묘일기』(K2-4820)는 모두 3책으로 제1책은 1921년, 제2책은 1922·1923년, 제3책은

으로 구분되는데 상단에는 날짜와 날씨, '사유(事由)'란의 중단에는 해당 일의 업무, 하단의 '입직씨명(入直氏名)'에는 입직자의 이름을 썼다. 상단은 위에서부터 양력의 '월(月)'과 '일(日)', 요일을 기록한 '요표(曜表)', 음력의 '월'과 '일', 날씨를 기록하는 '기후(氣候)' 총 6개 칸으로 구분되었다. 특별한 일이 없는 날에도 날짜와 날씨는 빠짐없이 적혀 있다.

반면, 『종묘일지』(K2-2208)는 매일 기록한 것이 아니라 주요 업무가 있는 날에만 적어나가는 형식이다. 상단에 양력과 음력의 월일을 적었지만 요일이나 날씨는 생략했다. 그러므로 『종묘일기』가 체계적이면서 도식적인 방식으로 기록된 것이라면 『종묘일지』는 그보다 자유로운 방식으로 기록된 것임을 알 수 있다. 이런 형식적인 면 외에 두 책의 중요한 차이로 기록자의 유무를 들 수 있다. 『종묘일기』는 하단의 '입직씨명'란에 반드시 입직자의 이름을 기록하게 했다.[13] 1921년 1월 1일부터 1924년 12월 3일까지는 홍성두(洪性斗)와 이홍묵(李弘默)의 이름이, 1924년 12월 4일부터 동년 12월 31일까지는 이회수(李晦秀)와 이종룡(李鍾龍)의 이름이 교대로 적혀 있으며 교대는 대략 5일 단위로 이루어지고 있다. 당시 이들의 직위는 모두 전사보(典祀補)였다. 반면, 『종묘일지』에서는 기록자의 정보를 전혀 찾을 수 없다. 이렇게 두 책의 형식적인 면을 볼 때 기록자가 표기된 『종묘일기』(K2-4820)가 종묘의 공식적인 기록이었을 것으로 추정된다.

한편, 『종묘일기』(K2-4820)와 『종묘일지』(K2-2208)의 내용을 비교하면 비

1924·1925년의 기록이다. 현재 장서각에 소장된 『종묘일기』는 이 3책을 포함하여 전체 6책으로 이루어져 있는데 이들의 서술 형식은 모두 동일하며 1914년부터 1925년까지의 기록이다. 『종묘일기』(K2-2204)는 1914년, 『종묘일기』(K2-2205)는 1915·1916년, 『종묘일기』(K2-2206)는 1919·1920년의 일기이다.

13 1919년 「이왕직처무규정」 제82조에 숙직자는 숙직일지에 숙직 월일, 관직씨명(官職氏名), 청중상황(廳中狀況), 문서 수발, 기타 처리 업무 등을 기록해야 한다고 했다[『李王職處務規定』(K2-2034)].

슷한 것이 많지만 둘의 차이를 뚜렷이 보여주는 것이 신당 관련 기사의 유무이다. 그림 2는 1923년 11월(음 10월)에 해당하는 『종묘일기』(K2-4820)와 『종묘일지』(K2-2208)의 내용을 비교한 것이다. 오른쪽 『종묘일지』(K2-2208)의 11월 17일 기사에는 "신당의 치성을 거행함[神堂致誠設行事]"이라는 기록이 있다. 그러나 왼쪽 『종묘일기』의 11월 17일에는 천신에 관한 기사만 나오고 신당에 관한 것은 전혀 보이지 않는다. 이러한 차이는 1922년 4월 5일(음 3월 9일)과 동년 11월 19일(음 10월 1일)에도 보인다. 즉, 『종묘일지』에는 "신당의 치성을 새벽에 설행함[神堂致誠曉頭設行事]" 또는 "신당의 치성을 설행함"이라는 기록이 있지만 『종묘일기』에는 신당 관련 기사가 보이지 않는다.

이러한 형식과 내용의 차이를 통해 일제강점기 종묘 관련 일지를 표 1과 같이 '종묘숙직일기'와 '수복청일기'로 구분할 수 있다. 전자는 종묘의 숙직 관원이 작성한 공식적인 업무 일지라는 의미이다. 1910년에 작성된 『전장기』는 대한제국 말기의 종묘 기록으로 일지 형식을 갖추고 있다. 1911년 『본서재관입직일기』의 도서명은 본문 첫 부분에 나오는 권수제(卷首題)에서 따온 것이다. 이후 표제가 '(종묘)일기'가 바뀌었다가 다시 '(종묘)숙직일지'가 되었지만 숙직자의 이름과 날인이 있는 것들을 여기에서는 모두 '종묘숙직일기'로 볼 수 있다.

반면, 후자의 '수복청일기'는 종묘 내 수복에 의해 작성된 일지라는 의미이다. '수복청'이라는 이름을 붙인 것은 『수복청일기』(K2-2185)의 표지 상단에 적힌 정보를 따른 것이다.[14] 그 이전에는 '(종묘)일지'라는 표제가 달려 있었다. 종묘의 공식적인 업무 일지인 숙직일기 외에 또 다른 일지로

14 여기서 표지는 현재본의 내표지를 가리킨다. 1972년에 문화재청에서 개장하면서 원래 표지를 그대로 두고 겉에 새로운 표지를 씌웠다. 그러므로 내표지가 원래의 표지이다.

표 1 | 일제강점기 종묘 일지 자료의 구분

<table>
<tr><th>연도</th><th>종묘숙직일기</th><th>수복청일기</th></tr>
<tr><td>1910</td><td>전장기(K2-3615)</td><td></td></tr>
<tr><td>1911</td><td rowspan="3">본서재관입직일기(K2-5041)</td><td></td></tr>
<tr><td>1912</td><td></td></tr>
<tr><td>1913</td><td></td></tr>
<tr><td>1914</td><td>종묘일기(K2-2204)</td><td></td></tr>
<tr><td>1915</td><td rowspan="2">종묘일기(K2-2205)</td><td></td></tr>
<tr><td>1916</td><td rowspan="6">종묘일지(K2-4697)</td></tr>
<tr><td>1917</td><td></td></tr>
<tr><td>1918</td><td></td></tr>
<tr><td>1919</td><td>종묘일기(K2-2206)</td></tr>
<tr><td>1920</td><td></td></tr>
<tr><td>1921</td><td>종묘일기(K2-4820, 3-1)</td></tr>
<tr><td>1922</td><td rowspan="2">종묘일기(K2-4820, 3-2)</td><td rowspan="3">종묘일지(K2-2208, 2-1)</td></tr>
<tr><td>1923</td></tr>
<tr><td>1924</td><td>종묘일기(K2-4820, 3-3)</td></tr>
<tr><td>1925</td><td></td><td rowspan="2">종묘일지(K2-2208, 2-2)</td></tr>
<tr><td>1926</td><td></td></tr>
<tr><td>1932</td><td></td><td rowspan="3">종묘일지(K2-2207)</td></tr>
<tr><td>1933</td><td></td></tr>
<tr><td>1934</td><td></td></tr>
<tr><td>1937</td><td></td><td>종묘일지(K2-2209)</td></tr>
<tr><td>1938</td><td>종묘숙직일지(K2-4818)</td><td></td></tr>
<tr><td>1940</td><td>종묘숙직일지(K2-4817, 2-2)</td><td></td></tr>
<tr><td>1941</td><td>종묘숙직일지(K2-4817, 2-1)</td><td></td></tr>
<tr><td>1945</td><td></td><td>수복청일기(K2-2185)</td></tr>
</table>

수복청일기가 존재했다는 점이 중요하다. 종묘숙직일기와 수복청일기를 구분하는 가장 중요한 기준은 작성자인 숙직자의 이름 기재 여부이다. 『종묘숙직일지』(K2-4818, 4817)는 형식상 가로선을 그어 칸을 만들지 않았

표 2 | 『종묘일지』에 나타난 신당 관련 기사

날짜	내용	출처(청구번호)
1916.10.06(음력 09.10)	신당 휘장 교체	K2-4697
1916.11.05(음력 10.10)	신당 대치성 새벽 거행	K2-4697
1917.02.11(음력 01.20)	수은계(受恩契) 고사	K2-4697
1917.04.25(음력 03.05)	신당 대치성 거행	K2-4697
1917.11.21(음력 10.07)	신당 대치성 거행	K2-4697
1919.11.27(음력 10.05)	신당 치성 거행	K2-4697
1920.04.23(음력 03.05)	신당 치성 거행	K2-4697
1920.11.13(음력 10.03)	신당 치성 거행	K2-4697
1921.04.16(음력 03.09)	신당 치성 거행	K2-4697
1921.11.06(음력 10.07)	신당 치성 거행	K2-4697
1922.01.27(음력 12.30)	신당 고사 물종 변경 마련	K2-2208(2-1)
1922.04.05(음력 03.09)	신당 치성 새벽 거행	K2-2208(2-1)
1922.11.19(음력 10.01)	신당 치성 거행	K2-2208(2-1)
1923.11.17(음력 10.09)	신당 치성 거행	K2-2208(2-1)
1924.04.09(음력 03.06)	신당 치성 거행	K2-2208(2-1)
1925.03.24(음력 03.01)	신당 치성 거행	K2-2208(2-2)
1925.11.24(음력 10.06)	신당 치성 거행	K2-2208(2-2)
1926.04.20(음력 03.09)	신당 치성 거행	K2-2208(2-2)
1926.11.10(음력 10.06)	신당 치성 거행	K2-2208(2-2)
1932.11.05(음력 10.08)	신당 치성 거행	K2-2207
1933.05.18(음력 04.24)	신당 건물 수리 고유 고사	K2-2207
1933.05.24(음력 05.01)	신당 수리	K2-2207
1933.11.21(음력 10.04)	신당 치성 거행	K2-2207
1945.04.17(음력 03.03)	신당 치성 거행	K2-2185

다. 그러나 음·양력의 날짜 외 날씨, 작성자의 이름을 반드시 기록했다. 반면, 『종묘일지』(K2-2209)는 신당에 관한 기사가 없지만 형식상 작성자의 명단이 보이지 않으므로 수복청일기로 간주했다.

종묘숙직일기와 수복청일기 중에서 신당 관련 기사는 수복청일기에만 나온다. 수복청일기에 해당하는 『종묘일지』(K2-4697, 2207, 2208, 2209)와 『(수복청) 일기』(K2-2185)에서 신당의 고사에 관한 기록을 추출하면 표 2와 같다.

표 2에서 알 수 있는 것처럼 신당에서는 '고사(告祀)' 또는 '치성(致誠)'이 있었다. 시기를 보면 매년 4월과 11월에 '대치성' 또는 '치성'이 있었다. 이를 음력으로 환산하면 3월과 10월에 해당한다. 앞에서 언급한 『종묘지』에서는 2월과 10월에 제례가 있다고 했는데 『종묘일지』와는 양력과 음력 모두 일치하지 않는다. 다만, 당시 의례가 일반적으로 음력을 기준으로 거행되었기 때문에 음력 3월과 10월에 정기적으로 치성이 신당에서 거행되었던 것으로 보인다.

지금까지 내용을 정리하면 종묘 내에는 2가지 숙직일기가 있었다. 하나는 전사보가 작성한 것이며 또 하나는 수복이 작성한 것이었다. 그리고 수복이 작성한 수복청일기에는 '신당'에 관한 기사가 수록되어 있었다.

2. 대방의 신당 운영

일제강점기 종묘 신당에서 거행되었던 치성과 고사의 모습을 더 구체적으로 보여주는 것이 『대방하기(大方下記)』(K2-3138)이다. 이 책은 1911년 음력 2월부터 12월까지 10개월간 대방의 수입과 지출을 정리한 장부이다.[15] 회계 장부이기 때문에 의례의 구체적인 설행을 보여주지는 않지만

15 이 책의 표지에는 "隆熙二年 戊申 五月 日"이라는 묵서가 있다. 그러나 본문에는 "辛亥二月朔會計"와 같이 매달의 시작을 '辛亥'로 기록했다. 그리고 표지의 '戊申'은 '辛亥'로

이를 통해 특정 의례의 시행 여부를 알 수 있다. 1년여 동안 매달 '초3일 고사(告祀)', '15일 고사', '회일고사(晦日告祀)' 3건의 고사가 나온다. 마지막 회일고사는 '다음 달 초1일' 고사의 비용도 같이 지출된 것으로 기록되어 있다. 그렇다면 당시 매달 초1일, 초3일, 15일, 회일 총 4회의 고사가 신당에서 거행되었음을 알 수 있다.

지출 규모는 초3일, 보름, 회일(초하루 포함) 순으로 커졌다. 초3일의 비용은 5월을 제외하면 모두 13량이다.[16] 구체적인 지출 항목이 나오지 않기 때문에 그 내역을 알기는 어렵다. 15일 보름에 거행하는 고사에는 26량, 30량, 26량, 22량, 28량, 21량, 31량, 21량, 24량, 24량 등과 같이 대략 20량에서 30량 사이의 비용이 지출되었다. 지출 내역을 보면 북어와 술은 반드시 있고, 건시(2·12월), 홍시, 배[生梨, 3·4·7·8월], 능금[林檎, 5월] 등 과일 한 가지씩을 준비했다.

표 3에서 음력 3월과 10월의 치성 비용은 다른 고사의 것보다 월등히 높다. 3월 치성에 829량의 비용이 들어갔고, 10월 치성에 852량이 들었다. 치성이 매달 거행되는 고사보다 훨씬 큰 규모의 의식임을 알 수 있다. 앞의 『종묘일지』에서 보였던 '대치성'은 바로 이것을 가리키는 것이었다. 치성의 지출 내역을 정리하면 표 4와 같다. 품명을 통해 볼 때 치성의 제물로 떡, 국수, 배, 밤, 대추, 탕, 술 등이 올라갔음을 알 수 있다. 그리고 여러 항목 중에서 가장 큰 비용이 든 것은 양지머리[陽支頭]였다.

수정되어 있다. 필자는 본문의 내용을 따라 이 책의 기록을 신해년(1911년)으로 간주했다. 『대방하기』의 내용 중 음력 5월과 6월의 일부가 누락된 상태이다.

16 5월에는 초3일 고사가 보이지 않는 대신 '告由日 告祀'라는 항목으로 북어 10개 가격으로 6량 2전 5분이 지출되었다. 이것을 초3일 고사로 확정할 수도 있으나 여기서는 유보했다.

표 3 | 『대방하기』에 기재된 신당 고사와 치성 비용

월(음력)	내역	비용
2월	초3일 고사	13량
	15일 고사(건시 15량, 북어 반 쾌 6량, 술 5량)	26량
	회일 고사(건시 1첩 29량, 북어 1쾌 11량 5전, 술 10량, 오는 초1일 포함)	50량 5전
3월	**초2일 치성 찹쌀[粘米] 등**	**829량 2전 5분**
	초3일 고사	13량
	15일 고사(북어 5량 7전 5분, 술 5량, 배[生梨] 20개 20량)	30량 7전 5분
	고사 소용 재촉滓燭(6兩重)	9량 2전 5분
	신당 향로이(香爐耳) 개조	2량 5전
	회일 고사(초1일 포함, 배 20개 30량, 술 10량, 북어 1쾌 12량 5전)	52량 5전
4월	초3일 고사	13량
	15일 고사(배 10개 15량, 북어 6량 2전 5분, 술 5량)	26량 2전 5분
	회일 고사(배 20개 35량, 북어 12량, 술 10량, 초1일 포함)	57량
5월	고유일告由日 고사(북어 10개)	6량 2전 5분
	15일 고사	22량 5전
	회일 고사(초1일 포함, 술 20량, 북어 12량, 능금 6량 5전)	38량 5전
7월	초3일 고사	13량
	15일 고사	28량 7전 5분
	고사 초[告祀燭] 2근	50량
	회일 고사(초1일 포함, 배 20개 20량, 북어 1쾌 13량 2전 5분, 술 13량)	46량 2전 5분
8월	초3일 고사	13량
	15일 고사	21량 5전
	회일 고사(초1일 포함)	44량
9월	초3일 고사	13량
	15일 고사	31량 25전
	회일 고사	35량 2전 5분
10월	3일 고사	13량
	신당 치성 소용 찹쌀 등	**852량 5전**
	15일 고사(홍시 10량, 술 5량, 북어 6량 5전)	21량 5전
	회일 고사(초1일 병)	40량

11월	3일 고사	13량
	15일 고사	24량
	회일 고사(1일 병) 건시 25량, 북어 14량, 술 10량	49량
12월	초3일 고사	13량
	15일 고사	24량
	신당 고사 소용 재촉거(滓燭炬)	21량
	동공(仝工)	14량
	정월 초1일 고사(생치 45량, 술 5량, 건시 12량 5전, 고명 1량 5전)	64량

표 4 | 『대방하기』에 기재된 음력 3월과 10월 치성 비용

3월		10월	
명목	비용	명목	비용
찹쌀 1두 5승	217량 5전	찹쌀 1두 5승	225량
백태(白太) 1승 5합	8량 7전 5분	태(太) 1승 5합	9량 7전 5분
생리(生梨) 30개	46량	생리(生梨) 30개	75량
생밤[生栗] 2승	45량	생밤[生栗] 2승	25량
대추[太棗] 2승	39량	대추[太棗] 2승	50량
국수	30량	국수	25량
제주(祭酒) 4병	60량	제주(祭酒) 4병	50량
탕	22량	탕	20량
백청(白淸)	10량	백청(白淸)	10량
자단향(紫丹香)	5전	자단향(紫丹香)	1량 2전 5분
후추	1량 2전 5분	후추차	1량 2전 5분
소금	1량 2전 5분	소금	1량 2전 5분
예단지(禮緞紙) 1속	6량 2전 5분	예단지(禮緞紙) 1권	7량 5전
3첩 유지(油紙) 23장	28량 7전 5분	첩유지(貼油紙) 24장	30량
양지머리 2부	300량	양지머리 2부	270량
침채(沈菜)	10량 5전		
포사(布絲)	2량 5전		
		고명	1량 2전 5분
		황촉(黃燭) 6쌍	37량 5전
		사병(砂甁) 1근	12량 5전
합계	830량 5전		74량

1) 수복의 자치 조직, 대방

1911년에 작성된『대방하기』를 통해서 신당에 고사가 매달 4번, 치성이 1년에 2번 있었음을 알 수 있다. 그런데 이 회계책의 주체라고 할 수 있는 대방은 어떤 조직일까? 그리고 이들은 종묘와 어떤 관련이 있을까?

『대방하기』에는 월 단위로 수입과 지출이 정리되어 있다. 먼저 수입을 기재한 후 지출 비용을 적고 남은 금액을 기입했다. 그리고 마지막에는 담당자 3명이 이름을 적고 날인했다. 매달의 보고 말미에 날인된 전장원(傳掌員)의 명단을 보면 당시 1번과 2번이 교대로 회계 업무를 맡았고, 각 번에 수석(首席), 유사(有司), 장무(掌務)의 세 임원이 있었음을 알 수 있다. 예를 들어 2월에는 전장원이 2번 수석 박영환(朴英換), 유사 이해증(李海曾), 장무 이교덕(李敎德)이었고, 3월에는 1번 수석 박종록(朴鍾祿), 유사 김상덕(金相德), 장무 손영선(孫永善)이었다. 중간에 임원이 바뀐 경우도 있어서『대방하기』전체에 등장하는 전장인의 수는 총 11명이다. 이들의 실체를 아는 것이 '대방'의 성격을 알 수 있는 지름길이며 이 책에 나오는 고사와 치성의 주체를 알 수 있는 방법이다.

일제강점기 종묘 직원의 명단은 정기적으로 종묘에서 상부에 보고한 문서를 통해서 확인할 수 있는데 1911년에 종묘 소속 직원의 현황은 표 5와 같다. 표 5에서 알 수 있듯이 일제강점기에 종묘는 전사(典祀), 전사보(典祀補), 수복(守僕), 방직(房直), 군사(軍士) 등의 직원이 있었다.

이 명단이 중요한 것은『대방하기』에 나오는 전장원 11명의 이름을 여기서 찾을 수 있기 때문이다. 또한, 이들이 모두 수복이었음도 알 수 있다. 당시 근무 상황을 보면 수복은 한 달에 15일 또는 16일 근무한 것을 알 수 있다. 즉, 2개의 번으로 나누어 15일씩 교대로 근무했다.『대방하기』에 나오는 1번과 2번의 구분은 이러한 근무 방식과 연관된 것이다.

표 5 | 1911년 12월 종묘 직원 현황

구분	명단	출근일수	대방하기
전사	이재덕	2	
전사보	이창선	8	
	김영래	7	
	김익동	8	
	김용한	8	
수복	박종록	15	1번 수석
	이희성	15	1번 유사
	최성윤	15	오상(7월)
	남택수	15	1번 장무
	한재순	15	오상(4월)
	남택진	15	
	유한봉	15	
	김신흡	16	
	이해증	16	2번 유사
	이해응	16	2번 유사
	남택규	16	오상(4월)
	손승현	16	2번 장무
	유응식	16	
	최영국	16	
수복 (덕안궁 겸무)	최은식		2번 수석
	김동연		
	박영환		2번 수석
	김상덕		1번 유사
	손영선		1번 장무
	이교덕		2번 장무
방직	유한규	31	
	김성관	31	
	정창순	31	

구분	명단	출근일수	대방하기
군사	이원산	31	
	송봉식	31	
	박갑봉	31	
	박성룡	31	
	박삼봉	31	
군사 (덕안궁 겸무)	황치연	20	
	최한갑	20	
	김삼준	20	

자료: 명단『보고급회첩존당』(K2-4766), 출근일수『보고급회첩존안』(K2-4890)

『대방하기』에 나오는 1번과 2번의 구분에 따르면 박종록, 이희성, 남택수, 김상덕, 손영선은 1번에 속하고, 이희성, 최성윤, 남택수, 이해증, 이해웅, 손승현, 최은식, 박영환, 이교덕은 2번에 속했다. 나머지 수복들이 어느 번에 속하는지는 알 수 없다.『대방하기』에 나오는 11명의 임원이 모두 수복이라는 것은 이 회계책의 작성자가 수복임을 보여준다. 이는 대방이 수복의 모임이며 신당의 치성과 고사를 주관하던 자들이 수복임을 나타낸다.

일반적으로 대방은 보부상이나 시전 등과 같이 민간의 상인 조직으로 이해되고 있다.[17] 그러나 종묘 내 대방은 상인이 아닌 국가에 속한 원역의 조직이었다. 그럼에도 이것은 정부의 공식 기구가 아닌 자발적인 민간 조직이었다. 수복은 그들의 결속을 위해 대방을 조직하고 규약을 정하여 운영했다.

한국학중앙연구원 장서각에는『방헌(房憲)』(K2-2057)이라는 책이 있는데 여기에는 2건의「완의(完議)」가 실려 있다. 두 건 모두 작성 연대를 알

17 『한국민족문화대백과사전』에서는 대방을 "조선시대 보부상 조직의 임원"으로 정의했다(네이버 지식백과, 한국민족문화대백과,「대방」).

표 6 | 『방헌』 추록(을미년)에 나오는 회원 명단

구분	명단
도수석	한진원
부수석	김성한
삼수석	곽윤원
이좌	손홍길, 최윤길, 최윤식
삼좌	김영호, 김계연
상유사	류한구
중유사	남태현
하유사	김동연*, 박영환*
오상	박종록*, 김신흡*, 손명현
수권두	한응순, 한희순, 김영기
부권두	김상덕*, 이해증*, 최은식*
삼권두	한창순, 이희성*, 이의성
사권두	이해응*, 손석현, 박의환
이조사	최성윤*, 남택수*, 김성환
판조사	김현승, 최상준, 남택규*
합계	33명

참조: *는 1911년 수복 명단에 나오는 명단임

수 없으나 두 번째 완의 뒤에 '을묘 10월', '경인년 2월', '경인년 3월', '임진년 3월 초4일', '을미년 5월 15일' 5번의 추록이 이어진다. 그리고 추록할 때마다 완의에 동의한 사람들의 명단을 같이 실었는데 맨 마지막 추록인 을미년에는 33명의 명단이 있다. 표 6에서 보이는 이 명단을 1911년 종묘 근무자의 명단(표 5)과 비교하면 김동연, 박영환, 박종록, 김신흡, 김상덕, 이해증, 최은식, 이희성, 이해응, 최성윤, 남택수, 남택규 12명의 수복과 일치한다. 그러므로 이 『방헌』 역시 수복에 의해서 작성된 것임을 알 수 있다. 수록된 완의에서 그들은 자신을 '아방(我房)'이라고 부르고 있다. 이에 따라 을묘(1855년) 10월, 경인년(1890년) 2월, 경인년(1890년) 3월, 임진년

그림 3 | 대한제국기 종묘 수복의 좌목 현판(국립고궁박물관 소장)

(1892년) 3월 초4일, 을미년(1895년)으로 확정할 수 있다.

『방헌』의 「완의」에 따르면 조선시대 수복은 3번(番)으로 구성되어 있었고, 각 번에는 수임(首任) 1원과 유사(有司) 1원이 있어 공사(公私)의 임무를 처리했다. 반면, 대방의 방원에는 수석(首席), 이좌(二座), 삼좌(三座), 사좌(四座), 오상(五相), 수권두(首權頭), 부권두(副權頭), 수권지(首權知) 등이 있었다. 그리고 이좌에서 수권두까지 5원을 대방오상방(大房五相房), 부권두 이하 7원을 각번오상방(各番五相房)이라고 부르고, 수권지 이하 15원을 삼청방(三廳房)이라고 했다.[18] 이들을 모두 합하면 30명이 되었다. 이는 조선시대 수복의 정원과 일치한다. 이러한 수복은 대한제국기에 들어와 45명으로 늘어났다. 현재 국립고궁박물관에는 대한제국기 수복의 좌목을 판각한 현판이 전해진다. 여기에는 도행수(都行首) 한진원 등 45명의 명단이 나온다. 도행수, 부행수와 같이 『방헌』과 다른 용어도 있지만 이좌, 삼좌, 유사, 오상, 권두 등 대부분의 직책명이 이전과 동일하다. 이렇게 45명까지 늘었던 종묘 수복의 수는 일제강점기에 들어와 20명으로 대폭 줄어들

18 『房憲』(K2-2057), "一 我房旣三番 各番首任一員 有司一員 定差以應公私事務爲齊. 一 首席三員外 以都座目 次二座 三座 四座 五相 首權頭 至五員 乃稱大房五相房是旀 以都座目次副權頭以下七員 俱以稱各番五相房是旀 其首權知以下十五員 稱三廳房爲齊."

었다. 위축된 종묘의 분위기를 잘 보여준다. 그러나 대한제국기 수복이 일제강점기까지 이어져 그들의 전통을 유지했던 것을 알 수 있다.

위와 같이 수복은 종묘에 속한 직원이면서도 그들만의 공동체를 유지하면서 결속을 다졌다. 앞의 종묘 내에 두 종의 일기가 존재했던 것은 이러한 상황의 결과물이었다. 그리고 수복청일기에만 나타나는 신당은 전사와 전사보 등의 관원과 구별된 수복의 정체성을 보여주는 상징적인 곳이었다.

2) 대방의 재정 운용

앞에서 살펴본 『방헌』의 「완의」에는 임원의 구성, 좌차(坐次), 부조(扶助), 벌칙(罰則), 제향 및 봉심 때 임무 등 다양한 사안에 대한 규정이 실려 있다. 그러나 이러한 『방헌』에서 신당이나 치성 및 고사에 대한 언급은 보이지 않는다. 신당 운영을 위해 회비를 갹출하지도 않았다. 그렇다면 수복은 신당을 어떻게 운영했을까? 그들은 고사와 치성 비용을 어떻게 충당했을까? 선행 연구에 따르면 부군당에 소용되는 재원은 다양한 방식으로 마련되었다. 나라에서 지원하는 경우도 있었지만 부군당의 주도 세력인 아전들이 갹출하여 재원을 마련하는 것이 일반적이었다.[19] 그렇다면 종묘 신당의 고사 비용은 어떻게 마련되었을까?

『대방하기』에 나오는 수입금을 항목별로 정리하면 표 7과 같다. 대방의 수입은 개인에게서 받는 것과 종묘의 상부 관서로부터 받는 것으로 구분할 수 있다. 개인으로부터 받은 것에는 치성(致誠), 배삭(排朔), 변문(邊文),

19 서영대(2014), 앞의 논문, 378쪽.

표 7 | 『대방하기』 수입 항목

분류	분류	금액	
개인	치성	551량	5,461량
	배삭	600량	
	변문	370량	
	환납문	3,000량	
	대래문	800량	
	오상례	40량	
	불참전	100량	
이왕직	소모품(천신)	926량	16,746량 5전
	시탄거지	40량	
	탄(분향)	170량	
	향비(고유제)	5,069량	
	향비(대제)	4,684량 5전	
	점화목	65량	
	단자지비	67량	
	잡품비	1,229량	
	수개	3,089량	
	순재촉	609량	
	시탄	695량	
	외출례전	83량	
	관보문 환납	20량	
합계			22,207량 5전

환납(還納), 대래(貸來), 오상례(五相禮), 불참전(不參錢) 등이 있다. 이러한 비용은 종묘의 공식적인 운영과 관계 없는 것들이다. 이 수입의 내역을 볼 때 다음과 같은 몇 가지 사실을 확인할 수 있다.

먼저 '치성'의 항목을 살펴보면 도수석(都首席), 부수석(副首席), 서원(書員), 한전사댁(韓典祀宅) 등에서 제공한 것이다. 모두 3월 또는 10월에 있어서 대치성과 관련된 것임을 알 수 있다. 서원과 전사에서 알 수 있듯이 수복만 치성비를 냈던 것은 아니다. 오히려 수복이라도 도수석과 부수석 같은 지도급을 제외하면 치성비를 내지 않았다. 결국 치성비를 내는 인원이나 그 액수도 많지 않아서 치성비의 실제 비용에 미치지도 못했다. 그러므로 치성을 위해서 별도로 자금을 모으거나 수복에게서 갹출하지 않았음을 알 수 있다.

둘째, 대방은 자체 기금을 마련하여 회원에게 대출해 주고 그 이자를 받고 있었다. 매달 수입 중에서 액수는 많지 않으나 배삭과 변문이 있다. 배삭은 매달 일정 비용을 나누어 납부하는 것이다. 현재로서는 그 구체적인 내용을 알 수 없다. 변문은 대출금에 대한 이자를 가리킨다. 남택규(南宅圭), 남택진, 유응식, 최성윤은 매달 20량씩 변문을 냈다. 10월에 남택진과 유응식은 1,000량을 냈는데 이후 11월부터 이들의 변문은 보이지 않는다. 반면 남택규와 최성윤은 12월까지 계속 변문을 납부했다. 이러한 내용으로 볼 때 대방은 기금을 마련하여 필요한 사람에게 대출해 주고 이자를 받아 자금을 운영했음을 알 수 있다.

셋째, 자체 규약에 의한 예전(禮錢)이나 벌금이 있었다. 『대방하기』에 따르면 4월에 남택규와 한재순(韓載淳)이 오상례전으로 각 20량을 납부했다. 이는 오상(五相)으로 승진했을 때 의례상 내는 돈으로 여겨진다. 앞에서 언급한 『방헌』에 실린 「완의」에서는 오상례의 비용을 3량으로 규정했고, 1895년 추록에서는 15량으로 정했다.[20] 1911년에는 이보다 높은 20량을 냈다. 그 외 대제 때 불참 명목으로 들어온 100량은 벌금으로 이해할 수 있다.

그러나 대방의 전체 수입에서 보면 개인으로부터 받아들이는 수입보

---

20 『방헌』(K2-2057), 「完議」, "我房尊上抑下之風 無異掖庭 則一座陞降係關□□ 各番陞五相禮 以三兩定式 三日內捧上爲乎矣 若過限 則施以損徒爲齊"; 「乙未五月十五日別房會時」, "五相禮錢 十兩作定爲白齊."

표 8 | 『대방하기』 주요 수입 항목

월	수입 항목	금액
7월	대제향비 봉상捧上(빙가氷價 포함)	3,107량 5전
	잡품비	1,229량
	지난 달 고유제 향비	3,255량 5전
9월	10월 천신 시거지柴炬紙 등 가격	150량 5전
	대제향비(10월 향탄香炭 1석 가격 포함)	1,577량
10월	동향대제 시 제관방 점화목點火木 가격	65량
	동향대제 시 단자單子 경비	67량
	11월 천신 소모품비(탄炭 1석, 거炬 2병, 목木 5속 가격 포함)	124량
	11월 분향 탄炭 가격	40량

다 상부 기관에서 받은 것이 더 많았다. 이 비용은 주로 제향과 관련된 것이었다. 천신을 비롯한 각종 제향에 필요한 숯[炭], 홰[炬], 나무[木], 종이[紙], 고유제와 대제향비(大祭享費) 등이 대방의 회계에 수입으로 잡혀 있다. 표 8을 보면 7월의 수입에 '대제향비'의 명목으로 3,107량 5전이 들어왔다. 그 외 잡품비 1,229량, 지난 달 고유제 향비의 명목으로 3,255량 5전이 들어왔다.

10월의 동향대제의 경우, 9월에 '대제향비'로 1,577량이 들어왔다. 그리고 10월의 동향대제 때 제관방의 불을 지피기 위한 비용으로 65량이 들어왔다. 여기에 나오는 '향비', '잡품비', '점화목비(點火木價)', 소모비, 탄가 등은 제향을 포함한 종묘 운영과 관련된 것이다. 그러므로 수복은 이러한 비용을 관에서 받아 필요한 경비를 지출하고 나머지로 자체 자금을 마련하여 신당 등을 운영한 것으로 보인다.

당시 종묘 제향의 비용은 향수비(享需費), 자성곡가(粢盛穀價), 저품가(菹品價), 희생가(犧牲價), 잡품비(雜品費), 소모품비(消耗品費), 폐향축비(幣香祝費)로 구분되었다. 이 중에서 향수, 자성곡, 저품, 희생, 폐향축 등은 관수소(管守所)에서 수령하는 물품이다. 예를 들어, 제향 날짜가 다가오면 제물을 지급하는 관수소에서 먼저 종묘에 제물을 받들어 갈 날짜를 알려주었다.[21] 그러면 정한 날짜에 종묘의 전사보가 수복과 함께 관수소에 가서 제물이 제대로 갖춰졌는지 검사했다. 이때 제물은 마른 것들로 완제품도 있지만 제물을 만들기 위한 재료들이었다. 검사가 끝나면 전사보와 수복이 관수소에서 제물을 받아서 종묘로 왔다. 종묘에서 가져온 제물로 숙수(熟手)가 제물을 만들었다. 희생도 제향 전날 전사보가 관수소에서 가져왔다.[22] 삭망 분향이나 고유제, 천신에 소용되는 제물 역시 관수소에서 받아왔다.[23]

그러면 종묘에서 받은 제향비는 무엇일까? 종묘에서 상부에 직접 청구하고 구입하는 것은 소모품과 잡품이었다. 여기서 '잡품'은 일정 기간 반복해서 사용할 수 있는 물품을 가리킨다. 1911년 종묘대제 때 소용되는 잡품은 48종으로 정해져 있었다.[24] 제향을 위해 제기 등의 물품을 씻고 닦을

---

21 이와 관련된 서류로 1912년의 것이 현전한다[『宗廟公文來綴』(K2-2169, 2-1), 輪牒(명치 45년 5월 15일)].

22 이 과정을 1911년 8월을 기준으로 간략히 정리하면 아래와 같다[『本署齋官入直日記』(K2-5041)].
- 8월 21일(음력 6월 27일) 종묘, 영녕전 추향대제 소모품, 잡품 청구서를 장사계에 입송
- 8월 24일(음력 7월 1일) 추향대제 건제물 배진 시 묘사 이창선, 전사 김영래, 수복 최영국, 유한봉 배진
- 8월 26일(음력 7월 3일) 관수소에 희생 재살 시 전사 김영래가 가서 배진하여 옴
- 8월 27일(음력 7월 4일) 추향대제

23 천신 때 사용되는 물품은 원래는 관수소에서 검사한 후 인부나 소정에게 종묘로 운반하게 했으나 1912년 3월부터는 종묘의 군사가 운반하는 것으로 바뀌었다[『宗廟公文來綴』(K2-2169, 2-1), 「薦新物品運搬에 關흔 件」(명치 45년 3월 27일)].

24 1908년 12월에 궁내부 내장원에서는 향사이정 이후 변화된 제향에 맞추어 각 제향에 소용되는 잡품과 소모품의 수량과 사용 연한을 정하고, 각 물품의 시가를 정하여 제향의 경비를 추정할 수 있게 했다. 이러한 규정은 1909년 2월 23일에 반포된 훈령 제6호에 의하여 그해부터 시행되었다. 각 제향 때 새로 정해진 비용에 따라 물품을 신청하면 상부에서 그 비용을 종묘에 지급한 것이다. 종묘에서는 이 비용으로 해당 물품을 준비하여 사용하는데

때 사용하는 수건류, 향축 등의 물건을 싸는 보자기, 제물을 덮어 보호하는 유둔(油芚), 청소 및 조리도구 등이다. 그리고 제관, 숙수, 수복 등이 입는 의복도 있었다. 이러한 물품들은 대부분 직물로 만든 것인데 사용 연한은 최소 1년에서 최대 6년까지였다.

잡품과 달리 소모품은 일회용 소모품이기 때문에 사용 연한이 없었다. 대표적인 소모품이 땔감류이다. 제수 음식을 끓이거나 익히거나 삶고 찌는 데 필요한 숙설목(熟設木)에서부터 정전 뜰을 밝히는 정료목(庭燎木), 홰 등에 이르기까지 많은 나무가 필요했다. 조명을 위한 진설촉(陳設燭)과 준소촉(樽所燭)도 필요했다. 소모품에는 종이도 많았다. 제향을 마치고 보고할 때 필요한 서계지(書啓紙), 제물을 덕수궁과 창덕궁에 진상할 때 물목을 적는 단자용(單子用) 저주지, 제향 후 진상할 고기를 쌀 때 사용할 기름종이인 저유지(楮油紙)가 그것이다. 홀기를 적는 용지로는 일반 종이보다 두껍고 질긴 도련지(擣鍊紙)를 사용했다.

1911년 8월 21일(음력 윤6월 27일)에 종묘에서는 추향대제를 위한 소모품 청구서를 상급 기관인 장사계(掌祀係)에 보냈다.[25] 아울러 음력 7월 삭망분향 소모품 청구서도 이때 같이 보냈다. 그다음 날에는 추향대제에 소용된 잡품 청구서를 보냈다.[26] 이 비용의 일부가 수복이 운영하는 대방의 회계

잡품은 그 사용 연한을 잘 고려하여 관리해야 했다[『종묘영녕전소모책』(K2-3233), 「訓令第六號」(융희 3년 2월 23일)].

25 『본서재관입직일기』(K2-5041). 당시 청구한 종묘 소모품의 내역은 다음과 같다. "熟設木 7駄, 廟庭木 1 駄, 祭炬 30柄, 香炭(燔肝用) 4石, 陳設燭 18雙, 樽所燭 9雙, 明火燭 1쌍, 望燎燭 1丁, 龍脂 50柄, 爇蕭5朶, **茅草 4個**, 書啓楮注紙 10張, 進上單子 楮注紙 10張, 羊肉封裹楮注紙 3張, **條所 2良衣, 福酒瓶 4個**, 膰肉單子 楮注紙 10張, 餠盖楮油紙 3張, **氷(但秋享用) 75丁**"[『종묘청구부존안』(K2-3647)]. 영녕전의 경우도 물품의 종류는 동일하지만 수량에서 차이가 있었다. 한편, 이 소모품은 춘향·하향·동향대제 모두 동일하다. 다만, 추향대제에서 얼음이 추가되었다.

26 이때 잡품의 품목은 장위대대(腸胃大帒) 10건, 증대포(甑帶布) 10건, 목표(木瓢) 6개, 관표(果瓢) 6개, 식도(食刀) 3개 등이었다.

표 9 | 1911년 대제의 지출 비용 (단위: 량)

7월 추향대제		10월 동향대제	
명목	비용	비용	명목
백미 1두 1승	159.50	126.00	백미 1두 1승
염민어 2미	25.00	25.00	염민어 2미
찬(탕 포함)	74.25	52.50	찬 17.50, 탕 35.00
김치	11.25	-	-
약주	20.00	25.00	약주
고등鼓燈(육촉肉燭 포함)	11.25	-	-
밧줄	9.50	4.50	**밧줄**
소엽蕭葉	1.25	-	-
복주병	3.00	4.00	복주병 4근
모초	15.00	6.00	모초
얼음 30정	240.00	-	-
희생 공하空下	12.25	17.00	희생 공하
일본인 접대 주효	17.50	10.00	관방(官房) 접대주
장작長斫 6태	330.00	115.00	시柴 3태
배설排設	123.75	210.00	배설
중포中脯(韓典祀 朴掌典宅所送)	30.00	80.00	각처소 소송 육포
저육猪肉(掌祀係 縮条 朴掌典家所送)	17.00	-	-
내장內膓 1부(韓典祀宅送)	12.50	-	-
창고 하인 수고비	40.00	20.00	창고 하인 수고비
-	-	5.00	**봉과封裹를 위한 저주지(楮注紙)**
-	-	10.00	편육
-	-	5.00	생리
-	-	5.00	홍시
-	-	1.00	육촉(肉燭)
합계	1,153	720	합계

로 들어갔다. 『대방하기』에 나오는 추향과 동향의 대제 비용을 정리하면 표 9와 같다. 이 비용 명목에는 소모품에 해당하는 모초(茅草), 봉과 저주지(封裹楮注紙), 밧줄[條所], 복주병(福酒甁), 얼음[氷] 등이 있다. 그러나 백미,

염민어(鹽民魚), 찬품, 김치[沈菜], 중포(中脯), 돼지고기[猪肉], 내장 등의 비용은 그 용도를 판단하기 어렵다. 이것이 실제 비용이라고 한다면 종묘 수복이 향비를 받아 제물을 준비하는 것이기 때문에 관수소나 봉상사에서 수령하는 것과 대치된다. 오히려 중포나 돼지고기 등의 주석에 나오는 것처럼 이 비용은 제향 후 제물을 각처소에 보내는 것으로 간주할 수 있을 것이다. 또한, 일본인 접대 주효(酒肴)와 각 처에 보내는 육포의 비용까지 대제의 비용으로 들어 있다. 즉『대방하기』에 나오는 제향비는 관에서 정한 소모품이나 잡품 외에도 참여자들을 위한 접대 비용까지 포함했다. 이렇게 수복은 종묘 제향에 필요한 소모품비와 잡품비, 그리고 참여자들의 접대비를 상부 기관에서 받아 제향을 준비했으며 비용의 나머지는 신당의 고사와 치성 등 대방 운영을 위해 사용했다. 다만, 이러한 운영 방식이 일제강점기에 지속되었는지는 알 수 없다. 1911년이면 일제강점 직후이므로 그 이전 방식이 유지되었을 것이다.『종묘지』에서 "종묘 직원이 갹금을 내어서" 제물을 준비한다는 언급은 일제강점기의 실제 모습일 수도 있다. 다만, 분명한 것은 종묘 내에 신당이 존재했고, 그 신당의 주체가 수복이었다는 사실이다.

3. 수복의 역할 확대

1) 조선시대 수복의 지위와 업무

종묘는 사방이 담장으로 둘러싸여 있다. 종묘와 영녕전을 비롯하여 부속 시설까지 포괄하는 종묘 영역은 외삼문을 기준으로 주변이 담으로 둘

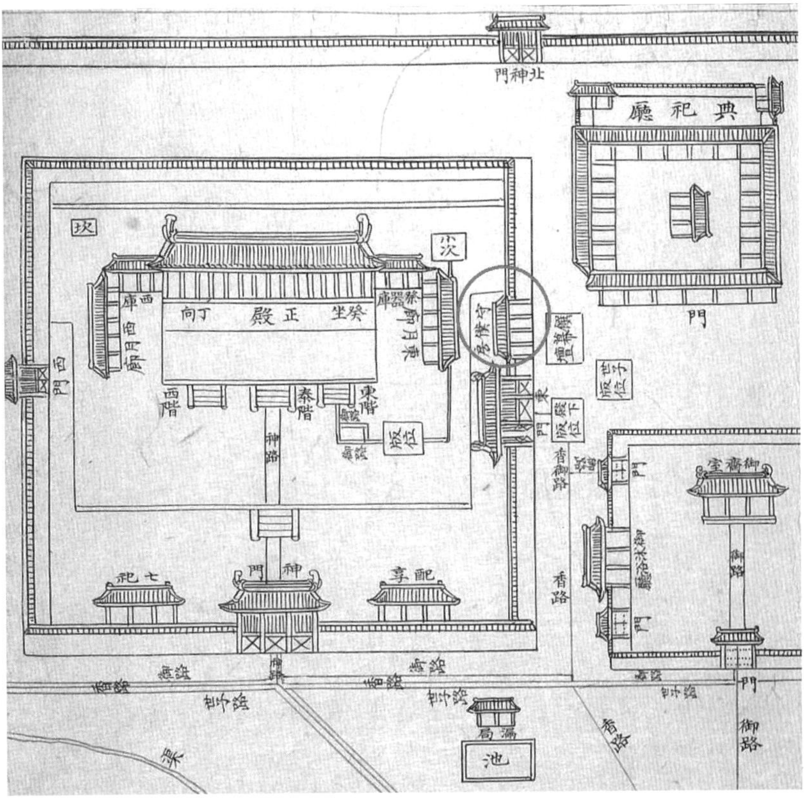

그림 4 | 종묘 내 수복방의 위치(『종묘의궤속록』, 서울대학교 규장각 한국학연구원 소장)

러싸여 있다. 내부의 종묘 정전과 영녕전은 각각 담장을 통해서 성소를 보호하고 위엄을 높였다. 정전의 남문을 '신문(神門)'이라고 부르는데 신주나 향축, 선왕과 선비의 혼령이 드나드는 곳이다. 반면 제관이나 집사자들은 동문을 이용했다. 동문 옆 담장을 따라 4칸의 건물이 있는데 '수복방(守僕房)'이라는 곳이다. 이곳은 수복이 근무하는 곳이다. 이곳이 소차방으로 변경된 것은 정조 대 이후였다.

수복은 나라의 제단과 사묘(祠廟), 능침(陵寢) 등을 지키는 관노를 가리킨다. 고려시대에는 이들을 '상소(上所)'라고 불렀는데 조선에서는 1438년

(세종 20) 그 명칭을 수복으로 변경했다.[27] 수복이라는 용어는 『주례』의 「춘관」에 나오는 '수조(守祧)'와 「하관」에 나오는 '예복(隸僕)'의 합성어인데 모두 선왕의 사당이나 능침을 지키고 더러운 것을 치우고 수리하는 일을 맡았다.

『경국대전』에서 수복은 문소전에만 보이지만 실제로는 문소전 외에도 여러 제사 공간에 수복이 있었다. 1426년(세종 8)에 종묘와 문소전의 예에 따라 사직의 수복에게도 검은 관과 붉은색 옷을 지급했다.[28] 태조의 어진을 모신 지방의 경기전, 준원전, 목청전, 집경전에도 수복을 두었다.[29] 영창전과 같은 혼전(魂殿)에도 수복이 보인다.[30] 또한, 문묘가 있는 성균관에도 수복이 있었다.[31] 이렇게 신주나 위패를 봉안하고 제향을 지내는 성스러운 공간을 담당하는 관노들을 수복이라는 이름으로 불렀다.[32]

그러나 모든 곳의 수복이 관노였던 것은 아니다. 경기전 등 지방에 건립되었던 진전에 속한 수복은 그 지역 양인에서 차출했다.[33] 경기 지역에 산재했던 능침의 수복 역시 양인이었다.[34] 궁궐이나 도성 내에 있는 단묘

27 『세종실록』, 세종 20년 3월 3일.

28 『세종실록』, 세종 8년 1월 24일.

29 『세조실록』, 세조 8년 8월 6일.

30 『성종실록』, 성종 1년 12월 19일. 영창전은 세조의 혼전이다.

31 『성종실록』, 성종 2년 4월 11일.

32 수복은 각사에 속한 전복에서 차출했기 때문에 결원이 생기면 형조에서 주관하여 보충했다. 형조는 각 관서의 전복들 중에서 적당한 자를 차출하여 제향 공간에 배치했다. 관서에 속한 노비들 중에서 별감, 색장, 수복 등을 뽑았기 때문에 관서에서 일한 노비가 부족할 지경에까지 이를 때도 있었다(『성종실록』, 성종 18년 1월 23일).

33 1462년 8월에 진전의 수복을 정비했는데 당시 관노에 천인과 양인이 섞여 있던 것을 진전 주변의 양인 20명을 뽑아서 돌아가며 수직하도록 했다(『세조실록』, 세조 8년 8월 6일).

34 이러한 사례가 일률적이지는 않았다. 고려왕조의 왕을 모신 마전현의 사당은 인근 도관(都官), 전농시(典農寺)의 종을 수복으로 삼았다(『단종실록』, 단종 즉위년 5월 19일). 그리고 세조의 진전인 봉선전의 수복을 수복노(守僕奴)라고 표현하고 있다(『성종실록』, 성

의 수복들은 애초 관노였지만 임진왜란 이후 그들이 흩어지자 그 자리를 양인이 대신하기도 했다. 숙종 대에 편찬된『종묘의궤』에 나오는 수복 30명에도 양인과 공천(公賤)이 섞여 있었다. 영조 대에 이미 양인 수복들이 많았다. 이렇게 양인이 수복의 일을 맡게 된 것은 관노들의 이탈 때문이었다. 전쟁이 끝난 후에도 일의 강도에 비하여 요포(料布)가 적어 생계가 불안정했기 때문에 수복직을 버리고 도망가는 전복(典僕)들이 많았다. 이런 빈 자리를 양인에게 맡긴 것이다. 이런 상황에서 1763년(영조 39)에 홍봉한(洪鳳漢)의 건의에 따라 종묘와 사직의 수복 중에서 절반을 봉상시(奉常寺)의 전복들에서 차정하도록 했다.[35] 이는 다른 곳보다 봉상시의 노비들이 제의에 익숙할 것이라고 여겼기 때문이다. 그리고 수복의 '복(僕)'자가 노비라는 뜻이므로 양인 중에서 차출하는 것은 이름과 맞지 않다고 여겼기 때문이다. 결국 나라에서는 수복을 관노비의 범위 내에서 가능한 한 묶어두고자 했다. 그러므로 수복은 조선시대 종묘를 비롯한 가장 성스러운 공간을 수호하는 가장 비천한 자들이라고 할 수 있다.

수복의 가장 큰 임무는 종묘를 수호하고 관리하는 것이었다.[36] 이들은 매달 5·10·20·25일에 정전과 영녕전을 봉심했고, 특히 5일과 20일에는 각 신실의 장막 내부까지 봉심했다.[37] 종묘 내부는 전후 2칸으로 되어 있는데 뒤쪽 1칸에 신주장(神主欌)과 보장(寶欌), 책장(冊欌)이 있고 그 앞쪽으로 장막이 쳐져 있었다. 그 앞쪽 1칸에 제상이 있었다. 5일과 20일의 봉심 때는 장막의 안쪽까지 이상이 없는지 살폈다.[38]

종 13년 9월 27일).

35 『승정원일기』, 영조 39년 9월 24일;『종묘의궤속록』(K2-2203),「수복」, 계미년 9월 24일.

36 이욱,「『종묘의궤속록』에 나타난 수복」, 한국국학진흥원 기록유산센터 엮음,『인물로 보는 한국의 세계기록유산』(한국국학진흥원, 2020), 123-128쪽.

37 『승정원일기』, 영조 17년 8월 11일.

수복의 두 번째 업무는 제사 준비이다. 평소 일반인의 출입이 거의 없는 종묘지만 제향 때면 정전의 실마다 문을 열고 청소하고 제기들을 점검했다. 그리고 제물을 마련하여 제상에 올려두어야 했다. 이 모든 것에 수복이 관련되지만 특히 제물의 진설에 그들의 역할은 중요했다. 종묘 제향은 12변두의 대사에 해당하기 때문에 여타 제향보다 많은 제기와 제물이 필요했다. 제물을 요리하는 것은 숙수(熟手)의 몫이었지만 이를 제기에 담아 제상에 진설하는 것은 수복의 몫이었다. 이것은 단순한 노동이 아니었다. 1년에 5번 있는 종묘대제의 경우, 왕과 왕비를 위해 각각의 제상에는 최소 63개의 그릇이 놓였다. 이 각각의 그릇은 음식에 따라 정해진 자리가 있으므로 수복은 이를 숙지하고 기억하여 실수 없이 제기를 진설해야 했다. 이를 위해서 수복들은 「찬실준뢰진설도(饌實樽罍陳設圖)」를 머릿속에 그리고 있어야 했다.[39]

---

38 조선 전기에 수복은 종묘 정전에 함부로 들어가지 못했다. 제향이 끝나면 담당 관원이 정전 각 실의 문을 잠그고 '신근봉(臣謹封)'이라고 쓴 종이로 봉했기 때문이다. 수복은 담장 내 묘정에서 외부인의 침입이나 기물의 망실을 살폈다. 정전 내부에까지 봉심이 정례화된 것은 조선 후기 영조 대에 이르러서였다. 1741년(영조 17)에 당시 종묘의 제조였던 김재로의 건의로 건물 내부도 정기적으로 봉심하도록 했다. 수복에 대한 부정적인 편견은 수복이 범죄와 연관되어 등장하는 데서도 볼 수 있다. 1490년 9월에는 종묘에서 이전에 잃어버렸던 찬탁 9좌 중 1좌가 외부 민가에서 발견되었는데 수복이 판 것이라고 했다(『성종실록』, 성종 21년 9월 25일). 그리고 1590년(선조 23)에 태묘에서 화재가 발생했는데 이 사건은 이전 수복이었던 선공감 서원(書員) 이산(李山)과 은장(銀匠)이 종묘 수복과 결탁하여 종묘 내 금보(金寶)와 은보(銀寶)를 훔친 후 그 흔적을 없애기 위해 낸 것이었다. 발견 당시 정전 내부에는 배설물이 낭자했는데 도적들이 며칠 동안 숨어 있었기 때문이다. 이 사건에서 알 수 있듯이 수복들이 종묘를 봉심할 때는 대개 정전 외부만 살폈고 이로 인하여 정전 내 물건이 사라져도 즉시 알기 어려웠다.

39 1740년 예방승지 등이 입시했을 때 영조는 그들에게 사대부가의 제사에 관해 물으면서 종묘 등 국가 제사의 현실을 비판했다. 특히 제상의 진설을 수복에게 맡겨 정결하지 못한 것을 아쉬워했다. 그렇다고 이 일을 해당 관원에게 맡기고자 해도 그들은 제대로 수행하지 못했다. 이것은 수복과 관원의 능력 차이라기보다 수복이 자기 임무로 간주하여 익혀 오던 일이었기 때문에 가능한 것이었다(『승정원일기』, 영조 16년 6월 22일).

제물의 음식을 나누는 것 역시 수복의 일이었다. 제사가 끝나면 수복은 곧바로 제상에 놓인 음식을 내어 와 정전 동편에 있는 제기고(祭器庫)에 옮겨가서 제공할 곳에 따라 나누었다. 이와 관련되어 수복에 대한 부정적인 이미지는 더욱 강했다. 1610년(광해 2)에 선조의 부묘를 마친 후 음식을 철거하기도 전에 수복의 무리가 신실 앞에서 제사 고기를 두고 서로 다투어 '전쟁터' 같았다고 한다. 떠드는 소리가 정전 안에 진동하여 본서 관원이 심하게 꾸짖고 금했지만 멈출 수 없었다. 이에 수복들을 벌주고 제사 후 제물을 곧바로 철거하여 다른 곳에서 제사 고기를 나누었는데 전사관(典祀官)이 감독하도록 했다.[40]

수복의 세 번째 임무는 제향 진행이었다. 조선시대 종묘 제향은 많은 부분을 수복에게 의존했다. 제향의 절차는『국조오례의』에 실려 있다. 제향 때 집례자가 홀기를 창하면 그에 따라 제관과 집사자, 참가한 신하들이 움직였다. 그러나 이 의주나 홀기에 적힌 내용은 일반적이기 때문에 종묘의 방향과 지형에 맞추어 행동거지를 따라하고 동선을 맞추기는 쉽지 않았다. 대부분의 헌관과 집사자들은 종묘에 상주하는 관원이 아니었기 때문이다. 의례에서 이들에게 적절한 행동 지침을 알려주는 것이 수복이었다. 제관들이 수복에 의존했던 당시 상황은 "태묘, 사단, 경휘전의 의식 절차가 각기 다른데 이것은 모두 수복이 잘못된 것을 답습해서이다"라는 비난을 통해서도 알 수 있다.[41] 또한, 1741년(영조 17) 친행 하향대제 때 국왕이 12실에 잔을 올린 후 수복이 '조금 물러나시오'라고 창해야 하

---

40 『광해군일기』(중초본), 광해 2년 4월 13일; 그러나 이러한 태도는 쉽게 고쳐지지 않았던 것 같다. 1791년 정언 정최성의 건의에 따라 음식을 전사청으로 옮겨 분배했다. 묘정 내 신실 곁에서 음식을 벌여 놓고 많은 사람들이 왁자지껄 소란을 피우는 모습이 보기에 좋지 않았기 때문이다(『정조실록』, 정조 15년 1월 20일).

41 『영조실록』, 영조 8년 6월 17일.

는데 '몸을 펴시오'라고 잘못 안내하여 벌을 받았다.[42] 이처럼 종묘 수복은 관리, 제향 준비, 의례 수행 등의 일을 맡았다.

2) 일제강점기 수복의 업무 변화

일제강점기 종묘 수복의 지위는 고용원이었다. 일제강점기 초 종묘 고용원에는 수복, 방직(房直), 군사, 제향부(祭享夫) 등이 있었다. 이 중에서 제향부는 제향이 있을 때만 고용되어 제기를 닦고 정리하는 일을 맡았다. 수복, 방직, 군사는 상근직이었다. 이들은 정식 직원인 전사 또는 전사보의 지시를 받아 행동했다. 1913년부터 방직과 군사가 사라지고 사정(使丁)이라는 직책이 새로 등장했다. 그리하여 일제강점기 종묘에는 수복과 사정의 고용원이 있었다. 그 외 제향 때면 제향부와 숙수가 임시로 와서 제향을 준비했다.

종묘 수복은 전사보의 지휘를 받아 제사의 잡무와 수직(守直)에 복무하되 신실 내외의 소제, 제기와 제품(祭品)의 세척, 관수(管守), 제물의 조설(調設) 등에 종사했다. 이에 비해 사정은 주로 구역 내 도로, 도랑 등을 청소하고 수복의 일을 보조하고 기타 잡역을 수행했다.[43]

표 5에서 알 수 있듯이 1911년에 종묘에 근무했던 원역의 수를 보면 수복 20명, 방직 3명, 군사 8명이었다. 이는 조선시대 30명의 수복에 비하여 많이 줄어든 숫자이다. 1913년 방직과 군사가 사라진 후 1914년부터 1921년까지 종묘 수복의 수는 14명으로 줄어들었다. 그러나 1921년 이후

---

42 『승정원일기』, 영조 18년 4월 8일.

43 『恭順永陵公文接受』(K2-2288), 「守僕及使丁服務事項」; 「齋官會議 訓示」(RD00177), '員役服務에 關하여'.

수복의 숫자는 18명으로 늘어났다. 1928년 이후에는 20명이 되었다. 사정의 수도 비슷한 추이를 보였다. 1914년에 7명이었던 사정은 1920년대에 10명으로 증가해 1928년에는 14명까지 늘었다. 일제강점기에 종묘의 업무가 축소되어 종사자들도 줄어야 할 것 같은데 오히려 조금씩 증가했다. 1921년 고종의 부묘, 1928년 순종의 부묘가 일을 증가시킨 것도 있지만 그것만으로 설명하기는 어렵다. 당시 수복이나 사정의 업무에 큰 변화가 있었던 것은 아니었다.

종묘에서 수복이 담당한 일들을 월별로 나타내면 표 10과 같다. 표 10은 1928년 종묘에서 작성한 것이다. 이 내용을 보면 봉심, 야순(夜巡), 삭망분향, 천신, 대제 등의 일이 주를 이룬다. 이것들은 수복만의 일이 아니라 종묘 내 근무자들이 함께 수행하는 일이었다. 그럼에도 청소와 봉심에서부터 의례를 행할 때마다 필요한 물품을 가져오는 것, 제물을 만드는 것, 제물을 진설하는 것, 제향 후 제물을 진상하거나 나누는 것 등 모든 일에 수복이 관여하고 있음을 알 수 있다.

수복들의 업무는 매우 세분화되어 있었다. 그들은 매일 아침저녁으로 종묘 정전과 영녕전 외부를 봉심하고 저녁에 그 주변을 순찰했다. 매달 5일마다 봉심하고, 삭망으로 분향하고, 2번의 천신을 준비했다. 봄, 여름, 가을, 겨울에 거행하는 사시대제를 거행할 때면 수복들은 종묘와 영녕전으로 나누어 제기와 제물, 조리와 의식 등을 담당했다. 제향으로는 사시대제와 봄과 가을의 수개 고유제를 준비하는 것이 큰일이었다. 제기를 수정하고 제물을 배진, 숙설하고 진설했다. 제향의 진행을 돕고 제향 후에는 진상 및 준여를 나누고 발송했다. 그리고 제기를 씻어 제기장에 넣었다. 이러한 일은 조선시대와 큰 차이가 없었다.

종묘 수복의 업무에 변화가 나타나기 시작한 것은 1930년대 후반이었다. 변화의 시작은 제향 때 임시 인부를 고용하여 했던 일을 수복과 사정

표 10 | 1928년 종묘 영녕전 수복의 근무표

월	업무
1	• 매일 조석으로 건물 외부 봉심 및 야간 순찰, 일차봉심(6차), 삭망분향(2차), 천신(1차) • 춘향대제 제기수정, 제물 배진, 제물 숙설, 행사, 진상 및 준여 배분, 전내 청소 및 제기 입장
2	• 매일 조석으로 건물 외부 봉심 및 야간 순찰, 일차봉심(6차), 삭망분향(2차), 천신(2차) • 봄 수개초 봉심, 당상 봉심, 묘전고유제 제기수정, 제물 배진, 고유제, 진상 및 준여 배분, 수개시역, 제기 입장
3	• 매일 조석으로 건물 외부 봉심 및 야간 순찰, 일차봉심(6차), 삭망분향(2차), 천신(2차)
4	• 매일 조석으로 건물 외부 봉심 및 야간 순찰, 일차봉심(6차), 삭망분향(2차), 천신(1차) • 하향대제 제기수정修整, 제물 배진, 제물 숙설, 행사, 진상 및 준여, 전내 소제 및 제기 입장
5	• 매일 조석으로 건물 외부 봉심 및 야간 순찰, 일차봉심(6차), 삭망분향(2차), 천신(2차)
6	• 매일 조석으로 건물 외부 봉심 및 야간 순찰, 일차봉심(6차), 삭망분향(2차), 천신(2차)
7	• 매일 조석으로 건물 외부 봉심 및 야간 순찰, 일차봉심(6차), 삭망분향(2차), 천신(2차) • 추향대제 제기수정, 제물 배진, 제물 숙설, 행사, 진상 및 준여, 전내 소제 및 제기 입장
8	• 매일 조석으로 건물 외부 봉심 및 야간 순찰, 일차봉심(6차), 삭망분향(2차), 천신(2차) • 가을 수개초 봉심, 당상 봉심, 묘전고유제 제기수정, 제물 배진, 고유제, 진상 및 준여 배분, 수개시역, 제기 입장
9	• 매일 조석으로 건물 외부 봉심 및 야간 순찰, 일차봉심(6차), 삭망분향(2차), 천신(1차)
10	• 매일 조석으로 건물 외부 봉심 및 야간 순찰, 일차봉심(6차), 삭망분향(2차), 천신(2차) • 동향대제 제기 수정, 제물 배진, 제물 숙설, 행사, 공신당제 및 준여, (종묘) 진상 및 준여, 전내소제 및 제기 입장, 공신당 내 소제 및 제기 입장
11	• 매일 조석으로 건물 외부 봉심 및 야간 순찰, 일차봉심(6차), 삭망분향(2차), 천신(2차)
12	• 매일 조석으로 건물 외부 봉심 및 야간 순찰, 일차봉심(6차), 삭망분향(2차), 천신(1차)

자료: 『宗廟報告請求存擋及接受綴』(K2-2180) 제2호 「보고존안건」, 「종묘 영녕전 1년 내 수복 근무표」

의 업무로 전환한 것이었다. 그 첫 번째가 제기 수정(祭器修整)이었다. 표 10에서 수복의 업무 중 제향 때면 '제기 수정'이 보인다. 이것은 유기로 만든 제기를 닦아 광을 내는 일[磨光修整]이었다. 이 일은 수복이 직접 하는 것이 아니라 인부를 고용해서 시킨 것이다. 그런데 1938년 춘향대제 때부터 제기 수정에 필요한 인부 고용을 중지하고 그 대신 종묘에 근무하는 수복과 사정에게 맡겼다.[44] 이는 수복과 사정에게 큰 부담이었다.

당시 종묘 1실에 놓여지는 유기는 등과 형 각 6기, 보와 궤 각 2기, 작

6기, 용찬 1기, 술항아리 8기, 간료등 1기, 모혈반 1기, 향로 1기, 향합 1기, 촛대 2기, 등잔 2기 총 39기나 되었다. 이것은 2위를 위한 진설이고 3위가 되면 더 늘어날 수밖에 없었다. 2위를 기준으로 하더라도 19실이면 741기나 되었다. 15실의 영녕전에도 585기의 유기가 있었다. 그리고 공신당의 배향공신 제기도 유기로 되어 있었다. 그러므로 제향을 위해서는 엄청난 양의 유기를 닦아야 했다. 1932년 추향대제 때에는 사정이 합번하여 임시 고용인원을 데리고 사흘간 제기를 수정했다.[45] 1937년 동향대제의 사례를 보면 공신당까지 포함하여 제기 수정에 고인부(雇人夫) 19명이 2일간 수행했다.[46] 이런 일을 종묘 수복과 사정이 맡은 것이다.

1938년 1월 22일부터 수복과 사정 전원이 나와서 제기 수정의 일을 했는데 28일에야 모두 마쳤다. 수복과 사정은 제설 작업, 천신품 배진 및 준여 배송 등 본래 주어진 일 등을 하면서 제기 수정의 큰일을 맡아서 수행했다. 이것으로 끝나지 않았다. 제향을 마친 후에는 이를 다시 씻고 수정한 후 제기고에 넣어 보관해야 했다. 2월 7일부터 수복과 사정은 나무로 만든 제기를 세척하는 일을 시작해 다음 날 마쳤다.[47] 2월 10일부터는 대제 때 사용한 제기를 수정하기 위해 역시 수복과 사정이 모두 나와 이 일에 종사했다.[48] 이후 모든 제향이 있을 때면 수복과 사정이 이를 맡아 수행했다. 다만, 이전에는 사기말(砂器末)을 사용하여 광을 냈는데 1938년 3월부터 제기마광용(祭器磨光用) 약액(藥液)을 사용하여 수정의 일이 좀 쉬워졌을 것이다.[49]

---

44 『종묘숙직일지』(K2-4818), 소화 13년 1월 21일.

45 『종묘일지』(K2-2207), 소화 7년 8월 7일.

46 『종묘일지』(K2-2209), 소화 12년 11월 2일.

47 『종묘숙직일지』(K2-4818), 소화 13년 2월 7일: 2월 8일.

48 『종묘숙직일지』(K2-4818), 소화 13년 2월 10일.

둘째, 숙수의 역할을 수복이나 사정에게 전가하려고 했다. 숙수는 제물을 조리하는 요리사이다. 1936년에 이왕직 예식과에서는 숙설(熟設) 기술 견습생을 모집했다. 경성에 거주하는 원역 가운데 40세 이상인 자 중에서 요리 기술을 가르쳐 숙수의 일을 겸하도록 할 계획이라며 희망자를 모집했다.[50] 이에 종묘 수복 중에서 김종칠, 박웅찬, 정호영, 박찬홍 4명과 사정 중에서 정일화, 이춘산, 방원영 3명이 지원하여 봉상소에서 교육을 받았다. 같은 해 5월에도 이장(移葬)하는 묘소를 위한 제물 조성 때 종묘 수복 5명이 봉상소에 가서 견습했다.[51] 이러한 숙수 견습은 다음 해에도 보인다. 1937년 4월 청명제를 맞이하여 종묘 수복 정호영과 심창엽이 각기 동구릉과 서오릉에 숙수 견습으로 출장을 갔다.[52]

숙수 견습생 모집은 종묘와 능원에서 일하는 인력에게 숙수의 일을 부가하는 것이었다. 종묘 제향 때 숙수로 파견된 자들 중에는 봉상소 소속의 숙수 외 임시로 고용한 숙수도 많았다. 1937년을 기준으로 종묘 제향을 위해 파견되는 숙수는 23명 내외였다. 이는 춘추 종묘와 영녕전 제향을 같이 거행할 때의 숫자인데 종묘 13명, 영녕전 10명 정도의 규모였다. 여름과 겨울 종묘에만 제향이 있을 때는 13~14명의 숙수가 파견을 나왔다. 그 외 제향을 돕는 인부가 10~15명 있었다. 대제 때는 이 규모의 인원이

49 1931년에 종묘에서는 제향 시 제기 수정 용품으로 수정포(修整布), 사기말(砂器末), 조막손이솜[草省], 공석(空石), 고초(藁草) 등을 신청했다. 용품을 통해 볼 때 수정 작업은 사기말 가루를 가지고 수정포나 조막손이솜으로 유기그릇을 문질러 광을 내는 작업이었다. 조막손이솜은 짚이나 풀의 고갱이로 만든 솔로 제기 세척과 수정 시 사용하는 것이다. 고초는 볏짚을 가리킨다. 제기 수정 후 세수용으로 사용되었다. 『祭享用消耗品請求簿』(K2-4813), 「宗廟永寧殿秋享大祭用 消耗品請求件」.

50 『종묘접수공문철』(K2-2211, 9-3), 「禮第58號 熟設技術 見習ニ關スル 件」(소화 11년 3월 27일).

51 『종묘접수공문철』(K2-2211, 9-3), 「熟手見習生見學에 件」.

52 『종묘일지』(K2-2209), 소화 12년 4월 3일.

이틀 동안 제물을 준비했다. 그런데 5월 17일 하향대제 때 숙수의 인원을 "원숙수(元熟手) 6명"과 "고입숙수(雇入熟手) 7명"으로 구별하여 기재했다. 그러므로 반 이상이 제향 때 임시로 고용한 숙수인 것을 알 수 있다. 일제강점기 제향은 1년 내내 골고루 있는 것이 아니라 특정 시기에 집중되었다. 1년에 4번인 종묘의 사시대제는 한 번에 많은 사람이 투입되어야 하는 대규모의 제향이었다. 그 외 청명일에 모든 능원에서 제향이 있었다. 이 두 경우를 제외하면 소규모의 제향이 비정기적으로 있었다. 그러므로 많은 숙수를 상근직으로 두는 것은 효율적이지 않았다. 이에 적정한 수를 제외하고 나머지는 임시로 숙수를 고용했던 것이다. 이런 상황에서 견습생 모집은 임시 고용한 고입숙수를 견습생으로 대체하려는 의도로 볼 수 있다.

표 11에서 알 수 있듯이 종묘와 영녕전을 같이 제사하는 춘향과 추향의 경우, 25명 정도의 숙수가 제물을 조성했다. 반면, 영녕전 제향이 없는 하향과 동향에는 15~20명의 숙수가 참여했다. 동향대제에는 공신당 제향이 있어서 하향 때보다 많은 인원이 필요했다. 1937년 하향대제 때 '원숙수(元熟手)'와 '용입숙수(傭入熟手)'로 구분된 숙수는 동향대제 때 '원숙수'와 '견습생'으로 바뀌었다. 1938년에는 '숙수'와 '견습숙수(見習熟手)'로 나타났고, 1940년에 이르면 '숙수'와 '겸무숙수(兼務熟手)', 또는 '본숙수(本熟手)'와 '겸무숙수'로 구분되었다. 어떤 형태이든 1936년 이후 견습생을 모집하여 훈련한 결과, 겸무숙수로 정착된 것을 볼 수 있다. 1938년 하향대제에 참여한 견습숙수 11명은 칠궁에서 4명, 영휘원에서 4명, 효창원에서 2명, 완왕궁에서 1명이 온 것이었다. 그러므로 이왕가 향소의 여러 곳에 있던 원역이 숙수 견습에 참여한 것을 알 수 있다. 반면, 1940년대에는 종묘 제향에 종묘의 겸무숙수가 숙수로서 활동한 것을 볼 수 있다. 2월 5일 춘향대제 당일 숙수 15명 중에서 종묘 겸무숙수가 6명이었다. 추향대제 때는 제향

표 11 | 종묘대제 시 숙수의 구성 및 인원수

연도	제향	날짜	숙수 구분 및 인원 수
1937	춘향	2.14	종묘 14명, 영녕전 10명, 합 24명
	하향	5.16	원숙수 6명, 용입숙수 7명
		5.17	원숙수 6명, 용입숙수 7명
	추향	8.11	종묘 숙수 14명, 영녕전 10명
		8.12	종묘·영녕전 숙수 23명
	동향	11.3	원숙수 8명, 견습생 7명
		11.4	원숙수 8명, 견습생 8명
1938	춘향	2.3	숙수 8인, 견습숙수 15명
	하향	5.2	숙수 7명, 견습숙수 4명
		5.3	원숙수 7명, 견습숙수 11명(칠궁 4명, 영희원 4명, 효창원 2명, 완왕궁 1명)
	추향	8.2	숙수 7명, 겸숙수 양성환 19명
	동향	11.21	봉상소 숙수 9명, 견습숙수 13명
1940	춘향	2.3	본숙수 6명, 겸무숙수 8명
		2.4	숙수 6명, 겸무숙수 16명
		2.5	겸무숙수 15명(종묘 겸무숙수 6명)
	하향	5.4	숙수 6명, 겸무숙수 9명
		5.5	숙수 6명, 겸무숙수 9명
		5.6	숙수 6명, 겸무숙수 9명
	추향	8.6	본숙수 8명, 겸무숙수 7명
		8.7	본숙수 8명, 겸무숙수 18명(본묘 8명)
		8.8	본숙수 8명, 겸무숙수 19명(본묘 10명)
	동향	11.5	숙수 6명, 겸무숙수 8명
		11.6	숙수 8명, 겸무숙수 11명
		11.7	숙수 8명, 겸무숙수 11명

자료: 1937년『종묘일지』(K2-2209), 1938년『종묘숙직일지』(K2-4818), 1940년『종묘숙직일지』(K2-4817, 2-2)

전날 겸무숙수 18명 중에서 종묘 겸무숙수가 8명이었고, 제향 당일에는 겸무숙수 19명 중에서 종묘 숙수가 10명이나 되었다. 종묘 겸무숙수는 종

묘의 수복 또는 사정이다. 종묘 수복과 사정이 가장 바쁠 때가 종묘 제향인데 10명 가까운 수가 숙수의 일을 겸하는 것은 이해하기 쉽지 않다.

반대로 청명절 때는 종묘 내 겸무숙수들이 능원의 청명제 제물을 조성하기 위해 출장을 나갔다. 1938년 3월 29일부터 며칠 동안 겸무숙수 9명이 청명제 제물 감봉을 위해 출장을 가자 종묘 수복과 전사가 모두 나와 합번하여 업무를 보았다.[53] 1940년 4월 3일에도 겸무숙수 박응찬(수복)·김일봉(사정)은 동구릉, 박한서(사정)·이정규(사정)는 서오릉, 김구채(사정)는 서삼릉, 정호영(수복)은 헌인릉, 방원영(사정)은 온릉, 이춘산(사정)은 장릉, 김갑득(사정)은 홍릉, 심창엽(수복)은 사릉, 김재욱(수복)은 영휘원, 김천용(사정)은 순강원, 박작은증(朴自斤增)은 대빈묘에 출장을 갔다.[54] 당시 수복은 20명 중에서 5명이 겸무숙수였고, 사정 14명 중에서 8명이 겸무숙수였다. 즉 사정의 반 이상이 겸무숙수였다. 1941년 4월 3일에도 청명제를 위해 종묘의 겸무숙수가 영릉, 융건릉, 의릉, 장릉(長陵), 장릉(章陵), 온릉, 광릉, 서삼릉, 효창원, 의령원, 동구릉, 태강릉 등에 출장을 나갔다.[55]

위와 같이 1930년대 후반에는 제기를 수정하는 일과 제물 조성의 일이 수복과 사정에게 부과되었다. 인원을 늘리지 않고 새로운 일을 부과한 데 불만도 있었을 것이다. 그럼에도 제기수정과 제물조성도 수복과 사정의 일로 점점 간주되었다. 이왕직에서는 제향의 일을 위해 임시로 고용한 인부를 최대한 줄이고 상근 고용인인 수복과 사정을 최대한 이용하려고 했다. 당시 음식을 준비하는 일이 이전에 비해 많이 쉬워졌다. 1938년 2월에 희생 분각(分脚)과 재할(裁割)을 전부 봉상소에서 받아오는 것으로 바뀌었다.[56]

---

53 『종묘숙직일지』(K2-4818), 소화 13년 3월 28일~29일.

54 『종묘숙직일지』(K2-4817, 2-2), 소화 15년 4월 3일.

55 『종묘숙직일지』(K2-4817, 2-1), 소화 16년 4월 3일.

56 『종묘숙직일지』(K2-4818), 소화 13년 2월 3일.

표 12 | 1938년 종묘 하향대제 시 수복 차비의 종류

	명목	인명
1	향청 차지	이창호
2	진상 차지	최용식
3	유기 차지	이창호, 최용식
4	목기 차지	이춘의, 허명신
5	배설 차지	박응찬
6	증반 차지	조춘식
7	병 차지	이태영
8	과 차지	안명준
9	주 차지	허명신
10	외준소 차지	심광연, 심창엽, 박만여
11	망료 차지	장정용
12	천신 거행 차지	박응찬
13	향로 거행 차지	장준태, 정호영
14	성화 거행 차지	박찬흥
15	관세 차지	박찬흥
16	당상집례	박의환
17	각처 번육 차지	허명신, 장정룡, 이태영
18	대방	손영선, 천일선
19	유사	이창호, 안명준

자료: 『大祭時差備記』(K2-590), 「소화 13년 무인 4월 초5일 행종묘하향대제시 차비기」

같은 해 5월에는 떡을 만들기 위한 쌀이나 대두, 당서(唐黍)의 곡물을 봉상소에서 직접 제분소에 위탁하여 제분된 것을 종묘에 가져왔다. 이러한 변화는 제물 조성의 시간을 줄였을 것으로 보인다.[57] 그럼에도 불구하고 종묘 수복과 사정의 업무 부담은 가중되었다.

셋째, 1930년대 후반부터 수복의 역할 중 제향에 참여하는 비중이 높아

57 『종묘숙직일지』(K2-4818), 소화 13년 5월 2일.

표 13 | 1938년 종묘 동향대제 시 수복 차비관의 종류

	명목	인명	참조
1	신관례	손영선	
2	천조례	박의환	
3	초헌례	천일선	
4	아헌례	손영선	
5	종헌례	천일선	
6	집례	안명준	
7	음복례	손영선	
8	주 차지	허명신	
9	배설	이태영	
10	향청 차지	안명준	
11	향로 거행	장천룡	용찬 방촉 겸
12	모혈반 거행	최용식, 박찬흥, 심창엽, 이춘의	
13	천조 거행 차지	이창호, 심창엽, 정호영, 최용식	서직 거행 겸
14	망료 차지	장천룡	모초 거행 겸
15	외준소 차지	조춘식, 이춘의, 정호영, 지광연, 박찬흥, 최룡식, 박만여, 송재겸, 김성택	
16	성화 차지		
17	관세 차지		
18	공신 차지	장준태, 박응찬, 박의환, 이춘의	
19	진상 차지	박찬흥	
20	유기 차지	안명준, 정호영, 최용식	
21	목기 차지	지광연, 김성택	
22	증반 차지	박의환	
23	병 차지	정진영, 허명신	
24	과 차지	조춘식	
25	폐 봉안 거행	정호영	
26	각처번육 차지	장춘룡, 이춘의, 최용식, 정호영	
27	봉심 거행	조춘식, 박의환, 이창호, 지광연, 이태영, 박만여, 최창엽, 송재겸, 김성택	
28	대방	손영선, 천일서	
29	유사	이창호, 안명준	

자료: 『大祭時差備記』(K2-590), 「무인 10월 동향대제 시 집사거행 성명기」

지는 특징을 볼 수 있다. 제향의 준비는 대부분 수복을 통해 이루어졌다. 청소부터 제물 준비와 진설, 제관과 집사자의 숙소 준비 등은 수복의 주된 일이었다. 수복의 이러한 모습을 잘 보여주는 것이 『대제시차비기(大祭時差備記)』(K2-590)이다. 이 자료는 1932년부터 1941년까지 종묘의 각종 제향에서 수복이 수행해야 할 임무를 배당한 차정기(差定記)이다.

수복은 향청 차지부터 각처 번육 차지까지 17가지로 구분된 일을 나누어 맡았다. 춘향과 추향은 영녕전에도 올렸으므로 2조로 나누어 일을 맡았다. 표 12에서 보이는 업무는 종묘에 해당하는 것만 추린 것이다. 12명의 수복 중에서 대방과 유사의 임원을 맡고 있는 자가 4명이었고, 이 중에서 3명은 구체적인 일을 맡지 않았다. 그리하여 9명이 17가지 일을 맡았다. 1명이 2~3가지 일을 맡기도 했다. 그들의 임무를 살펴보면 제향에 올리는 향축을 보관하는 향청(香廳)을 수복 이창호가 맡았다. 진상은 제사 음식인 준여를 왕, 왕비, 공에게 진상하는 것을 말한다. 마지막에 있는 '각처번육'의 일도 이와 유사한데 이왕직 직원이나 제관에게 제사 음식을 내려주는 일이다. '유기(鍮器)'와 '목기(木器)'는 제기와 관련된 것이다. 목기는 변, 두, 생갑, 조 등의 제기를 가리키고, 유기는 작, 등, 형, 보, 궤 등을 가리킨다. 수량은 목기가 많다. 반면, 유기는 무겁고 세척하기도 어렵다. '증반(蒸飯)', '병', '과', '주' 등은 제수이다. 증반은 보궤에 담는 서직도량(黍稷稻粱)을 가리킨다. 제향에 필요한 제수 중에서 조리가 필요 없는 마른 제물은 봉상소에서 제향 전에 가져왔다. 그 외 제수를 요리하는 것은 숙수의 일이었다. 그러나 재료를 준비하고 제상에 진설하는 것은 수복의 몫이었다. 외준소는 술항아리를 두는 곳이다. 망료, 천조, 관세(盥洗) 등은 제향에 포함된 의식이다. 이러한 절차는 제관들이 수행하는 것이다. 수복은 이와 관련된 기물을 준비하고 옆에서 보조하는 일을 했다. 망료는 제향 마지막에 향축을 태우는 것이고, 관세는 헌관과 집사자가 의례를 집행하기 전에

손을 씻는 일이다. 천조는 희생의 삶은 고기를 올리는 의식이다. 천조관이 별도로 있으므로 수복은 봉조관의 역할을 맡았을 것으로 추정된다. 이러한 일의 분담은 1938년 추향대제 때까지 동일했다.

그런데 1938년 동향대제 때부터 수복의 일이 대폭 늘어났다. 표 13에서 보는 것처럼 제향을 위한 수복의 임무가 이전보다 10개나 늘어났다.[58] 더 놀라운 것은 늘어난 임무의 대부분이 신관례(晨祼禮), 천조례(薦俎禮), 초헌례, 아헌례, 종헌례, 음복례 등과 같이 의례 절차와 연관된 것이라는 점이다. 수복이 신관례, 천조례, 초헌례 등을 거행하는 제관의 직을 맡았던 것은 아니다. 그들과 별도로 헌관은 전사와 전사보에서 맡았다.[59] 그러므로 수복의 역할은 명확하지 않다. 다만, 헌관이 작을 올릴 때 보조 역할을 수행했을 것으로 추정할 수 있다. 제관 차정에 따르면 축사와 재랑 2명이 19실의 상향, 헌폐, 관지, 삼헌을 할 때마다 오가면서 보조하는 것은 매우 힘든 일이다. 수복이 이런 절차를 보조했을 것으로 보인다.

수복이 제향을 수행하는 제관이 될 수 있었을까? 종묘 내에서 수복이 직접적으로 제관의 직을 맡지는 않았다. 그러나 종묘 외 다른 곳에서 수복은 제향의 일을 담당했다.

종묘의 수복은 능, 원, 선원전 등의 제례에 참여했다. 표 14는 『제향용잡품환색부』(K2-4814)의 뒷부분에 편철된 「각능원출장윤회기(各陵園出張輪回記)」의 내용을 정리한 것이다. 1933년부터 1943년까지 종묘 직원이 능원에 출장간 사실을 기록한 장부인데 모두 영친왕이 국내에 들어와 작헌례,

---

58 『大祭時差備記』(K2-590), 「戊寅(1938) 10月 冬至大祭時 執事擧行姓名記」.

59 1938년 추향대제 시 헌관은 전사 이종룡, 천조관 겸 헌관은 전사 정연교, 묘사 겸 축사·협률랑에 전사보 이정구, 전사관 겸 대축 성낙서, 재랑 겸 대축 전사보 이광수, 재랑 겸 봉조관 전사보 이인영, 집례 전사보 김준선이었다. [『종묘숙직일지』(K2-4818), 소화 13년 8월 3일].

표 14 | 수복의 능원 출장

일시	향소	출장자	출장 이유
1933.3.9(음)	홍릉, 유릉 친행 작헌례, 건원릉, 수릉, 경릉, 영휘원 전배, 숭인원 친림	최은식, 남택수, 손영선, 이성근	영친왕 친행
1934.3.4(음)	함흥본궁, 정화릉 친행 작헌례	최은식, 남택수, 손영선, 이성은	영친왕 친행
1934.3.6.(음)	홍릉, 유릉 친행 작헌례	최은식, 남택수, 박의환, 천일선	영친왕 친행
1938.4.20.(양)	홍릉, 유릉 친행 작헌례	손영선, 천일선, 안명준, 이태영	영친왕 친행
1939.10.11.(양)	홍릉, 유릉 친제	손영선, 천일선, 안명준, 이태영	영친왕 친행
1941.12.6.(양)	홍릉, 유릉 친제	손영선, 천일선, 안명준, 이태영	영친왕 친행
1943.6.30.(양)	홍릉, 유릉 친행 작헌례	손영선	영친왕 친행

자료:『祭享用雜品換色簿』(K2-4814),「各陵園出張輪回記」

전알례, 전배 등의 의식을 거행할 때의 일이다. 여기에 실린 출장자는 모두 수복이었다. 수복의 주요 업무는 향소를 청소하고 제물과 의물을 준비하고 진설하는 일이었다. 이들은 영친왕이 행차한 능원에 가서도 이런 허드렛일을 맡았을까?

출장 기록에 그들이 역할을 남기지는 않았다. 그런데 「각능원출장윤회기」와 같이 철해져 있는 「종묘영녕전 제향용 잡품환색건(雜品換色件) 매년응용청구건(每年應用請求件)」에 이와 연관된 기록이 있다. 이 서류는 종묘에 소용되는 잡품의 인수와 사용처 등을 기록한 장부이다. 여러 물품 중에 종묘에 어울리지 않는 것도 있었다. 바로 '천담복(淺淡服)'이다. 옥색의 천담복은 능원 제향 시 사용하는 제복(祭服)이었다. 종묘를 비롯한 국가 제사의 일반 제복은 흑색인데 왕릉의 제복이 옥색인 것은 상(喪)의 슬픔을 기억하기 위한 장치였다. 결국 천담복은 종묘에 사용할 수 없는 능원용 물품인 셈이다. 그리하여 천담복에는 "(소화 8년 4월 3일) 홍릉, 유릉 작헌례 친행 시 수복 4인용"이라는 설명이 적혀 있다. 이 천담복이 작헌례 때 쓴 제복임을 알 수 있다. 1933년 4월 3일(음력 3월 9일)에 영친왕은 왕비와 함

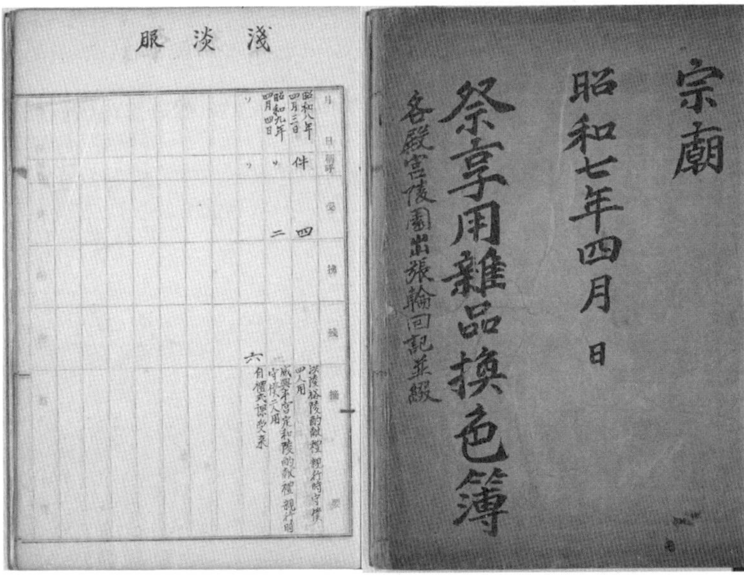

그림 5 | 『제향용잡품환색부』(K2-4814) 표지 및 천담복 내용

께 홍릉과 유릉에 전배(展拜)한 후 이어서 두 능에 친행 작헌례를 거행했다. 이때 수복 최은식, 남택수, 손영선, 이성근이 능에 나아가 행사를 거행했다. 당시 예식과에서 수복 4인을 위한 천담복을 마련해 주었다.[60] 이렇게 영친왕이 국내에 들어와 능원에서 의식을 행할 때 수복은 능원에 출장하여 제관으로 참여했다.

이와 같이 종묘 수복은 관노에서 출발하여 제향의 제관에까지 올랐다. 이왕가의 제향을 준비하고 수행하는 데 수복의 존재는 무시할 수 없었다. 그들을 통해서 제사가 운영되었다. 전사와 참봉이 있었지만 그 수는 많지 않았다. 그들만으로 결코 제향을 수행할 수 없었다. 종묘에 있는 전사와

60 『종묘일지』(K2-2207), 소화 8년 4월 3일.

전사보 4명만으로 대제를 수행할 수 없었고, 참봉 2명이 있는 능원에서도 마찬가지였다. 제향을 수행할 때는 더 많은 전문가가 필요했다. 이러한 상황에서 이왕직은 수복의 노동력을 최대한 활용하고자 했다. 그들에게 제기 수정이나 숙수의 일도 시켰을 뿐만 아니라 제향을 보조하고 능원에 나아가는 제관의 역할도 맡겼다. 이렇게 수복은 점차 이왕가의 제사를 전담하는 전문 사제가 되어갔다.

그러나 이러한 일들은 수복에게 주어진 역(役)이었다. 관노였을 때는 말할 것도 없고 양인 출신이더라도 종묘 제향의 일은 그들에게 직역(職役)에 지나지 않았다. 그들이 밤낮으로 섬긴 종묘의 신들, 즉 조선왕조의 역대 왕들은 수복이 자신의 염원을 빌고 공궤할 수 있는 대상이 아니었다. 그들은 이왕가의 조상이었다. 수복이 자신의 신변을 돕고 그들의 희망을 의탁할 수 있는 곳은 1칸 반 남짓의 공민왕 신당이었다.[61] 그리하여 앞에서 본 종묘 제향을 위한 여러 일들 외에 그들만을 위해 수행한 또 다른 일이 신당의 고사와 치성이었다. 그런 입장에서 본다면 종묘 내 신당에 공민왕이 있는 것은 태조 이성계가 아니라 수복의 선택이었다.

---

61 『備置帳簿』(K2-4773)에 따르면 신당은 2칸 반인데 이 중에서 1칸 반이 신당이고, 나머지 1칸은 곳간이다.

제6장
고종과 순종의 부묘

1. 고종의 국장*과 부묘

1919년 1월 21일에 고종이 덕수궁 함녕전에서 승하했다. 1863년에 철종의 뒤를 이어 12세의 나이로 왕위에 오른 고종은 조대비의 수렴청정, 흥선대원군의 섭정을 거쳐 1873년부터 직접 정치에 나섰다. 갑오개혁과 을미사변을 겪은 후 고종은 1897년에 대한제국을 건국하여 새로운 제국을 꿈꿨지만 결국 순종에게 왕위를 양위하고 일본에게 나라를 빼앗기는 상황을 바라만 보다가 1919년에 생을 마감했다. 나라를 잃은 군주의 장례식은 어땠을까?

고종의 국장은 한국학중앙연구원 장서각에 소장된 『고종태황제 빈전혼전 주감의궤(高宗太皇帝殯殿魂殿主監儀軌)』, 『고종태황제 어장 주감의궤(高宗太皇帝御葬主監儀軌)』, 『[고종·명성황후] 홍릉 천봉 산릉 주감의궤(洪陵遷奉山陵主監儀軌)』, 『[고종태황제·명성태황후] 부묘 주감의궤(祔廟主監儀軌)』 등의 의궤와 『덕수궁 인산 봉도회 등록(德壽宮因山奉悼會謄錄)』 등의 자료를 통해 알 수 있다. 이 중에서 『고종태황제 어장주감의궤』는 발인을 중심으로 고종의 국장을 기록했기 때문에 고종의 국장을 이해하는 데 매우 중요하다. 그리고 『덕수궁 인산 봉도회 등록』은 고종의 발인 때 상여와 의장을 들고 가는 일을 전담하기 위해 민간에서 결성된 '덕수궁 인산 봉도회'에서 남긴 기록이다. 조선시대에도 대여를 메는 일에 시민군이 참여했지만 그보다 훨씬 포괄적이고 조직적으로 참여하고 있어 이전과 다른 모습을 보여준다.

---

* 고종의 국장은 필자의 「일제시기 고종의 국장과 일본예식」, 『종교문화비평』 34(2018)을 수정·보완한 것이다.

그러나 이러한 자료들은 당시 고종 국장의 전체적인 모습을 드러내지 못한다. 고종의 국장은 공식과 비공식, 조선식과 일본식의 이분화를 충실히 따르면서 진행되었고, 그 기록을 남기는 데도 그 틀이 그대로 유지되었다. 위에서 언급한 주감의궤 등에 나타난 의식들은 조선의 전통을 따르는 것들이지만 공식적인 의식이 아니었다. 1919년 고종의 장례는 국장으로 거행되었다. 그러나 국장의 예식은 일본식이었다. 이를 주관했던 기구는 주감이 아니라 장의괘(葬儀掛)라는 임시 조직이었다. 장의괘는 도쿄와 조선에 각각 사무실을 두었지만 실제적인 준비는 조선총독부 중추원에 사무실이 있었던 조선 장의괘에서 주관했다. 장의괘에서 주로 생산한 자료 중 내각에 보고하고 반대로 내각의 주요 결정 사항을 기록한 자료들이 『고이태왕국장서류(故李太王國葬書類) 상』, 『고이태왕국장서류(故李太王國葬書類) 중·하』이다. 이 자료들은 현재 일본 국립공문서관에 소장되어 있으며 도쿄 아시아역사자료센터 홈페이지에서 열람할 수 있다.[1]

한편, 장서각 소장 의궤 이외에 고종의 국장 모습을 볼 수 있는 자료로는 『덕수궁 국장 화첩(德壽宮國葬畫帖)』이 있다. 이 책은 1919년 3월 경성일보사에서 발행한 것이다.[2] 공식적인 문서는 아니지만 당시 국장의 현장 가까이 있었던 일본인 곤도 시로스케[權藤四郎介]가 쓴 『이왕궁비사(李王宮秘史)』를 통해 고종의 죽음과 국장에 관한 내용을 볼 수 있다.[3] 반면, 김명길의 『낙선재 주변』은 당시 일본식으로 진행된 국장에 대한 거부감을 단

---

1 고종의 국장 관련 자료는 도쿄 아시아역사자료센터 홈페이지 내 국립공문서관-내각 자료에 '국장 등에 관한 문서(國葬等に關する文書)'로 분류되어 있다(jacar.archives.go.jp/aj/meta/MetSearch.cgi).

2 이 책은 1980년에 화신출판사에서 『대한제국 고종황제 국장화첩』이라는 이름으로 출간되었고 2008년에 민속원에서 발간된 『고종과 순종의 국장 사진첩』에 재수록되었다.

3 權藤四郎介, 『李王宮秘史』(京城: 朝鮮新聞社, 1926). 이 책은 이언숙이 『대한제국황실비사』(이마고, 2007)로 번역하여 출간했다.

편적으로나마 보여준다.[4] 또한, 『윤치호 일기』에서도 고종의 국장 모습을 단편적으로나마 찾을 수 있다.[5]

한편, 고종의 국장에 관한 연구로 신조 미키히고[新城道彦]의 『천황의 한국병합』[6]과 「조선 통치와 왕족의 관련성」[7]이 있다. 이 연구들은 고종의 죽음을 둘러싼 의혹, 국장의 결정 과정과 그 규모, 철저히 일본식으로 거행된 국장의 모습, 국장과 3·1운동 간의 연관성을 다루었다. 여기서는 선행 연구를 기반으로 하여 『고이태왕국장서류』에 담겨 있는 의식(儀式) 내용을 중심으로 고종의 국장을 살펴보고자 한다. 그리고 상례를 마치고 종묘에 들어오는 부묘에 관해서 알아보고자 한다.

1) 국장의 원칙 수립

1919년 1월 21일에 고종이 승하했다. 이에 일본 내각은 1월 22일 긴급 임시 회의를 열어 국장의 기본 방향을 정하고, 23일과 24일 내각의 국장 준비 회의에서 국장에 관한 지침을 18항목으로 구분하여 정했다. 이때 정한 18항목 중 주요 내용을 정리하면 아래와 같다.

① 국장 비용은 10만 엔을 한도로 한다.

---

4 김명길, 『樂善齋周邊』(중앙일보·동양방송, 1977).

5 Juljan Biontino, 「윤치호의 '죽음'과 장례문화 인식: 『윤치호 일기』를 중심으로」, 『민족문화연구』 66(2015) 참조.

6 新城道彦, 『天皇の韓國併合』(東京: 法政大學出版局, 2011).

7 新城道彦, 「朝鮮統治と王族の關聯性: 李太王の國葬にみる朝鮮統治」, 『次世代 人文社會研究』 2(2006).

② 국장 예산은 식장 설비, 의식 거행비, 부대 경비에 한정하여 지출한다. 묘소의 축조와 기타 영구적인 것을 마련하는 경비는 이왕가에서 부담한다.

③ 장의(葬儀)는 통상의 국장식을 원칙으로 하고, 이에 조선의 옛 관습을 더하여 대체로 아리스가와노미야 다케히토 친왕[有栖川宮 威仁親王][8]의 장의에 준하여 거행한다.

④ 장의 사무는 조선의 장의괘에서 주관하며 중요한 사항은 동경 장의괘에 전보로 알린다.

⑤ 공지가 필요한 사안은 관보와 조선총독부 공보에 보고한다.

⑥ 동경 사무소를 내각에 설치한다.

⑦ 의장(儀仗)은 조선에 주둔하는 부대 중에 맡긴다.

⑧ 가무와 음악을 정지한다. 조선에서는 발상일(發喪日)에서부터 3일간과 장의 당일이다.

⑨ 장의 당일에는 경성에 있는 관서들은 임시 휴업한다.

이를 통해 고종 국장의 대략을 알 수 있다. 첫째 국장 경비는 10만 엔 한도에서 준비하기로 정했다. 이 규모는 메이지 시기 이후 국장의 선례 중에서 가장 컸다. 그다음 조항에 10만 엔의 경비가 지출되어야 할 곳을 간략히 적시했는데 장례식장 설비와 행사에 관한 것이 대부분이다. 묘역의 조성은 이 경비와 관계없이 이왕가에서 부담할 것을 명시했다. 세 번째 조항은 '통상의 국장식'을 국장 의식에 대한 기본 원칙으로 삼고 조선의 관습을 덧붙이는 것을 정했다. 여기서 '통상'은 일본의 관습을 말한다. 그리

8 아리스가와노미야 다케히토 친왕은 일본의 황족이자 군인이다. 관직은 군사 참의관, 훈등은 대훈위 공3급, 칭호 및 계급은 원수·제독이다.

고 그 대체적인 것은 아리스가와노미야 다케히토 친왕 국장의 예를 따르도록 했다. 장의괘를 도쿄와 경성에 설치하고 장의는 경성의 장의괘에서 주관하도록 했다.[9] 그 외 장의에 필요한 인력이나 물력을 조선 내에서 조달하도록 했다. 특히 발인과 연관된 의장의 도열은 군대에 의존했는데 이를 위해 육군으로는 경성에 주둔하는 부대 전체, 평양에서 1중대, 대구와 대전에서 1중대와 해군 의장대 2대대를 차출했다.[10]

당시 고종의 국장을 어떤 형식으로 할 것인지는 매우 민감한 문제였다. 앞에서 언급한 18항목의 원칙에 의하면 통상적인 국장식, 즉 일본식에 조선의 관습을 더한다는 것이 기본 원칙이었다. 그러나 구체적으로 들어가

9 당시 장의괘의 구성 명단은 아래와 같다.

구분	명단
장의괘 장	朝鮮總督府政務總監 山縣伊三郎
장의괘 차장	式部次長 公爵 伊藤博邦 朝鮮總督府 中樞院 副議長 伯爵 李完用
장의괘 원	內閣 書記官長 高橋光威 內閣 書記官 下條康麿·別府德太郎· 木下道雄 拓殖局長官 法學博士 古下廉造 拓殖局書記官 入江海平 宮內 書記官 大木彛雄 宮內 事務官 子爵 仙夕政敬 式部官 岡前平太郎 李王職 次官 國分象太郎 李王職 贊侍 子爵 尹德榮 朝鮮總督府 內務府 長官 宇佐美勝夫 朝鮮總督府 總務局長 荻田悅造 朝鮮總督 祕書官 遠藤柳作· 神田純一 朝鮮總督府 事務官 工藤壯平 朝鮮總督府 技師 岩井長三郎 朝鮮總督府 通譯官 藤波義實 陸軍少將 村田信乃 海軍大佐 東條明次 朝鮮總督府 中樞院 顧問 子爵 趙重応 朝鮮總督府警務總長 兒島惣次郎 從四位勳 一等 子爵 宋秉畯

10 『故李太王國葬書類 上』(國立公文書館, 葬 00048100) 18, '儀仗兵幷陪柩將校差遣方陸海軍兩大臣ヘ照會ノ件'.

면 어느 것은 일본식으로 하고 어느 것은 조선식으로 할 것인지 판단하기는 쉽지 않았다.

당시 일본도 천황이나 황족의 장례 의식에 관한 규정이 확정되지 않은 과도기에 있었다. 메이지 시기의 황실 제의는 신도식(神道式)이었다. 그리고 1897년 1월 에이쇼(英照) 황태후의 사망을 계기로 황실 장례의 성문화를 시도했으며 그 결과, 1909년에 상복의 종류와 상기 등을 정한「황실복상령(皇室服喪令)」이 제정되었다. 그러나 상례의 상세한 의절은 1926년에 공포된「황실상의령(皇室喪儀令)」에 의해 일단락되었다. 그 사이에 있었던 1912년 메이지 천황의 상례와 1914년 쇼켄[昭憲] 황태후의 상례는 미공포된「황실상의령」에 준하여 실시되었다.[11]

1912년 7월 30일에 사망한 메이지 천황의 국장은 불교식 장의에서 벗어나 근대 신장제(神葬祭)로서의 완성된 모습을 보여주었다.[12] 메이지 천황의 장의는 국민 전체를 통제하면서 근신을 강제했다. 천황의 사망 후 5일간 가무와 음악 금지, 수학여행과 운동회를 비롯한 여타의 행사 금지, 조기(弔旗) 게양, 요배소(遙拜所) 설치 등 국민에 대한 통제가 이루어졌다.

---

11 皇室事典編輯委員會 編著,『皇室事典』(東京: 角川學藝出版, 平成 21年),「大喪の礼と皇族の葬儀」, 396쪽.

12 메이지 천황의 국장 당시 국장령, 황실상장령, 황실상의령이 아직 제정되지 않았으나 장의와 묘제는 체계를 갖추었다. 당시의 장례 일정을 간략히 살펴보면 다음과 같다. 사망한 다음 날인 7월 31일에 유해를 어조(御槽, おふね)에 봉납(奉納)하고, 8월 5일에는 영구(靈柩, れいきゅう)에 안치했다. 8월 8일에는 십일제를 거행했고, 13일에는 영구를 궁내부 내 빈궁으로 옮겼다. 당시 상례에서 빈궁은 707년 몬무 천황의 사망 이후 약 1,200년 만에 부활한 것이다. 이것은 불교식에서 볼 수 없던 새로운 것이다. 빈궁은 주변을 백포로 두르고 중앙에 어좌를 설치하고, 그 곁에 영구를 안치한 내곽을 두었다. 전면에는 신(榊, さかき)과 검(劍) 등을 진열했다. 8월 18일의 이십일제, 8월 28일의 삼십일제, 9월 7일의 사십일제는 모두 빈궁에서 거행했다. 관곽은 빈궁에 9월 13일까지 있었고, 이날 장의를 거행했다. 오전 9시에 빈궁에서 영대(靈代, みたしろ)를 봉안했다. 오전 10시에 빈궁에서 마지막 참배가 있었다[岩田重則,『天皇墓の政治民俗史』(東京: 有志舍, 2017), 336-346쪽].

근대 국가의 중심 상징으로 천황의 죽음이 기능한 것이다.

고종의 장례식은 이러한 경험을 바탕으로 했다. 그러나 고종의 국장은 메이지 천황의 선례를 따르지는 않았다. 당시 일본의 기준에서 볼 때 고종의 상례는 천황의 대상(大喪)과 구별된 황족상(皇族喪)에 해당했다. 이에 대한 선례는 다케히토 친왕의 장의에서 찾았다. 다케히토 친왕은 일본 황실 궁가의 하나인 아리스가와노미야의 제10대 왕이다. 1913년 7월 10일에 사망했고,[13] 국장으로 장례를 치렀다. 이때 국장의 주요 의식을 나열하면 표 1과 같다.[14]

일본 국장의 절차는 정침, 묘소, 권사(權舍, ごんしや) 세 곳을 배경으로 이루어진다. 그리고 묘소에 염장하면 국장의 절차는 묘소와 권사에서 10일제, 20일제, 30일제, 40일제, 50일제와 같이 일상적 정기제로 바뀌었다.

지진제(地鎭祭)는 건물을 짓거나 토목 공사를 시행할 때 그곳 토지의 신에게 제사를 지내 공사의 무사 진행과 건축물의 안녕을 기원하는 의식이다. 조선시대에도 묘나 능을 조성할 때 공사에 앞서 토지신에게 사후토제(謝后土祭)를 지냈다. 그러나 이 의식이 장례의 몇 안 되는 의식으로 등장할 만큼 중요성을 가지고 있지는 않았다. 그런 의미에서 본다면 위의 일본식 국장은 묘를 중심으로 전개되고 있음을 알 수 있다. 또한, 신도식의 지진제는 우리에게 낯선 형식이었다. 묘소 지진제의 경우, 묘소를 조성할 곳의 네 모퉁이에 잎사귀가 붙은 청죽을 세우고 금줄[しめなわ, 注連縄]을 달아 연결했으며 종이나 천 조각[しで, 四手, 紙垂]을 늘어뜨려 성소(聖所)를 만들고 제관이 정의(淨衣)를 입고 천답(踐踏)했다.

염관의(斂棺儀)는 시신을 관에 안치하는 의식이다. 7월 15일에 거행했던

---

13 다케히토 친왕은 실제로는 1913년 7월 5일에 사망했지만 비밀에 부쳐졌다가 같은 달 10일에 사망한 것으로 공표되었다.

14 『故威仁親王葬儀書類 完·大正二年』(國立公文書館, 葬00044100) No. 50, 「祭儀日割」.

표 1 | 1913년 다케히토 친왕의 국장 절차

날짜	시간	내용
7월 10일	오후 8시	사망
7월 13일	오전 9시	묘소 지진제
	오후 7시	염관의
7월 15일	오전 10시	사뢰의
7월 16일	오전 7시	염장 전일 묘소 발제의
	오후 7시	영대 안치의
7월 17일	오전 4시 30분	염장 당일 구전제의
	오전 6시	영여 발인의
	오전 7시	영여 발인 후 정침 발제의
	오전 9시	염장의
7월 18일	오전 8시	염장 익일 권사 제의
	오전 10시	염장 익일 묘소 제의
7월 19일	오전 8시	권사 10일제
	오전 10시	묘소 10일제
7월 29일	오전 8시	권사 20일제
	오전 10시	묘소 20일제
8월 8일	오전 8시	권사 30일제
	오전 10시	묘소 30일제
8월 18일	오전 8시	권사 40일제
	오전 10시	묘소 40일제
8월 28일	오전 8시	권사 50일제
	오전 10시	묘소 50일제

사뢰의(賜誄儀)는 천황이 하사한 부의(賻儀)를 올리고 뇌사[誄詞, しのびごと]를 봉독하여 망자를 애도하는 의식이다. 뇌사는 죽은 사람의 덕행과 공과를 열거하고 그 죽음을 애도하는 글을 가리킨다. 7월 16일에 묘소에서 발제(拔除)를 행하고, 같은 날 오후에 권사에 영대[靈代, たましろ]를 안치했다. 권사는 임시 건물이라는 뜻이므로 조선시대의 혼전과 유사한 곳이다.

표 2 | 고종 국장의 주요 의식

날짜	일시	내용	장소
2월 9일	오전 10시	국장봉고의	빈전
3월 1일	오전 9시	사뢰의	빈전
3월 2일	오전 9시	염장 전 구전제의	빈전
3월 3일	오전 8시	영여 발인의	빈전
	-	장장제의	훈련원
3월 6일	오전 10시	염장 後 권사 제의	혼전
3월 7일	오전 10시	염장 後 묘소 제의	홍릉

영대는 권사에 영좌를 설치하고 안치하는 망자의 위패이다. 조선의 경우, 위패는 시신을 매장한 후 만들지만 일본의 장의에서는 위패를 먼저 만들어 권사에 안치했다. 영대 앞쪽 좌우에 등롱(燈籠)을 달고 목면(木棉)을 매단 마사카키[まさかき, 眞榊]를 세워두었다.

7월 17일 염장(斂葬) 당일 오전 4시 30분에 영구(靈柩) 앞에서 제사를 지내는 '염장 당일 구전제의(斂葬當日柩前祭儀)'가 있었다. 염장은 시신을 거두어 매장한다는 의미로 장의(葬儀)를 가리킨다. 오전 6시에 영구가 장지로 출발하여 오전 9시에 염장의(斂葬儀)를 거행했다. 이때는 음식을 올린 다음 제관장이 제사(祭詞)를 읽고, 칙사 이하 참관자가 배례를 올린 다음 영구를 광(壙)에 안치했다.

묘소에 안장한 다음 날인 7월 18일 8시에 권사에서 제의를 지냈다. 찬물을 올리고 제사를 읽고 배례를 베풀었다. 같은 날 10시에 묘소에서 역시 제의를 지냈다. 이후 10일제, 20일제, 30일제, 40일제, 50일제를 권사와 묘소에서 각각 지냈다. 이러한 장례 절차에서 정침과 권사, 묘소 세 곳이 중요한 의식 공간으로 등장한다. 특히 권사와 묘소는 영혼과 시신을 매개로 지속적인 제향 장소로 중요시되고 있음을 알 수 있다.

다시 고종의 국장으로 돌아와 그 절차를 다케히토 친왕의 것과 비교하면서 살펴보자. 다케히토 친왕 국장의 선례에 따라 준비하기로 이미 정해졌지만 고종의 국장은 여러 측면에서 이것과 달랐다. 2월 10일에 국장괘에서는 그들이 주관할 고종 국장의 주요 행사를 표 2와 같이 정했다.[15]

먼저 7가지 의식은 다케히토 친왕의 국장 의식보다 훨씬 축소된 것을 알 수 있다. 묘소에서 거행했던 지진제 등의 각종 의식은 생략되고 다만 한 번의 제향이 장례를 치른 후 묘소에서 있었다. 이렇게 묘소의 의식이 생략된 것은 고종의 능을 조성하는 일을 이왕직에게 일임했기 때문이다. 일본에서는 고종의 능지나 매장 의식에 관해서 거의 관여하지 않았다. 그리고 장례가 끝난 후 권사와 묘소에서 거행했던 10일제, 20일제, 30일제, 40일제, 50일제 역시 보이지 않는다. 『효명전일기』에도 이와 관련된 기록은 없다. 그러나 『낙선재 주변』에는 다음과 같은 기록이 있어 주의할 필요가 있다.

> 장례는 10일제, 20일제, 50일제 등 순차적으로 진행해 갔지만 그때마다 순종을 비롯한 근친들은 몸이 불편하다는 등 바쁜 일이 생겼다는 핑계로 식장에 참석하기를 꺼렸다. 이럴 때마다 곤란해진 이왕직 직원들은 온갖 수단을 다해 억지로 식장에 모시곤 했다. 이런 순종의 행동은 모두 일본식 장례에 대한 반대였다. 다행히 인산 날에는 순종과 영친왕, 의친왕 등 몇 분은 소의마관(素衣麻冠)을 입고 참석하셨다.[16]

고종의 국장에서도 10일 단위의 제향은 거행했던 것으로 보인다. 그것 역시 일본식이었다. 그리고 다케히토 친왕과 달리 묘소를 조성하는 데 오

15 『故李太王國葬書類 中·下』(國立公文書館, 葬00049100), No. 1.「國葬掛ニ於テ執行スヘキ儀式ニ關スル決定 報告」.

16 김명길(1977), 앞의 책, 48쪽.

랜 시간이 걸렸기 때문에 10일제 등의 의식은 모두 빈전에서 거행했던 것으로 추정된다.

한편, 다케히토 친왕의 국장과 달리 고종의 국장에서는 장장제의(葬場祭儀)가 있었다. 장장제의는 일종의 장례식이다. 장례식장은 빈소와 묘소 두 공간에서 이루어진 전통적인 유교식에서는 볼 수 없는 공간이다. 다케히토 친왕의 장의에서는 묘소로 정해진 토시마오카[豊島崗]에서 염장의를 할 때 장장(葬場)을 마련했기 때문에 장장제의가 별도로 드러나지 않았다. 1912년 7월 30일에 사망한 메이지 천황의 장의에서는 도쿄에서 장장제의를 거행하고 교토의 묘소로 옮겼기 때문에 장장제의가 별도의 의식으로 거행되었다. 당시 천황의 유해는 빈궁에 봉안되었다가 9월 13일에 유거(轜車)에 태워 장장전(葬場殿)으로 옮겼다. 장장전은 현재 메이지신궁 외원(外苑) 안쪽 성덕기념회화관(聖德記念繪畫館) 부근에 있었던 청산연병장(青山練兵場)이다. 이곳에서 장례식을 거행한 후 교토에 마련한 능소로 옮겼다. 고종의 국장은 황족인 다케히토 친왕의 전례를 따르면서도 능에 관한 의식은 조선의 전통에 맡겼다. 그리고 메이지 천황의 경우와 같이 별도로 장장제의를 거행하기로 했다.

조선시대 국장의 전통에서 볼 때 장례식장은 새로운 공간이었다. 이것은 궁궐이라는 폐쇄적 공간에서 장의를 국민의 공간으로 나오게 했다는 점에서 매우 큰 변화였다. 그리고 사망 이후 3년 동안 각종 의식이 연속적으로 이어지는 전통 예식과 달리 장례식장의 예식은 한 번의 의식으로 장례 예식을 압축시켰다. 장기간 개별적으로 거행되었던 수많은 사람의 조문이 같은 시간, 같은 자리에서 가능하게 된 것이다. 그러나 이러한 새로운 의식은 당연히 일본식으로 거행되었다. 참여자도 제한적일 수밖에 없었다. 그리하여 구식(舊式)과 신식(新式)은 조선과 일본의 차이로 대비되어 국민에게 각인되었다.

2) 국장의 주요 의식

(1) 국장봉고의

고종의 국장 관련 자료집에 실린 국장 의식 중 가장 먼저 보이는 것은 국장봉고의이다. 이것은 상례의 일상적인 절차라기보다 상례를 국장으로 하겠다는 뜻을 망자에게 알리는 것이다. 조선의 '고유제(告由祭)'에 해당한다. 그 절차를 정리하면 다음과 같다.[17]

〈국장봉고의(계획안)〉

○ 2월 9일 오전 9시에 정침을 장식한다.

○ 오전 10시에 장의괘 고등관, 이왕직 고등관이 자리에 앉는다. 복장은 대례복 정장에 상장(喪章)을 부착한다(조선인은 조선제복을 착용할 수 있다). 관계되는 여러 인원들도 마찬가지다.

○ 제관장, 제관 부장, 제관이 자리에 앉는다. 제관장과 부장은 전통 의관에 단선(單扇)을 들고 검은색 신발인 오피리(烏皮履)를 착용하고, 제관은 포의에 단선을 들고 오피리를 착용한다.

○ 조선 총독과 조선총독부 칙임관 총대, 동(同) 주임관 총대(奏任官總代), 조선 귀족 총대의 각 한 사람이 자리에 앉는다.

○ 고태왕(故太王)의 친족과 조선 귀족이 자리에 앉는다.

○ 이왕(순종), 왕세자(영친왕), 이강공(의친왕)이 본 자리에 나아간다.

○ 찬(饌)을 올린다. 이때 음악을 연주한다.

○ 제관장이 제사(祭詞)를 아뢴다.

○ 이왕, 왕세자, 이강공이 배례를 행한다.

---

17 『故李太王國葬書類 中, 下』, No. 2. '國葬奉告ノ儀'.

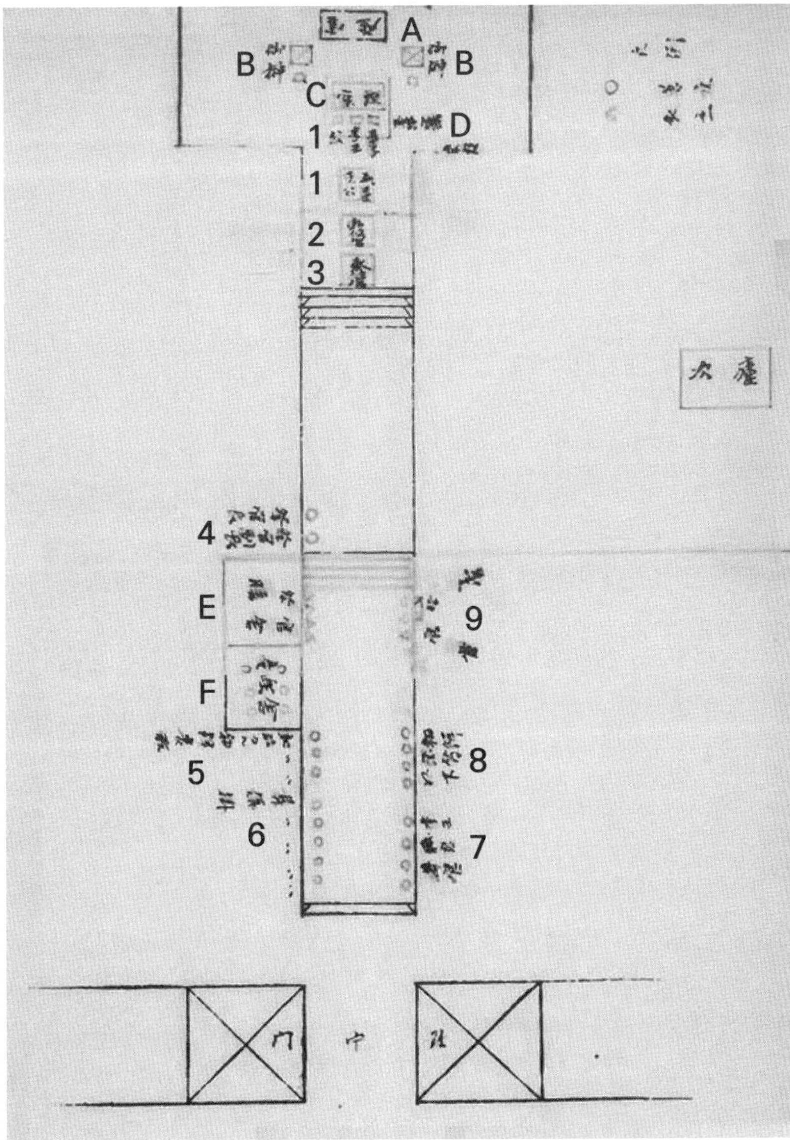

그림 1 | 봉고제의 공간 배치
A 靈座, **B** 御榊, **C** 饌案, **D** 玉串案, **E** 祭官膳舍, **F** 奏樂舍, **1** 李王·王世子公, **2** 勅任官, **3** 奏任官, **4** 祭官長 祭官 副長, **5** 親族·朝鮮 貴族, **6** 葬儀掛 , **7** 李王職 高等官, **8** 朝鮮 總督 以下, **9** 祭官

○ 제원(諸員)들이 배례한다.

○ 음식을 치운다. 이때 연주한다.

○ 각자 퇴장한다.

위 의식에서 공간에 대해 먼저 살펴볼 필요가 있다. 여기서는 '정침'에서 봉고의를 거행하는 것으로 되어 있다. 앞에서 살펴본 다케히토 친왕의 경우에도 정침이라는 공간이 자주 언급되었다. 조선의 경우, 정침은 안채의 중심 건물을 가리킨다. 조선의 국장에서 정침은 임종의 공간이다. 국왕은 임종을 정침에서 하지만 곧바로 염습을 마치고 빈전으로 옮겨서 상례를 거행했다. 발인하여 능에 안장한 후 돌아와서도 정침으로 들어가는 것이 아니라 혼전이라는 별도의 공간에 신주를 봉안했다. 그러므로 이때 봉고의를 거행했던 장소도 빈전을 가리킨다. 당시 고종은 덕수궁의 함녕전에서 승하했고, 빈전과 혼전 역시 이곳으로 했기 때문에 결국 정침과 빈전이 동일하지만 의례 공간으로 볼 때 빈전이라고 부르는 것이 더 적합할 것이다.[18]

『고이태왕 국장 서류 중·하』에는 봉고제 때의 공간 배치를 그린 도면이 있다.[19] 이에 따르면 빈전은 T자형으로 세로로 길게 되어 있다. 함녕전은 정면 9칸에 측면 4칸인 건물로 다른 전통 건축과 마찬가지로 세로보다 가로가 긴 건물이다. 이 도면에서 보이는 세로의 긴 부분은 상례를 치르기 위해 임시로 만든 가건물이다. 빈전이나 혼전의 건물은 이렇게 원래 건물의 정면 가운데에서 마당 쪽으로 행각을 세워 정전과 더불어 '丁'자형이 되게 했다. 이를 정자각이라고 불렀다. 빈전이나 혼전으로 자주 사용되던

18 천황의 대상에서 빈궁(嬪宮)이라는 용어를 사용한 사례도 있다.

19 『故李太王國葬書類 中·下』, No. 3.「國葬奉告ノ儀ニ於ケル鋪設其他」.

창경궁의 문정전의 경우, 평상시에도 행각을 두어 그대로 사용했다. 이 행각은 영좌에 올린 제물을 진설하고 검열하는 곳이다. 그리하여 이 정자각을 '제물진설각(祭物陳設閣)'이라고도 불렀다.[20] 여기서 제물을 점검한 후 정한 시간에 정전의 제상에 제물을 올렸다. 또한, 이 정자각으로 인해 빈전의 마당이 좌우로 구별되어 행각의 동편은 외관의 집사자들이 출입하고 서편은 여성들이 사용했다. 일반 관리들이 이 빈전 마당으로 들어오는 경우는 거의 없었다. 백관이 참여하는 진향의(進香儀)를 거행할 때도 제물을 문밖에서 올리면 정자각에서 점검하고 올렸으며 의식도 문밖에서 거행했다. 고종의 국장 중에도 이전과 마찬가지로 빈전에서는 하루 6번의 음식 공궤가 있었다.[21]

그런데 위 도면과 사진을 보면 이 정자각의 제물진설각이 배위자들의 대기처로 사용되었던 것을 알 수 있다. 도면의 상단 정전 내부에 찬궁과 영좌[A]가 있었다. 전통적인 양식이라면 찬궁의 왼쪽에 영침(靈寢)이 있어야 하지만 보이지 않는다.[22] 『효덕전일기(孝德殿日記)』에 따르면 영침은 함녕전 서쪽 온돌방에 설치되었다.[23] 반면, 영좌 앞쪽에 좌우로 오사카키[御榊][B]가 있다. 역시 『효덕전일기』에 의하면 찬궁 앞쪽 오른쪽에 명정이 있어야 하는데 보이지 않는다. 그 앞쪽에 망자에게 올리는 음식을 두는 찬

---

20 신지혜, 『조선 숙종 대 왕실 상장례 설행 공간의 건축 특성: 빈전·산릉·혼전을 대상으로』(경기대학교 박사학위논문, 2010), 57쪽.

21 빈전의 정례적인 일정은 다음과 같다. 오전 7시 조곡(朝哭), 오전 8시 30분 조전(朝奠), 오전 9시 조상식(朝上食), 정오 주다례(晝茶禮), 오후 3시 50분 석상식(夕上食), 오후 4시 석전(夕奠), 오후 6시 석곡(夕哭), 오후 10시 두탕(豆湯). 이들 중 곡(哭)을 제외한 전(奠), 상식(上食), 두탕(豆湯)은 모두 음식을 올리는 의식이다. 두탕은 팥죽을 가리킨다(『고종태황제빈전혼전주감의궤』 上, 下敎及上啟, 1월 24일).

22 영침은 빈소에 안치한 관 옆에 만든 침상을 가리킨다. 빈소에서 망자는 혼백으로 표상되는데 낮에는 이 혼백을 관 앞에 마련한 영좌에 모시고, 저녁에는 영침에 모신다.

23 『효덕전일기』(K2-2504), 대정 8년 1월 26일.

그림 2 | 고종 국장 당시 빈전에서 있었던 의식 장면(『고종국장사진첩』, 한국학중앙연구원 장서각 소장)

안(饌案)[C]이 설치되었다. 찬안 앞쪽에 세 개의 자리가 있는데 오른쪽에서부터 왕세자, 이왕, 이강공의 순서로 되어 있다. 즉, 상주의 자리이다. 그 앞쪽 정전 밖 행각이 시작되는 부분에 이들의 대기 장소가 있고 그다음에 칙임관과 주임관의 자리가 있다. 이 대기 장소에서는 참석자들이 의자에 앉아 순서를 기다렸다. 제물을 준비해 두는 곳이 사람들이 대기하는 장소로 바뀌었고, 뜰에서 부복하며 기다리던 조선시대 관원들은 이제 행각의 의자에 앉아서 의식에 참여하게 되었다.

휘장 밖의 행각은 층고를 달리하여 전체 3층으로 구분되었다. 그리고 바깥쪽 계단 앞쪽에 찬물(饌物)을 준비하는 '선사(膳舍)'[E]와 음악을 연주하는 '주악사(奏樂舍)'[F]가 있었다. 행각이 제물을 준비하고 검사하는 곳이므로 선사의 존재는 어색하지 않으나 주악사는 조선의 입장에서 매우 이질적인 공간으로 보인다. 빈전에서는 음악의 사용이 금지되기 때문이다.

조선에서는 망자를 위한 제전에서 음악을 전혀 사용하지 않았고, 혹시 다른 제향을 거행하더라도 악기만 진설할 뿐 연주는 하지 않았다. 그러나 일본의 국장에서는 음악이 실제로 사용되었다.

한편, 인물의 배치를 살펴보면 중단의 서편에 제관장과 제관 부장이 있었다. 이들은 일본 전통 예복인 단선과 오피리를 착용했다. 제관의 자리는 제관 부장보다 하단에 있었다. 제관은 포의에 단선을 들고 오피리를 신었다. 하단 서쪽에 조선 친족 및 귀족과 장의괘가 있었고, 동쪽에 조선 총독 이하 칙임관과 주임관의 총대가 자리했다. 이들의 복장은 대례복 정장에 상장을 부착했다. 다만, 조선인은 조선 제복을 착용하는 것을 허용했는데 여기서 제복은 상복을 의미했다. 그림 2는 고종 국장 중 빈전에서 거행한 의식의 한 장면이다. 당시 빈전의 모습과 제관을 비롯한 참여자들의 자리와 복장을 볼 수 있다.

봉고의 절차를 다시 살펴보면 먼저 참가자들의 입장과 착석이 있다. 장의괘 고등관, 이왕직 고등관, 제관장, 제관 부장, 제관이 착석하면 다음으로 조선 총독, 총독부 칙임관 총대, 주임관 총대, 조선 귀족 총대가 자리에 앉으며 마지막으로 고종의 친족과 조선 귀족이 자리했다. 모두 제자리에 앉으면 먼저 찬을 올렸는데 이때 음악을 연주했다. 음식을 올리는 것이 끝나면 제관장이 나아가 제사(祭詞)를 고했다. 제사는 고종의 죽음을 애도하며 그 공적을 생각하여 국장으로 상례를 치르겠다는 뜻을 아뢰는 내용이다.[24]

그런데 이 제사의 주체는 이왕이 아니다. 제사는 제관장이 이태왕에게 아뢰는 형식이다. 모든 의식이 마찬가지였다. 제사 다음에 이왕, 왕세자, 이강공이 배례를 행하지만 그들은 의식의 주체가 아니었다. 물론 이왕은

---

24 『故李太王國葬書類 中·下』 No. 1, '國葬奉告ノ儀' 祭詞.

상주로서 조문을 받고 전통 의식을 수행했지만 당시 국장의 주체가 될 수 없었다. 이어서 고 이태왕의 친족, 조선 귀족, 조선총독부 칙임관 총대, 주임관 총대, 조선 귀족 총대, 이왕직 고등관, 장의괘 고등관 등이 차례로 배례를 행했다.[25] 자리에 앉기 시작해 배례를 마칠 때까지 전체 45분이 걸렸다.

한편, 3월 1일에는 역시 빈전에서 사뢰의를 거행했다. 이는 천황이 하사한 뇌사를 빈전의 혼령에게 올리는 의식이다. 기본적인 순서는 앞에서 본 봉고의와 유사하다. 오전 9시에 정침을 정리하고, 장의괘 고등관, 이왕직 고등관이 자리하고, 제관장, 제관 부장, 제관이 자리하고, 고 이태왕의 친족과 조선 귀족이 자리하면 이왕, 왕세자, 공이 자리로 나아갔다. 그리고 이왕직 장관이 천황의 뇌사를 전할 칙사를 인도하여 정한 자리로 나아갔다. 오전 10시에 먼저 신찬(神饌)과 폐물을 올리고 난 다음 칙사가 배례하고 뇌사를 읽었다. 칙사가 물러나면 황후의 궁사(宮使)가 배례하고 물러나고, 그다음 동궁사(東宮使), 2명의 황자사(皇子使), 각 궁 대리가 순서대로 배례하고 물러났다. 오전 10시 25분에 의식을 모두 마쳤다.[26]

그다음 날인 3월 2일 오전에는 염장 전 구전제가 있었다. 이것은 시신

---

25 당시 봉고의 배례인 명단은 아래와 같다.

〈봉고의 배례인 명단〉

상주	이왕, 왕세자, 이강공
고 이태왕의 친족, 조선 귀족	후작 이재각, 후작 이해승, 자작 민영휘, 조선 귀족 총대 후작 윤택영
조선총독부	조선총독부 백작 하세가오 요시미치[長谷川好道, 불참], 조선총독부 칙임관 총대 조선총독부 사법부 장관 고쿠부 산가이[國分三亥], 조선총독부 주임관 총대 조선총독부 기사 토시 유지로[十時雄次郎]
이왕직 고등관	이왕직 장관 자작 민병석, 이왕직 차관 고쿠부 쇼타로[國分象太郎], 이왕직 찬시 자작 윤덕영, 이왕직 찬시 자작 조민희
장의괘 고등관	조선총독부 정무총감 야마가타 이사부로[山縣伊三郎], 조선총독부 중추원 부의장 백작 이완용, 종사위훈일등 자작 송병준(불참), 조선총독부 경무총장 고지마 소지로[兒島惣次郎], 조선총독 비서관 엔도 류사쿠[遠藤柳作]

26 『故李太王國葬書類 中·下』 No. 4. 「賜誄ノ儀」.

을 묘소로 옮기기 전에 지내는 제사이다. 이것 역시 앞의 의식과 비슷하게 찬물을 올리고 제사를 아뢰고 배례로 마치는 순서이다. 이왕, 왕세자, 이강공, 이태왕의 친척, 귀족, 이왕직 고등관, 장의괘 고등관이 참석했다.[27]

(2) 영여발인의

발인은 빈소에 안치되었던 관을 묘소로 옮기는 의식이다. 이로써 망자는 살았던 공간을 떠나기 때문에 산 자와 죽은 자의 이별이 극화된다. 발인 행차는 시신을 안치한 관뿐만 아니라 그의 신분을 나타내는 의장과 그가 생애에 이루었던 공덕을 표시하는 책문, 능에 안치하는 부장품 등을 같이 보여주기 때문에 그 자체가 하나의 볼거리였다. 또한, 국장에서는 궁궐에 거처했던 국왕이나 왕비가 능까지 이동하며 백성들과 만나는 형식이 자연스럽게 이루어졌다. 조선시대 전통적인 국장에서 노제(路祭)는 이러한 만남을 상징적으로 보여주는 것이다.

고종의 국장에서 발인은 빈전이었던 덕수궁 함녕전에서 금곡리 능소까지 관을 옮기는 것이었다. 그러나 당시 고종 국장에서 장의괘가 주도한 발인은 덕수궁에서 장례식이 거행되는 훈련원까지의 여정이었다. 장례식이 끝나고 능소까지는 장의괘가 아닌 이왕직에서 조선식으로 별도로 진행했다. 그러므로 당시 고종의 발인은 국장과 내행, 일본식과 조선식의 대립이 뚜렷이 드러났다.

3월 3일 오전 7시 30분에 덕수궁 함녕전에 있던 재궁을 옮기는데 빈전의 문에서 치중문을 지나 광명문까지는 윤여(輪輿)를 사용하고, 광명문부터는 관을 견여(肩輿)에 실어 덕수궁 정문인 대한문까지 갔다. 그리고 오전 8시 30분에 대한문에서 관을 대여(大轝)로 옮겨 싣고 출발했다. 그런데

---

27 『故李太王國葬書類 中·下』 No. 5. 「斂葬前柩前祭ノ儀」.

발인 경로가 두 갈래로 나뉘었다. 재궁을 실은 대여는 대한문에서 황금정을 경유하여 훈련원 국장식장으로 갔다. 반면, 혼백을 실은 신연(神輦)을 비롯하여 길흉의장(吉凶儀仗)은 대한문에서 태평통을 지나 광화문 전로(前路)에서 종로 쪽으로 돌아 홍인문 밖으로 나갔다.[28] 이곳에서 장례식이 끝나고 대여가 오기를 기다렸다가 같이 출발했다. 국장식장까지 대여를 따라간 의장은 대여 좌우에 하나씩 옹립하는 보삽(黼翣), 불삽(黻翣), 운삽(雲翣) 6자루뿐이었고, 나머지는 장례식장으로 가지 않고 홍인문 밖 신작로 동구 밖에서 대여를 기다렸다.[29]

조선시대 상례에서 관을 땅에 매장하기 전까지 유해와 혼백은 늘 같이 있었다. 조선시대 발인의 반차는 살아 있을 때 국왕의 의장(儀仗)으로 구성된 길의장(吉儀仗)과 상중임을 나타내는 흉의장(凶儀仗)으로 구분되었다. 길의장의 중심이 혼백을 실은 신연이라면 후자의 중심은 시신을 안치한 대여였다. 그리고 의례의 주 대상은 시신이 아니라 혼백이었다. 그러나 여기서 혼백을 위시한 길흉의장은 '구식'의 비공식적인 행렬일 뿐이었다.

고종의 대여를 중심으로 발인의 행차 순서를 정리한 것이 표 3이다. 반찬의 선두는 경부(警部)와 경시(警視)의 인원인데 이들은 말을 타고 행차를 인도했다. 그다음으로 육군과 해군 의장병들이 제복을 입고 총과 칼을 차고 악기를 연주하며 나아갔다. 그다음으로 국장을 담당한 장의괘 간부들이 둔색(鈍色)의 일본 전통복을 입고 나아갔다.

그 뒤로 일본식 의장인 황번[黃旛, おうげん]과 백번[白旛, はくげん], 순(楯)과 모(桙)라는 이름의 방패와 창이 나아갔다. 이러한 의장을 따라서 6개의 사카키[榊, さかき]가 2줄로 나아갔다. 사카키는 신사(神社)의 문이나 신단

---

28 『高宗太皇帝御葬主監儀軌』(上), 「發靷時道路」.

29 『고종태황제어장주감의궤』(상), 「發引當日時間」.

표 3 | 발인의 행차 순서

순서			구분
경부		경부	전구
	경시		
경부		경부	
	육해군 의장병		의장병
장의괘 판임관		장의괘 판임관	선도
	장의괘 고등관		
조선총독부 판임관		조선총독부 판임관	
	황번·수대·백번 4행		의장
조선총독부 판임관		조선총독부 판임관	
	순·수대·순 4행		
	모·수대·모 4행		
신	신	3 행	사카키
조선총독부 판임관		조선총독부 판임관	의장
백색 금번		황색 금번	
장의괘 판임관		장의괘 판임관	오오마사카키
	장의괘 고등관		
대진신		대진신	
제관		제관	제관
	찬궤		
	오상·우피		
	폐궤		
	오상·우피		
	제관		
	제관부장		
	제관		
	제관장		
	신 13행		사카키
	어신 3행		
	악사		악사

이왕직 판임관	이왕직 직원
이왕직 차관	
이왕직 판임관	
이왕직장	
기장·훈장	길의장
훈장·훈장	
영거	
이왕직 찬시	
상주 이왕	상주
왕족	
공족	
고이태왕의 친족	배종관
조선총독부 판임관	
조선총독	
조선총독부관	
장의괘장	
장의괘 고등관	
주치의	
경부·경부	
대훈위 친임관 이하 봉송제원	
장의괘 판임관·장의괘 판임관	
이왕직 양악대	악대
육해군 의장병	의장병
경부·경부	후위
경시	
경부·경부	

(神壇)에 신을 모시기 위해 사용하는 나무를 가리킨다. 늘 푸른 상록수로서 신의 상주(常住)를 상징했다. 그런데 발인에 등장하는 사카키는 화환처럼 여러 곳에서 보낸 것이었다. 발인 행렬도에서 사카키는 사카키, 오오

마사카키[大眞榊, おおまさかき], 오사카키[御榊, おさかき]의 세 가지 이름으로 등장했다. 이 중에서 오오마사카키가 망자의 혼령을 나타낸다면 나머지는 화환의 형식이라고 할 수 있다. 처음 사카키 뒤에는 다시 황색 금번(錦旛)과 백색 금번의 깃발이 등장했다. 일반 번을 들고 가는 사람이 1명인 반면, 이 금번은 3명이 들고 갔다. 화환의 사카키는 지위가 낮은 사람부터 등장했다. 맨 마지막에 동궁, 황후궁, 성상(천황)이 보낸 오사카키가 있다. 이것은 앞의 일반 사카키보다 큰 모양이라 들고 가는 사람 역시 4명이나 되었다.

오오마사카키 뒤에는 제관, 망자에게 바치는 찬궤(饌櫃), 폐궤(幣櫃)가 등장했다. 이 둘은 장장의(葬場儀)에서 망자에게 바칠 것이다.

천황의 오사카키 뒤로 악사(樂師)가 나와 새로운 등장을 보여준다. 그 뒤로 흑색 포의를 입은 이왕직 판임관과 흑상 의관단을 입은 이왕직 장관이 나왔다.[30] 그다음으로 고종이 받은 훈장이 좌우로 나뉘어 등장했다. 여기에는 각기장(各記章)과 10개의 훈장이 등장했다. 배열 순서는 표 4와 같다.[31]

훈장 뒤에 비로소 대여가 등장했다. 덕수궁에서 장례식장까지의 발인 행차에서 조선식을 볼 수 있는 것은 이 대여뿐이었다.[32] 대여 뒤로 상주인 이왕과 왕세자, 이강공이 따라왔다. 이들은 모두 마차를 탔다. 그 뒤로 조선 총독, 장의괘장, 장의괘 고등관, 주치의 등의 관원들이 따랐다. 그리고 이왕직의 양악대, 육해군 의장병, 경부(警部), 경시(警視)의 행렬이 있었다.

30 『덕수궁국장화첩』에는 발인 행차에 나오는 이왕직 장관 민병석과 차관 고쿠분 쇼타로의 모습을 실었는데 그 의상을 '백상의관단(白橡衣冠單)'으로 설명했다.

31 『故李太王國葬書類 中·下』 No. 17. '葬場ニ於ケル勳章配列順序'.

32 『故李太王國葬書類 中·下』 No. 10. '斂葬當日德壽宮葬場間鹵簿ニ關スル件'.

표 4 | 발인 중 훈장의 배열 순서

좌	우
이탈리아サンモーリス, ユラザロイ大綬章[33] (Ordine dei Santi Maurizio e Lazzaro)	프랑スグラン, クロア, ド, ロルドル, ナシヨナル, ド, ラ, レジヨンドノール勲章[34] (Ordre national de Légion d'honneur)
기념장	벨기에レオポール大綬章[35] (Order of Leopold)
태극일등장	서성대훈장
팔괘일등장	이화대훈장
국화대수장	국화장경식
금척대수장	

(3) 장장제의

장례식장은 옛 훈련원 자리의 넓은 공터에 가건물로 지어졌다. 중심 건물인 장장(葬場)은 재궁을 실은 영여(靈轝)를 안치하고 제사를 지내는 곳으로 '장제장(葬祭場)'이라고도 했다. 장장의 좌·우·후면은 '가베시로[かべしろ, 壁代]'라는 휘장으로 막았으며 전면은 주렴을 반쯤 내려 가렸다. 장장의 왼쪽에 찬궤(饌櫃)를 두는 선사(膳舍)와 제관의 처소인 제관악사(祭官幄舍)가 나란히 붙어 있고, 오른쪽에는 연주자들을 위한 악사(樂舍)가 있었다. 장장 앞쪽에는 상주와 참배객을 위한 악사(幄舍)가 좌우로 한 채씩 있었다. 장장의 오른쪽 악사에는 맨 앞쪽에 상주인 이왕, 왕세자, 이강공, 친척들이 앉았다. 그 뒷줄에 장의괘 고등관, 이왕직 고등관, 재궁 곁을 시위하는 장교, 훈장을 들고 온 장교, 주치의 등이 자리했다. 그 뒤로 고위 관

33 이탈리아 성 마우리치오&나사로 훈장으로 1902년 7월 8일에 받았다[김미래·조우현, 「고종황제 사진에 나타난 훈장과 기념장 연구」, 『복식』 68-8(2018), 109쪽].

34 프랑스 레지옹도뇌르 훈장으로 1903년 12월 1일에 받았다[김미래·조우현(2018), 위의 논문, 109쪽].

35 벨기에 레오폴드 훈장으로 1901년 10월 18일에 벨기에 공사를 통해 받았다[김미래·조우현(2018), 앞의 논문, 109쪽].

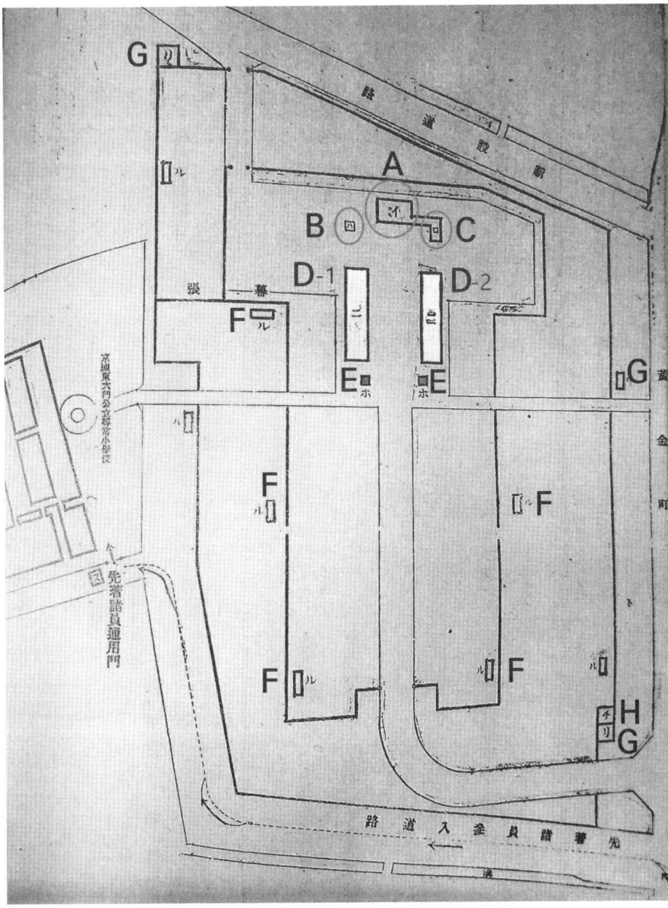

그림 3 | 훈련원 장장의 구성

A 장장, B 악사, C 선사 및 제관 악사, D 악사, E 수수사, F 변소, G 경관 및 헌병의 대기소, H 구호소

리 외에 경성부 내 중고등학교 교장, 경학원 직원, 각교종파(各教宗派) 관리자 등이 참석했다. 맨 마지막 줄에는 특수회사 중역,[36] 변호사회 회장과

36 당시 특수회사로 참석한 곳은 조선은행, 식산은행, 동양척식주식회사, 남만주철도주식회사 경성관리국, 조선우선주식회사, 한성은행, 조선상업은행 등이다.

부회장,[37] 적십자사와 애국부인회 역원(役員), 각 신문사 대표,[38] 이왕직의 고용인 중 특히 연고가 있어 이왕직에서 신청한 자들이 앉았다. 반면, 장장의 왼쪽 악사에는 친임관(親任官)을 비롯한 고등 관리와 욱일동화장(旭日桐花章)을 비롯한 훈장 수여자들이 자리했다.

3월 3일 오전 9시 40분에 영거는 장장에 도착했다. 황색 면번과 백색 면번, 황번, 백번, 순모 등의 의장을 제장(葬場) 앞쪽에 좌우로 벌려놓았다. 그리고 오오마사카키의 나무를 세우고, 찬궤, 폐궤(幣櫃)를 선사에 넣어두었다. 10시 45분에 이왕, 왕세자, 공이 악사에 들어가 자리로 나아갔다. 다음으로 찬을 올리는데 그 사이에 음악을 연주했다. 음악은 반섭조(盤涉調)인데 음취(音取),[39] 백계(白柱), 취전악(越殿樂) 순서로 진행했다. 그다음에 폐물(幣物)을 올리는데 역시 음악을 연주했다. 폐물로 홍색과 백색의 비단 각 1필, 백시(白絁) 1필을 버드나무 광주리[柳筥]에 담아 올렸다.

다음으로 제사장이 제사(祭詞)를 읽었다. 11시부터 칙사, 황후궁의 사신, 동궁의 사신, 이왕, 왕세자, 황족, 이강공, 친족총대 등의 순서로 배례를 행하고 의식을 마쳤다. 배례가 끝나면 폐물과 찬물을 거뒀는데 이때도 음악을 연주했다. 그로써 모든 의식이 끝났다.[40]

장장에서 의식을 마치면 대여는 다시 능소로 출발했다. 홍인문 밖에서 기다리고 있던 혼백의 가마와 조선시대 각종 의장들을 다시 만나 행렬을 이루었다. 이때부터 조선식 국장이 다시 시작되었다. 청량리에서 노제(路

---

37 당시 변호사회 회장은 오쿠보 마사히코[大久保雅彦], 부회장은 카고 사다타로[加古貞太郎]였다.

38 당시 신문사는 경성일보사, 조선신문 등 총 21곳이었다.

39 음취는 어떤 악곡을 시작하기 전에 연주하는 짧은 전주곡으로 다음에 연주하는 곡이 어떤 조에 속하는가에 따라 그 종류가 바뀐다.

40 『故李太王國葬書類 中·下』, No. 9. '斂葬後墓所祭ニ儀'.

그림 4 | 구 훈련원 자리에 마련된 장례식장(『고종국장사진첩』, 한국학중앙연구원 장서각 소장)

祭)를 지내고 능소로 갔다.

능소에 도착한 대행왕의 시신은 이곳에서 하룻밤을 지내고 다음 날 안장되었다. 능에서는 공식적인 국장 의식이 없었다. 그리고 신주를 만들어 반우(返虞)하여 덕수궁 함녕전에 봉안했다. 이후 일본식의 국장은 3월 6일 '염장 후 권사제의'와 3월 7일 '염장 후 묘소제의'가 있었다. 권사는 혼전에서 거행하는 제사이다. 이왕과 왕세자가 참석했고, 장의괘 관리와 제관 외 이왕직 고등관, 조선 총독, 조선군 사령관, 조선총독부 칙임관 총대, 주임관 총대, 조선 귀족 총대, 이태왕 친족, 조선 귀족 등이 참석했다. 그 다음 날에 있던 '염장 후 묘소제의' 역시 비슷한 절차와 참가 인원을 보였다. 그러나 이왕, 왕세자, 이강공은 참석하지 않았으며 대리인이 참석하여 배례했다.

3) 일년상과 삼년상

조선시대 왕실의 국상은 3년상을 기본으로 했다. 위에서 본 발인이나 장례식은 중요한 의식이지만 조선의 전통적 상례에서 볼 때 상례의 마지막을 의미하지 않았다. 훈련원에서 장장제를 마친 후 대부분의 의식이 조선식으로 거행되었다. 사망 후 1주년이 되면 연제를 지내고 2주년 때 대상(大祥)을 지내고 27개월 되는 달에 담제(禫祭)를 지낸 후에야 상례가 완전히 끝났다. 그러나 일본식은 고종의 상례를 1년제로 마쳤다.

전통적인 방식에 의하면 승하 후 첫 기일에 지내는 제사를 '연제'라고 했다. 이는 우주(虞主)를 연주(練主)로 바꾸고, 상복도 최복에서 연복으로 갈아입는 매우 중요한 절차이다. 고종 상례에서는 1920년 2월 9일에 거행했다.[41] 이날이 음력으로 1919년 12월 20일이기 때문이다. 즉, 조선식은 음력을 기준으로 거행되었다. 그런데 연제일 이전인 1920년 1월 22일(음력 12월 2일)에 고종 승하 '1년제'를 성대히 치렀다.[42] 이날은 양력으로 고종 승하의 날을 정한 것이다. 이 의식은 혼전이 아니라 덕수궁 구여당에서 있었다. 행사를 위해 순종과 순종비, 어친척, 귀족, 종척 집사, 당직 고등관 등 여러 사람이 참석했다.

그러나 이 의식은 조선인보다 일본인이 중심이 될 수밖에 없었다. 일본 황제의 칙사와 황후궁의 어사를 비롯하여 황태자, 이본궁가(李本宮家), 각 궁가(各宮家)에서 보낸 대리인, 조선군 칙임관, 조선총독부 칙임관, 조선총독부 주임관 등의 총대가 참석했기 때문이다. 예식이 시작되어 먼저 왕이 영전 앞에 나아가 곡하고 사배할 때 제원이 모두 사배했다. 다음으로 천황의 칙사가 나아가 옥관[たまぐし, 玉串]을 올리고 배례한 후 물러나고,

---

41 당시 제사를 지낼 때 음력을 고수했지만 새벽에 제사를 지내는 것은 피했다. 그리하여 전날 저녁에 모여 제사를 지냈다.

42 『효덕전일기』와 『고종어장주감의궤』에 따르면 고종이 승하한 날은 1919년 1월 21일(음력 12월 20일)이다. 그러나 일본 내각에서는 고종의 승하 일시를 1919년 1월 22일 오전 6시로 공식 발표했다. 이러한 차이가 연제와 1주년 기념일에도 그대로 반영되었다. 사망 후 첫 기일에 거행하는 연제는 1920년 2월 9일(음력 12월 20일)에 거행되었다. 이는 음력을 기준으로 날짜를 맞춘 것이다. 그러나 이와 별도로 고종 승하 1년제는 양력에 맞추어 1920년 1월 22일에 거행되었다. 즉 1월 22일을 승하일로 간주한 것이다. 한편, 고종의 연제일은 2월 9일이었지만 실제 연제는 2월 8일 저녁 10시에 거행되었다. 이는 당일 새벽에 거행하던 제사가 일제강점기 때 그 전날 저녁 시간으로 옮겨 거행되었기 때문이었다. 대상과 담제 때도 마찬가지였다.

이하 사신과 총대가 순차적으로 나아가 배례하고 옥관을 바쳤다. 이를 마친 후 왕이 나아가 초헌례를 행하고 후작 이재면과 자작 민영휘가 각각 아헌과 종헌을 행했다.[43] 이 예식은 전통적인 상례 절차인 연제와 전혀 무관한 것이었다. 연제는 애통의 단계적 감소를 나타내지만 상례의 마지막 의식이 아니었다.

상례 2주년이 되는 때인 1921년 1월 27일 저녁에 대상제(大祥祭)를 거행했다. 그다음 날이 음력 12월 20일이었다. 그날 저녁 10시에 역복(易服)을 한 후 10시 30분에 대상제를 거행했다. 역복으로 왕은 삼포(黲袍), 익선곤, 위서대(爲犀帶)에 백피화(白皮靴)를 착용했고, 종척과 참반원은 천담복과 와사모, 흑각대를 착용했다.[44] 순종이 초헌관이 되었으며 왕세자가 아헌, 이재면이 종헌을 했다. 여러 집사자와 어친척, 귀족, 종척, 당직 고등관 등 여러 사람이 참석했다. 정확한 수는 알 수 없지만 이항구가 예상하기로 시골에서 올라오는 어친족까지 포함하여 적어도 80여 명이 될 것이라고 전망했다.[45] 그러나 일본의 칙사나 어사가 참석하지는 않았다. 실제 1주년으로 공식적인 상례가 끝났기 때문이었다.

이와 같이 고종의 상례는 일본식과 조선식으로 구분되었고, 일본식이 국장으로 공적인 것이라면 조선식은 비공식적인 이왕가의 예식으로 진행되었다. 조선의 전통적인 상례에서 볼 때 시신의 존재는 중요하지만 망자는 혼백이라는 상징을 통해 대상화되었다. 시신이 무덤에 매장되기까지는 이 혼백을 대상으로 의례가 진행되었다. 그러나 일본식 상례가 도입되면서 혼백은 배제되고 일본의 오오마사카키가 그 자리를 대신했다. 전통

43 『매일신보』, 1920년 1월 23일, 제3면.
44 『매일신보』, 1921년 1월 28일, 제3면.
45 『매일신보』, 1921년 1월 12일, 제3면.

적으로 선왕의 공덕을 나타내던 책보에 배제되고 근대에 새로 마련된 훈장이 선왕의 곁을 지켰다. 이와 같이 전통 양식은 근대와 일본제국의 그늘 속에서 주변으로 밀려났다. 그리고 1년상으로 공식적인 상례 절차를 마쳤다.

4) 위호와 능비 논란

상례를 마치면 혼전에 있는 신주를 종묘에 봉안한다. 이를 '부묘'라고 부른다. 27개월이라는 긴 시간을 보내고 결국 가져가는 것은 망자의 신주뿐이었다. 왕실의 경우, 책(冊)과 보(寶)도 같이 간다. 신주와 책보는 나무와 주석, 옥 등 재질이 다르지만 모두 '이름'을 매개로 한다는 점에서 공통점이 있다. 보는 작호, 존호, 시호, 휘호 등의 이름을 새긴 도장이며 책은 그 이름에 대한 설명문이다. 작호를 제외하고 존호, 시호, 휘호는 빠짐없이 신주에 적힌다. 존호와 시호는 주인의 공덕을 찬양한 것이다. 그 이름을 적은 신주 역시 주인의 공덕을 표상하는 상징이다. 그런 의미에서 부묘는 승하한 왕의 공덕을 종묘에 봉안하고 기념하는 의식이었다.

1919년 1월 27일에 고종의 시호를 '문헌무장인익정효(文獻武章仁翼貞孝)'로 정했다. 따라서 시보(諡寶)에도 '문헌무장인익정효대왕지보(文獻武章仁翼貞孝之寶)'라고 새겼고, 시신을 능에 안장한 후 우주(虞主)를 만들 때 신주에는 다음과 같이 적었다.

> 고종 통천 융운 조극 돈륜 정성 광의 명공 대덕 요준 순휘 우모 탕경 응명 입기 지화 신렬 외훈 홍업 계기 선력 건행 곤정 영의 홍휴 수강 문헌 무장 인익 정효 대왕

高宗 統天 隆運 肇極 敦倫 正聖 光義 明功 大德 堯峻 舜徽 禹謨 湯敬 應命 立紀 至化 神烈 巍勳 洪業 啓基 宣曆 乾行 坤定 英毅 弘休 壽康 文憲 武章 仁翼 貞孝 大王

여기서 '통천' 이하 '수강'까지가 고종의 생전에 받은 존호이고 '문헌' 이하 8글자가 시호에 해당했다.[46] 이 신주식(神主式)에서 주의할 것은 '대왕'이라는 위호이다. 대한제국기의 위호인 '황제'나 일제강점기에 칭했던 '태왕'이라는 표현이 아닌 '대왕'이라는 호칭이 사용된 것을 알 수 있다. 이것은 당시 고종이 황제의 지위를 인정받지 못했음을 의미한다.

이런 상황에서 1920년 4월 5일에 조선 13도 유림 대표라는 80여 명이 태극교 총본구에 모여 총독에게 고종의 위호를 '황제'로 해 줄 것을 청원했다. 이 일의 계기는 고종보다 먼저 사망하여 묻힌 명성황후의 홍릉 비석에 있다. 홍릉에[47] 먼저 들어간 명성황후는 1895년에 비극적으로 죽었으나 고종이 그 장례를 늦추고 대한제국을 건립한 후 황후로 추존하여 장례를 치렀다. 그 능의 비석에는 당연히 '명성황후(明成皇后)'라고 새기고, 그 오른쪽에 고종의 호를 새길 자리를 비어 두었다. 그런데 황제의 자리

46 〈고종이 받은 존호와 시호〉

연도	존호 및 시호
1873(고종 10)	統天隆運肇極敦倫
1888(고종 25)	正聖光義明功大德
1890(고종 27)	堯峻舜徽禹謨湯敬
1892(고종 29)	應命立紀至化神烈
1900(광무 4)	巍勳洪業啓基宣曆
1902(광무 6)	乾行坤定英毅弘休
1907(융희 1)	壽康
1919(대정 8)	文憲武章仁翼貞孝

47 명성황후의 홍릉은 1897년 청량리에 조성되었으나 1919년 고종 승하 이후 양주 금곡리로 천봉했다.

그림 5 | 명성황후 홍릉비 탑본(『명성황후홍릉비』, K2-5316)

까지 올랐던 고종은 강제 양위를 당한 후 '태황제'라고 불리다가 나라가 망하면서 '이태왕'으로 격하되었다. 이대로라면 홍릉 비석에 고종은 '태왕' 또는 '대왕'이라고 적어야 했다. 대왕은 앞에서 본 신주에 사용된 위호이다. 결국 부인은 황후인데 남편은 왕으로 칭하는 불일치가 발생하게 된 것이다. 이 문제로 인하여 이왕직에서는 1919년 3월 4일 홍릉에 고종을 안장했으나 1년이 지난 1920년 4월까지도 그 비석을 세우지 못했다.

그런데 태극교도가 이러한 불일치를 지적하고, 명성황후의 존호와 같이 고종의 존호도 황제 폐하로 칭할 것을 당국에 청했다.[48] 이에 대해 신문 기자는 명성황후가 사망했을 때와 고종이 사망했을 때의 시대적 상황이 다름을 분별하지 못하고 있다고 비판했다. 당시 태극교도의 주장에 대해 부정적인 견해가 많았던 것 같다. 그러나 태극교도를 중심으로 한 이 청원은 예상치 못하게 성공을 거두었다.

48 『매일신보』, 1920년 4월 7일, 제3면.

이 청원이 있은 지 세 달 후 신문 기사에 따르면 청원에 동조하는 사람도 늘었고 무엇보다 이왕직에서 "민중의 뜻"을 살펴 누차 회의를 하고 궁내성에 접촉하여 해결점을 찾으려는 적극성을 보였다.[49] 그리하여 9월말 궁내성으로부터 긍정적인 답을 얻어 냈다. 당시 조선인 중 많은 사람이 '고종'을 '태왕'이라고 부르는 것을 싫어했다. 그리고 명성황후와도 격이 맞지 않아 적절치 않다고 보았다. 이에 궁내성에서는 이태왕을 '고종태황제'로, 명성황후를 '명성태황후'로 정하여 총독부에 전했다.[50]

이 사건은 고종의 위상에 큰 변화를 가져왔다. 비석에 새기는 내용뿐만 아니라 어보에 새기는 위호가 바뀌고, 더 나아가 신주에 적는 위호 역시 바뀌었다. 순종은 즉시 효덕전에 나아가 이 사실을 아뢰고, 책보와 신주에 적혔던 칭호를 '대왕'에서 '태황제'로 고쳤다. 한국학중앙연구원 장서각에는 「고종황제 제호망(帝號望)」(RD00599)이라는 망단(望單)이 있다. 이는 고종의 제호(帝號)를 '태황제(太皇帝)', '원황제(元皇帝)', '순황제(純皇帝)' 3개의 후보 중에서 태황제로 정한다는 문서이다. 실제 순종에게 이러한 위호의 결정권이 없음은 위 사건의 해결 과정을 통해 쉽게 알 수 있다. 위호에 대한 문제 제기도 하지 않았고 이후 과정에서도 궁내성의 결정만 기다릴 수밖에 없었다. 모든 결정이 난 후 작성된 이 문서는 형식적인 절차일 뿐이었다. 음력 8월 11일은 양력으로 9월 21일인데 이날 순종은 시책과 시보를 고쳐 쓰는 고유제를 친행으로 거행했다.[51] 그리고 같은 달 26일에 책보를 다시 올리고, 신주의 위호를 고쳤다.[52] 그리하여 위호가 "고종 통천 융운 조극 돈륜 정성 광의 명공 대덕 요준 순휘 우모 탕경 응명 입기 지

---

49 『매일신보』, 1920년 7월 10일, 제3면.

50 『매일신보』, 1920년 9월 25일, 제4면.

51 『효덕전일기』, 대정 9년 9월 21일.

52 『효덕전일기』, 대정 9년 9월 26일.

그림 6 | 「1923년 태극교 교원 김종수(金宗洙) 등의 탄원서」(RD01912). 1923년 태극교 교원 김종수(金宗洙) 등이 홍릉비에 '대정'이란 연호를 쓴 것을 비판하여 이왕직 장관에게 올린 탄원서이다.

화 신렬 외훈 홍업 계기 선력 건행 곤정 영의 홍휴 수강 문헌 무장 인익 정효 태황제"로 바뀌었다.[53]

그러나 홍릉의 비는 곧바로 세워지지 못했다. 고종의 휘호에 대한 논의는 끝났으나 비석 전면에 있는 '대한(大韓)' 글자가 또다시 문제가 되었다. 총독부에서 이 글자가 부적절하다고 세우기를 반대했고 이왕직 내에서도 이를 꺼렸다. 이에 궁내성에는 대한 앞에 '전(前)'자를 더하여 세울 것을 지시했다. 그러나 이왕직에서는 '대한'의 글자를 삭제하거나 앞에 '전'자를 붙여 세우지도 못하고 그대로 방치했다. 이 가운데 1922년 12월에 홍릉 참봉 고영근(高永根)이 자의로 비석에 '고종태황제'를 새기고 '대한'이란 글자는 그대로 둔 상태에서 비를 세워 버렸다. 그리고 12월 11일에 고영근이 창덕궁 돈화문 앞에 거적을 깔고 통곡하며 자신의 죄를 고했다.[54] 그러자

53 『종묘지』(K2-4375B), 「宗廟各室題主題式」, "高宗統天隆運肇極敦倫正聖光義明功大德堯峻舜徽禹謨湯敬應命立紀至化神烈巍勳洪業啓基宣曆乾行坤定英毅弘休壽康文憲武章仁翼貞孝太皇帝".

54 『동아일보』, 1922년 12월 13일, 제3면.

이왕직은 당장 비를 철거할 것을 지시했지만 고영근은 거절했다. 이에 마코토 총독은 궁내대신에게 전보를 보내 이 사실을 알리고 관대하고 원만하게 처리할 뜻을 전했고, 이왕직 장관도 능 영역에 벽을 두른 후 문을 닫아 두었다며 세운 비석을 인정해 달라고 청했다.[55] 이에 궁내성에서 1923년 2월 3일자로 정식 허가하면서 '대한'과 '고종태황제'의 이름이 비석에 그대로 유지되었다.[56]

그러나 이 일마저도 순조롭지 않았다. 홍릉 비석의 문제로 사임한 이재극(李載克) 장관을 대신하여 3월 1일에 민영기(閔泳綺)가 이왕직 장관으로 새로 부임했다. 『동아일보』에서는 민영기 장관의 임명을 윤덕영 세력과 대립하고 있는 이완용의 계략으로 이해했다. 그리고 순종의 반대에도 총독부에서 이를 승인한 것은 홍릉 비석 이면에 '대정' 연호를 새기는 것을 조건으로 했다고 전했다.[57]

앞에서 논의되었던 '태황제'나 '대한'의 문제는 모두 비의 전면(前面)에 새기는 것이었다. 이 모든 것이 승인되었는데 이완용과 총독부에서는 비석 뒷면에 굳이 비석을 세운 날짜를 기입하면서 '대정'이라는 일본 연호를 새기겠다는 뜻을 비춘 것이다. 결국 3월 11일에 장관의 명을 받아 예식과 직원이 홍릉에 나아가 비석 뒷면에 "大正十二年三月十一日建立"이라는 글자를 새겼다. 같은 달 17일 정오에는 예식과장 이항구가 홍릉에 나아가 고유제를 거행했다. 이로써 홍릉 비석 전면에 '태황제', 후면에 '대정'이라는 일본 연호가 새겨지게 되었다.[58]

이왕직의 이러한 행보에 대해 위호 때와 마찬가지로 태극교 교도가 강

---

55 신조 미치히코(이우연 옮김), 『조선 왕공족: 제국 일본의 준황족』(백년동안, 2022), 207쪽.

56 『동아일보』, 1923년 2월 22일, 제3면.

57 『동아일보』, 1923년 3월 9일, 제3면.

58 『동아일보』, 1923년 3월 12일, 제3면.

하게 반대했다. 3월 12일에 태극교도들은 대정 연호 음각의 부당성에 대하여 순종에게 상소했다.[59] 현재 한국학중앙연구원 장서각에 소장된 「1923년 태극교 교원 김종수 등의 탄원서」(RD01912)가 이때 올린 상소로 추정된다.[60]

> 이전에 나라가 파괴되고 임금이 욕을 당하는 날에 절조를 위해 죽지 않았으며 복제(服制)의 단축, 위호의 폄하에 대해서도 팔짱을 끼고 입을 다물고 있었으니 이것은 국가의 은혜를 크게 입은 자의 의리가 아닙니다. 지금 장관의 지위를 얻었으면 힘써 목숨을 바치는 것이 속죄의 도리입니다. 이를 생각하지 않고 오히려 고금에도 없는 일을 내어 막중한 능비(陵碑)의 뒷면에 억지로 글을 새기는 것은 무엇 때문입니까? 선왕의 능비를 상고한즉 오직 전면에 전서(篆書)만 있을 뿐입니다. 음기(陰記)라는 것은 실제로 능지(陵誌)이니 능침에 매안했습니다. 또한, 대정 연호를 운운하자면 알지 못하는 사이에 그지없는 슬픔에 빠집니다. 소위 연호란 황제가 된 연후에야 원년을 삼는 것입니다. 생각건대 오직 우리 선제는 세계 열국이 함께 추존하여 황제가 되었으니 곧 대한황제입니다. 비석에도 마땅히 '대한'이라고 써야 할 것이나 대한 연호라도 반드시 새길 필요가 없는데 어찌 일본 연호를 차용하여 『춘추』에서 왕도에 기탁했다는 기롱을 무릅쓰고, 금상의 명령을 어기면서 선제를 모욕하겠습니까?[61]

---

59 『동아일보』, 1923년 3월 13일, 제3면.

60 이 탄원서의 작성 시기는 공자 탄강 2474년(1923년) 음력 정월 24일(양력 3월 11일)이다.

61 「1923년 태극교 교원 김종수 등의 탄원서(공자 탄강 2474년 계해 정월 24일)」(RD01912), "向於國破君辱之日 既不能死節 至於服制之短期 位號之貶降 亦且袖手結舌 已非偏蒙國恩之義 乃於今者 又得長官之位 則竭力效命 亦一贖罪之道也 不此之思 反出無古無今之事 勒欲陰記於莫重陵碑者何也 原考先王陵碑則只有前面篆書而已 其曰陰記 實是陵誌而埋安于

김종수는 탄원서 서두에서 부자와 군신은 인간의 큰 윤리이며 서로 다르지 않다고 전제했다. 그리고 모든 백성이 고종의 은혜를 입었지만 더 큰 은혜를 받은 자는 높은 자리에 있던 고위 관리들인데 그들이 나라가 망하고 임금이 욕을 당할 때 죽음으로 절조를 지키지 않은 것은 의리에 어긋난다고 주장했다. 고종의 상기가 1년으로 단축되고 위호가 폄하되었을 때도 그들은 침묵했다고 비판했다. 그리고 고종의 능비에 대정이라는 일본 연호를 사용하는 것은 고종을 모욕하는 것이라고 주장했다. 대정은 고종의 연호가 아니며 현재의 왕이 이를 반대하고, 법제에도 맞지 않기 때문이다. 고대의 법에 의하면 비석 전면에 전각으로 글씨를 새길 뿐 뒷면에 음기(陰記)를 쓰지 않는다. 이러한 주장은『동아일보』에서도 보인다. 태극교도들은 위의 상서에 머물지 않고, 3월 16일에「민 이왕직장관 성토문(閔李王職長官聲討文)」이라는 문서를 만들어 배포하려고 했다. 그러나 이 일은 일본 경찰에 의해 성사되지 못했다.[62]

위와 같이 고종의 국장에서는 과거 대한제국의 흔적을 쉽게 지울 수 없었다. 현실적으로 황제가 아니고 망국의 실권 없는 '이태왕'이었지만 과거를 기억하고 대한제국의 정체성을 간직하고자 했던 일부 사람들은 고종의 황제 칭호를 회복시키고자 했다. 반면, 친일 세력은 그들의 권력을 표상하는 천황의 연호를 어떤 형태로든 새기고자 했다. 결국 홍릉비는 앞면에 "고종태황제"라고 새기고 뒷면에는 "대정"이라는 일본 연호가 들어간 형태로 세워지게 되었다.

陵寢者也 且其大正年號云云者 尤不覺痛隕罔極矣 所謂年號 惟皇帝然後紀元也 惟我先帝卽世界列邦公共推尊尊爲皇帝則 乃大韓皇帝也 碑當書大韓而大韓年號 猶不必記刻 豈可借用日本年號 以冒春秋寄王之譏 而違拂我今上 侮辱我先帝也".

62 『동아일보』, 1923년 3월 18일, 제3면.

5) 고종의 부묘

1919년 1월 21일에 사망한 고종은 3월 3일에 발인하여 홍릉에 안장되었다. 이후 혼전인 효덕전에 신주를 봉안했다. 애초 덕수궁 함녕전을 혼전으로 정했지만 1920년 3월 12일에 창덕궁 선정전으로 혼전을 옮겨 모셨다.[63] 이보다 앞선 1920년 2월 9일에 덕수궁 효덕전에서 연제를 지냈다. 1921년 1월 28일(음력 12월 20일)에 대상제를 거행하고, 3월 19일(음력 2월 10일)에 담제를 거행하여 상례를 모두 마쳤다.[64] 고종의 부묘는 1921년 2월 15일부터 논의가 시작되었다.[65] 이날 순종은 왕실의 친척과 귀족을 모아 부묘에 관해 논의했다. 그 구체적인 내용은 확인되지 않으나 그다음 날인 16일에 부묘주감 당상(祔廟主監 堂上)과 낭청(郎廳)을 임명했으며 18일에 창덕궁 내의 주감회의를 시작으로 본격적인 활동을 시작했다.

부묘는 조상이 있는 사당에 신주를 봉안하는 의식이다. 이는 상기(喪期)가 끝나고 사당에서 조상으로 제사를 받기 시작하는 것을 의미한다. 이를 위해서는 몇 가지 조건들을 갖추거나 결정해야 할 사안들이 있었다. 첫째는 대수가 지난 선왕의 신주를 봉출하는 문제이다. 이는 사당에서 제사를 받을 수 있는 대수의 기한이 다한 선왕의 신주를 종묘 정전에서 내어 영녕전으로 옮기는 조천(祧遷) 의식이다. 고종의 부묘를 앞두고 종묘 제13실에 모셔진 장조(莊祖)의 조천 문제가 논의되었다.[66] 조천 대상을 세실(世室)로 삼을 것인지에 대한 논의가 있었으나 장조는 추존왕으로서 세실로 삼

---

63 『효덕전일기』, 대정 9년 3월 12일.

64 담제일은 1921년 3월 19일(음력 2월 10일)이지만 실제 제향은 하루 전날인 2월 9일 저녁에 거행했다(『매일신보』, 1921년 3월 8일, 제3면).

65 『매일신보』, 1921년 2월 18일, 제3면.

66 『순종실록 부록』, 대정 10년 2월 16일.

을 만큼 공덕이 높은 왕으로 간주되지는 않았다. 그러므로 이에 대한 논의는 별로 일어나지 않았다. 오히려 장조의 조천과 연관되어 지금의 종묘가 기존의 방식대로 칠묘제(七廟制)임을 확인했다. 이는 태조와 지친(至親) 6대를 사당에 모시는 천자의 예식이다.

일제강점 이전에 대한제국은 황제국이었다. 고종은 황제의 격에 맞게 종묘를 칠묘제로 정했다. 1899년 8월에 고종은 장헌세자(사도세자)를 장종(12월에 장조로 개정)으로 추존하고 경모궁에 있던 신주를 종묘로 옮겼다.[67] 고종에게 장조는 고조에 해당하지만 왕위 계승으로 보면 6대 위가 되었다. 장조로 추존됨에 따라 왕위 계승은 진종, 장조, 정조, 순조, 문조, 헌종, 철종의 순서로 되었다. 같은 항렬인 진종은 이미 헌종을 부묘할 때 영녕전으로 조천되었다. 반면, 장조는 진종과 형제로서 같은 세대이지만 왕위 계승 순서에 맞추어 천자의 7묘에 포함되었다. 이제 고종을 부묘하고 그의 조천 여부를 가리면서 칠묘의 제도가 이전에 정한 규례이고, 그에 따라 장조를 조천해야 한다고 결론 내렸다. 이왕직 장관 이재극은 여러 사람의 의견을 따라 칠묘제가 합당하다고 주장했다.[68] 그리고 종통의 계승은 손자가 할아버지를 계승하고 아우가 형을 계승했더라도 1세로 간주한다는 원칙을 따랐다. 이는 여전히 천자의 칠묘제를 유지하겠다는 뜻이다. 당시 식민지 상황을 염두에 둔다면 망국의 군주임에도 천자의 예를 주장한 셈이다.

둘째는 배향공신 선정 문제이다. 종묘에 왕을 부묘할 때는 그와 함께 국정에 참여한 신하 중 공이 많았던 자를 선정하여 묘정에 배향했다. 종묘 정전의 남쪽 뜰에 있는 공신당이 배향공신의 신위를 모셔둔 사당이었

---

67 『고종실록』, 고종 36년 11월 12일, 11월 25일.

68 『순종실록 부록』, 대정 10년 2월 16일.

표 5 | 1899년(광무 3) 장조의 부묘 이후 종묘 정전의 신실 현황

신실	1	2	3	4	5	6	7	8	9	10	11	12	13	14	15	16	17	18	19
왕	태조	태종	세종	세조	성종	중종	선조	인조	효종	현종	숙종	영조	장조	정조	순조	문조	헌종	철종	-
대수	1												2	3	4	5	6	7	-

표 6 | 1921년(대정 10) 고종 부묘 이후 종묘 정전의 신실 현황

신실	1	2	3	4	5	6	7	8	9	10	11	12	13	14	15	16	17	18	19
왕	태조	태종	세종	세조	성종	중종	선조	인조	효종	현종	숙종	영조	정조	순조	문조	헌종	철종	고종	-
대수	1												2	3	4	5	6	7	-

다. 고종의 부묘 때도 당연히 배향할 공신을 선정하는 절차가 있었다. 1921년 2월 16일에 배향공신을 정하는 투표를 거행했다. 이날 투표 결과는 박규수 24표, 신응조 25표, 이돈우 25표, 민영환 25표, 최익현 25표였다. 그런데 얼마 지나지 않아 이왕직 장관이 배향공신으로 추천받은 5명의 후보 중에서 최익현이 절혜지전(節惠之典)을 받지 못했으니 배제하고 나머지 4명으로 정할 것을 청하여 허락을 받았다.[69] 절혜지전이란 시호를 내리는 의식을 가리킨다. 정2품 이상을 지낸 인물에게는 사후에 생존 시 행적을 바탕으로 국왕이 시호를 내렸다. 사후에 시호를 받지 않았다면 이는 그가 이룬 공로가 아직 인정받지 못했음을 의미한다. 최익현이 사후 시호를 받지 못했는데 공신당에 들어간다면 이것은 모순이라는 주장이다. 결국 박규수, 신응조, 이돈우, 민영환이 최종 배향공신으로 정해졌다.

셋째는 부묘하는 고종을 세실 대상으로 삼을 것인지를 논의했다. 3월 4일에 주감의 도제조 민영규가 고문 이재완, 제조 민영휘·민병석·윤덕

69 『高宗太皇帝 明成太皇后 祔廟主監儀軌 上』(K2-2218), 下教及上啓, 同日(1921년 2월 26일).

영·윤용구, 장관 이재극, 제조 이재곤 등과 함께 순종에게 고종을 세실의 불천지위로 삼기를 청했다. 세실을 정하는 시기는 시대마다 조금씩 달랐으나 고종의 경우, 3월 19일 담제일이 다가오는데도 이 문제를 논의하지 못했다. 이에 순종은 의견을 널리 물어 보고할 것을 지시했다. 다음 날 장관이 올린 보고에 따르면 이완용, 이지용, 한규설, 이용직, 민영달, 조민희, 박용대, 이병무, 이우면, 성기운, 권중현, 민영기, 윤용식, 조동윤, 김갑규, 김춘희, 김만수, 조영희, 민철훈, 서상훈, 민영찬, 남규희, 정만조 등은 한결같이 여론에 부합하는 것이라며 세실에 찬성했다. 이에 순종은 고종을 세실 대상으로 높이자는 의견을 수락하여 의절을 마련할 것을 지시했다.[70]

마지막으로 경효전에 있는 명성황후에게 휘호를 정하여 올리는 것이다. 조선시대에 왕후가 승하하면 시호와 별도로 '휘호'를 올렸다. 왕보다 먼저 승하한 왕후의 경우, 왕의 부묘 때에 휘호를 올렸다. 명성황후 역시 국상 중에 휘호를 받지 못했다. 그리하여 고종의 부묘에 맞추어 휘호를 올리게 되었다. 이에 따라 명성황후에게 부묘 전인 3월 9일에 '제휘렬목(齊徽烈穆)'이라는 휘호를 정하여 올리고 후호(后號)를 태황후라고 했다. 휘호의 옥책문은 이재완이 지었고, 글씨는 김춘희가 썼다. 옥보(玉寶)의 전문(篆文)은 민영휘가 썼다.[71] 휘호를 올린 후 신주에 이름을 다시 고쳐 적는 제주관은 조동윤이 맡았다.

마침내 1921년 3월 30일 고종의 신주는 종묘에 봉안되었다. 부묘의 절차를 살펴보면 다음 다음과 같은 5가지 주요 절차가 있었다. 첫째 효덕전에 있는 고종의 신주를 종묘까지 옮기는 것, 둘째 경효전에 있는 명성황

---

70 『고종태황제 명성태황후 부묘주감의궤 상』(K2-2218), 하교급상계, 동일(1921년 3월 4일).

71 『明成皇后追上徽號玉冊文』(K2-4054).

후 신주를 종묘까지 옮기는 것, 셋째 부알례(祔謁禮) 및 종묘 대제, 넷째 장조 신주의 조천과 정조 이하 신주의 이동, 다섯째 안신제(安神祭)였다.

부묘 행사와 반차의 차례 등은 부묘 주감의 도제조 및 제조 등이 모여 정했다. 전반적으로 조선식에 준했다. 당시 언론에서는 '고례(古禮)'라고 칭했다. 대략적인 초안은 3월 8일 이전에 마련되었지만 장시사장(掌侍司長) 한창수가 일본에서 들어온 후 더 구체적으로 논의되어 3월 28일에 시행 계획이 순종의 재가를 받았다. 부묘 일정을 시간별로 정리하면 표 7과 같다.[72]

부묘일 효덕전과 경효전의 출발 시간에 차이가 많이 나는 것은 효덕전에 있던 고종 신주가 종묘에 도착한 후 그 의장이 다시 경효전으로 나아가 명성황후의 신주를 모셔 왔기 때문이다. 부묘 시 효덕전은 창덕궁에 있었다. 오후 1시 효덕전에서 출발한 신연(神輦)은 돈화문으로 나와 종로를 따라 종묘 외대문 앞에 멈추었다. 효덕전 외문 안쪽 막차에 있던 배향공신의 신위도 요여(腰輿)를 타고 고종의 신위를 따랐다. 순종은 고종의 가마를 따라 종묘까지 갈 생각이었다.[73] 그러나 그는 결국 고종의 가마를 창덕궁 내 인정문 앞에서 지송(祗送)한 후 창덕궁에서 종묘로 곧장 난 길을 통해서 종묘로 들어갔다. 이날 고종의 부묘를 보기 위해서 전국 각지에서 사람들이 모였다. 『매일신보』에서는 이날 배관자(拜觀者)가 20만 명에 이르렀다고 했다. 창덕궁에서 종묘까지 수많은 사람이 모여 인산인해를 이루었다.[74] 종묘 외대문 밖에서 신주를 신여로 옮긴 후 들어가면 순종이 맞

---

72 『고종태황제 명성태황후 부묘주감의궤 상』, 하교급상계(1921년 3월 6일).

73 『매일신보』, 1923년 3월 8일, 제3면. 당시 기자가 이왕직 예식과장 이항구와 면담한 기사에 따르면 순종은 효덕전에서 고동가제를 친행으로 거행한 후 친족과 귀족을 거느리고 고종의 가마를 따라가는 절차를 예상했다.

74 『매일신보』, 1921년 3월 30일, 제3면.

표 7 | 1921년 고종 부묘 일정

날짜	시간	내용
3월 30일	오전 9시	창덕궁 효덕전 고동가제(친행)
	오전 9시 30분	덕수궁 경효전 고동가제(섭행)
	오후 1~2시	창덕궁 효덕전 신연 출발, 종묘 도착
	오후 5시~6시 30분	덕수궁 경효전 신연 출발, 종묘 도착
3월 31일	오전 0시 30분	부묘례
	오전 1시 30분	별대례 설행
	오전 6시	장조 신주를 영녕전으로 조천
	오전 6시 30분	정조 실 이하 신주를 차례로 옮김
	오전 9시	안신제 거행

이했다. 신여가 정전 남문에 이르면 신주를 내려 신문 앞에 설치된 악차에 봉안했다.

오후 5시에 경효전에서 명성황후 신주가 종묘로 출발했다. 명성황후의 신주는 신연을 타고 덕수궁에서 정동, 서대문로, 종로를 거쳐 종묘 외대문 앞에 이르러 역시 신여로 갈아타고 들어가 정전 신문 앞에서 내려 악차로 들어갔다. 순종은 종묘 외문에서 신여를 맞이했다. 그 후 종묘 정전에 들어가 전알하고 묘내를 봉심한 후 제기의 정결 상태를 점검했다.

오후 6시경 순종은 종묘에 나아가 봉심하고 제기를 살폈다. 아울러 영녕전을 봉심했지만 제기 점검은 섭행으로 했다. 31일 오전 0시 30분에 고종과 명성황후의 신주를 신여에 태워 정전 남문으로 들어가 부알위에 안치한 후 부알례를 거행했다. 그리고 두 신위를 정전 19실에 봉안했다. 1시 30분에 별대제(別大祭)를 순종의 친행으로 거행했다. 아헌관은 이강공, 종헌관은 박영효, 천조관은 민영달이었다. 영녕전에 옮길 신위도 정전에서 같이 지냈는데 이러한 합향(合享) 형식은 『국조상례보편(國朝喪禮補編)』의 규정에 따른 것이었다.[75] 제향은 새벽 5시에 끝났다. 대제를 마친 후 종묘

정전 제13실에 안치되었던 장조의황제와 헌경의황후의 신주를 내어 신여에 태우고 가운데 계단으로 내려와 남문으로 종묘를 나와 영녕전 동쪽 협실 제5실에 옮겨 봉안했다. 장조의 배향공신 위판은 요여에 태워 종묘에서 봉출하여 그 자손에게 전해 주었다. 이어서 정조실 이하 신주와 책보, 의장 등을 차례로 한 칸씩 옮겨 모셨다. 제13실에 정조선황제와 효의선황후, 제14실에 순조숙황제와 순원숙황후, 제15실에 문조익황제와 신정익황후, 제16실에 헌종성황제와 효현성황후·효정성황후, 제17실에 철종장황제와 철인장황후, 그리고 제18실에 고종태황제와 명성태황후의 신주를 봉안했다. 그리고 9시에 안신제(安神祭)를 거행했다.[76] 그리하여 종묘 정전에는 18실 46위가, 영녕전에는 15실 32위가 봉안되었다.

2. 순종의 국장과 부묘

1) 순종의 국장

1874년에 탄생한 순종은 다음 해에 왕세자로 책봉되고, 1897년 대한제국이 성립되면서 황태자로 책봉되었다. 1907년 7월 19일 고종에게 양위받아 황제로 즉위했다. 그러나 1910년 8월 29일 대한제국의 멸망과 더불어 순종은 황제에서 왕으로 강등되었다. 일제강점기에 창덕궁 이왕(李王)으로 예우를 받았으며 1926년 4월 25일에 승하했다. 이에 5월 1일 동경

75 『고종태황제 명성태황후 부묘주감의궤 상』, 하교급상계 동일(1921년 2월 21일).

76 『고종태황제 명성태황후 부묘주감의궤 상』, 하교급상계(1921년 3월 6일).

에서 열린 장의위원회에서는 순종 국장의 기본 방향을 다음과 같이 정했다.[77]

① 국장비는 식장 설비, 의식 거행비, 부대 경비에 사용한다. 묘소의 축조 등 영구적인 경비는 이왕가에서 부담한다.

② 사뢰(賜誄)의 의식을 제외하면 장의(葬儀)는 순전히 조선 고유의 식으로 한다. 복장은 대례복으로 하되 조선인에 한하여 고유한 제복(祭服)을 허용한다.

③ 장의의 기일과 장의 사무 취급 기한은 조선의 관례에 의한다.

④ 장의 사무는 총무계(각계 연락), 서무계(일체 서무), 의식계(제의), 공영계(건축토목), 회계계(물품구매 및 공급, 기타 회계)로 구분한다.

위에서 보는 것처럼 순종의 국장은 고종 때와 달리 조선 고유의 양식에 따라 행하는 것으로 정해졌다. 이는 당시 조선인에 미치는 영향을 고려한 것이었다. 경비 분담 역시 무시할 수 없었다.[78] 순종 국장의 절차를 전통

---

77 『故大勲位李王国葬書類 卷三』(國立公文書館, 葬 00060100) No.6. 이 회의 내용의 일부는 『동아일보』 1926년 5월 5일, 3면 기사에 실려 있다. 일본 국립공문서관에는 순종의 국장 관련 서류가 '故大勳位李王國葬書類'라는 이름으로 편철되어 있다. 이 서류철은 전체 5권으로 148건의 서류가 있다. 서류의 편철은 대략 시간의 흐름을 따르고 있지만 주제별로 정리된 부분도 있다. '대훈위(大勳位)'라는 칭호는 1901년(광무 5)에 일본 천황에게서 받은 '대훈위국장대수장(大勲位菊花大綬章)'에서 비롯한 것이다. 순종의 국장은 '원수(元帥)'의 예로 이루어졌다. 제1권은 순종의 승하부터 장의사무소 설치, 장의위원 구성, 국민과 외국 대사의 조의 표명, 군인 지원, 경찰 경비, 봉결실 준비 등을 다루었다. 제2권은 국장의 전반적인 절차와 봉결식 준비, 국장 촬영 규제 등에 관한 서류를 모았다. 제3권은 장의위원회 회의록을 모았으며 제4권은 각 행사에 사용되었던 인쇄물과 서류 사본으로 별도의 첨부 문서라고 할 수 있다. 제5권은 순종 승하 발표와 국장일에 조선의 동정을 살핀 보고문으로 이 역시 별도로 구분할 수 있다. 제2권과 제3권의 서류철은 내각에서 작성한 원본 서류가 주를 이룬 반면, 나머지는 사본이나 인쇄물 또는 등사물이다.

78 『故大勲位李王国葬書類 卷一』(國立公文書館, 葬 00058100), No. 11, 「国葬儀式ハ朝鮮固

표 8 | 순종 국장의 절차(조선식)

날짜	내용
4월 25일	순종 승하
4월 27일	목욕, 습(襲), 소렴
4월 29일	대렴, 성빈(성전전)
5월 1일	성복
5월 25일	재궁에 '上'자 씀
5월 31일	청시 종묘, 상시호, 개명정(改銘旌)
6월 9일	계찬궁
6월 10일	발인, 산릉 성빈
6월 11일	산릉 정자각에서 계찬궁, 하현궁, 제주(題主), 초우제
6월 12일	반우, 창덕궁 선정전 도착

의식에 따라 정리하면 표 8과 같다.[79]

표 8의 절차는 전통적인 예식을 따른 것이다. 절차나 형식은 전통적인 것과 유사했지만 그것이 지닌 사회적 위상은 달랐다. 이것은 이왕가의 가내 의식이었을 뿐 국장이 아니었다. 무엇보다 이 의식은 조선시대와 달리 정치적 요소는 배제되었다. 조선시대 국상이 지닌 중요한 의미 중 하나는 왕권의 계승이다. 고종이 생전에 순종에게 양위한 경우처럼 살았을 때 왕위를 전했으면 생략하지만 그렇지 않으면 생략할 수 없는 의식이었다. 대행왕의 시신을 재궁에 안치하고 성복(成服)한 후 곧바로 시행하는 의식이 왕위를 전하는 사위의식(嗣位儀式)이었다. 그러나 순종의 국장에서는 이를 찾을 수 없다. 오히려 4월 25일 순종이 승하한 후 그다음 날 곧바로 궁내부 대신이 왕세자 이은(李垠)을 '창덕궁 이왕'으로 칭하는 칙령을 왕세자

有ノ式ニ依ル」.

79 『순종효황제 빈전혼전주감의궤 상』 시일.

에게 전했다.[80] 이미 이왕가 스스로 왕위 계승권을 가지고 있지 않았기 때문이다.

전통적인 상례 의식 중 국장으로 간주된 것은 성빈전(成殯奠), 성복전(成服奠), 사뢰의(賜賚儀), 견전(遣奠), 발인, 봉결식(奉訣式), 침전성빈전(寢殿成殯奠), 하현궁(下玄宮), 반우(返虞) 등이었다.[81] 일본 측에서는 이 의식에 대해 더 상세한 설명을 요구했으며 총독부에서 그에 대한 답변을 보냈다.

「국장으로 거행되는 의식의 순서(國葬儀トシテ行フ諸儀次第書)」(『故大勲位李王国葬書類』 권2, No. 5)는 조선의 고유한 국장 의식 절차를 『국조오례의』에서 발췌하여 보고한 것이다. 「국장으로 거행되는 의식의 독법과 의의(國葬儀トシテ行フ諸儀ノ讀方及意義)」(『故大勲位李王国葬書類』 권2, No. 6)는 제의 절차로 정한 9가지 의식에 대한 독법과 의의를 내각의 요청에 따라 보고한 것이다. 이 설명에서 보이는 조선 상례에 대응하는 일본식 의식을 간략히 표시하면 표 9의 비고와 같다.

이 중에서 성빈전(4월 29일)과 성복전(5월 1일)은 이미 거행했고, 나머지는 차후에 할 의식이었다. 성빈전과 성복전에는 상주와 순종의 친척, 이왕직 고등관, 조선 귀족 등이 참여했고, 일본인이나 장례위원들은 참여하지 않았다.

한편, 사뢰의와 봉결식은 일본식 의식의 주요 절차로 간주되었다. 사뢰의는 고인에게 뇌사(誄辭)를 내려주는 의식으로 조문의 일종이다. 뇌(誄)는 망자의 죽음을 애도하고 그 공덕을 칭송하는 글을 가리킨다. 여기서 사뢰의는 일본 천황이 뇌사를 내려주는 의식이라는 의미이다. 사뢰의 장소는 당시 빈전이었던 창덕궁 선정전이다. 사뢰의를 위한 공간 배치는 그림

80 『순종실록 부록』, 대정 15년 4월 26일.

81 『故大勲位李王国葬書類 卷二』(國立公文書館, 葬 00059100), No. 3, 「國葬諸儀幷日時」; 『순종실록 부록』, 대정 15년 5월 9일.

표 9 | 순종 국장의 주요 의식

	의식명	일시	비고
1	성빈전	4월 29일 오후 5시 30분	正寢移柩の儀
2	성복전	5월 1일 오후 1시	倚廬殿の儀
3	사뢰의	6월 8일 오후 2시	-
4	견전	6월 10일 오전 6시 30분	斂葬當日柩前祭
5	발인	6월 10일 오전 8시	靈轝發靷
6	봉결식	6월 10일 오전 11시	斂葬の儀 中 葬場の儀
7	침전성빈전	6월 11일 오전 1시	斂葬の儀 中 墓所の儀
8	하현궁	6월 11일 오후 10시	玄宮奉遷
9	반우	6월 12일 오전 10시	靈代安置及斂葬後一日權舍祭

7이 참조가 된다. 그림에서 보는 것처럼 찬궁이 있는 빈전이 사뢰의 공간이 되었다. 찬궁과 영좌는 고유의 빈전 모습을 보이고 있지만 그 외 여러 의물은 일본식으로 꾸며졌다.

6월 8일 오후 2시에 장의위원장을 비롯한 참석자들이 자리에 앉고 상주인 영친왕, 영친왕비, 순종비가 자리에 나아간 후 칙사가 자리했다. 칙사가 나아가 부봉(賻賵)을 올리고 배례했다. 이어서 천황의 뇌사를 읽은 후 이를 이왕직 차관에게 전했다. 칙사가 물러난 후 황실의 어사(御使)가 차례대로 나와 타마구시[玉串]를 바쳤다. 이후 상주 이하 참석자들이 순서대로 배례했다.[82] 이들은 6월 10일 봉결식에도 참석했다.

1926년 6월 10일에 순종의 시신을 전 훈련원 광장에 설치한 장례식장으로 옮겨 봉결식을 거행했다. 당시 발인 행렬은 창덕궁에서 나와 와룡동을 경유하여 청계천 관수교를 건너서 황금정 3정목(丁目)과 6정목을 지나

---

82 『故大勳位李王国葬書類 卷二』 No. 16, 「賜誄ノ儀實際時刻布設圖 (其他)」; 당시 칙사와 어사 등의 명단은 다음과 같다『故大勳位李王国葬書類 卷二』 No. 18, 「勅使竝御使御差遣」, No. 19, 「勅使以下皇族御代拜參列」).

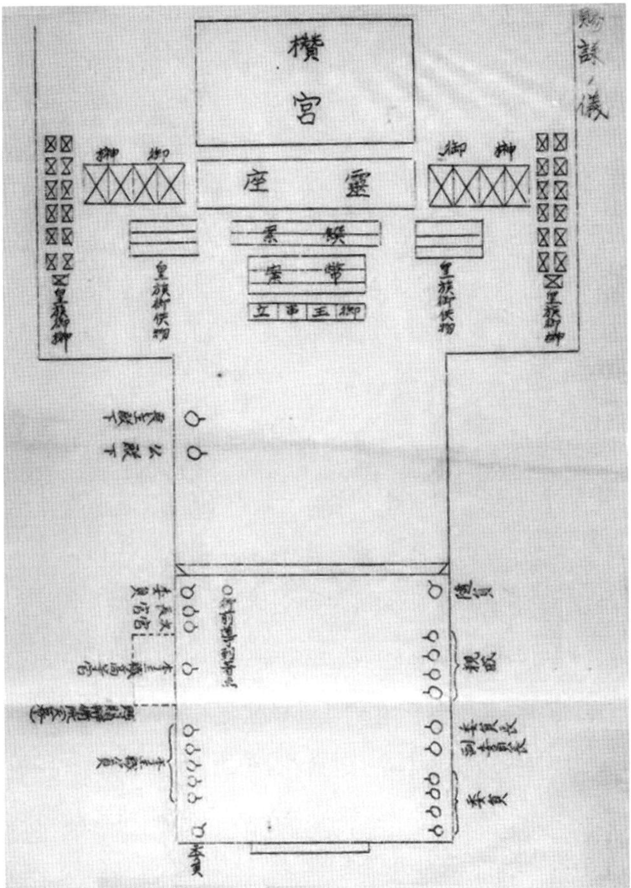

그림 7 | 사리의 반차도

〈당시 칙사와 어사 등 명단〉

	직분	담당자	일정
1	勅使	侍從 子爵 松浦	사리의, 봉결식
2	皇后宮使	皇后宮事務官 西邑清	사리의, 봉결식
3	東宮使·東宮妃使	東宮侍從 本多正復	사리의, 봉결식
4	梨本宮 御代拜	梨宮內附 宮內事務官 三雲敬一郎	봉결식
5	各宮總 御代拜	山階宮附 宮內事務官 香川景之	봉결식

구 훈련원 식장에 도착했다.

봉결식은 국장의 여러 의식 중 가장 성대한 예식이었다. 의식은 대여와 영좌를 전면에 두고 칙사 이하 참여자들이 순서대로 향을 올리고 배례하는 절차로 이루어졌다. 칙사가 향을 올리고 배례를 하고 물러나면 황후궁, 동궁, 동궁비의 사신이 순서대로 진향과 배례를 마치고 물러났다. 칙사와 황실의 어사가 진향을 마치면 상주인 영친왕이 진향과 배례를 행했는데 이때 의장병이 조총을 발사했다. 그다음 여러 참석자들이 이어서 진향과 배례를 행하고 식을 마쳤다.[83]

한편, 순종의 상례는 전통적인 양식에 따라 3년상으로 치렀다. 그러므로 순종 상례의 마지막 의식은 1928년 6월 24일에 거행했던 담제이다. 그러나 이보다 앞선 1928년 5월 3일(음력 3월 14일)에 있었던 대상제나 그 이후 7월 6일 부묘 때 영친왕은 참석하지 않았다. 반면, 1927년 순종의 연제 때 영친왕은 참석했다. 이는 영친왕의 개인적인 일정 때문일 수도 있으나 한편으로 순종 승하 1주기를 기리는 1년제가 연제일에 거행되었기 때문이다. 앞에서 살펴본 고종의 경우, 연제와 1주기 날짜가 달랐다. 연제는 음력으로, 1주기는 양력으로 거행했기 때문이다. 그런데 순종 상례에서는 연제 때 1년제를 겸해 거행했다. 이는 조선식과 일본식을 상호 구별하여 차이를 드러내기보다 상호 결합 방식을 취한 것이다.

1년제를 위해 일본 천황의 칙사 마츠데라 타케오[松寺竹雄]와 황후궁의 어사, 각궁가의 대배(代拜)가 참여했다. 의식은 먼저 새로 만든 연주(練主)를 향탕(香湯)으로 목욕시키고 제주(題主)한 다음 우주와 교체하는 의식부터 거행했다. 그리고 연복(練服)으로 갈아입고 연제를 지냈다. 예찬을 올리고 영친왕 이하 참여자들이 곡하고, 칙사, 어사, 대배 등의 배례와 헌작

83 『故大勳位李王国葬書類 巻二』 No. 17, 「奉訣式ノ儀實際時刻齋場布設圖」.

등이 있었다. 예식이 끝난 후에는 우주를 종묘로 옮겨 매안했다.[84] 이후 조선식에서는 혼전에 모셔진 연주를 중심으로 상식(上食)을 올리며 상례를 이어갔다. 그러나 이 1년제는 순종 국장의 공식적인 종결이었다. 이는 1926년 12월에 제정된 「왕공가궤범(王公家軌範)」을 통해서도 짐작할 수 있다. 1917년에 일본에서는 조선 왕족과 공족의 범위, 신위(身位), 재산, 친족, 상속 등을 규정한 「왕공가궤범」을 제정했지만 이 법안은 1926년 12월 1일에야 공포되었다. 여기에는 상례에 대한 규칙이 포함되었는데 상기(喪期)를 최대 1년으로 정했다. 즉, 부모의 상을 1년으로 하고, 조부모의 상을 150일로 정했다.[85] 이러한 규정에 따르면 이왕가 상례의 마지막 제의는 1년제가 되지 않을 수 없었다. 연제에는 참여했지만 대상제와 담제에는 참여하지 않은 영친왕의 행보는 이러한 공식 일정에 맞춘 것으로 보인다.

이러한 사정을 잘 보여주는 것이 연제 후 조선호텔 다과회이다. 15일에 연제를 마치고 16일 저녁에 조선호텔에서 영친왕과 그 친척, 귀족, 기타 300여 명이 모여 다과회를 개최했다.[86] 영친왕의 왕위 계승을 축하하는 자리였다. 왕위 계승은 순종 사망 후 곧바로 이루어졌지만 상중이라 축하할 수 있는 상황이 아니었다. 조선시대의 경우 사왕(嗣王)의 공식적인 행사는 3년상이 모두 끝난 후 부묘 때부터 나타났다. 그러나 일제강점기 왕실 상례는 1년제를 기준으로 했으므로 공식적으로는 모든 상례 절차가 끝났다. 그러므로 왕위를 계승한 영친왕을 위해 축하 자리를 마련한 것이다. 하지만 조선식으로 본다면 아직 상례가 끝난 것이 아니므로 궁궐 밖 조선호텔에서 축하연을 마련했다.[87] 이후 영친왕은 18일에 남쪽으로 순유

---

84 『부산일보』, 1927년 4월 16일, 제7면.

85 「왕공가궤범」, "제186조 부(父), 모, 부(夫)의 상은 1년으로 한다. 제187조 조부모, 부의 부모, 처의 상은 150일로 한다."

86 『경성일보』, 1927년 4월 16일, 제1면.

(巡遊)를 떠났다. 대구를 경유하여 경주에 가서 이틀을 묵은 후 마산, 진해를 거쳐 22일에 부산에서 배를 타고 일본으로 갔다.[88]

2) 순종의 부묘

(1) 신실의 물적 구성

1928년 5월 3일(음력 3월 14일)에 순종의 대상제(大祥祭)가 있었다. 승하한 지 음력으로 2주기가 된 것이다. 이어서 6월 24일 담제를 마지막으로 순종의 상례 절차가 모두 끝났다. 물론 이것은 조선과 대한제국의 전통에서 볼 때의 이야기이다. 마침내 7월 6일(음력 5월 19일)에 순종의 신주를 종묘에 봉안하는 부묘례를 거행했다. 조선시대 담제일이 종묘 대제를 거행하는 달이거나 전달에 있으면 대제 때를 기다려 부묘하고, 두 달을 기다려야 할 경우에는 담일이 있는 달에 별도로 날을 잡아서 부묘례를 거행했다. 순종의 부묘 역시 이 전례에 근거하여 담제를 거행한 음력 5월에 부묘일을 정했다.

순종의 부묘 때 순명효황후의 신주도 같이 종묘에 봉안했다. 순명효황후는 1882년 세자빈으로 책봉되어 안국동 별궁에서 순종과 가례를 행했다. 1897년 대한제국 건립 후 황태자비로 책봉되었으나 1904년 경운궁 강태실에서 33세로 죽었다. 이후 순종이 황제로 즉위한 후 황비로 추봉되었다. 순명효황후의 신주는 의효전에 봉안되어 있었다. 의효전은 원래 덕수궁에 있었다가 고종 사후 창덕궁으로 옮겨졌다. 순종의 부묘 때를 기다려

---

87 『매일신보』, 1927년 4월 10일, 제2면.

88 『조선신문』, 1927년 4월 17일, 제2면.

표 10 | 1928년 순종의 부묘 일정

날짜	시간	내용
5월 3일 (음력 3월 14일)		효녕전 대상제
6월 22일	오후 2시	의효전 상휘호, 개제주
6월 24일		효녕전 담제
6월 25일		주감당상 이하 회동
7월 5일		습의
7월 6일	오전 8시	효녕전, 의효전 고동가제
	오후 2시	효녕전 신여 출발
	오후 5시 30분	의효전 신연 출발
	오후 8시	부알례
	오후 9시	별대제
7월 8일	오전 9시	순종 어진 선원전 봉안

의효전의 신주도 같이 종묘로 옮긴 것이다.

왕후의 경우, 부묘에 앞서 휘호를 올리는 관례에 따라 순명효황후의 휘호를 정해야 했다. 1929년 5월 3일에 어친척, 귀족, 제원의 당직 장관이 함께 모여 왕후의 휘호를 '경현성휘(敬顯成徽)'로 정했다. 이에 휘호를 새긴 보(寶)와 책문(冊文)을 제작하여 6월 21일에 의효전에 올리고 신주의 이름을 다시 고쳤다.

부묘는 종묘에 새로운 신주를 들이는 의식이었다. 즉, 사망한 왕의 새로운 집을 마련하는 과정이었다. 정전 제19실로 들어갈 예정인 순종을 위해 종묘에서는 여러 가지를 준비해야 했다. 그중 가장 중요한 것은 순종이 들어갈 신실을 꾸미는 것이었다. 부묘는 선왕이 있는 기존 사당에 들어가는 의식이지만 한편으로는 독립된 하나의 사당을 만드는 과정이었다. 독립된 건물이 아니라 한 건물 내에 실 한 칸을 배정받는 것이지만 그 신실은 독립된 구조를 가진다. 각각의 묘호를 가진 신실은 독립된 왕의 사

표 11 | 종묘 신실 내부 물품

구분	주요 물품
주렴 및 휘장	격렴 2부
	주렴 1부
	동벽 격장 1건
	황주 좌우 격장 2건
	황주 내면장 1건 황주 중면장 1건
	황주 앙장 1건 황주 외면장 1건
	현장차황향사 3갑바
가구	감실 1좌
	신탑 1좌
	보장 1좌
	책장 1좌
	답장 1좌
	제상 5좌(전내 4, 외준소 1)
의장	봉선 1개, 용선 1개, 봉개 1개, 용개 1개, 받침대 2좌

당이다. 이를 위해서 신실에는 감실(龕室), 책장(冊欌), 보장(寶欌), 신탑(神榻), 제상(祭床) 등의 가구와 주렴(朱簾)과 휘장(揮帳), 선개(扇蓋) 등의 의장을 각각 갖추어야 했다. 이와 같이 부묘는 기존의 사당에 신주만 봉안하는 의식이 아니라 이러한 의물을 갖추어 완벽한 사당을 조성하는 과정이었다.

부묘 시 순종이 입묘하는 신실은 종묘 정전 제19실이었다. 종묘 제19실을 새로 조성하는 데 필요한 물품을 살펴보면 먼저 신실을 가리고 보호하는 주렴과 휘장이 있다. 종묘 정전의 내부는 벽이 없고 기둥만 있으므로 신실끼리는 서로 통하는 구조이다. 주렴과 휘장은 이러한 개방 구조에 가림막 역할을 했다. 주렴 1부와 좌우 격렴(隔簾) 2부가 이 역할을 했다. 그리고 황주(黃紬) 내면장(內面帳), 중면장(中面帳), 외면장(外面帳), 앙장(仰帳), 격장(隔帳) 등이 감실을 감싸고 전면을 가렸다. 순종의 신실은 정전 맨 오른쪽에 있기 때문에 방의 동쪽 벽에는 황목(黃木)으로 만든 격장 1건이 더 있었다.

신실 내에 비치되는 주요 가구로는 감실, 신탑, 책장, 보장, 제상 등을 들 수 있다. 감실은 신주를 보관하는 신주장으로 신실 북벽 가운데 자리했다. 제상에 가려지지 않도록 하단을 높였고 신주를 놓아 두는 내부는 전면이 열려 있는데 주렴으로 가렸다. 그 앞에 설치된 신탑은 제사 때 신주를 안치하는 평상이다. 역시 제상에 가려지지 않도록 일반적인 평상보다 높게 만들었다. 신주장 좌우에는 책장과 보장이 있다. 신탑 앞쪽에 제상이 놓인다. 제상은 4개 탁자를 연결하여 사용했다. 나머지 하나의 탁자는 지게문 밖에 두는 준상(尊床)으로 사용했다. 지게문 안쪽 좌우에는 받침대[機]를 두어 봉선(鳳扇), 용선(龍扇), 봉개(鳳蓋), 용개(龍蓋) 1개씩을 각각 세웠다.

(2) 부묘의 인력 구성

1928년 순종 부묘에 관한 기록으로 『순종 효황후 부묘주감의궤(祔廟主監儀軌)』가 남아 있다. 이는 부묘를 맡은 주감이라는 임시 관청에서 행사를 마치고 정리한 의궤이다. 주감은 조선시대 국가의 큰 행사 때 설치되는 임시 관서인 도감을 본받아 붙인 이름이다. 그러나 당시 주감은 형식적인 기구였다. 부묘주감을 설치하기 위해 도제조와 제조가 선정되고[89] 이들이 처음으로 회동한 때는 1928년 6월 25일이었다. 부묘일이 7월 6일임을 생각하면 이는 매우 늦은 임명이었다. 행사 전 준비해야 할 여러 가지를 고

89 『純宗 孝皇后 祔廟主監儀軌 上』, 下教及上稟, 동월(6월) 25일.

려하면 도제조와 제의가 실질적인 일을 처리하기는 불가능했다. 당시 부묘에 대한 논의는 5월 대상제부터 보이기 시작했다. 부묘 날짜를 정하는 것부터 여러 현안들이 이때부터 논의되었다. 그때 논의의 주체는 도제조가 아니라 이왕직 장관이었다. 또한, 부묘 행사는 이왕직 직원을 중심으로 구성된 행렬계(行列係), 설비계(設備係), 접대계(接待係), 수부계(受付係), 구호계(救護係) 등에서 맡았다. 행렬계는 부묘 행렬에 동원된 군정(軍丁)을 감독하고 대열을 정돈하는 일을 맡았다. 설비계는 악차(幄次), 천막, 식사장소, 공소(控所), 휴게소 등을 설치하는 일을 담당했다. 접수계는 습의일과 부묘일에 행렬에 참여하는 사람들에게 음료를 배급하는 일을 했다. 수부계는 창덕궁 금호문과 종묘 정문에서 접수를 받고 응대하는 일을 준비했다. 구호계는 불시에 다치거나 병이 난 자를 구호하는 일을 맡았다.[90]

순종의 부묘례를 이왕직 직원 중심으로 수행한 것은 부묘 반차에 필요한 차비관을 선정하는 데도 마찬가지였다. 7월 6일 부묘 의식은 ① 순종의 신주 이동, ② 효황후의 신주 이동, ③ 부알례, ④ 별대제 순서로 진행되었다. 창덕궁 효녕전과 의효전에 있는 신주를 신여에 모시고 종묘로 이동하는 과정은 대행 왕과 왕후가 궁궐에서 가지는 마지막 행차였다. 창덕궁에서 종묘까지는 먼 거리는 아니지만 부묘 행차는 국왕의 격식에 맞게 화려한 의장과 기구, 직책의 인력이 동원되었다. 이를 위해서는 많은 인력이 필요했는데 이들을 '차비관(差備官)'이라고 했다. 조선시대를 기준으로 하면 차비관은 당연히 시·원임 관원, 내시, 군인 등이 맡았다. 부묘는 국가의 공식적인 행사이기 때문에 관원이 맡는 것은 당연한 일이었다. 그러나 일제강점기 이왕가의 상례는 국가의 공식적인 행사가 아니었다. 이왕가 자체 행사였고, 그에 필요한 인원 역시 이왕직에서 자체적으로 조달

90 『순종 효황후 부묘주감의궤 상』, 「사무 분담 내규」.

해야 했다.

그런데 고종과 순종의 국장 또는 부묘 때 일부 사람들은 반차 행렬 참여를 마치 조선시대 벼슬길에 오르는 것처럼 여겨 앞다투어 참여하고자 했다. 그 과정에서 많은 뇌물이 오가는 불미스러운 일들이 발생했다.[91] 특히 고종의 부묘 때는 이러한 경향을 일부 세력이 조직적으로 부추겨 비리를 일삼는다는 의혹이 제기되었다. 차비관을 원하는 사람에게 참봉이나 전위 등의 직첩을 팔아 돈을 챙기는 것이었다. 당시 부묘주감의 제조였던 윤덕영과 이왕직 직원이 의혹을 사서 경찰의 취조를 받기까지 했다. 결국 증거 불충분으로 불기소되었지만 이러한 전례로 인하여 순종의 부묘 때는 도제조 이하 참렬원(參列員)과 차비원의 대부분을 이왕직 직원으로 임명하고 몇몇 중요한 참렬원만 구신(舊臣)이나 종친에서 임명했다.[92] 행렬을 따라가는 배종 인원도 대한제국 시기 종2품이나 종3품 이상의 궁내부 관원 또는 이왕직 고등관을 지낸 사람에게만 허용했다.[93] 이렇게 외부인을 가능한 한 배제하고 이왕직 내부 사람을 차비관에 임명함에 따라 갓을 쓸 줄 모르고 나막신을 신은 일본인도 이왕직 관원이라는 명목으로 차비관으로 참여하는 기이한 풍경이 펼쳐지기도 했다.[94]

표 12는 순종 부묘 시 효녕전에서 종묘까지 이어진 반차의 차비관 중 일부 명단이다. 순종의 혼전인 효녕전에서 종묘까지 오는 부묘 반차 행렬을 구성하는 데 72명의 차비관이 필요했다. 이 중에서 대한제국기에 관직에 있었던 사람이나 당시 군인으로 참여했던 사람을 제외하면 표 12와 같이 대부분 이왕직 직원이었다. 그중에서도 참봉이 많이 참여했다는 사실

91 김대호(2011), 앞의 논문, 11쪽.

92 김대호(2011), 앞의 논문, 25쪽.

93 『동아일보』, 1928년 7월 5일, 제2면.

94 『동아일보』, 1928년 7월 7일, 제2면.

표 12 | 순종 부묘 시 반차 차비관(효녕전 동가)

차비	관직	성명
전도	전사	이성묵
		유해종
신여차비	통역관	宮島敏雄
	속	三原英彦
예식과 고등관	사무관	박주빈
효녕전 관리	전사	이원승
	촉탁	정만조
예식과장	사무관	이항구
찬시	찬시	김영갑
		현백운
향로 차비	전사보	김진태
향합 차비	기수	조한정
섭사복정	속	이겸성
섭장례	속	민취식
궤 차비	참봉	조승호
대 차비	속	이태식
상 차비	참봉	유시혁
파 차비	참봉	서상윤
출납 대축	참봉	조병덕
		김용한
낭청	참봉	유인식
		이재찬
		이택승
		김용묵
		이달영
		이수용
감조관	참봉	이병욱
		이중만
		이겸구
		김사필

차비	관직	성명
감조관	참봉	김제헌
		한상목
봉교명관	전사보	김정진
봉거안 집사	참봉	고희천
봉을해죽책관	속	고철
봉을해옥인관	전사보	임광훈
봉거안 집사	참봉	이기소
봉정유금책관	속	이정구
봉정유금보관	속	이병희
봉거안집사	참봉	도진오
봉시책관	전사보	고희정
봉시보관	참봉	유시찬
봉거안집사	속	이규문
효녕전 전사보	전사보	김용면
효녕전 전위	전위	이병재

자료: 『부묘시 차비관급제관표』(K2-4771)

을 알 수 있다. 능소에 흩어져 있던 이들이 부묘 반차에 차비로 참여했다.

이렇게 순종과 순명왕후의 신주가 종묘에 도착한 후 오후 8시에 부알례를 거행했다. 부알례는 조상의 사당에 처음으로 들어가는 신위가 선왕을 알현하여 부묘 사실을 아뢰는 의식이다. 부알례는 입문 의례의 성격을 가장 잘 보여주는 절차였다. 종묘 마당의 월대 가운데 난 신로(神路) 동편에 부알위(祔謁位)를 설치하고 2명의 신위를 모셨다. 자리에 있는 왕과 왕후를 대신하여 섭통례가 곁에 부복하고 꿇어앉아 "길일에 순종효황제, 순명효황후가 부알합니다"라고 선왕과 선후에게 아뢰었다. 부알례를 마치면 왕의 신주와 왕후의 신주를 다시 신여에 태우고 묘정의 태계(泰階)를 통하여 정전에 올라가 새로 마련된 신실 문 앞에서 내렸다. 대축과 궁위령이 신주를 각각 받들어 신실로 들어가 신탑에 안치했다.

표 13 | 순종 부묘 시 별대제 제관표

직책	담당자
초헌관	이강공
아헌관	박영효
종헌관	홍순형
천조관	윤용식
전인관	이성묵
전사관	참봉 조병억
당상 집례	속 민긍식
당하 집례	전사보 김정진
집준	속 이종룡
집준	전사보 임광훈
대축	전사보 이재영
대축	전사보 한상희
대축	전위 윤장섭
묘사 겸 축사	전사보 김용면
축사	전사보 정운덕
재랑	전사보 고희정
재랑	전사보 김진태
봉조관	전위 이병재
협률랑	참봉 이수용
찬자	촉탁 김용규
찬자	전사보 유기형
관세위	참봉 이병렬
관세위	참봉 한상목
작세위	참봉 이겸구
찬인	참봉 유기종
알자	속 박래원
공신위 헌관	참봉 김용한
공신위 축사	참봉 이병욱
공신위 재랑	참봉 이택승

자료: 『부묘시 차비관급제관표』(K2-4771)

오후 9시에는 별대제를 거행했다. 당시 영친왕은 조선에 들어오지 않았다. 5월에 대상을 마치고 돌아간 영친왕은 군무에 전념하여 8월에 육군 정기 이동 때 소좌로 임관받고 대대장으로 근무하기로 내정되어 있었다. 이를 위한 보병학교 대대 교련 연습 등으로 인해 참석이 어려웠다.[95] 이에 부묘 대제의 초헌관은 이강공이 맡았다. 당시 헌관과 집사자를 보면 초헌관 이강공, 아헌관 박영효, 종헌관 홍순형, 천조관 윤용식 등이었다. 나머지 집사자들은 이왕직 직원들이었다. 그중 대부분은 앞에서 부묘 반차에 참여했던 전사보와 참봉들이었다.[96] 별대제는 정기제 절차를 따라 삼상향(三上香), 관지(灌之), 헌폐(獻幣)가 있은 후 초헌, 독축, 아헌, 종헌, 음복, 철변두, 망료의 순서로 진행되었다.

3) 친일파의 묘정 배향

순종의 반차 행렬을 이전 것과 비교하면 두 가지가 존재하지 않았다. 첫째는 사왕(嗣王)이다. 순종의 부묘 의식을 주도한 것은 영친왕이 아니라 이강공이었다. 영친왕은 군사 일정으로 부묘에 나오지 않았다. 부묘는 공식적으로 선왕의 신주를 종묘에 봉안하는 의식이므로 선왕이 주인공이다. 그러나 조선시대 부묘에서 또 다른 주인공은 사왕이었다. 선왕의 신주를 종묘에 봉안하는 부묘 의식은 종묘의 새로운 주인인 사왕의 지위를 보여주는 것이기 때문이다. 상례 후 처음으로 이루어지는 부묘 의식은 사왕

95 『경성일보』, 1928년 6월 21일, 제2면.

96 『祔廟時差備官及祭官表』(K2-4771). 이 책에는 아헌관 박영효의 이름 아래 밑줄을 치고 '尹德榮'이라고 적었다. 동아일보 1928년 7월 5일 기사에도 부묘제 아헌관은 박영효로 되어 있다. 당일 사정으로 윤덕영으로 변경되었을 수도 있다.

의 권력을 처음으로 보여주는 장이었다. 그러나 영친왕의 부재는 이러한 사왕의 자리를 보여주지 못했다.

또 하나는 배향공신(配享功臣)이었다. 종묘 묘정에 있는 공신당은 국왕과 신하가 같이 국정을 운영한다는 유교 정치 이념을 상징적으로 보여주었다. 그리하여 국왕이 승하하여 상례를 마친 후 부묘를 준비할 때는 배향공신을 정하여 종묘 묘정에 모실 준비를 했다. 순종의 경우에도 마찬가지였다. 1928년 5월 3일에 왕실 친척과 귀족, 이왕직 장관이 모여 순명효황후의 추상휘호를 정한 후 같은 날 순종의 묘정에 들어갈 배향공신을 투표로 뽑았다.[97] 당시 배향공신의 후보는 영의정 이유원, 영의정 서당보, 좌의정 송근수, 좌의정 김병덕, 영의정 김병시, 우의정 정범조, 경연관 송병선, 증의정(贈議政) 이경직, 총리대신 이완용, 참정(參政) 서정순 10명이었다. 투표 결과는 송근수 2점, 김병덕 2점, 김병시 6점, 정범조 1점, 이경직 4점, 이완용 1점, 서정순 2점이었다. 이에 송근수, 김병시, 이경직, 서정순 4명을 배향공신으로 정하여 왕에게 올렸다.

그러나 그 결과를 받은 이왕직 장관 한창수는 추천된 4명 중 최고점을 받은 김병시와 이경직을 보류하고, 그 대신 이전 내각 총리대신이었던 후작 이완용을 넣어 3명으로 재결되었다고 보고했다. 이에 투표에 참여한 박영효, 민영휘 등 9명이 모여 그 불가함을 이왕직 장관에게 알리며 반대했다.[98] 원로대신과 친척의 투표로 정해진 결론을 번복한 일은 고종의 배

---

97 『순종효황제 순명효황후 부묘주감의궤 상』(K2-2250), 「하교 급 상품」(1928년 5월 3일). 당시 배향공신 선정에 참여한 사람 명단은 다음과 같다. 장관 남작 한창수, 후작 박영효, 자작 민영휘, 자작 윤덕영, 윤용구, 조동희, 자작 이재곤, 백작 이지용, 남작 이윤용, 한규설, 남작 박기양, 자작 이하영, 이우면, 남작 민상호, 백작 고희경, 김만수, 윤용식, 서상훈, 남규희, 정만조 20명이다. 동아일보 1928년 5월 11일 기사에 실린 명단에는 장관 한창수가 빠져 총 19명이다.

98 『동아일보』, 1928년 5월 11일, 제2면.

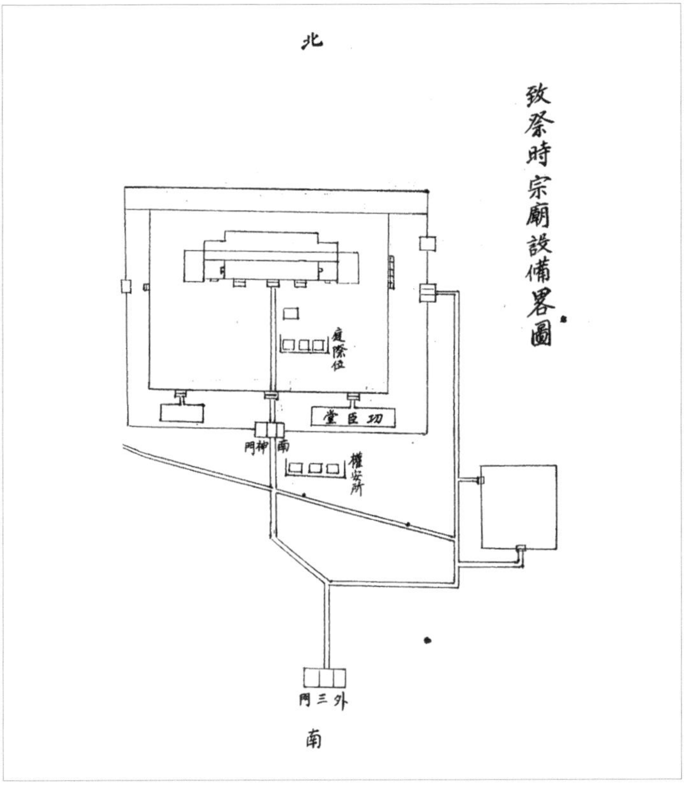

그림 8 | 순종 배향공신 배향 시 배치도(『순종효황제순명효황후부묘주감의궤』, K2-4772)』

향공신 선정 때도 있었다. 이미 선정된 최익현을 시호를 받지 못했다는 이유로 배척한 것이다. 그런데 이번에는 투표 결과, 최고점을 받은 자를 배척하고 시호도 받지 않은 이완용을 임의로 추가한 것이다. 애초 순종 배향공신을 정할 때 후보가 9명이었는데 이왕직 장관 한창수가 이완용을 후보로 추천하여 10명이 되었다. 그럼에도 투표 결과, 이완용은 1표만 받았고, 1표도 고희경 백작이 한창수의 부탁으로 마지못해 투표한 것이었다. 이에 대해 한창수는 시노다 지사쿠[篠田治策] 차관의 요청이었다고 변명했다. 『동아일보』에서는 시노다 지사쿠가 이완용의 차남인 이항구 장시사장

(掌侍司長)과 의리가 두텁기 때문이라고 분석했다.[99] 이러한 상황에서 결국 부묘와 동시에 진행되어야 할 공신 배향은 보류되었다. 배향공신 논의에서 드러난 갈등은 이왕직의 실세와 구신 간 갈등이라고 할 수 있다.[100]

이렇게 보류되었던 공신 배향은 1940년에야 완료되었다. 당연히 이왕직 실세의 의견대로 이루어졌다. 현전하는 문서에 따르면 1940년 2월 9일부터 배향공신의 묘정 배향이 준비되었다.[101] 3월 11일에는 좌의정 문헌공 송근수의 집에 위판을 가져가 제주(題主)한 후 교서를 선포하고 제사를 지냈으며 3월 12일에는 총리대신 이완용, 3월 13일에는 서정순의 위판을 만들고 교서를 선포한 후 제사를 지냈다.[102] 그리고 3월 15일 오후 1시에 종묘에서 순종실 묘정 배향공신 고유제를 지낸 후 이들을 배향했다.[103] 선왕

---

99 『동아일보』, 1928년 5월 11일, 제2면.

100 김대호(2011), 앞의 논문, 23쪽.

101 『純宗孝皇帝 純明孝皇后 祔廟主監儀軌(稿本)』(K2-4772), 「廟庭配享ニ關スル件」(소화 19년 2월 9일 기안). 이 의궤는 『순종효황제 순명효황후 부묘주감의궤』(K2-2250)의 초고에 해당한다. 이 책 후반부에 1940년 배향공신 배향에 관한 문서가 덧붙여져 있다. 『순종 순명효황후 부묘주감의궤』(K2-2250)에는 이 내용이 없다.

102 『종묘숙직일지』(K2-4817, 2-1), 소화 15년 3월 11일~13일. 배향공신의 제주 시 헌관 및 차비관 명단은 다음과 같다[『순종효황제 순명효황후 부묘주감의궤』(초고)].

구분	송근수	이완용	서정순
교서 제술관	촉탁 이재영	촉탁 이재영	촉탁 이재영
제관	전사 이정구	전사 김충진	전사 정연교
감찰관	전사 片淵梅次郎	전사 片淵梅次郎	전사 김충진
제위판 봉상소관	전사보 임기호	전사보 임기호	전사보 김준선
독교관	전사보 이병렬	전사보 이병렬	전사보 이병렬
차비관	전사보 김준선 전사보 윤장섭	전사보 고응한 전사보 이광수	전사보 윤장섭 전사보 장용이
제주관	속 이병희	속 이병희	속 이병희
전교관	전사보 이우식	전사보 김준선	전사보 이광수
거안집사	전사보 장용이	전사보 장용이	전사보 고응한

103 『종묘숙직일지』(K2-4817, 2-2), 소화 15년 3월 15일.

의 부묘례에서 배향공신이 종묘 묘정으로 들어가는 문은 서문으로 규정되어 있다.[104] 그러나 순종의 배향공신을 묘정에 배향할 때는 공신의 위판을 남신문의 서협문으로 들여왔다.[105] 부알위 남쪽에 북향으로 설치된 정제위(庭際位)에 위판을 안치하고 독교서관이 교서를 읽었다. 읽기를 마치면 봉상소 관원이 위판을 공신당에 봉안했다.[106]

순종 배향공신의 배향이 있기 며칠 전인 3월 9일은 이완용의 아들인 이항구가 장관으로 부임한 날이었다. 이항구는 부임 후 첫 행사로 자신의 부친을 종묘에 배향했다. 이는 강제 합방을 주도하고 협력한 친일 세력을 공신으로 공인하는 것이었다.

3. 영친왕의 종묘 행차

일제강점기 종묘 제향의 주인은 이왕(李王)이었다. 조선과 대한제국의 왕위를 계승했지만 이미 식민지가 된 조선에서 이왕은 어떠한 통치권도 가지고 있지 않았다. 이왕가의 수장으로 이왕가 종묘 제향의 주제권만 가지고 있었다. 일제강점 이후 이왕으로 강등된 순종이 종묘를 처음 찾은 것은 1911년 2월 7일이다. 이때 종묘 방문은 제향을 지내기 위한 것이 아니

104 『국조상례보편』, 「부묘의」, 神主詣宗廟, "功臣腰轝, 止於廟南門外近南北向, 俟神主陞祔後, 執事者, 捧位版, 從西門入, 安於位." 이 규정은 고종 부묘 시에도 그대로 적용되었다. 『고종태황제 명성태황후부묘주감의궤』, 「高宗太皇帝神主詣宗廟儀」, "功臣腰轝, 止於廟南門外近南北向, 俟皇帝神主, 皇后神主陞祔後, 執事者, 捧位版, 從西門入, 安於位."

105 『순종 순명효황후 부묘주감의궤』(K2-4772), 「功臣位版宗廟配享ノ儀」, "正刻ニ 奉常所ハ三功臣位版ヲ捧シ南神門西夾門ヨリ入リ庭際位ニ安ス".

106 『종묘숙직일지』(K2-4817, 2-2), 소화 15년 3월 15일.

표 14 | 일제강점기 순종의 종묘 방문

날짜	종묘 방문 목적	비고
1911.02.07	전알	
1912.03.09	전알	
1913.02.25	전알	
1914.03.11	전알	
1915.02.23	전알	
1917.04.21	전알	
1921.03.31	고종 부묘 별대제(친행)	
1921.04.13	전알	
1921.05.10	하향대제 친행	
1921.11.14	전배(후 동향대제 섭행)	
1922.03.10	전알	
1922.04.29	전알(왕세자비 묘현례)	
1922.05.01	하향대제 친행	왕세자 동반
1922.11.23	동향대제 친행	
1923.02.19	전알	
1923.05.23	하향대제 친행	
1923.11.10	동향대제 친행	
1924.11.03	전알	

라 알현만 한 것이었다. 오전 11시에 궁에서 출발해 북장문을 통해 종묘에 도착해 전알례를 행하고 오후 1시에 돌아갔다.[107] 고종이 승하하기 전까지 순종은 1년에 한 번 정도 전알을 행했으며 친행은 보이지 않는다.

전알은 사당에 나아가 절하고 봉심하는 간략한 예식이다. 술을 올리는 작헌례가 없으며 희생이나 제물을 올리는 제향보다 훨씬 단순한 의식이다. 시간에 구애받지 않기 때문에 제향 공간에 쉽게 접근할 수 있다는 장

107 『본서재관입직일기』(K2-5041), 명치 44년 2월 7일.

점이 있다. 국왕의 전알이라고 하더라도 국왕만 참여하지는 않는다. 왕실 공족과 친척, 이왕직 고등관, 귀족 등을 대동하고 참배하는 것이 일반적이었다. 예를 들어, 1914년 3월 11일 전알 때는 이왕직 장관 이하 고등관 및 종척(宗戚), 귀족 등 여러 사람이 참여했다.

순종이 종묘에 적극적으로 나선 것은 1921년 고종의 부묘 이후였다. 순종은 1921년 3월 31일에 고종을 부묘하는 대제를 친행으로 거행했다. 이때 아헌관은 이강공, 종헌관은 박영효, 천조관은 민영달이었다. 섭행 때와 달리 당상(堂上)과 당하(堂下) 집례를 세웠고, 집준(執尊), 대축, 축사(祝史), 재랑, 봉조관을 모두 19명씩 뽑아 정전의 18실과 부묘하는 고종의 악차(幄次)에 배치했다. 이들 숫자만 해도 95명이나 되었다. 일제강점기 종묘 제향 중 가장 성대한 의식이었다.

고종의 부묘 이후 순종의 종묘 행차는 이전보다 늘었다. 매년 1회 이상 전알이 있었고, 1921년에서 1923년까지 하향대제와 동향대제를 친행으로 거행했다. 국왕의 종묘 대제 친행은 당연히 종묘에 대한 관심을 불러일으켰다. 섭행에 비해 친행은 더 많은 집사자를 필요로 했다. 기본적으로 삼헌의 헌관을 모두 갖추고 대축, 집준, 재랑 등의 수를 대폭 늘리기 때문이다.

1921년 11월 4일 종묘 동향대제는 친행의 예식에 맞춘 섭행이었다. 순종은 3일 2시 30분에 종묘에 도착하여 3시에 전배례(展拜禮)를 행하고 환궁했다. 이후 저녁 8시부터 종묘 제향을 섭행으로 거행했는데 특별히 '친행의 행례(行禮)'에 따라 거행했다. 그리하여 당시 일반적인 섭행과 달리 삼헌의 헌관을 갖추고 진폐찬작관과 전폐찬작관을 두었으며 당상집례와 당하집례 18명의 대축이 있었다. 당시 섭행에 초헌관이 종헌관을 겸하고 아헌관이 천조관을 겸했던 것에 비하면 이는 매우 성대한 예식이었다.

종묘에 대한 순종의 관심은 당시 종묘 행사와 연관된 점도 있었다.

표 15 | 순종의 종묘 친행 시 헌관과 천조관

구분	1921 하향대제	1921 동향대제	1922 하향대제	1922 동향대제	1923 하향대제	1923 동향대제
제향일	1921.05.10 (음4.3)	1921.11.04 (음10.5)	1922.05.01 (음4.5)	1922.11.23 (음10.5)	1923.05.23 (음4.8)	1923.11.10 (음10.2)
초헌관	순종	후작 이완용	순종	순종	순종	순종
아헌관	후작 윤덕영	백작 이지용	왕세자	자작 민병석	후작 박영효	백작 이완용
종헌관	백작 이지용	윤용식	후작 윤덕영	미상	자작 이재곤	자작 이재곤
천조관	남작 민영달	남작 민영기	남작 윤용구	남작 윤용구	남작 윤용구	남작 민영기
비고	친행	-	친행	친행	친행	친행

자료: 『종묘일기』(K2-4820)

1921년 고종의 부묘와 1922년 왕세자비의 묘현례는 종묘를 배경으로 한 왕실의 주요 행사였다. 고종의 부묘는 한 시대의 끝을 보여주었다. 한편, 왕세자비의 종묘 묘현례도 큰 사건이었다. 미래 왕위 계승을 보여줄 뿐만 아니라 일본제국과 혈연으로 결합되는 과정을 상징적으로 보여주는 의식이었기 때문이다.

한편, 영녕전 어보(御寶) 분실 사건이 있었다. 1924년 4월 10일 영녕전 제8실 덕종실과 제9실 예종실의 금보가 도난을 당했다.[108] 이에 4월 14일에 종묘 위안제를 거행했다. 5월 6일 하향대제는 섭행이지만 친행의 예에 따라 거행되었다. 그리고 같은 날 오후 2시에 예식과장 이항구, 사무관 이원승, 촉탁 이케지리 마스오[池尻萬壽夫], 김영철이 와서 새로 제작한 금보를 영녕전 제8실과 제9실에 봉안했다.[109] 이러한 친행이나 전알 외에도 음력 5·10·20·25일에 거행하는 종묘와 영녕전 봉심 때는 그 결과를 반드시 왕에게 아뢨다. 그리고 왕의 근시가 종묘에 이르러 봉심했고, 홍릉이나

---

108 『종묘일기』(K2-4820, 3-3), 대정 13년 4월 9일.

109 『종묘일기』(K2-4820, 3-3), 대정 13년 6월 3일.

그림 9 | 1924년에 새로 만든 덕종 어보(국립고궁박물관 소장)

유릉에 행차할 때면 전사를 종묘에 보내 봉심했다.

그러나 순종이 승하하고 영친왕이 왕의 지위를 이어받으면서 상황이 완전히 달라졌다. 영친왕이 종묘에 헌관으로 처음 참여한 제향은 1922년 5월 1일 하향대제였다. 당시 영친왕은 왕세자 자격으로 아헌례를 거행했다. 이에 앞서 왕세자비의 묘현례가 있었다. 1920년 4월 28일에 영친왕은 일본 황족 나시모토노미야 모리마사왕[梨本宮守正]의 장녀인 마사코[方子]와 결혼했다. 혼례는 일본에서 치러졌고 2년 후인 1922년 4월 26일 둘은 함께 귀국했다. 4월 28일에 왕세자비의 근현례(覲見禮)를 대조전에서 거행하고, 29일에는 종묘에서 묘현례를 거행했다. 근현례는 신부가 시부모와 시댁 어른에게 인사하는 예절이다. 이전 국가 전례에서는 조현례(朝見禮)라고 불렀다. 반면, 묘현례는 신부가 시댁의 사당에 나아가 조상에게 인사드리는 예식이다. 조선시대 종묘 의식 중에서 살아 있는 여성이 종묘에 나아가 의식에 참여하는 것은 이 묘현례뿐이었다. 일본인 왕세자비의 묘현례는 일본과의 병합을 상징적으로 보여주는 의식이 아닐 수 없었다.

4월 29일 오전 9시에 왕세자비의 묘현례를 거행했다. 먼저 왕과 왕세자가 면복을 갖추고 예식과장 이항구와 전도근시(前導近侍)의 안내를 따라

그림 10 | 1922년 묘현례를 위해 종묘에 들어가는 왕세자비 모습(『매일신보』, 1922.4.30.)

종묘 동쪽 문으로 들어가 전의(典儀)의 배홍 소리에 맞추어 네 번 절했다. 그리고 순차적으로 각 실에 들어가 봉심하고 내려왔다. 이어서 왕세자비가 조선의 예복을 갖추고 종묘 동문으로 가마를 타고 들어왔다. 왕과 왕세자가 다시 나와 왕세자비의 오른쪽에 섰다. 왕세자비가 나인의 소리에 맞추어 네 번 절했다. 예를 마치면 다시 영녕전으로 가서 같은 방식으로 예를 거행했다. 다음 날 30일에 순종과 영친왕은 종묘 재실에서 재계하고, 5월 1일 새벽부터 제사를 거행했다. 이때 영친왕은 아헌관을 맡아 수행했다. 왕세자의 지위를 종묘 제향을 통해 보여준 것이다.

그러나 1926년 순종 승하 후 왕위를 물려받은 영친왕은 조선에 상주하지 않았다. 영친왕은 조선으로 돌아올 마음이 전혀 없었다. 발인 후 일본으로 돌아갔으며 1년제를 위해 잠시 귀국했다가 곧이어 왕비와 함께 유럽으로 순방을 떠났다. 순종의 부묘 때도 참여하지 않았고, 이후에도 일본에 거처했기 때문에 종묘에 행차하는 일은 거의 없었다.

영친왕이 조선에 귀국하는 것은 매우 큰 사건이었다. 영친왕 일가가 생활하던 곳은 일본이었고, 조선 방문은 1년에 한 번도 되지 않았다. 그러나 조선에 올 때면 많은 사람이 환영 행사를 벌였다.

조선에 도착하면 영친왕은 종묘, 선원전, 홍릉, 유릉에 들렀다. 1930년

표 16 | 영친왕의 귀국과 주요 일정(1926년 이왕 계승 이후)

일시	주요 일정
1926.04.07~06.26	**04.25 순종 승하** 04.26 왕세자 '창덕궁 이왕위' 계승
1927.04.10.~04.22	04.12 홍릉, 유릉 친제 04.13 덕안궁 전배 **04.15 연제** 04.16 조선호텔 다과 04.17 동구릉 04.18~04.22 경주, 마산, 진해, 부산 경유
1928.05.01~05.12	**05.03 순종 대상**大祥 05.04 종묘 영녕전 참배, 선원전, 의효전 참배, 오후 2시 조선신궁 참배
1929	-
1930.07.07	07.08 종묘 전알
1931	-
1932	-
1933.04.01~04.13	04.02 종묘, 선원전 전알 04.03 홍릉,유릉 친행 작헌례, 건원릉, 수릉, 경릉 전배, 영휘원 전배, 숭인원 친림 04.04 칠궁 전배, 대원왕묘 전배
1934.04.13~04.21	04.14 종묘, 선원전, 칠궁, 운현궁, 조선신궁 04.17 함흥본궁, 정화릉 작헌례 04.19 홍릉 작헌례, 유릉 친제
1935	-
1936	-
1937	-
1938.04.13~04.23	04.14. 종묘 전알 04.17 함흥본궁, 정화릉 전알
1939.10.09.~10.14	10.10 종묘, 선원전, 조선신궁, 칠궁 어출정환궁 봉고 10.11 홍릉, 유릉, 건원릉, 현릉, 유릉, 경릉
1940	-
1941.12.05~12.10	12.06 종묘, 선원전, 조선신궁 12.07 홍릉, 유릉, 동구릉, 영휘원 12.08 칠궁
1942	-
1943.06.28~07.04	06.29 종묘, 선원전, 조선신궁 07.01 홍릉, 유릉, 동구릉, 영휘원, 숭인원
1944	-
1945	-

7월 7일 오후 7시 경성역에 도착한 영친왕은 다음 날 오전 종묘와 영녕전을 방문했다. 1933년과 1934년에는 연속으로 귀국하여 종묘, 선원전, 칠궁, 홍릉, 유릉 등에 작헌례를 거행했다. 특히 1934년에는 함흥본궁까지 가서 직접 작헌례를 거행했다. 1938년 4월 귀국 때도 영친왕은 함흥본궁에 들렀다. 4월 17일 오전 함흥본궁에 전알한 후 작헌례를 행하고 오후에는 정화릉에 전알했다.

이렇게 조선에 오면 영친왕은 종묘를 비롯하여 선원전, 칠궁, 능원 등을 참배하며 선조를 찾았다. 이때 그는 제향보다 전알 또는 작헌례와 같은 간소한 의식을 수행했다. 정기적인 제향은 여러 가지 제물을 준비하고 초헌, 아헌, 종헌의 삼헌과 독축, 음복 등 정해진 절차를 온전히 수행해야 했다. 영친왕은 이러한 대제를 한 번도 수행하지 않았다. 이에 비해 전알례는 배례만으로 마칠 수 있는 매우 단순한 예식이었다. 감실의 상태를 살피는 것으로 종묘 정전의 제1실부터 제19실까지 내부를 간략히 살피고 지나가기만 하면 되었다. 여기에 봉심이 추가되기도 했다. 귀국해서 종묘를 방문하여 선왕에게 인사하는 것은 선조를 생각하는 중요한 의식으로, 조선 국왕의 정체성을 보여주는 중요한 행위였다. 그러나 전알이 그가 종묘에서 거행하는 의식의 전부였다면 이는 종묘를 소홀히 여기는 것이었다.

한편, 영친왕이 종묘를 방문할 때는 왕비와 동행할 때가 많았다. 앞에서 언급했듯이 영친왕비가 처음 종묘를 방문한 것은 1922년 묘현례 때였다. 이는 전통적인 관습에 따른 것이었다. 이전 전통에 의하면 왕비 또는 왕세자비가 살아서 종묘에 들어갈 수 있는 기회는 자신의 묘현례 때뿐이었다. 그 외에 종묘에 들어갈 명분은 없었다. 그러나 영친왕은 귀국하여 종묘를 방문할 때면 왕비와 함께했다.

1930년 7월 8일에 영친왕과 영친왕비가 함께 종묘를 방문했다. 1938년

표 17 | 1938년 영친왕의 국내 활동

날짜	일정
4월 13일	• 경성 도착
4월 14일	• 오전 10시 종묘 영녕전 전알 • 오후 2시 40분 칠궁 전배
4월 17일	• 오전 10시 30분 함흥본궁 전알 후 작헌례 • 오후 1시 30분 정화릉 전알 후 작헌례
4월 19일	• 오전 10시 홍릉 전알 후 작헌례 • 오전 11시 유릉 전알 후 작헌례 • 오후 1시 30분 건원릉, 목릉, 수릉, 경릉 전알 • 오후 3시 50분 영휘원 전배 후 숭인원에 방문
4월 21일	• 경성역 출발

자료:「參奉例會會報」, 소화 9년 5월 17일

4월 귀국 때도 마찬가지였다. 4월 19일에 영친왕과 영친왕비는 북장문을 경유하여 종묘에 들어와 어재실에 도착했다. 잠시 쉰 후 영친왕은 면복, 영친왕비는 양장(洋裝)을 입고 예식과장 이겸성과 전사 유해종이 배종하고 종묘 전사 이종룡과 행수수복(行首守僕) 손영선이 전도하여 동쪽 신문을 통하여 종묘에 들어갔다. 정전 앞 상월대에 정해진 판위(版位)로 나아가 전알례를 거행했다. 제1실 신문으로 전내에 들어가 각 실의 감실을 순차적으로 봉심하고 제19실 신문으로 나왔다. 영친왕이 봉심할 때 영친왕비는 예식과장 이겸성의 선도를 따라 정전 밖 준소상이 있는 행랑에서 순차적으로 각 실을 참례했다. 봉심을 마친 후 서문으로 나아가 영녕전으로 가서 종묘와 동일하게 영녕전 전알례와 전내 봉심을 마쳤다.[110] 1943년 6월 29일 전알례에서는 영친왕과 영친왕비가 배례 후 신실에 같이 봉심했다.[111] 한편, 전알례에는 어친척, 귀족, 장·차관 이하 당직 고등관 일동과

110 『종묘숙직일지』(K2-4818), 소화 13년 4월 19일.

111 「1943年 殿謁,殿拜, 酌獻禮親行, 諸儀式」(RD00867).

기타 배종하는 수행원들이 참반원으로 참여했다. 이에 주전과 선무실(膳務室) 계원이 나와 어재실 내 귀빈실에서 참반원 일동에게 다과와 연초를 접대했다.

여성의 종묘 전알은 전통시대에는 생각할 수 없는 의식이었다. 왕비가 양장을 입고 종묘에 들어가는 것만으로도 낯선 풍경이었다. 이러한 변화는 시대 변화에 따른 것이다. 왕비의 이런 행동에 특별한 저항을 발견할 수는 없다. 한편, 이것은 근대 이후 시대적 추이와 달리 이왕가 제향의 위상 변화와도 연관된다. 조선시대 국가 제례에서 여성의 배제는 왕실 제향의 이중성에서 기인한 측면이 컸다. 종묘 제향은 왕실의 중요한 제향이지만 국가의 공식적인 사당이기 때문에 여성의 참여는 어려웠다. 남성 중심 관료에 의해 종묘가 운영되었기 때문이다. 조선시대 사대부가와 달리 왕실 묘현례가 늦게 시행된 까닭도 여기에 있었다. 왕세자비의 묘현례를 시행할 때 종묘에는 남성 관원들이 자리를 비웠다. 그러나 일제강점기 종묘는 국가의 공식적인 공간이 아니라 이왕가의 사당이었다. 즉 공적 질서가 지배하지 않는 곳이었다. 그런 의미에서 왕비는 종부(宗婦)로 종묘를 방문했고, 이를 거부할 사회 세력은 존재하지 않았던 것이다.

한편, 영친왕의 종묘 방문과 더불어 조선신궁 방문이 고려되어야 한다. 영친왕은 조선에 돌아올 때면 종묘를 비롯한 선조의 사당을 반드시 방문했다. 그러나 동시에 조선신궁을 방문하는 것 역시 빠뜨리지 않았다. 그에게 선조의 사당과 신사 중에서 어느 것이 더 근원적이고 친밀한가를 묻는 것은 무의미하다. 일찍부터 일본에서 성장한 그에게 일본 신사와 예식이 더 익숙했을 수도 있다. 그럼에도 조선의 것을 버릴 수도 없는 처지였다. 조선을 방문할 때면 그러한 이중성이 사당 방문을 통해 드러났다. 그리고 균형적인 이중생활과 다르게 언론에서는 조선신궁 방문이 강조되었다. 종묘와 조선신궁 방문 모두를 언급하더라도 신궁을 방문한 사진이 더 많이 노출되었다. 종묘, 선원전, 칠궁, 홍릉, 유릉 등 여러 곳의 방문을 하나하나 적시하더라도 신궁을 방문한 사진 한 컷은 영친왕과 신궁의 밀접성을 더 연상하게 하지 않을 수 없었다. 시간이 지날수록 종묘보다 신궁에 갈 기회가 많은 대중에게는 신궁을 방문한 영친왕의 모습이 더 친숙했다.

제7장
식민지기 종묘의 사회적 위상

1. 국경일과 종묘

1926년 순종 부묘 이후 영친왕이 일본에서 조선에 올 때가 아니면 종묘에는 큰 변화가 없었다. 대부분의 사람에게서 종묘는 점점 잊혀갔다. 이런 가운데 종묘의 일상은 어떻게 흘러갔을까? 여기서 종묘의 직원 업무를 잠시 살펴보자.

종묘에서 근무하는 전사보와 수복의 기본적인 업무는 봉심(奉審), 순야(巡夜), 분향(焚香), 천신(薦新), 대제(大祭) 등이었다. 즉, 종묘의 수호와 의례의 거행이라고 할 수 있다. 수복은 매일 아침저녁 종묘 정전과 영녕전 외부를 봉심하고 저녁에는 순찰을 돌았다. 그다음에는 한 달에 여섯 번 1차 봉심이 있었다. 이는 음력을 기준으로 5일 단위로 묘와 전의 내부를 살피는 것이다. 음력 1일과 15일은 삭망분향의 날이므로 분향과 겹쳐 봉심했다. 삭망분향 때는 종묘의 전사 이하 직원들이 모두 입참했다. 음력을 기준으로 했던 삭망분향은 1940년이면 양력 1일과 15일에 하는 것으로 바뀌었다.[1] 매월 새로운 시절 음식을 올리는 천신은 한 달에 두 번 정도 있었다. 천신 때 올리는 음식은 상부에서 받아왔다. 분향이나 천신은 종묘 내 전사 또는 전사보가 주관하기 때문에 외부 인력이 별도로 필요하지는 않다.

종묘 내 가장 큰 행사는 봄, 여름, 가을, 겨울의 첫 달에 거행하는 사시대제다. 음력 1·4·7·10월 초순에 거행했다. 이를 위해서 제기를 수정(修整)하고, 제물의 재료를 수령하여 조리하고 배설했다. 제향을 거행한 후 준여를 진상하고 분배했으며 전내(殿內)를 청소하고 제기를 씻어 창고에 보관

1 『종묘숙직일지』(K2-4817, 2-2), 소화 15년 1월 1일, 1월 15일, 2월 1일, 2월 15일.

했다. 마지막으로 봄과 가을에 있는 춘추 수개초봉심(修改草奉審)이 있었다. 이는 2월과 8월 1년에 두 번 있는 정기적인 봉심이다. 상부의 직원이 나와서 상태를 살피고 수리할 곳을 찾아 고치는 대대적인 봉심이다. 위와 같이 종묘는 제향과 관리를 매개로 매일, 매달, 매년 정례적인 일들이 이루어졌다. 표면적으로는 1년에 네 번의 대제와 두 번의 수개봉심이 큰 행사였다. 조상의 신주를 봉안하고 때 맞추어 제향을 올리는 것이 종묘의 가장 큰 목적이다. 위에서 언급한 종묘의 일상 업무는 이를 위해 이루어졌다.

그러나 종묘의 일상은 여기서 끝나지 않았다. 제국에 강제 편입된 종묘는 국가의 하부 조직이다. 궁내성에 속한 이왕직은 일본의 궁정과도 분리될 수 없었다. 이러한 상황을 종묘 내 각종 기념일을 통해 알 수 있다. 표 1은 종묘에서 보관한 접수 공문에 나타난 기념일을 정리한 것이다.

일제강점기 초인 1910년대 종묘에서 거행했던 의식은 그 이전부터 거행되었던 종묘 제향이 전부였다. 이전보다 그 규모가 축소되었지만 사시대제, 삭망분향, 천신, 봉심 등의 전통 예식이 정기적으로 거행되었다. 그런데 1920년대 후반에 이르면 이왕직에서는 종묘 직원들에게도 각종 기념일에 앞서 관련 공문을 종묘에 보냈다. 특히 일본의 기원절(紀元節), 천장절(天長節), 명치절(明治節) 등의 참여를 강조했다. 장서각에 있는 이왕직 문서철을 살펴보면 1912년(대정 원년) 이왕직에서 종묘로 보낸 문서를 편철한 『종묘공문내철』(K2-2169, 2-1)에는 이런 기념일에 대한 특정한 지시 사항이 없다. 10년 후인 1922년(대정 11)의 『종묘공문내철』(K2-2169, 2-2)에서도 마찬가지다. 그러나 1929년(소화 4) 문서철부터 기념일 행사에 관한 구체적인 지시가 나타난다.[2] 이런 기념일에 종묘 내 별도 행사가 거행된 것은 아니었다. 다만, 이왕직 단위에서 거행하는 기념식에 종묘 직원도 참석해야

2 『宗廟接受公文綴』(K2-2211, 9-9), 소화 4년 2월 11일, 4월 29일, 11월 3일.

표 1 | 일제강점기 주요 기념일(1926년 이후)

날짜	행사	장소	참조
1월 1일	신년절	인정전 동행각	
2월 11일	기원절		
3월 6일	(일본) 황후 탄신 축하	인정전 동행각	
4월 27일	야스쿠니신사 임시 대제		1932년 지정
4월 29일	천장절	인정전 동행각	
9월 19일	대비전하(순정효황후) 탄신 축하	석복헌	
10월 20일	왕전하 탄신 축하	청사 응접실	
11월 3일	명치절	인정전 동행각	
11월 4일	왕비전하 탄신 축하	인정전 동행각	
11월 10일	즉위례 축하	인정전 동행각	

했다. 이왕직의 기념 행사는 대부분 창덕궁 인정전에서 거행되었다.

1926년부터 시작된 쇼와(昭和) 시기에 이왕직에서 거행했던 주요 기념일로는 신년절, 기원절, 천장절, 명치절 4대 명절과 일본 천황가의 황후, 조선의 대비, 왕, 왕비의 탄신일 축하 등이 있었다.

1월 1일 신년 축하 행사는 창덕궁 인정전 동쪽 행각에서 거행되었다. 행사의 기본 방향은 이왕직의 대표인 장관이 아랫사람들로부터 축하 메시지를 받아 일본 황실 또는 이왕가 왕족에게 올리는 것이었다. 반면, 이왕직 업무의 시작을 의미하는 고요하지매[御用始]는 1월 4일 이왕직 청사 회의실에서 장관 주재하에 거행되었다.

기원절은 일본 최초의 천황인 진무 천황의 즉위일을 기념하는 날이다.[3] 천장절은 천황의 탄신일이다. 775년(보구 6)과 779년(보구 10)에 천장절을

3 기원절은 일본 건국기념일이다. 1872년『일본서기』가 전하는 진무 천황 즉위일인 2월 11일을 축하하는 날로 정했다. 제2차 세계대전 이후 폐지되었다가 1967년 건국기념일이 되었다(皇室事典編輯委員會,『皇室事典』,「四大節」, 523쪽).

거행하고 잔치를 베푼 기록이 있으나 이후에는 보이지 않았는데 메이지 원년인 1868년 9월 26일에 대정관 포고에 의해서 부활했다.

> 일본의 국체가 고금에 탁월함은 만세토록 하나의 황통이 천지와 함께 무궁함이오, 일본의 국민성이 동서에 월등히 뛰어남은 만인의 한마음 속 충의가 산악과 더불어 높음을 다툼이라. 그런즉 일시동인(一視同仁)[4]의 천하에 존재하는 우리 조선 민족도 깊고 두터운 황제의 은혜를 간과 폐에 새겨 작은 보답이라도 기약하지 않을 수 없을지라. 이번 천장절은 천황폐하의 제59회 탄신에 해당하지만 우리 조선 민중에게는 제1회 성절(聖節)이라. 환호하고 춤추는 정성이 어찌 내지의 동포에게 양보하리오. 금일 동양의 평화가 너럭바위와 같이 공고함도 성덕이 이룬 것이고, 반도의 창생이 문명의 다스림을 받음도 성화의 혜택이니 오호 크도다. 성인의 덕이여! 만세 만세 만만세.[5]

위 글은 1910년 11월 3일 메이지 천황의 천장절을 맞이하여 『매일신보』에 실린 사설이다. 한반도에서 처음으로 맞이하는 천장절을 축하하는 내용이다. 천황과 일본인의 탁월함을 찬양하고 '황은(皇恩)'을 폐부에 새기고 보답하지 않을 수 없다며 천장절 축하를 강요하고 있다. 이와 같이 천장절은 1910년 일본이 조선을 식민지화한 초기부터 강조하고 중시한 축일이었다. 1912년 메이지 천황이 죽고 다이쇼 천황이 즉위한 후 천장절은 10월 31일로 변경되었다. 다이쇼 천황의 탄신일은 8월 31일이지만 더운 날씨로 인해 축일 행사가 10월 31일로 옮겨졌다. 1926년 쇼와 천황이 즉위

---

4 일시동인(一視同仁)은 멀고 가까운 사람을 친함과 관계없이 똑같이 대하는 평등 사회를 가리킨다.

5 『매일신보』, 1910년 11월 3일, 제1면.

하면서 천장절은 4월 29일로 바뀌었다. 한편, 메이지 천황의 탄신일은 1927년부터 명치절로 바뀌어 축일로 정해졌다. 그리하여 쇼와 연간에는 신년절(1월 1일), 기원절(2월 11일), 천장절(4월 29일), 명치절(11월 3일)이 4대 명절로 간주되었고, 학교와 군대 등에서 축하식을 거행했다.

그 외 황후, 이왕, 이왕비의 탄신 축하 역시 비슷한 형식이었다. 이왕이나 이왕비의 경우, 이와 별도로 오후에 식사를 하는 축하연이 있었다. 영친왕과 그 비는 모두 일본에 거주했기 때문에 앞의 기념식과 비슷하게 장관이 경성에서 거주하는 고위직의 축하를 받아 봉정했다. 그리고 덕수궁 낙선재에 있던 대비(순정효황후)의 탄신을 축하하는 의식이 석복헌에서 고위 관리와 친척들이 모인 가운데 진행되었다.

위와 같이 종묘 내 직원과 원역은 이왕직의 체제 내에서 이왕가와 일본 국가의 기념일을 지켜나가지 않을 수 없었다. 이것이 식민지 상황에서 특권으로 드러날 때도 있었다. 궁내성에 속해 있던 이왕직의 직원은 일본 기념식에 맞추어 휴가나 주찬료(酒饌料)를 하사받을 때가 많았다. 예를 들어, 1937년 기원절에는 종묘 수복과 사정에게 각자 75전씩 총 25엔 50전, 전사에게는 2엔, 전사보에게는 1엔씩 총 50전이 지급되었다.[6]

제향만 본다면 근대 종묘 의식은 그 이전보다 훨씬 줄어들었다. 사시제와 더불어 융숭히 거행했던 납제(臘祭)가 없어졌을 뿐만 아니라 정조, 한식, 단오, 추석, 동지 때 거행하는 속절제와 삭망제도 폐지되었다. 기우제 등 기양 의례 역시 찾아볼 수 없다. 그러나 근대에는 새로운 의례가 창출되었다. 근대 국가의 새로운 의식이 전통 의식이 사라진 빈자리를 채우면서 사람을 움직이게 했다.

---

6 『종묘일지』(K2-2209), 소화 12년 2월 12일.

2. 이왕직 직원의 내부 규제와 대외 기능

1) 이왕직 직원의 내부 규율

(1) 참봉 예회와 회보

종묘에서는 이왕직 상부 기관에서 내려온 문서를 모아 '공문내철(公文來綴)', '접수공문철(接受公文綴)', '잡서류(雜書類)' 등의 이름으로 묶어 보관했다.[7] 문서 내용은 종묘와 직접 관련된 것도 있지만 이왕직 소속 관서 또는 직원 일반에 해당하는 것도 있기 때문에 이를 통해 종묘를 포함한 이왕직 일반의 업무와 관리 내용을 알 수 있다.

여기에는 여러 가지 서류가 함께 있지만「참봉예회회보(參奉例會會報)」라는 문서가 정례적으로 나타난다. 이 회보는 예식과에서 그 업무를 효과적으로 수행하기 위해 묘, 전, 궁, 단, 능, 원, 묘 등에 근무하는 전사와 참봉을 모아 개최한 '참봉예회(參奉例會)'의 회의록이다.「참봉예회회보」가 처음 등장한 것은 1932년(소화 7) 1월이다. 이후 예회는 매달 17일에 한 번 열렸고 회보 역시 이에 준하여 월 1회 나왔다. 그러나 1934년부터는 1년 중 1·4·7·10월 4회 개최하는 것으로 변경되었으며 회보 발간 역시 이에 따라 줄었다. 현재 그 내용이 전해지는 회보는 1942년 1월호까지다. 그 이후 회보가 계속 나왔는지는 알 수 없으며 예회 모임이 언제까지 지속되었는지 역시 명확히 알 수 없다. 회보는 별도 책자라기보다 등사기로 밀어 인쇄한 10면 이내의 문서이다. '회보'라는 제목에도 불구하고 회원의 다양

---

7 『宗廟公文來綴』(K2-2169, 2-1, 1912년), 『宗廟公文來綴』(K2-2169, 2-2, 1922년), 『宗廟接受公文綴』(K2-2211, 9책, 1929~1938년), 『雜書類』(K2-2210, 2-1, 1939년), 『雜書類』(K2-3662, 1940년), 『雜書類』(K2-3663, 1941년), 『雜書類』(K2-2210, 2-2, 1책, 1942년).

한 의견을 반영하는 것이 아니라 상부의 일방적인 훈시가 대부분이다. 예식과에서는 향소마다 본과에서 발송한 예규와 이 회보가 다른 서류와 섞이지 않게 별도로 철하여 보관할 것을 지시했다.[8] 업무와 관련된 지침과 그에 대한 설명이 많으므로 차후 참고하라는 의미였다. 그리고 신임 직원이 오면 이를 통해서 업무를 익히기를 기대했다.[9] 나아가 참봉을 비롯한 직원들이 주요 대상이지만 원역들에게도 틈틈이 이를 가르쳐 업무 효율성을 높일 것을 권했다.[10] 그러므로 이 회보의 내용은 향소를 관리하는 직원들의 업무 지침이자 이왕직의 업무 방향이기도 했다.

예식과에서는 능원에 근무하는 재관 2명 중 1명은 반드시 참석하도록 했다.[11] 그러나 모든 곳의 재관이 회의에 참석하기는 쉬운 일이 아니었다. 모임의 주 대상인 참봉은 능원묘의 자리에 따라 흩어져 있었다. 한성부 주변 경기도에 가장 많은 참봉이 있었지만 그 외 북쪽 함흥과 영흥에서부터 강원도를 거쳐 남쪽 전주까지 멀리 떨어져 있었다. 이들이 매달 또는 분기별로 회의에 참석하기는 쉽지 않다. 현재로서는 이들의 출석률을 파악하기 어렵다. 다만, 1932년 12월 「참봉예회회보」에 따르면 내년 각 향소에서 사용할 향축을 경성 부근 재관에게는 1월 17일 예회 때 전달하고 멀리

---

8 『宗廟接受公文綴』(K2-2211, 9-6), 「참봉예회회보」(소화 7년 4월 18일) '이왕직 예규(例規) 급 회보(會報)에 관한 건'. 당시 예식과에서 내린 예규로는 다음과 같은 것이 있다. 1. 화기 취체(火氣取締)에 관한 건. 1. 도난 예방에 관한 건. 1. 화재 방지에 관한 건. 1. 공문 발송에 관한 건. 1. 거주원 급 퇴거계(退去届) 여행방(励行方)에 관한 건. 1. 수리 공사 청구의 건. 1. 공용지 청구의 건. 1. 직원 주소 보고방(報告方)의 건. 1. 결근 사가 등의 수속에 관한 건.

9 『宗廟接受公文綴』(K2-2211, 9-2), 「참봉예회회보」(소화 12년 1월 18일), '예규 급 회보에 관한 건'.

10 『宗廟接受公文綴』(K2-2211, 9-5), 「참봉예회회보」(소화 8년 4월 17일), '회보에 관한 건'; 「참봉예회회보」(소화 8년 5월 17일), '회보에 관한 건'.

11 『宗廟接受公文綴』(K2-2211, 9-5), 「참봉예회회보」(소화 7년 1월 17일), '참봉예회에 관한 건'.

떨어진 지방에는 소포 우편으로 발송할 예정이었다. 이로 보아 서울과 경기 지역 전사와 참봉은 회의에 참석했음을 알 수 있다.[12] 참석 여부와 관계없이 월례 회보는 각 향소에 전달되었던 것으로 보인다. 어떤 형태든 이 월례 모임은 예식과가 현장 직원에게 정확한 정보를 제공해 줄 수 있는 기회였다. 그리하여 예회와 회보에서는 이왕의 동정에서부터 직원들의 인사 이동, 행사 시행, 보고서 제출 등에 관한 정보가 제공되었다. 조선시대와 비교하면 이왕직의 이러한 회의는 분산된 능원을 더 효과적으로 운영하는 방법이었다.

조선시대에는 한양 주변을 제외하고 개성, 전주, 삼척, 함흥, 영흥 등 여러 지역의 능원을 중앙 정부가 직접 통제하고 관리하기 쉽지 않았다. 개성에 분봉상사(分奉常寺)를 둔 것은 제릉이나 후릉같이 개성 부근 능의 제향을 독자적으로 운용할 수 있게 한 것이었다. 그 외 지역의 경우, 대개는 지방관에게 맡기지 않을 수 없었다. 단지 1년에 두 번 향축 전달을 통해서 중앙과 지방이 연결되었다. 그러나 일제강점기에는 다른 국가 제사가 폐지되고 오직 이왕가의 제사만 이왕직에서 통합적으로 관리했다. 결국 지역에 따라 분산되었던 묘·전·능·원·묘·단의 모든 제향 공간을 통합적으로 관리하는 것이 이왕가의 기본 과제였다. 이 통합화 과정에 필요한 것이 참봉 교육이었으며 그것이 참봉예회로 나타났다.

여기서는 이 회보를 통해 이왕직의 업무 방향과 직원의 자의식, 이왕가 제향의 사회적 기능에 대해 살펴보고자 한다. 회보의 내용이 참여자의 다양한 의견을 수렴한 것이 아니므로 직원 개개인의 의견을 찾기는 어렵다. 반면, 상부 간부의 일방적인 훈시와 지침을 통해 이왕직의 처지와 그것이 지향하는 바를 엿볼 수 있다. 이 참봉예회에 묘·전·궁의 직원이 참여하지

---

12 『宗廟接受公文綴』(K2-2211, 9-6), 「참봉예회회보」(소화 7년 12월 17일).

않은 것은 아니지만 내용의 많은 부분은 능원묘에 관한 것이다. 그리하여 종묘와 직접적으로 연관되지 않은 내용이 많다. 이러한 한계에도 불구하고 이 자료를 통해 이왕가의 제향 공간이 처한 현실과 그들의 사회적 기능을 알 수 있을 것이다.

종묘는 개별 능원보다 규모가 훨씬 크고 체계적인 조직이었다. 내부의 봉심과 제향 업무로 충족되었고 외부, 특히 민간인과의 접촉이 거의 없었다. 반면, 능원묘는 민간과 접촉이 자주 있었다. 부정적이든 긍정적이든 능원의 직원은 대민 접촉 속에서 능원을 지켜야 했고 넓은 지역을 적은 인원으로 감당해야 했다. 이런 차이에도 불구하고 식민지기 이왕가의 제향 공간이 지니는 사회적 위상은 크게 다르지 않았다. 종묘의 전사보도 이 회의에 참석했다.[13] 때로는 그들이 가르치는 지위에 있기도 했다. 그러므로 세밀한 업무에는 차이가 있지만 종묘와 능원은 이왕가의 제향 공간이라는 동질성을 가지고 있다. 여기서는 종묘를 벗어나 왕릉 중심으로 이왕가 제향의 사회적 위상과 그 변화에 대해 살펴보고자 한다.

(2) 향소 수호 업무

1933년 1월 참봉예회에서 주관자는 이왕직이 다른 행정 관청과 달리 새해 여러 가지 새로운 사업을 계획하지 않으며 기존에 하던 것을 더 잘 수행할 방법을 간구할 따름이라고 했다. 그리고 이 모든 것이 왕가를 위한 일이라고 훈시했다.[14] 이왕가는 구 황실로부터 내려온 많은 유산을 가지고 있었다. 새로운 것을 기획하는 것보다 이 유산들을 어떻게 유지하고 보전할 것인가가 최대 관심이지 않을 수 없었다.

---

13 『종묘숙직일지』(K2-4818), 소화 13년 1월 17일.

14 『宗廟接受公文綴』(K2-2211, 9-5), 「참봉예회회보」(소화 8년 1월 17일) '신년 인사에 관한 건'.

제국의 멸망 이후에도 황실의 유·무형 재산은 잘 보전되었고, 이를 관리하는 것이 이왕가의 큰일이었다. 수호는 이왕가의 사당과 무덤 등을 보호하고 관리하는 것이다. 종묘와 달리 적은 인력으로 넓은 지역을 관리해야 하는 능원의 경우, 수호가 상대적으로 더 중요한 과제였다. 그 현실을 잘 보여주는 것이 근무 장소를 비우지 말라는 지시였다. 2명의 참봉이 교대로 관리하는 왕릉에서 참봉의 부재는 수호에 치명적이지 않을 수 없었다. 물론 수복의 원역이 있었지만 이를 통제하는 직원의 부재는 문제가 발생했을 때 적절히 대처하기 어렵게 만들었다. 그리하여 예식과에서는 근무 장소를 무단으로 비우지 말 것을 누차 지시했다.

능원의 사고 중 대표적인 것이 화재와 도난이었다. 화재 예방은 수호의 가장 큰일이었다. 능원이 산림이나 경작지 가까이 있었기 때문에 자연적인 화재 외에도 사람들의 실화나 방화에 노출되어 있었다. 사당과 정자각, 재실, 전사청, 수복방 등 대부분의 건물이 목재로 만들어졌기 때문에 화재 시 불이 쉽게 옮겨붙었다. 의례나 수호를 위해 항시 사람이 거주하는 공간에서는 난방과 취사를 위한 불의 사용 때문에 화재 위험이 도사리고 있었다.

실화도 문제이지만 의도적인 방화는 더 큰 문제였다. 1932년 12월에 온릉에서 큰 화재가 있었고,[15] 1933년 3월에는 효창원에서 화재가 있었다.[16] 이 화재는 추정컨대 인근 지역 불량배의 방화로 일어났지만, 다행히 사정실(使丁室)에 당직 중이던 원역이 조기에 발견하여 진화할 수 있었다. 같은 해 12월에도 효창원에 광인이 철조책 밖 사초지에 방화하는 사건이 있었

---

15 『宗廟接受公文綴』(K2-2211, 9-6), 「참봉예회회보」(소화 7년 12월 17일) '화재 방지에 관한 건'.

16 『宗廟接受公文綴』(K2-2211, 9-5), 「참봉예회회보」(소화 8년 3월 17일) '효창원 화재에 관한 건'.

고, 의릉에서는 근처 민유지에서 불이 나 능 부근 임야에까지 번지는 일이 있었다.[17] 1934년 1월 27일에는 효창원 아기묘(고종 제1왕녀)에서 불이 났는데 방화범의 소행이었다. 29일에는 정릉 수복방에 있던 수복이 점심 식사를 위해 방을 비운 사이 불이 나 주변 약 400평을 태웠다. 이후 예식과에서는 자리를 비울 때는 대체 인력을 반드시 둘 것을 지시했다.[18]

도난 역시 능원에서 자주 발생했다. 1930년 11월 18일 밤, 당시 경기도 광주군에 속했던 헌인릉에서 도난 사건이 발생했다. 도적은 정자각 벽을 뚫고 들어와 내부에 있던 화문석 20매가량을 훔쳐 달아났다.[19] 1932년(소화 7) 4월 18일 건릉에서도 도난 사고가 발생했다. 정자각 정문을 파괴하고 내부로 들어온 도적은 신어평상(神御平床)에 있는 신욕(神褥)과 방석을 비롯하여 휘건(揮巾), 상식건(床拭巾), 작건(爵巾) 등을 훔쳐 갔다. 같은 달 26일에는 명릉 정자각에 도적이 침입했는데 북신문을 파괴하고 들어왔다. 신욕 3매, 상하 화문석 6매, 제상 휘건 전부, 치미추(雉尾箒) 1개, 준상보 1매, 작세건 1매, 작건 1매, 관세건 1매, 배석 1매를 가져갔다.[20] 당시 이 두 곳 모두 범인을 능의 내부와 수복·사정의 근무 상황을 잘 알고 있는 자로 추정했다. 그리하여 참봉들에게 수호를 직접 담당하는 원역들을 잘 독려할 것을 지시했다.[21] 같은 해 7월 23일 의령원에 도적이 들었는데 수복이 이를 저지하자 상해를 입히고 달아났다.[22] 9월 3일에는 효창원에 도

---

17 『宗廟接受公文綴』(K2-2211, 9-5), 「禮第 338호(소화 8년 12월 28일) 火災防止及盜難豫防ニ關スル件」.

18 『宗廟接受公文綴』(K2-2211, 9-4), 「禮第 9호(소화 9년 2월 2일) 화재 방지에 관한 건」.

19 『동아일보』, 1930년 12월 2일, 제7면.

20 『宗廟接受公文綴』(K2-2211, 9-6), 「禮第 62호(소화 7년 4월 5일) 盜難豫防ニ關スル件」.

21 『宗廟接受公文綴』(K2-2211, 9-6), 「참봉예회회보」(소화 7년 4월 18일) '도난 예방에 관한 건'.

적이 침입하여 백단(白檀) 1본을 훔쳐 갔다.[23] 당시 도적은 실내의 물건뿐만 아니라 지붕에 있는 잡상(雜像)까지 절취하려고 했던 것으로 추정된다. 도굴 사건도 발생했다. 1932년 7월 19에 지릉에서 봉분 도굴 사건이 있었다.[24] 물론 봉분 아래 현실을 덮고 있는 회격(灰隔)이 워낙 단단하여 도굴에 성공하지는 못했지만 관리하는 입장에서 놀라운 사건이었다. 1933년 7월에는 온릉 주위 무주고총(無主古冢) 두세 곳이 도굴당하자 직원이 긴장했다.[25] 이에 예식과에서는 능원 직원에게 자리를 비우지 말 것을 매번 지시했다. 부득이한 경우에는 미리 상부에 보고하여 그 대안을 마련할 수 있게 했다.

방화와 도난은 자연 발생적인 것이 아니라 매우 의도적인 사회적 행위다. 범인의 의도가 자세히 실리지 않아 사건마다 그 원인을 알 수는 없으나 당시 능원 수호는 결코 쉬운 일이 아니었다. 여러 곳을 돌아다니며 고가의 상품을 노리는 전문 도굴꾼뿐만 아니라 정자각의 소품을 훔치는 좀도둑, 특정한 목적 없는 방화범까지 등장했다. 찬란한 왕조의 유산이라는 자긍심이나 보호해야 할 성지라는 관점을 찾기는 쉽지 않았다.

한편, 화재나 도난 방지와 달리 향소의 청결 유지가 적극적으로 강조되었다. 당시 능원 주변은 잡초나 외부인이 버리고 간 쓰레기 등으로 인해 매우 더러웠다.[26] 그런데 이 불결에는 내부적 원인도 있었다. 능원 구역 내

---

22 『宗廟接受公文綴』(K2-2211, 9-6), 「예제 221호(소화 7년 8월 17일) 盜難被害其他ニ關スル件」.

23 『宗廟接受公文綴』(K2-2211, 9-6), 「참봉예회회보」(소화 7년 8월 17일) '不祥事件에 관한 건'.

24 『宗廟接受公文綴』(K2-2211, 9-6), 「예제 203호(소화 7년 7월 29일) 盜難豫防ニ關スル件」.

25 『宗廟接受公文綴』(K2-2211, 9-5), 「참봉예회회보」(소화 8년 7월 17일) '분묘 도굴에 관한 건'.

26 『宗廟接受公文綴』(K2-2211, 9-4), 「참봉예회회보」(소화 9년 5월 17일) '守護에 관한 건', "新路의 凹凸(울퉁불퉁) 沙草地의 잡초와 溝渠에 汚染物 又는 守僕房附近의 不潔과 往來

에 상주하는 직원이 많았기 때문이다. 능원은 민가와 떨어진 곳이 많고 관리해야 할 영역도 넓기 때문에 직원이 능원의 부속 건물에 상주하는 경우가 많았다.[27] 이들은 경내에 농작물을 일구기도 하고, 취사와 용변을 능 주변에서 해결하여 능소를 오염시켰다. 이들 중에는 상부의 승인을 받지 않고 무단으로 부속 건물에 거주하는 자도 있었다.[28]

> 직원이 재실(齋室), 행각(行閣), 묘각(墓閣), 부속건물(附屬建物) 등에 거주하면 주위가 매우 오염되어 어떤 곳은 농가와 같고, 어떤 곳은 빈민굴과 같은 느낌이 든다. 원래 청정히 수호하기 위하여 거주를 허락한 것인데 오히려 능원묘의 존엄을 손상시킴은 매우 유감이니 특히 청결히 하도록 주의할지니라.[29]

위 지적처럼 성역을 정결히 보존하기 위해 허락된 직원의 상주가 오히려 능원을 더럽혀 그 존엄을 해치고 있었다. 1933년에도 이러한 모습은 개선되지 않았다. 출장원은 묘각과 그 부속 건물, 정원이 농가처럼 되어 버렸다고 보고했다. 묘각은 건초나 기구를 두는 창고가 되고 주변의 소소한 공터까지도 채마밭이 되었으며 건물이나 변소는 황폐한 상태로 방치되었다. 예식과는 이런 상태를 개탄하며 능원의 부속 건물에 합당한 존엄을 유지할 수 있게 하라고 지시했다. 즉, 묘각 내 야채밭이나 농작물, 농기구를

人의 相見處에 塵埃를 棄置함이 有하니 平素에 恒常說明함과 갓치 神域이라 하는 觀念으로 淸潔케 하야 參拜者等이 正襟崇拜하도록 漸次向上함을 希望不已하는 바요."

27 능원의 부속 건물을 무단으로 점유하여 거하는 문제는 병합 이전에도 있었다(『고종실록』, 고종 43년 3월 7일).

28 『宗廟接受公文綴』(K2-2211, 9-7), 「참봉예회회보」(소화 7년 5월 17일) '居住願及退去屆에 관한 건'.

29 『宗廟接受公文綴』(K2-2211, 9-6), 「참봉예회회보」(소화 7년 7월 18일) '거주에 관한 건'.

모두 폐기하고 변소는 기둥을 바르게 하고 이엉으로 덮고, 울타리를 잘 가꾸어 외관을 미려할 것을 지시했다.[30]

이러한 상황은 일제강점기에 이르러 발생한 현상이 아니었다. 조선시대에도 단묘나 능원이 성스러운 공간으로 잘 관리되지 않았다. 단묘의 공간은 종교 전문가가 상주하면서 의례를 행하고 신자의 공양을 받는 곳이 아니었다. 관노에서 출발한 수복과 해당 지역 백성들이 주어진 역을 수행하는 곳이었다. 제향을 지낼 때면 외부 관원들이 와서 수행할 수 있도록 만반의 준비를 하지만 일상적으로는 그들의 생활 공간이었다. 향소에 상주한 직원의 모습은 전통 사회에서 불완전했던 성역의 모습을 반영한 것이었다. 이러한 모습이 일제강점기까지 이어졌다. 오히려 이 시기에 이에 대한 규제가 강화되었다.

(3) 제향 봉사 업무

회보의 내용 중 가장 많은 양을 차지하는 것은 업무 지시이다. 업무의 주요 내용은 수호와 행정이었고, 상대적으로 제향에 관한 지시는 적었다. 이는 회보가 능원의 참봉을 주 대상으로 삼았기 때문이다. 일제강점기 능원의 정기 제향은 1회 또는 2회에 그쳤다. 1년에 청명제 한 번뿐인 곳도 많았다. 이런 제향일에는 3일 전부터 비번인 직원도 나와서 제향을 준비해야 했다.[31] 그 외 기신제를 거행하는 능원에 한하여 매달 음력 삭망일에 분향이 있었다.[32] 이런 사정을 감안하면 능원의 주요 업무는 제향보다 수

30 『宗廟接受公文綴』(K2-2211, 9-5), 「참봉예회회보」(소화 8년 10월 18일) '墓閣及其付屬建物 수호에 관한 건'.

31 『宗廟接受公文綴』(K2-2211, 9-5), 「참봉예회회보」(소화 8년 4월 17일) '제사에 관하여'; 「참봉예회회보」(소화 8년 5월 17일) '제향에 관한 건'.

32 『현행제사』(K2-2585), (陵園)焚香.

호라고 할 수 있다.

그러나 제향은 향소에 근무하는 직원에게 결코 소홀히 할 수 없는 일이었다. 이는 예식과에서도 거듭 강조했다. 즉, 제향 봉사를 '재관의 가장 중대한 사명'으로 강조하고 이러한 제향을 거행하는 데 경건 엄숙해야 함을 주장했다. 이러한 당위와 현실의 차이를 메꾸기 위해 이왕직 예식과에서는 능소의 참봉에게 종묘 제향에 참배시키기도 했다. 1935년 2월 9일 종묘 춘향대제는 능원 참봉을 위한 교육의 장이었다.[33] 1940년 4월 17일 참봉예회에서도 예식과 직원과 종묘 직원의 지휘 아래 경성 부근 각 능원 재관에게 기신제(忌晨祭) 연습을 시켰다.[34] 이때는 연습을 마치고 모두 신궁에 가서 참배했다.

한편, 혼백에 대한 믿음을 강조했다. 유교 제사는 망자의 혼백을 불러 음식을 제공하고 그 공덕을 찬양하며 감사하는 의식이다. 그러나 혼백은 보이지 않기 때문에 믿기는 쉽지 않다. 더욱이 당시는 혼백의 존재가 의심 없이 통용되고 제사가 일반화되었던 전통 시대가 아니었다. 과학이라는 서구의 새로운 문명이 사회에 점점 확산되었고, 영혼의 문제에서도 서구 종교의 영향으로 전통적인 혼백 관념은 더 위축되었다. 이런 상황에서 이왕가의 참봉과 전사는 제사를 업무로 하고 있었다. 단순히 능원의 묘역을 지키는 데 그치지 않고 제사를 준비하고 직접 향을 사르고 술을 올리고 제수를 올려 신을 맞이하고 보내는 일을 수행했다. 이들에게 혼백의 존재는 부정할 수도 긍정할 수도 없는 것이었다. 그런데 1932년 7월 예식과

---

33 「齋官會議訓示」(RD00177), "祭享奉仕는 齋官의 가장重大한 使命이라 此擧行에 在하얀 敬虔嚴肅히 할 것이어늘 諸位中多部分이 實地見學이 無할 同僚와 守僕等에 口聞慣行할 뿐인 故로 其方式이 各所不一하고 儀禮에 失함이 不無한가 恐하노라 故로 今番宗廟永寧殿春享人祭를 期하야 實地見學直接指導로 其欠陷을 補코자 함이니 充分히 質疑解惑하야 一見이 百聞보다 勝케할 지니라."

34 『종묘숙직일지』(K2-4817, 2-2), 소화 15년 4월 17일.

에서는 참보 회의에서 이 혼백의 문제를 직접 언급했다.

> 재관의 직책에 있는 자인데도 혼백에 대한 인식이 철저하지 못한 감이 없지 않으므로 이에 간단히 그 개념을 언급하노라. 사람은 태어날 때 신혼(神魂)과 체백(體魄)이 같이 존재하다가 죽음에 이르면 신혼이 분리되어 가버리나니, 무덤으로써 체백을 안장하고 침전(寢殿), 즉 정자각을 무덤 아래 세워 신혼의 기거소로 삼았느니라. 신혼은 체백과 분리되어 같이 존재하지 아니하여 신혼이 의빙하던 체백이 지하에 있으므로 신혼은 항상 절실히 연모하여 의빙물을 잃어버려 무덤 근처에서 방황하고 주저(躊躇)할 터다. 그러므로 신어상(神御床)은 신혼의 상주처(常住處)요 북신문(北神門)은 신이 유음(幽陰)한 것을 좋아하니 열어놓는 것이다. 혼유석은 그것의 바른 이름이 아니고 그 참된 이름은 '진석(鎭石)'이니 사귀(邪鬼)를 방어하려는 뜻이다.[35]

위 인용문에서는 재관 중에 혼백에 대한 인식이 철저하지 못한 자가 있다고 지적했다. 그리고 혼백을 능의 공간과 연관시켜 언급했다. 무덤은 체백을 안장하는 곳이고 정자각은 신혼이 머무는 곳이라는 주장이다. 정자각에 있는 신어상은 신혼이 상주하는 곳이다. 그리고 북쪽 문을 신문이라고 일컫는 것은 신이 유음의 방향을 좋아하니 열어두고 그곳으로 출입하게 하기 때문이라고 설명했다. 신어상은 정자각 북쪽에 설치하는 평상을 가리킨다. 제사 때 이곳에 신이 임재한다고 여겨 요를 깔고 자리를 마련했다. 위 인용문은 선왕의 혼령이 이곳에 늘 거주한다는 주장이다.

---

35 『宗廟接受公文綴』(K2-2211, 9-6), 「參奉例會會報」(소화 7년 7월 18일) '혼백 구별에 관한 건'.

이러한 설명은 기존에 알려진 혼유석(魂遊石)에 대한 이해와 상치했다. '혼유석'은 능 앞에 있는 상석(床石)을 일컫는 말이었다. 의궤를 기준으로 공식적인 명칭은 상석이었고 혼유석은 속칭이었다. 그러나 점점 혼유석이 정식 명칭으로 사용되었다. 혼유석은 혼령이 무덤에서 나와 노니는 곳이라는 뜻에서 붙여진 이름이다. 그리고 제향 때 혼유석 아래 정자각의 북신문으로 들어가 신어상에 임하여 흠향한다고 이해되었다. 그런데 위의 인용문에서는 혼백이 정자각에 상주하고 있을 뿐이며 혼유석은 사귀를 물리치는 진석이라고 주장했다.

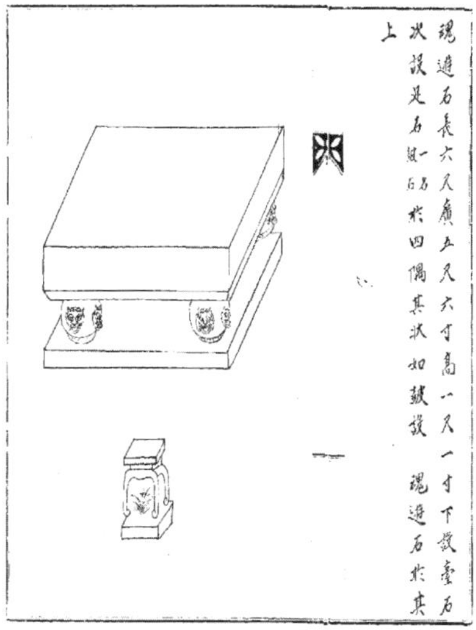

그림 1 | 혼유석(『고종산릉주감의궤』, 「陵上石儀」)

이러한 주장 중 어느 것이 맞는지는 알 수 없다. 무덤과 정자각을 체백과 혼백의 공간으로 대비시킨 이 방식은 유교 상례에서 하관 후 혼을 모시고 반우(返虞)하는 의식과 일치하지 않는다. 혼유석이라는 명칭 역시 적합하지 않다. 다만, 이 문제는 제향을 받는 주체를 '혼'이라고 상정하고, 그 혼이 봉분에 있는지 정자각에 상주하는지를 판단하는 것이었다. 조선시대 사람들은 혼령이 봉분에 가까운 혼유석에 머물고 있다고 여겼다. 그런데 일제강점기 예식과에서 이를 부정하고 정자각 내 신어상에 혼이 상주한다고 주장했다. 나아가 혼유석을 '진석'이라 고쳐 불렀다. 이러한 입장을 예식과의 공식적인 입장으로 단정하기는 어렵다. 『능원묘해설(陵園墓解說)』에서는 여전히 혼유석이라는 명칭이 사용되고 진석이라는 용어는 찾을 수 없기 때문이다.[36] 다만, 이런 주장의 배경이 된 혼백의 존재에 대한 강조에 주목할 필요가 있다.

혼백에 대한 설명은 한 번으로 끝나지 않았다. 위 주장이 있고 나서 2년 후인 1935년 「재관회의훈시(齋官會議訓示)」에서도 혼백에 대한 신앙을 강조하면서 제향의 집행을 경건하고 엄숙하게 거행할 것을 지시했다.

> 재관의 직책에 있는 자는 혼백의 개념에 대한 충분한 인식이 필요함은 말하지 않아도 알 수 있다. 연전에 여러분에게 연구를 명한 바가 있으며 쇼와 7년 7월 참봉예회 때 훈시했으며 예회 회보에도 기재했거니와 이 같은 진리를 급히 이해하기란 지극히 어려운 문제이다. 장시간을 요구할 것이나 제향에 봉사하는 직분을 맡은 자가 반신반의하는 것은 불가하니 당시 회보를 숙독하고 기타 서적을 참조하여 충분히 이해할 지니라.[37]

주창자는 지난 주장을 되새기면서 "제향 봉사의 직에 있는 사람이 반신반의하는 것은 불가"하다고 훈시했다. 혼백에 대한 믿음 없이 제향의 집행은 불가능하다고 강조한 것이다. 제향 봉사를 맡은 재관은 제사를 형식적으로 거행해서는 안 되며 제사 대상인 혼령에 대한 확고한 믿음 속에서 수행해야 한다는 의미이다.

이러한 모습은 "신을 봉사"하는 직책이라는 표현에서도 볼 수 있다. 1933년 예식과가 인사 변동으로 불안정할 때 회보에 다음과 같은 글이 실렸다.

---

36 『능원묘해설』(K2-4421), 「陵園墓ノ形成」.

37 「齋官會議訓示」(RD00177).

우리는 왕가를 위하여 묘·전·궁·능·원·단·묘를 수호하고 신을 봉사하는 청정한 마음으로써 그 존엄과 신성을 유지하기 위하여 매진하는 것이 가한지라. 어떻게 하면 그 존엄과 청결에 나아갈까를 밤낮으로 연구하며 노력함이 가하니.[38]

위 인용문은 이왕가 향소 직원의 직무를 향소의 '수호'와 신에 대한 '봉사'로 규정했다. 그들에게 주어진 주요 업무는 왕가의 존엄과 신성을 유지하는 것이었다. 이는 직원의 임무가 구 황실의 유산을 물적으로 보존하는 소극적인 행위가 아님을 의미한다. 신에게 봉사하기 위해 직원 자신이 혼백 관념을 명확히 이해하고 그 존재를 확신해야 한다는 것이었다. 의례의 형식적 수행이 아니라 몸과 마음이 일치된 신직(神職)이 요구되었다.

한편, 이러한 요구는 왕실의 존엄과 향소의 정결에 한정된 지시가 아니었다. 이것은 당시 사회적인 효과를 기대한 지시였다. 그들의 노력은 사회적 효과를 염두에 두었다.

여러분은 항상 능·원·단·묘의 제향과 수호에 봉사하여 성심성의로 왕조왕종(王祖王宗)의 존령(尊靈)에 헌신한바 극히 신성하고 중대한 직무를 양쪽 어깨에 짊어진 것이라. 그러므로 심신을 청정하게 하고, 품행을 방정케 하고, 동작을 장중케 함으로써 인격 향상과 품성 도야에 대단히 조심하여 민중으로 하여금 스스로 옷깃을 바르게 할 위신을 지킬 것이며 천지에 부끄럽고 신령에 두려워할 일을 행하는 것은 불가하니라.[39]

---

38 『宗廟接受公文綴』(K2-2211, 9-5), 「참봉예회회보」(소화 8년 10월 18일) '主任 變更에 對하야'.

39 『宗廟接受公文綴』(K2-2211, 9-4), 「各齋官ニ對スル禮式課長新年挨拶」.

이왕직의 직원이 향소를 수호하고 존령에게 헌신하는 일을 담당하기 위해서는 인격 향상이 필요하며 이러한 것이 제대로 될 때 직원이 아닌 주변 민중들이 스스로 옷깃을 여미는 위신을 지킬 수 있다고 했다. 즉, 직원의 행동을 통해서 능·원·단·묘를 찾는 민중에게 영향을 미치게 될 것이라고 기대되었다. 왕실에 대한 존중이 직원에게 머무는 것이 아니라 식민지 민중에게도 전파될 것이라고 본 것이다. 역으로 보면 재관은 민중에게서 왕실에 대한 존숭을 끌어내기 위한 견인차로서 존재했다.

2) 능원 참배자의 통제

(1) 향소의 성역화

향소의 재관은 향소의 수호와 제향의 봉사에 힘을 기울여야 했다. 그들의 이러한 업무는 '향소의 성역화'를 통한 '왕실 존숭'이라고 부를 수 있다. 이는 묘·전·단·궁·능·원·묘의 왕실 공간을 외부의 일상 공간과 구별하여 존숭한 마음을 이끌어 내는 것이다. 재관의 이러한 업무는 아래와 같은 상황에서 당시 매우 절실했다.

> 종래 능원 참배에 대하여 어떠한 규정도 없으므로 몰상식한 일반 유람자가 외람되게 능 구역 내에 침입하여 뜻대로 행동하고, 직원의 제지를 조금도 따르지 않는 불경자가 있어서 관리하는 일이나 존엄을 유지하는 데 불미한 결과가 발생하는 것은 심히 유감스러운 일입니다. 특히 도회지에 접한 능원의 부속지는 시민 또는 부근 주민의 유람지가 되는 경향을 보일뿐더러 시세(時世)에 동반한 사고의 변화는 그 관리를 한층 더 곤란하게 만듭니다. 나아가 참배자의 주의를 아래 기록한 표준에 의

거하여 원출인(願出人)에 대하여는 친절하고 정중히 상대하고, 안내하는 재관과 수복은 성경(誠敬)을 다하여 배례할 때는 소정한 위치에 나아가 스스로 모범을 보이면 자연 감화가 일반인에게 미치어 존엄지(尊嚴地)가 됨을 이해할 줄로 생각합니다.[40]

당시 왕릉이 처한 현실이 잘 나타나 있다. 일반 관람객들이 왕릉의 제한 구역에까지 침입하여 마음대로 돌아다니고, 제지하여도 순응하지 않아 불미스러운 결과를 초래하는 경우가 많았다. 특히 도시 근처의 왕릉은 성소라기보다 유람지가 되었고, 시대 분위기에 따라 사람들의 마음에서 왕릉에 대한 존경을 찾을 수 없는 지경까지 되었다.

이러한 사정은 일본의 경우와 비교되어 더 부정적인 모습으로 간주되었다. 1932년 8월 27일에서 9월 16일까지 이왕직의 전 예식과장이 속(屬) 이이다카[飯高]와 함께 능원의 조역(兆域) 문제로 일본에 출장을 가 천황가의 능을 답사했다. 그들이 간 곳은 진무·스이닌·쇼무·다이쇼 천황과 메이지 황태후의 어릉, 후카쿠사[深草] 12제릉(帝陵), 토시마가오카[豊島岡]의 황족 묘소 등이었다. 여러 곳 다양한 형식의 능을 보았지만 그들에게 인상적인 것은 일본 황릉의 청정과 존엄이었다.

능 구역 안과 참도(參道)에는 모래와 자갈을 깔아 티끌 하나도 발견할 수 없을 만큼 다 청결히 수호되고 있으며 능의 형식은 […] 지극히 간소하나 영구 시설이라 청정하고 예스럽고 소박하며 간소한 시설이 도리어 신엄(神嚴)을 증대하여 자연히 경건한 마음이 생겨나니라. […] 우리

40 『宗廟接受公文綴』(K2-2211, 9-6), 「참봉예회회보」(소화 7년 8월 17일) '參拜者 主意에 關한 件'.

가 특히 감동받은 것은 참배자의 태도이다. 참배자는 동반한 5~6세 아이까지도 반드시 손을 씻고 목책(木柵) 앞에 이르러 합장 배례하는데 꿇어앉아 머리를 조아리는 사람, 모자를 벗고 머리를 조아리는 사람, 신도식으로 머리를 조아리고 손뼉을 치는 사람 등 그 방법이 다양하지만 모두 마음을 다하여 배례함을 보고 감복하지 않을 수 없었노라.[41]

위 인용문에서 볼 수 있듯이 그들은 일본 천황의 능역이 티끌 하나 보이지 않을 정도로 청결하여 놀랐다. 반질반질한 잔돌이 깔린 능역과 참도는 조그만 먼지도 찾을 수 없을 정도로 정결했다. 그리고 예스럽고 질박하고 단순한 형식미가 오히려 신엄(神嚴)을 증대시켰다. 이러한 시설뿐만 아니라 그곳에 온 참배자의 태도에도 그들은 감동받았다. 어린아이들까지도 성심성의껏 예를 표하는 태도는 조선에서 보기 어려운 모습이었다.

1930년대에 이렇게 일본 내지를 다녀보고 비교하면서 조선의 현실을 비판하는 사례는 점점 늘어났다. 1933년에 전사 이종룡은 일본의 궁전과 능묘를 살펴보고 돌아와 그 소감을 기록했다.[42] 이 출장의 목적은 일본 내 여러 궁전과 능묘를 참배하고 그 시설 제도와 관리 방법, 제사의 연혁을 조사하고 살피는 것이었다. 그의 소감문은 이왕직 관원, 특히 종묘와 능원에서 근무하는 재관들에게 자신이 본 것을 알리는 것이 주요 목적이었다.

이종룡이 살펴본 곳은 상당히 많았다. 먼저 황궁 내 규추산덴[宮中三殿]을 참배했다. 규추산덴은 황궁 내 사당으로서 일왕가 조상신인 아마테라스 오미카미[天照大神]를 모신 가시코도코로[賢所], 역대 일왕들의 위패가

41 『宗廟接受公文綴』(K2-2211, 9-6), 「참봉예회회보」(소화 7년 10월 18일) '御陵參拜所感'.

42 『宗廟接受公文綴』(K2-2211, 9-5), 「內地各宮殿及諸陵墓參拜의 所感」(典祀 李鍾龍).

안치된 고레이덴[皇靈殿], 그리고 기타 여러 신들을 모신 신덴[神殿, 신전] 세 개 건물로 이루어져 있다. 그는 이곳에 모셔진 신과 제향 일자, 제물과 제복을 소개했다.

그리고 도쿄부에 있는 다이쇼 천황의 타마릉, 토시마가오카의 황족묘, 각 궁의 황족묘를 살펴보았다. 교토, 오사카, 나라에 있는 황실 능묘도 순력했다. 각 능묘를 갈 때는 능묘감(陵墓監)이 나와 안내했다. 이 능들을 살펴본 이종룡은 황릉의 특징을 상고시대, 중고시대, 근세시대로 구분하여 설명했다. 이에 따르면 상고시대 황릉은 장엄하면서도 질박하여 조역이 광활하고 봉분을 산과 만들었으며 분형(墳形)은 대략 전방후원(前方後圓) 또는 원형이었다. 그 주변에는 한 겹 또는 이중·삼중의 해자를 만들었다. 반면, 중고시대 황릉은 존엄미관(尊嚴美觀)과 관수편의(管守便宜)를 참작하여 조역을 축소하고 봉분을 간단히 했다. 근세시대에 조성된 메이지 천황과 다이쇼 천황의 어릉은 조역이 광활하고 봉분이 높고 거대하여 견고하고 기려했다.

이렇게 많은 능을 본 그에게 인상적인 것은 두 가지였다. 첫째는 능의 '청결기려(淸潔奇麗)'한 모습이며 둘째는 능 관리자의 업무 태도였다. 그는 시대와 대수의 거리에 따라 능의 영역이나 제도에 차이가 있음을 인정했다. 그럼에도 이 능들은 모두 '숭봉성경(崇奉誠敬)', '정숙관수(整肅管守)', '삼엄규율(森嚴規律)'을 갖추고 있다는 점에 차이가 없다고 보았다. 주변 산림은 소나무와 전나무가 하늘을 찌르고, 신로(神路)는 사석(砂石)이 땅에 가득하여 한 점의 먼지도 없으니 진정한 '신성 지역이요 청정 세계'라고 칭할 만하며 이에 공경하는 마음과 조심스러워하는 태도가 자연히 일어난다고 했다. 그리하여 그가 소상하게 소개하는 것 중 하나가 참배자와 참배자를 인도하는 담당자의 모습이었다. 그가 그린 일본 능의 참배 모습을 서술하면 다음과 같다.

> 고등관 이상의 현직자가 정식으로 참배원을 제출하면 당번인 능묘감 또는 능묘 수장이 정복과 정모를 착용하고 안내하는데 동작이 단정하고 걸음걸이가 정중했다. 석책(石柵) 철문 앞에 이르러 맑고 깨끗한 물로 손을 씻고 입을 헹구고 참배자에게도 손과 입을 씻게 했다. 철문 안에 이르러서는 모자를 벗고 배례하고 참배자에게도 모자를 벗고 배례하게 했다. 정해진 자리에 이르면 또 배례하고 참배자에게 자리에 앉아 배례하게 했다. 배례한 후 물러나되 참배자로 하여금 또한 배례 후 물러나게 하고, 철문 안쪽에 이르러 역시 배례하고 물러나되 참배자에게도 배례하고 물러나게 했다. 그 동작과 진퇴의 움직임이 법도에 적중하여 봉공(奉公)의 경건한 뜻과 복무의 성실한 마음이 내면에 잘 보존되었다가 외부로 발현되니 바로 사람들이 감동하였다.[43]

능 입구에 도착하면 사람들은 손과 입부터 씻었다. 철문과 지정석에 도착하면 안내자와 참배자 모두 모자를 벗고 배례했다. 매우 단순한 행동이지만 그들의 동작 하나하나가 법도에 맞았다. 이에 대하여 이종룡은 공(公)을 받드는 공경한 마음과 맡은 일을 수행하는 성실한 마음이 외부로 발현되어서 다른 사람을 감동하게 한다고 분석했다.

결국 조선과 일본의 능은 불결과 청결로, 조선인과 일본인은 불경과 공경으로 대비되었다. 능원을 지키는 재관들에게는 일본의 능이 지향점으로 제시되었다. 이종룡은 불결과 청결을 가르는 것은 이를 관리하고 참배자를 안내하는 재관들의 몫이라고 여겼다. 그리하여 그는 조선의 재관 역시 각자 관리하는 묘·전·궁·능·원·단·묘의 수호에 더욱 힘쓰고 복무 규정을 엄정히 실행하여 정숙한 태도와 성경의 마음이 다른 사람들을 감동

43 『宗廟接受公文綴』(K2-2211, 9-5), 「內地各宮殿及諸陵墓參拜의 所感」(典祀 李鍾龍).

시키기를 바란다고 마무리했다.

(2) 참배자 내규 확립

능원 수호를 이전 시기의 것과 비교할 때 가장 두드러진 변화는 '참배자'의 등장이다. 조선시대와 대한제국기에 능원 참배는 민간인이 함부로 할 수 있는 것이 아니었다. 관원 역시 제관이나 집사자로 제향에 참석할 수는 있으나 개인 자격으로 능원에 나아가 참배할 수는 없었다. 종묘 이하 왕실의 제향 공간은 국왕 또는 왕실의 일부 사람들을 제외하면 금기의 공간이었다. 그런데 일제강점기에 이르면 일반인이 능원에 접근하기가 쉬워졌다. 관리자의 입장에서는 제지가 쉽지 않았다. 1932년에 이러한 문제들이 점점 드러나 참봉예회에서 나름대로 대처 방안을 제시했다.[44]

대처 방안은 함부로 능역에 들어오려는 사람을 제지하되, 참배를 원하는 사람에게는 친절히 안내하는 것이었다. 즉, 홍살문 내에서 참배를 원하는 자 중에서 신분이 불명확한 자는 불허하고, 참배 이외의 목적일 때도 불허했다. 참배를 허락할 경우에는 반드시 재관이나 수복이 인도하게 했다. 그리고 고등관은 정자각 월대, 판임관은 월대 앞, 학생은 홍살문 내, 무자격자는 홍살문 밖에서 참배하도록 하여 사회적 지위에 따른 차별적 허용을 보여주었다.

한편, 『능원묘해설』이라는 문서철에는 「묘·전·궁·능·원 참배자 취급 내규」라는 문서가 있다.[45] 전체 17조로 되어 있는 이 내규는 필사본이고 수정 내용이 적힌 초고에 해당한다. 이 내규의 제정 연대는 정확히 알 수

---

44 『종묘접수공문철』(K2-2211), 「참봉예회보고」(소화 7년 8월 17일) '참배자 주의에 관한 건'.

45 『陵園墓解說』(K2-4421), 「廟殿宮陵園參拜者取扱內規」.

없다. 다만, 1932년 8월 17일 참봉예회에서 참배에 따른 어떤 규정도 없다고 언급한 반면, 1937년 4월 17일 참봉예회에서는 '참배자 취급 내규'를 무시한 사례를 언급하고 있다. 그러므로 1932년에서 1937년 사이에 이 내규가 만들어졌다고 추정할 수 있다. 이를 통해 당시 능소 참배 모습을 짐작할 수 있다.

이에 따르면 종묘와 영녕전은 참배가 허락되지 않았다. 나머지는 참배를 원하는 자가 신청서를 제출하면 이 내규에 따라 참배를 허락했다. 참배자는 반드시 재관의 안내를 따라야 했다. 참배자와 이를 안내하는 자 모두 참배 때는 예복을 갖추어 입어야 했다. 재관은 흑단령 또는 소례복이다.

참배자는 그 지위에 따라 네 단계로 구분되었다. 첫 번째 그룹은 월대 위 어배위(御拜位)보다 조금 뒤쪽에서 참배했다.[46] 월대 위 이곳에서 참배할 수 있는 자는 대훈위(大勳位),[47] 친임관(동 대우자 포함), 칙임관(동 대우자 포함), 귀족원 또는 중의원 정·부의장, 작위가 있는 자, 서위(敍位)가 종4위 이상인 자, 훈등이 3등 이상인 자, 신사와 불교 각 종파의 관장 등 고위직에 해당했다. 두 번째 그룹 역시 월대 위에 올라가지만 첫 번째 그룹보다 조금 물러나 참배했다. 주임관과 동 대우자, 귀족원 또는 중의원 의원, 서위가 종6위 이상인 자, 훈위가 6위 이상인 자, 문적사원(門跡寺院)[48]의 주지 등이 이에 속했다. 세 번째 그룹은 월대 아래에서 예를 행했는데 판임관과 동 대우자, 서위 정7위 이하인 자, 훈등 7등 이하인 자, 공직자, 사원 주

---

46 "정자각의 月臺 中台 中央에서 예배한다"라고 수정되어 있다.

47 일본 훈장제도에서 최상위 훈장인 대훈위국화장경식(大勳位菊花章頸飾) 또는 그 아래의 대훈위국화대수장(大勳位菊花大綬章)을 받은 사람을 가리킨다. 대훈위국화장경식은 역대 천황(또는 황족)과 뛰어난 업적이 있는 총리(또는 그에 준하는 직위), 외국 국가원수에게 수여되었다. 대훈위국화대수장은 천황의 아들, 총리 같은 고위자가 받았다.

48 문적사원은 황족이나 귀족의 자제가 출가하여 그 법통을 전하고 있는 절을 가리킨다.

지 등이었다. 마지막 네 번째 그룹은 내삼문 밖 또는 홍살문 안쪽에서 예배했는데 육해군 단체, 지방 신사 및 단체, 각종 중등학교 이상 학생 생도 등이 이에 해당했다. 참배자들은 모두 복장을 갖추어야 했다. 남자는 통상복[フロックコート, frock coat], 모닝 코트 또는 일본 전통 예복인 몬쓰키하오리하카마[紋付羽織袴]를 입고, 여자는 비지팅 드레스[ヴィジティング] 또는 일본 전통 예복인 시로에리몬쓰키[白襟紋付]를 입어야 했다. 다만, 제복이 있으면 그것을 입고, 조선인인 경우 전통 예복을 입을 수 있었다. 그 외 정신이상자나 근신하는 마음이 부족한 자, 불결한 복장을 한 자는 참배를 허락하지 않았다.

이러한 규정을 통해 능소를 찾는 관중의 존재를 확인할 수 있다. 실제 1937년 7월 17일 재관회의에서는 능원 참배자 수가 늘고 있다고 기뻐했다.[49] 그 시기 신사를 비롯한 참배는 흔한 일이었고 장려하는 분위기가 조성되었다. 따라서 조선의 능원도 참배 대상이 되고 있었다. 이런 가운데 이왕직에서는 재관에게 참배객을 '근엄한 태도'로써 '장중'하게 유도하여 참배시킬 것을 강조했다. 능소 공간은 그리하여 위계적인 질서와 권위를 높이고 받아들이는 훈련 장소로 기능했다.

---

49 『宗廟接受公文綴』(K2-2211, 9-2), 「참봉예회회보」(소화 12년 7월 17일) '參拜者ノ引導ニ關スル件'.

3. 전시체제기 동원과 내선일체

1) 방호단 결성과 방공호 피신

수호는 화재나 도난으로부터 건물이나 기물을 보호하는 것을 의미한다. 이를 위해 종묘에는 화재 예방 시설이 갖추어지고 직원들이 밤낮으로 주위를 경계했다. 그런데 1930년대 후반부터 종묘는 새로운 위험에 노출되었다. 전쟁에 따른 공습의 위협이었다. 1931년 만주사변을 시작으로 전쟁에 돌입한 일본은 1937년 중일전쟁을 일으켰다. 이에 조선은 중요 병참기지로 수탈의 대상이 되었다. 그러나 조선의 경성은 총과 포탄이 난무하는 전선(戰線)과는 거리가 멀었다. 전쟁의 기운은 젊은 병사를 환송하는 각종 행사를 통해서만 느낄 수 있었다.

그러나 전방과 후방의 구분을 없애고 후방 깊숙한 곳까지 전쟁의 기운을 느끼게 한 것이 공습이었다. 공습은 전방과 후방, 전투원과 비전투원의 구분을 모호하게 만들었다. 최신의 전투기로 적의 후방을 공습하여 전쟁 지원 시설을 파괴하고 사회를 교란시키는 것이 중요한 전술이 되었다.

따라서 공습을 방어하는 것이 자연스럽게 전쟁에서 중요한 일이 되었다. 방공(防空)은 전쟁 지원 시설을 보호하는 것일 뿐 아니라 후방에 있는 주민을 조직하고 통제하는 중요한 수단이 되었다.[50] 1933년 5월 경성에서 최초의 방공계획협의회가 시작되었고, 그해 10월 경성부 주최로 부내 관청, 정동회 관계자가 모여 최초의 방호단 조직이 만들어지게 되었다. 이

---

50 안세영, 「1930년대 경성부 방호단의 조직과 방공정책의 특징」, 『한국민족운동사연구』 99(2019), 224쪽.

때 경성부 방호단 조직은 용산, 본정, 서대문, 동대문, 종로 등과 같이 구 단위의 방호기관을 기본으로 했다. 그리고 이외에 '특별구'로서 조선신궁, 경성신사, 종묘, 창덕궁이 지정되었다.[51] 하지만 종묘에서 방호단이 어떻게 결성되었는지 구체적으로 알 수는 없다.

한편, 일본에서 방공법이 제정된 때는 1937년 4월 2일이었다. 애초 방공법을 공포하면서 다음 해인 1938년 4월로 시행을 미루었지만 1937년 7월 노구교 사건으로 중일전쟁이 터지면서 방공법은 이보다 앞선 1937년 10월 1일부터 시행되었다.[52] 이 법에 따라 방호단이 조직되었다. 반면, 조선총독부에서는 1936년 5월 3일 방공법이 조선에서도 공포된다는 정보를 입수한 후 방공법안 시행을 논의했고, 그 결과 1937년 4월 3일에 경성부 방호단이 새롭게 편성되었다. 당시 구 방호단은 동구 2분단, 중구 5분단, 용산구 2분단, 영등포 2분단으로 편성되었는데 중구가 핵심 지위에 있었다. 이는 중구가 정치, 행정, 상업, 금융의 중심지일 뿐만 아니라 오래된 건물이 많고 가연성이 높아 소화에 어려움이 있을 것으로 예측되었기 때문이다.[53] 반면, 조선신궁, 경성신사, 창덕궁, 철도, 육군 5곳이 특별구 방호단으로 설정되고 종묘는 제외되었다. 그러나 정확히 말해 종묘가 방호의 대상에서 제외된 것이라기보다 창덕궁으로 통합된 것이다.

문헌 기록상 종묘에 방호단 관련 기사가 나오는 것은 1937년 8월 11일이 처음이다. 이때 종묘는 수복 정호영·박응찬·심창엽·김계복·박찬홍·사정 김갑득·방원영·주판개 8명으로 방호단을 조직하여 예식과에 보고했다.[54] 이들은 8월 18일 창덕궁 후원에서 설명을 듣고 방호를 연습했다.[55]

---

51 안세영(2019), 위의 논문, 228쪽.

52 이내화, 「1930년대 조선의 방공체제 수립과정: 법제와 조직을 중심으로」, 수요역사연구회 엮음, 『제국 일본의 하늘과 방공, 동원 1: 방공정책과 식민지 조선』(선인, 2012), 70쪽.

53 안세영(2019), 앞의 논문, 230쪽.

그리고 마침내 8월 20일 창덕궁 후원 영화당 뜰에서 창덕궁 특별 방호단 결단식을 거행했다.[56] 이날의 진행 모습이 『종묘일지』에 기록되어 있다. 오전에 장관 이하 경성부 경찰서장이 참석하여 시국의 비상사를 연설했고, 오후 4시에 종묘분구장과 계원이 모여서 단장의 지휘에 따라 방화 연습을 한 뒤 경계원의 지시로 각 위치를 지정하여 비상시를 대비한 예방법을 연습했다. 연습은 저녁에도 이어져 10시까지 전등을 정지하는 등화관제를 연습했다. 저녁 식사는 비상시 도시락 1개씩을 지급받았으며 밤 10시가 되어서야 해산했다.[57]

당시 종묘분구의 장(長)은 전사 정연교였다. 같은 달 27일에는 종묘분구장 정연교와 경계장 이종룡을 대신한 이정구가 종묘 내 수복과 사정을 집합시켜 비상사태가 발생했을 때 수행해야 할 경계와 방화, 비상시 신주 봉안 주의사항 등에 대해 연설했다.[58] 9월 3일에는 정연교가 묘내 근무하는 일반 직원과 방호원 계원에게 방화 관련 훈시를 한 후 창덕궁 안에 있던 옛 양약방 광장에서 각처 방화 단체와 모여 방화 연습과 새로 도입된 방화법을 숙지한 후 오후 6시에 해산했다.[59] 같은 달 2일과 6일에도 종묘 내에서 방화 훈련을 실시했는데 종묘와 영녕전 건물과 인원 배치를 숙지하도록 했다. 그리고 16일에는 묘내 원역들에게 예방 설명서를 나누어 주고 훈시했다. 23일에는 경계원과 그 외 직원이 창덕궁 청사 마당에서 단장의 훈시를 듣고 군호(軍號)와 암호를 숙지한 후 해산했다.

---

54 『종묘일지』(K2-2209), 소화 12년 8월 11일.

55 『종묘일지』(K2-2209), 소화 12년 8월 18일.

56 『매일신보』, 1937년 8월 21일, 제3면.

57 『종묘일지』(K2-2209), 소화 12년 8월 21일.

58 『종묘일지』(K2-2209), 소화 12년 8월 27일.

59 『종묘일지』(K2-2209), 소화 12년 9월 4일.

이와 같이 전시체제 속에서 종묘는 방호의 주요 대상이 되었고, 직원들도 방호 훈련을 감당하지 않을 수 없었다. 당시 종묘 내 방호 관련 일들을 살펴보면 다음과 같이 구분할 수 있다. 첫째, 건물의 조성과 변형이다. 종묘를 포함한 창덕궁은 왕실의 권위와 조선의 역사가 깃든 곳인 만큼 수호가 매우 중요했다. 더욱이 목재 건물이 대부분이라 화재에 취약했기 때문에 이전부터 화재 대비를 중시했다. 나아가 만주사변 이후 공습에 의한 화재 위협이 높아지자 방화에 더욱 관심을 기울였다. 당시 종묘에서 수행되었던 방호 대책을 살펴보면 다음과 같다.

먼저 건물의 외형에서 백색을 최소화하는 것이다. 대표적인 예로 건물 대들보 위 도회(塗灰)를 백색에서 흑색으로 바꾸었다. 1937년 7월 25일 종묘에서는 종묘와 영녕전 대문의 들보 위에 백색 도회를 흑색으로 고쳐 칠하는 것을 시작하여 다음 날 마쳤다.[60] 그리고 경계관제(警戒管制) 잔치등(殘置燈)이 있는 7군데 창호와 공습관제 잔치등 3개소의 창호에 빛이 나가지 않도록 흑색 장막을 만들어 달았다.[61] 이렇게 등화관제를 중심으로 한 초기 방공 모습은 1941년에 이르면 방공호 조성으로 확장되었다.[62]

두 번째는 방화 시설 마련으로 먼저 물 저장고를 만들었다. 1937년 8월 26일에 방화를 위해 상원지(上源池)를 개수하기로 했는데 사정의 힘으로는 부족하여 이왕직 예식과에서 5명이 와서 도와주기로 했다.[63] 그리고

---

60 『종묘일지』(K2-2209), 소화 12년 7월 25일.

61 『종묘일지』(K2-2209), 소화 12년 10월 21일, 11월 27일.

62 『종묘숙직일지』(K2-4817, 2-1), 소화 16년 3월 28일.

63 『종묘일지』(K2-2209), 소화 12년 8월 26일. 조선시대 종묘에는 연못이 두 개 있었다. 하나는 종묘 정전 동남쪽, 또 하나는 망묘루 서쪽에 있었다. 정전 앞 연못가에는 누국(漏局)이 있었다. 현재 이 연못은 사라졌다. 반면, 일제강점기에는 외삼문 안쪽에 동서로 연못이 하나씩 있었다(『종묘지』, 「參考記事」). 이 두 개는 지금은 보이지 않는다. 외삼문 안쪽의 연못이 언제 왜 생겼는지는 알 수 없지만 방화와 관련된 것으로 추정할 수 있다.

8월 30일에 창덕궁 경찰서장이 소방수를 인솔하고 종묘에 와서 종묘 내 비상시 사용할 수원지를 조사했다. 그 외 비상시 방화를 위해 화정(火鼎)에 물을 채우고 월랑 아래에 흙을 쌓아 두고 도구를 준비했으며 수돗가에 철통을 비치했다.[64] 9월 6일에는 비상시 사용할 양철통 21개, 감장통(甘醬桶) 4개, 죽대(竹大) 사다리 1개를 본과로부터 가져와 비치했다. 그리고 화재 시 소방차의 수월한 출입을 위하여 종묘 외삼문 서편의 지방목(地方木)을 절단하고,[65] 외삼문 서편 문 층계 주변에 양회(洋灰)를 발라 왕래를 편하게 했다.[66]

세 번째로 방호 연습의 강화를 들 수 있다. 1937년 중일전쟁 이후 방호 연습은 더욱 강화되었다. 1938년의 예를 들면, 한 해 동안 종묘에서는 세 번의 방호 훈련이 있었다. 2월 24일 저녁에는 음향관제(音響管制)와 등화관제가 있었다.[67] 3월 5일에는 방호단의 종묘분구장과 전사 이종룡이 분구단원 5명을 인솔해 덕수궁에서 거행하는 소방기구 조작 방식을 견학했다. 3월 7일 오후 2시부터 종묘 방호단 단원 일동이 모여서 방호 훈련 교육을 받았다. 갑반과 을반으로 나누어 갑반은 3월 8일, 을반은 3월 9일에 훈련을 받고 오후 10시에 해산했다.[68] 훈련과 별도로 5월 27에는 중국으로부터 공습이 있을 것이라는 통지를 받았고, 같은 달 30일 오후 11시 55분에는 긴급 경계 사이렌이 울려 종묘에서 숙직하던 직원 9명이 정한 장소에서 경계하고 새벽 12시 15분경에 종묘 분구장을 비롯한 15명이 도착하여 경계하다가 2시 40분경에 해산하는 실전 같은 상황이 일어났다.[69]

---

64 『종묘일지』(K2-2209), 소화 12년 9월 2일.

65 『종묘일지』(K2-2209), 소화 12년 9월 10일, 10월 26일.

66 『종묘일지』(K2-2209), 소화 12년 10월 15일.

67 『종묘숙직일지』(K2-4818), 소화 13년 2월 24일.

68 『종묘숙직일지』(K2-4818), 소화 13년 3월 7~9일.

같은 해 6월 29일부터 7월 4일까지 창덕궁 방호단의 방공 훈련이 있었다. 이때에도 직원은 갑반과 을반으로 나누어 훈련을 받았다. 훈련은 기초 훈련과 응용 훈련으로 세분화되었다. 종묘 소차방을 방호 사무소 겸 숙직실로 사용했다. 7월 1일에는 갑반이 경보 수령과 전달, 등화관제 등의 기초 훈련을 받고, 7월 2일에는 경계 을반이 기초 훈련을 받았다.[70] 그리고 7월 3일에는 갑반 반원이 응용 훈련을 받고 그다음 날에는 을반이 응용 훈련을 받았다. 한편, 11월 24일부터 4일간 제3회 경기도 방공 훈련을 실시했는데 창덕궁 특별방호단 역시 참가했다.[71] 1938년 방호단 개편 직후인 11월 24일부터 4일간 제3회 경기도 방공훈련이 실시되었는데 종묘 직원과 원역이 창덕궁 특별방호단으로 참가했다.[72]

네 번째는 피난 대비였다. 종묘방호단의 임무 중 가장 중요한 것은 비상시 신주 보호였다.[73] 신주는 그 수효나 크기 때문에 짧은 시간 안에 다른 곳으로 옮기기 쉽지 않다. 1937년에는 이를 위해 비상시 종묘 서문 밖 북

69 『종묘숙직일지』(K2-4818), 소화 13년 5월 30일.

70 『종묘숙직일지』(K2-4818), 소화 13년 7월 1일~3일.

71 『종묘숙직일지』(K2-4818), 소화 13년 1월 24일.

72 『종묘숙직일지』(K2-4818), 소화 13년 11월 24일. 당시 일정을 살펴보면 11월 24일 오전 9시에 종묘분구의 분구장, 방호계장, 방화계장 이하 방호단원 21명 전원이 종묘분구에 집합하여 분구장의 점검을 받았다. 그리고 정오에 전원이 당직 청사 앞으로 가서 본 특별방호단의 단원 전부와 돈화문 내에 정렬하여 단장의 검열과 훈시를 받고 오후 12시 40분경에 각계 갑반을 제외한 단원은 전부 해산했다. 오후 1시에 종묘분구의 경계계와 방화계의 갑반 단원 전원은 각자 지정된 장소를 배정받아 훈련을 실시했다. 오후 9시경에 숙직 단원 외에는 모두 귀가했다. 훈련 2일차에는 오전 7시부터 을반이 근무했다. 오전 11시 방화계장 지휘 하에 해당 분구 방화반 전원은 종묘 동신문 밖 광장에서 방화 작업 예행 연습을 했다. 오후에는 각 분구 방화반 전원이 모여 가설 건물에 소이탄 투하에 따른 발화에 대하여 방화 실지 훈련을 실시했다. 저녁에는 등화관제 훈련도 있었다. 훈련 3일차에는 독와사탄 투하에 대한 방독, 구호, 피난 훈련을 실시했다. 마지막 날에는 오전 6시에 전원이 모여 점검을 받고 오전 7시에 돈화문 내 광장에 모여 특별방호단 단장의 검열을 받았다. 오전 8시에 경성지구 방호 훈련은 해제되었다.

73 『종묘숙직일지』(K2-4817, 2-2), 소화 15년 8월 27일.

쪽 원상(園上)에 신주를 매안할 곳을 미리 표시해 두었다.[74] 그러나 더 안전한 보호는 방공호를 만드는 것이었다. 1941년에 이왕직 청사 내에 방공호를 만들고 있었다. 이를 위해 종묘 직원도 근로 봉사를 했다.[75] 당시 방공호 작업은 각 방면에서 수행되었는데 국민총력 이왕직 연맹에서는 "우리의 피난소를 우리 손으로"라는 구호 아래 전반원을 방공호 파기 작업에 동원했다.[76]

그러나 이 방공호와 별도로 종묘 내에도 방공호를 만들었다. 1941년 3월 27일부터 29일까지 방공호를 만드는 데 필요한 디딤목이 동구릉에서 도착했다.[77] 이후 11월 25일에 어재실 동쪽 언덕 위에 착굴하기 시작하여[78] 12월 9일에 마침내 방공호가 완성되었다.[79]

그런데 이 방공호는 제대로 사용되지 못했던 것 같다. 1945년 전쟁이 막바지로 치닫고 공습 위험이 더욱 커지자 그해 4월 18일에 종묘 신주를 방공호로 옮겼다.[80] 이때 방공호는 종묘가 아니라 창덕궁에 있었다. 4월 15일과 17일에는 창덕궁 방공호 주변에 나무를 심는 일에 수복이 동원되었다. 그리고 18일 정오 30분에 이안고동가제(移安告動駕祭)를 지낸 후 종묘 신주를 방공호로 옮겼다. 제1실부터 제19실까지 47위의 신위를 자동차 2대로 여섯 번 옮겼다. 종묘 정전에 봉안된 신주만 옮기고 영녕전 신주는 옮기지 않았다. 방공호로의 신주 이안은 일시적인 것이 아니었다. 이후 해방될 때까지 신주는 방공호에 계속 있었다.

---

74 『종묘일지』(K2-2209), 소화 12년 9월 30일.

75 『종묘숙직일지』(K2-4817, 2-1), 소화 16년 3월 25일, 3월 26일

76 『매일신보』, 1941년 3월 27일, 제6면.

77 『종묘숙직일지』(K2-4817, 2-1), 소화 16년 3월 27일, 3월 28일.

78 『종묘숙직일지』(K2-4817, 2-1), 소화 16년 11월 25일.

79 『종묘숙직일지』(K2-4817, 2-1), 소화 16년 12월 9일.

80 『종묘수복청일기』(K2-2185), 소화 20년 4월 18일.

이런 상황에서도 제향은 계속되었다. 5월 6일에 하향대제를 거행했다. 그런데 방공호에서 거행한 것이 아니라 그곳에 봉안되었던 신주를 종묘로 모셔 와 지냈다. 오전 9시에 방공호에서 신주를 내어 와 오후 5시에 제향을 거행했다. 그리고 다음 날 종묘 신주를 다시 방공호로 옮겼다. 8월 8일에는 추향대제를 거행했는데 역시 신주를 종묘로 모셔 와 거행하고, 다음 날 다시 방공호로 옮겼다. 종묘 신주가 방공호에서 종묘로 돌아온 날은 해방 후인 8월 17일이었다. 고사를 지내고 신주를 자동차 2대로 차례로 옮겼다.[81] 4월 18일에 창덕궁 방공호로 옮겨진 후 제향 때 잠시 종묘에 왔던 것을 제외하면 4개월 만에 다시 돌아온 것이었다.

2) 일본어 사용과 창씨개명

이왕직은 일본 궁내성의 예하 기관이었다. 이왕직은 그 조직을 운영하는 데 일본어를 기초로 했다. 일본어가 국어로서 공식성을 가졌다. 이왕직 예식과에서 종묘 등 그 예하 부서로 보내는 공문은 일본어로 작성되었다. 물론 일본어 전용이 아니며 한자와 가타카나가 혼용된 문서였다. 그러나 이러한 문서를 받는 직원들은 대부분 조선인이었다. 각 향소에 근무하던 전사, 전사보, 참봉은 한문 소양을 어느 정도 갖추고 있었을 것이다. 대한제국기에 관직 경험이 있으면 문서 형식에도 익숙했을 것이다. 그러나 가타카나로 된 문서를 정확히 읽기는 쉽지 않았을 것이다. 종묘의 경우, 여러 인원이 있어 일본어를 아는 사람도 있을 수 있고, 주변에서 도움을 얻을 수도 있다. 그러나 고립된 능원의 경우, 일본어 문서를 통한 수·발신은

---

81 『종묘수복청일기』(K2-2185), 소화 20년 8월 17일.

전달에 한계가 있을 수밖에 없다.

일제강점기 초 상부에서 종묘나 능에 내려 보낸 문서는 일본어를 공용어로 했으나 가타카나 부분에 한글 토를 달아 문서의 내용을 이해할 수 있게 했다. 메시지 전달을 쉽게 하기 위한 방편이었다. 그러나 점점 한글 토는 사라지고 한자와 가타카나만으로 작성된 공문을 예하 기관에 보냈다. 1912년의 수신 문서철(그림 2)과 달리 1922년 수신 문서철인 『종묘공문내철』(K2-2169, 2-2)에는 한글 토가 보이지 않는다.

종묘 직원의 입장에서는 상부에서 내려오는 문서를 이해하는 것도 문제이지만 반대로 문서를 작성하여 올리는 것은 더 큰 난제였다. 일본어로 작성하는 것은 몇 사람을 제외하면 거의 불가능했을 것이다. 그러한 사정을 반영하듯 종묘에서 발송한 문서는 한자와 한글로 되어 있고 일본어는 보이지 않는다. 또한, 종묘 내에서 생산하여 자체 보관하는 업무 일지 등은 일본어로 쓸 필요가 더욱 없었다. 조선인만 있는 종묘에서 그날의 주요 업무 내용을 메모하는 문서이기 때문이다. 이런 문서는 한자 위주에 한글 토가 들어간 형식이었다.

그런데 1937년에 들어와 이왕직의 문서들은 모두 일본어로 바뀌었다. 1937년(소화 12) 3월 22일에 이왕직 예식과에서는 각 향소에 「국어, 국문 사용에 관한 건(國語,國文使用ニ關スル件)」이라는 문서를 보냈다.[82] 이에 따르면 내선융합의 촉진을 위해 국어(일본어) 보급을 추진하고 이를 위해 공문서는 원칙적으로 일본어로 작성할 것을 지시했다. 이후 종묘에서 발신하는 문서 역시 일본어로 작성되었다. 기존에 분기별로 모임을 개최하고 발행한 「참봉예회회보」 역시 애초 한문과 한글 병용이었으나 1937년 4월 이후부터 한문과 일본어 병용으로 바뀌었다.

82 『宗廟接受公文綴』(K2-2211, 9-2), 소화 12년 3월 22일.

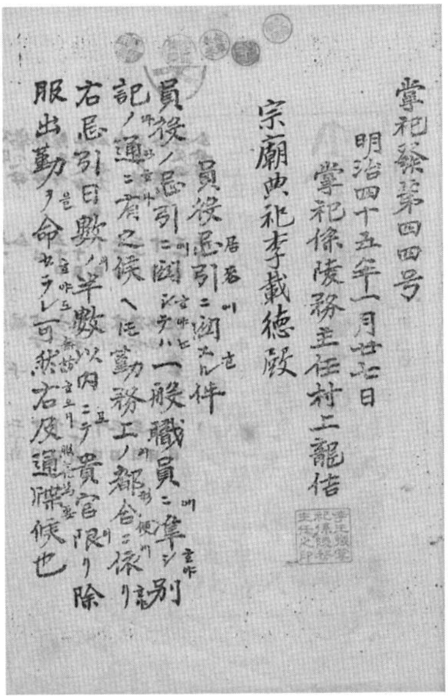

그림 2 | 『종묘공문내철』(K2-2169)(1912년)

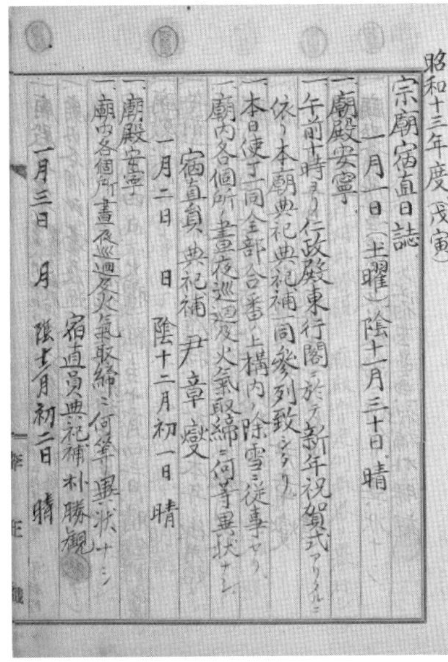

그림 3 | 『종묘숙직일지』(K2-4818)(1938년)

한편, 그럼에도 일본어 전용에는 한계가 있었다. 앞에서 언급한 일지류는 상대적으로 일본어 전용이 늦어졌을 것으로 예상할 수 있다. 그럼에도 불구하고 두 가지 다른 경향을 볼 수 있다. 종묘 구성원은 관원과 원역으로 구분되었다. 관원이 정직원이라면 원역은 임시 고용직이었다. 후자에 해당하는 것으로 수복, 사정, 군사 등이 있었다. 종묘일지는 관원이 작성하는 것과 수복이 작성하는 것 두 가지로 구분되었다. 관원에 의한 것의 변화는 독특하다. 일제강점기 이전인 1910년에 작성된『전장기』문서를 보면 한문에 한글 토를 달았다. 대한제국에 들어오면 국한문 혼용체로 바뀌는데 이 정책을 반영한 것이다. 그런데 1911년부터 나오는 입직 일기를 보면 한글은 사라지고 다시 한문 전용이 되어 있다. 일지의 성격상 긴 문장이 필요하지 않기 때문이기도 하지만 한글과 일본어를 배제한 한자로 작성한 것은 당시 한문 지식인들의 성격을 어느 정도 반영한 것이라고 할

표 2 | 종묘 직원 및 고용원의 일본어 능력

구분	전사보	수복	사정
일본어 가능자	李佑植, 尹章燮		
일본어로 자기 의사의 대요를 전달하는 데 지장이 없는 자	高村應漢	靑木鎬榮, 牧山貞珪, 川口應雄, 金川義平, 閔丙泰, 金天用, 原本富吉, 若木元幸 (8명)	眞田宗華, 金本達坤, 木戶緖吉, 閔丙秦, 金天用(5명)
일본어 불능자		孫本永善, 千葉原一, 邦本義一, **山本松一**, 安田明俊, 木下淸一, 李家昌鎬, 李家春儀, **陽川明信**, **新井萬汝**, 金本益相, **市原嘉雄**, **國本相大**, **松原成龍**(14명)	**金澤德近**, **梅原春山**, **松村仲海**, **梁川柱凡**, **益川之榮**, **松原甲得**, **尹興求**(7명)

자료: 『잡서류』(K2-2210, 2-2), 「宗廟發 第27號(昭和17年 8月 24日) 國語使用ニ關スル件」, 밑줄 친 인물은 일본어 교육 수강 희망자

수 있다. 이러한 경향은 꽤 오랫동안 지속되었다.

현전하는 일지류를 기준으로 할 때 관원의 일지에 일본어 토를 달기 시작한 것은 1938년부터였다. 『종묘숙직일지(宗廟宿直日誌)』(K2-4818)에는 한글이 사라졌다(그림 3). 반면, 수복이 작성한 일지는 일본어 전용으로 나아가지는 않고 한글 토가 그대로 유지되었다. 오히려 한글이 확대되었다. 문서에 일지의 내용은 격식화된 짧은 문장이고 한글은 한문투의 문장에서 보조적인 역할을 했다. 그런데 1937년 이후 수복이 작성한 일지는 문장이 길어지고 구어체를 반영했다.[83]

1942년 조사에 따르면 종묘 직원 중에서 일본어를 사용할 수 있었던 자는 반이 못 되었다. 전사보의 경우, 일본어로 의사소통이 가능하거나 최소한 자신의 대의를 전달할 수 있었다. 이에 비해 수복 22명 중 8명이 대요를 전달할 수 있는 정도였고 나머지 14명은 일본어로 대화가 불가능했다. 12명의 사정 중에는 5명이 대요를 전달할 수 있었고 7명은 불가능했다.

83 『종묘수복청일기』(K2-2185).

표 3 | 종묘 직원 및 고용원의 창씨개명 결과

직책	전사	전사보	전사보	수복	수복	수복	수복	수복	수복
조선명	鄭演敎	李仁榮	高應漢	千一善	孫永善	安明俊	李昌鎬	李春儀	金益相
개명	八田演敎	李林仁榮	高村應漢	千葉一善	孫本永善	安田明俊	李家昌鎬	李家春儀	金本益相
직책	수복	수복	수복	수복	수복	수복	사정	사정	사정
조선명	朴應粲	朴者斤增	鄭鎬榮	沈昌燁	宋在謙	黃在敏	朴成龍	金百萬	李容珪
개명	川口應雄	木戶孝一	青木鎬榮	青松茂	市原嘉雄	原本富吉	松原成龍	金澤德根	牧山容珪
직책	사정	사정	사정	사정	사정	사정	사정	사정	
조선명	李春山	朴元三	方元榮	金甲得	金求彩	金一峯	李貞珪	朴漢緒	
개명	岩本春山	松村仲海	益川元榮	松原甲得	金光求彩	金川一峯	牧山貞珪	木戶緒吉	

자료: 『잡서류』(K2-3662), 「종묘발 제18호(소화 15년 8월 24일) 創氏改名者報告ノ件」

이러한 사정 때문에 일본어 교육이 별도로 시행되었다. 당시 희망자로 수복이 6명, 사정이 7명이 있었다. 수복 6명은 모두 일본어를 할 줄 몰랐고, 사정 7명도 마찬가지였던 것으로 추정된다. 마침내 1942년 10월 14일부터 일본어 강습회가 열렸다. 이는 종묘 자체적으로 수행한 것이 아니라 이왕직에서 주관하는 것으로 매주 수요일과 금요일 오후 1시부터 2시까지 판임관 식당에서 개최되었다.[84] 이와 같이 1937년 이후 일본어 중심의 행정은 더 강화되었다.

1939년 11월 10일 「조선민사령」 개정(제령 제19호)에 따라 창씨개명이 시행되었다.[85] 종묘의 경우, 1940년 8월 기준으로 전원이 창씨한 것을 알 수 있다. 다만 이름은 대부분 기존의 것을 사용했다. 전체 26명 중에서 6명만이 이름까지 고쳤다. 이후 서류상에 나타나는 이름에는 새로 만든 성씨가 등장했다. 물론 이우식(李佑植, 전사보), 윤장섭(尹章燮, 전사보), 김천용(金天用,

84 『잡서류』(K2-2210, 2-2), 「李王職 禮第139號(昭和17년 10月 12日) 國語講習會ノ件」.

85 서울역사편찬원, 『일제강점기 경성부윤과 경성부회 연구』(서울글방, 2017), 384쪽.

사정), 민병진(閔丙秦, 사정)과 같이 창씨를 하지 않은 자도 보이지만 소수에 불과했다. 이와 같이 종묘 내 직원 역시 전시체제와 내선일체의 사회적 분위기를 비켜갈 수 없었다.

제8장
식민지 종묘를 둘러싼 논쟁

1. 이왕가 예식의 법제화

일본은 대한제국을 강제 합방하면서 대한제국 황실에 '왕공족(王公族)'이라는 새로운 법적 지위를 부여했다. 당시 일본에는 천황을 중심으로 한 황족(皇族), 귀족 집단인 화족(華族), 그리고 일반 신민(臣民)이라는 세 가지 신분이 존재했다. 기존의 신분 체계로 대한제국 황실을 포괄할 수 없었던 일본은 왕족(王族)과 공족(公族)이라는 새로운 신분을 만들어 이들을 일본의 '가(家)'로 편입시켰다. 황통을 이은 황제, 태황제, 황태자는 왕족이 되고, 그 방계는 공족이 되었다. 이 중에서 대한제국 황제였던 이왕은 '이왕가(李王家)'라는 가를 세웠다.[1] 공족이 된 이강공과 이희공도 각각 이강공가, 이희공가를 세웠다. 이들은 모두 일본 내에서 자신의 가를 유지해야 하는 처지가 되었다.

조선시대 왕실의 예식은 유교 경전에 기초한 중국 고례(古禮), 송대 사대부 예식 , 명대 예제 등을 근간으로 마련된 것이었다. 이 예식은 천자, 제후, 사서인(士庶人)의 계급적 사회질서를 바탕으로 한 것이었다. 아울러 통치자인 국왕의 권력을 상징화하고 구현하는 것이 조선 왕실의 예식이었다. 그러므로 조선시대 왕실 의례는 왕실이라는 혈연을 넘어 국가의 공적 체제 속에서 수행되었다.

그러나 일제강점기 이왕가의 예식은 국가 권력에서 벗어난 특정 가문의 예식일 뿐이었다. 이제 오례에 걸쳐 있던 황실의 다양한 예식은 대한제국의 멸망과 더불어 대부분 폐지되었고 선조에 대한 제사 의식과 망자를 위한 상례만 잔존했다. 이러한 잔존 예식은 당시 일반인의 의식과 전

---

1 신조 미치히고(이우연 옮김), 『조선왕공족: 제국 일본의 준황족』(백년동안, 2022), 23쪽.

표 1 | 왕공가 복상 규정

번호	대상	기간
1	부(父), 모, 부(夫)의 상	1년
2	조부모, 부의 부모, 처의 상	150일
3	증조부모, 모계조부모, 부의 형제자매, 형제자매의 상	90일
4	고조부모, 적모, 계모, 부의 조부모, 모의 형제자매, 부의 이부형제자매, 이부형제자매, 자의 상	30일
5	남계의 손, 부의 형제의 자, 모의 이부형제자매, 형제의 자, 부의 적모·계모, 처의 부모의 상	7일
6	모계 고조부모, 모계 증조부모, 남계의 증손·현손, 부의 자매의 자, 자매의 자, 이부형제자매의 자, 모의 형제자매의 자, 여계의 손의 상	5일

자료: 「왕공가궤범」 제6편 상장 제1장 복상(조선총독부 황실령 제17호, 1926.12.1. 제정)

혀 다른 천자의 예식이었다. 근대에 맞지 않는 이 황실의 예식을 이왕가는 고수해야 할까? 고수하는 것이 정당한 것인가? 그렇지 않으면 이제 일본 예식을 수용해야 할 것인가? 이러한 문제는 종묘에 한정된 것이 아니다. 왕가의 관례, 혼례, 상례, 제례 전반에 걸쳐 있는 문제였다.

1916년 8월경 당시 왕세자였던 이은(李垠)과 일본 황족 나시모토노미야모리마사왕[梨本宮守正]의 장녀인 마사코[方子] 사이에 혼인이 거론되었다. 당시까지 불명확했던 왕공족의 지위에 대한 논란이 이 혼사로 인하여 야기되었다. 이에 따라 1917년 일제는 「왕공가궤범(王公家軌範)」을 제정했다. 이는 왕공족의 범위, 신위(身位), 재산, 친족, 상속 등을 규정한 것이었다. 이 법안은 곧바로 공포되지 않았고, 8년이나 지난 1926년 12월 1일에 공포되었다. 「왕공가궤범」은 전체 215조로 되어 있다. 제1편 왕가 및 공가, 제2편 신위, 제3편 재산, 제4편 친족, 제5편 상속, 제6편 상장(喪葬), 제7편 왕공족 심의회, 부칙 등으로 구성되었다. 이 중에서 상장은 왕공족이 사망했을 때 수행해야 할 제반 사항을 규정한 것이다. 제1장 상의(喪儀), 제2장 복상(服喪), 제3장 분영(墳塋) 세 장으로 구분된다. 그러나 복상의 경우를 제외하면 상례 의식에 관한 구체적인 내용은 없다. 복상은 부모를 비롯한 친인척의 상을 당하여 상복을 입는 기간, 즉 상기(喪期)에 대한 규정이었다.

복상 이외 상례에 관한 절차는 별도의 규정이 필요했다. 제1장 「상의」의 제185조에 "왕·왕비, 태왕, 태왕비, 왕세자, 왕세자비, 왕세손, 왕세손비, 공, 공비의 상례 의식은 이왕직 장관의 신청에 의하여 궁내대신의 칙재(勅裁)를 거쳐 법식을 정한다."라고 했다. 이 규정에 의해 만들어진 것이 「상의식안(喪儀式案)」이라는 문서이다. 이는 1939년 8월에 이왕직 예식과에서 입안하여 궁내성과 협의를 거친 문안이었다. 이 입안문에 따르면 왕의 상례는 다음과 같은 절차로 규정되었다.

① 정침이구의(正寢移柩儀)
② 정침 10일·20일·30일·40일·50일 제의(祭儀)
③ 묘소지진제의(墓所地鎮祭儀)
④ 묘소불제의(墓所祓除儀)
⑤ 영대안치의(霊代安置儀)
⑥ 염장(斂葬) 당일 구전제의(柩前祭儀)
⑦ 영대발인의(霊輿発引儀)
⑧ 염장의(斂葬儀)
⑨ 장장의(葬場儀)
⑩ 묘소의(墓所儀)
⑪ 정침불제의(正寢祓除儀)
⑫ 염장(斂葬) 후 1일 권사제의(権舎祭儀)
⑬ 염장(斂葬) 후 1일 묘소제의(墓所祭儀)
⑭ 권사(権舎) 10일·20일·30일·40일·50일 제의

⑮ 묘소(墓所) 10일·20일·30일·40일·50일 제의

⑯ 권사 100일 제의

⑰ 묘소 100일 제의

⑱ 권사 1주년 제의

⑲ 묘소 1주년 제의

⑳ 사뢰의(賜誄儀)[2]

왕의 상례 절차는 모두 일본식을 따른 것이다. 구체적으로는 1926년에 발효된 「황실상의령(皇室喪儀令)」에서 친왕(親王)의 상의를 그대로 따른 것이다. 이는 천황과 황태자보다 낮은 등급에 해당했다. 위 의식들은 정침, 무덤, 권사(權舍) 세 곳을 배경으로 이루어진다. 조선시대 전통 상례와 비교하면 빈전, 혼전, 산릉의 공간이 보이지 않는다. 빈전과 혼전이라는 용어 대신 정침과 권사라는 용어가 사용되고 있다. 「황실상의령」에 실린 「천황대상의(天皇大喪儀)」에는 빈전, 산릉, 권전(權殿)이라는 용어가 나온다. 빈전, 산릉, 권전은 천황에 국한된 존칭인 것을 알 수 있다. 일본의 공식적인 입장에서 이왕가의 무덤은 능이 아니라 '묘'에 해당했다.

묘소지진제의는 묘소를 조성하기 전에 그곳을 정화하는 의식이다. 시메나와[しめなわ, 注連繩]와 시데[しで, 四手, 紙垂]를 늘어뜨려 성소(聖所)를 만들고 제관이 정의(淨衣)를 입고 천답(淺踏)했다. 영대[たましろ, 靈代]는 권사에 영좌를 설치하고 안치하는 망자의 위패다. 권사는 임시 건물이라는 뜻이므로 조선시대 혼전과 유사한 곳이다. 영대 앞쪽에 좌우로 등롱을 달고 목면(木棉)을 매단 마사카키[まさかき, 眞榊]를 세워 두었다. 염장(斂葬)은 시신을 땅에 묻는 의식이다. 묘소에 안장한 다음 날 권사와 묘소에서 제의

2 『상의식안』(K2-2954), 「상의안(喪儀案)」.

를 지냈다. 그리고 10일제, 20일제, 30일제, 40일제, 50일제를 권사와 묘소에서 각각 지냈다. 마지막 사뢰의(賜誄儀)는 천황이 하사한 부봉(賻賵)을 올리고 뇌사(誄詞)를 봉독하여 죽음을 애도하는 것이다.

이러한 일본 신도식 국장은 당시 조선인에게 완전히 낯설지는 않았다. 고종이 승하했을 때 '국장'이라는 명분으로 일본식 상의가 이미 거행되었기 때문이다. 물론 고종이나 순종의 상례가 전적으로 일본식으로 거행된 것은 아니었다. 모두 일본식과 조선식의 절충을 원했다. 1939년에 제정된 「상의식안」에도 그 말미에 "장의(葬儀)를 조선에서 거행할 경우에는 조선 고유의 식을 절충하여 더할 수 있음"이라고 부기했다. 그러나 이는 부수적인 것이며 이왕가의 공식적인 상의는 위에서 본 신도식이었다. 일본의 전문적인 사제인 사제장(司祭長)과 사제부장(司祭副長)이 의식을 주도했고 일본식 의물과 음악이 사용되었다. 고종 국장 때 일본 신도식이 '국장'이라는 명목으로 들어왔다면 이제 그보다 더 깊숙이 왕가의 법식으로 자리 잡은 것이다.[3]

3 일제강점기 이왕가의 상의에 관해 추가로 살펴보아야 할 자료로『王ノ喪儀(案)』(K2-2992),『王喪儀』(K2-2993)가 있다. 이 예식서 역시 이왕직 예식과에서 작성한 것이다. 작성 연도는 미상이다. 내용은 왕의 상례 절차인데 조선의 전통 의식과 일본식을 절충하고 있다. 예를 들어,「殯舍朝夕奠ノ儀」,「魂舍大祭ノ儀」,「墓所起工祭ノ儀」,「墓所竣工祭ノ儀」 등의 의식 명은 빈전, 혼전, 왕릉의 기존 명칭을 낮추어 빈사, 혼사, 묘소로 고쳤다. 그럼에도 불구하고『상의식안(喪儀式案』에서 볼 수 없었던 혼전의 존재를 부각시켰다. 그리고 기공제(起工祭)와 준공제(竣工祭)는 조선인에게 낯선 지진제(地鎮祭), 불제(祓除)를 각각 고쳐 부른 것이다. 이러한 내용을 볼 때 1939년『상의식안』을 작성하기 전 단계의 가안 또는『상의식안』 후 조선에서 절충안으로 작성된 것으로 생각된다.

2. 전통 고수의 정당화

1) 제례에 대한 논의

일제강점기 이왕가의 예식에는 일정한 공적 담론이 있었다. 종묘나 왕릉에서 이왕가 예식을 담당하고 있는 직원을 위해 교재가 만들어졌다. 그리고 「왕공가궤범」이라는 법적 규정도 마련되었다. 그러나 종묘에 대한 논의는 상대적으로 적었다. 제례가 다른 의식에 비해 폐쇄적이었기 때문이다. 고종과 순종의 국장을 통해 일본의 장례식이 조선에 소개되었고, 일본식과 조선식을 동시에 수행한 경험이 있었다. 그와 달리 제사는 이왕가 테두리에서 크게 벗어나지 않고 자체적으로 거행되었다. 제사는 이왕가의 수장인 이왕의 권리이자 의무로 주어졌고, 종묘와 왕릉, 기타 사당은 외부와의 소통이 거의 없이 폐쇄적으로 운영되었다. 그리하여 상례에 비하면 조선의 전통적인 제례 절차가 그대로 유지되었다. 이런 가운데 종묘를 비롯한 이왕가 제사에 대한 논의는 없었을까?

이와 관련하여 두 가지 자료를 고찰할 수 있다. 첫 번째는 이왕직 예식과에서 마련한 의례 관련 강의 교재이다. 1930년대 후반부터 이왕직에서는 종묘와 왕릉 등 이왕가 향소에 근무하는 직원을 대상으로 다양한 교육을 시도했다. 그 가운데 왕실 의례에 관한 강연도 자주 있었다. 1938년 1월 13일에 예식과에서 주관하는 '이왕 관혼상에 관한 예식'이라는 강연이 있었다.[4] 상례 강사는 전사 유해종, 관혼례 강사는 촉탁 이재영이었다. 이 강의는 전년에 이어서 개최된 것이었다. 종묘의 전사보는 모두 참석하여 강

4 『종묘숙직일지』(K2-4818), 소화 13년 1월 13일.

표 2 | 1938년 7월 참봉예회 일정

월일	일정
7월 18일(월)	• 오전 10시: 사무 협의 • 오후1~3시: 축사에 관한 강습(내무성 주최), 이세신궁·태묘·외신사·어릉 참배 소회 강연(속겸전사보 이병희) • 오후 3~4시 관혼장제 제의에 관한 강습회(강사: 장의 전사 유해종, 제사 전사 이종룡, 관혼 촉탁 이재영)
7월 19일(화)	• 오전 8시: 조선신궁 광장에 집합. 조선신궁, 경성신사, 천만궁, 팔번신사, 내목신사, 도하신사 등 신사 참배 • 정오: 종묘 강습회 참여, 점심 • 오후 1시: 제식작법에 관한 실습(강사 종묘 전사 이종룡 외 종묘 전사보)

자료: 『종묘접수공문철』(K2-2211, 9-1)

의를 들었다. 1월 20일, 2월 10일에도 있었다. 3월 31일의 기록에 따르면 매주 목요일에 하던 관혼장의와 제사에 관한 강의가 공무 때문에 당분간 정지되었다.[5]

이런 강의의 대표적인 예가 1938년 7월 18일에 개최된 관혼장제에 관한 강습회다. 이 강습회는 7월 18일과 19일 이틀 동안 열린 참봉 예회 프로그램의 일부였다.[6] 그 일정을 살펴보면 첫째 날 오전 10시에 사무에 관한 협의가 있었고, 오후 1시부터 3시까지 내무성 주최 축사(祝詞)에 관한 강습과 일본 내지 답사에 대한 소회 강연이 있었다. 그리고 오후 3시에서 4시까지는 관례, 혼례, 제례에 관한 강습이 진행되었다. 다음 날 오전에는 조선신궁을 비롯한 남산의 여러 신사를 방문 참배했고, 오후에는 종묘에 모여 제식작법(祭式作法)에 관한 강습이 있었다.

이 강습회에 사용했던 강의안이 현재 한국학중앙연구원 장서각에 소장되어 있는데 표 3과 같다. 표 3에서 보이는 『관혼례강의(冠婚禮講義)』, 『상

5 『종묘숙직일지』(K2-4818), 소화 13년 3월 31일.

6 『宗廟接受公文綴』(K2-2211, 9-1), 「7月 參奉例會日程」.

표 3 | 강습회 강의안

번호	서명(청구번호)	강사
1	관혼례강의(K2-2619, 2620)	이왕직 촉탁 이재영
2	상장(K2-2957)	이왕직 전사 유해종
3	제사(K2-2560, 2561, 5071)	제사: 이왕직 전사 이종룡 향축: 이왕직 촉탁 이재영

장(喪葬)』, 『제사(祭祀)』는 모두 유인본(油印本)이다. 책 마지막 장에는 이 책이 예식과에서 개최하는 서울 주재 재관 강습회의 강의록이라는 설명과 강사 이름, 강의일자(소화 13년 7월 18일), 담당 부서(이왕직 예식과)의 이름이 적혀 있다. 이 교재들은 왕실의 관례, 혼례, 상례, 제사의 전반을 다루고 있다. 그런데 당시의 실제 모습보다는 조선시대 오례에 기초한 예식의 내용과 그에 대한 경전의 근거를 주로 다루었다. 조선의 예식으로는 『국조오례의』, 『춘관통고』, 그리고 『대한예전』의 내용까지 언급했다. 그러나 일제강점기의 변화에 대해서는 소략했다.

두 번째는 『제례해설초고(祭禮解說草稿)』(K2-2555)이다.[7] 한국학중앙연구원 장서각에 소장된 이 책은 제례에 관한 해설서이다. 이 글의 필자는 앞에서 언급한 1938년 강습회에서 관혼례와 향축에 관한 강의를 담당했던 촉탁 이재영(李載榮)이다. 이재영은 1928년 10월에 이왕직 전사보에서 전사(7등)로 임명되었다. 그는 이왕직 예식과에서 오랜 기간 전례에 관해 고찰했던 것으로 보인다.[8] 책에서 유교 경전을 자주 인용하는 것으로 보아 예학에 밝은 인물이다. 그럼에도 당대 유학자들의 다른 문헌에서 찾기 어려운 근대적 개념을 구사하고, 더 나아가 이왕가의 예식을 비판하고 새로

---

7 『祭禮解說草稿』(K2-2555). 장서각 소장 『祭祀』(K2-2562)는 이 책의 일본어본이다.

8 1939년 예식과 업무 분장표에 따르면 이재영이 맡은 업무는 제식 전례 조사와 향축에 관한 것이다[『잡서류』(K2-2210, 2-1), 「禮式課事務分擔」].

운 방향을 모색했다는 점에서 그의 저작은 큰 의미를 지닌다. 이 책은 전반적으로 제사의 제반 요소들을 유교 경전에 근거하여 설명하는 것을 목적으로 했다. 「제사의 기원」, 「제사의 의의」, 「묘(廟)」, 「조묘(祧廟)」, 「제사의 종류」, 「제향의식」 등으로 구분하여 제향의 모든 것을 설명하고 있다. 이 가운데 그가 비판한 당시 제향의 모습과 일제강점기 이왕가의 제향을 둘러싼 논의에 대해 살펴보자.

2) 제사의 의미와 실제 모습

이재영은 제사의 기원을 욕망으로 설명했다. 그에 따르면 인간에게는 물질적 욕망과 정신적 욕망이 있는데 전자는 수단과 방법으로 보충할 수 있으나 후자는 일상적인 방법으로 보충할 수 있는 것이 아니다. 정신적 욕망은 그윽하며 신기(神機)를 헤아릴 수 없어 사람으로 하여금 두려움과 기대고 싶은 마음[恐懼祈禳之心]이 일어나게 한다. 이런 상황에서 무격을 통해 신내림을 본 사람들은 자기가 좋아하는 것, 즉 음식으로 섬긴 것이 제사의 시작이었다고 그는 주장했다.[9] 제사는 구복을 근본으로 하고 있다. 그러므로 경전은 복을 이야기하면서도 사욕에 빠지는 것을 경계하고, 제사를 부모님이 돌아가신 뒤에도 봉양하여 효를 이어가는 추양계효(推養繼孝)라고 설명했다. 이와 같이 욕망에 기초한 제사를 고치고 지도하는 것이 종교의 역할이라고 보았다.[10]

---

9 『祭禮解說草稿』(K2-2555), 6쪽, "人旣有渴仰之心 而見其降現하여 如何不事의요 以自己所好之飮食으로 饋之는 自然之勢也라. 禮에 曰 祭祀은 自饋食始云者 正謂此也ㅣ라."

10 『祭禮解說草稿』(K2-2555), 10쪽, "要之 宗教는 爲祭祀之改新及指導者而已요 l曰創起者也ㅣ라."

이재영은 제사의 필수 요건으로 5가지를 제시했다. 첫째, 주사자(主祀者), 둘째, 도(道), 셋째, 예(禮), 넷째, 찬(餐), 다섯째, 신귀(神鬼)이다. 그는 이 중 하나라도 없으면 제사라 할 수 없다고 주장했다. 주사자는 제사의 주관자인데 여기서 이재영은 종법의 질서를 강조했다. 적장자가 제사를 주관해야만 책임감 때문에 제사가 유지된다고 그는 주장했다. 만약 제사가 개인에게 맡겨진다면 어떤 사람들은 지나치게 자주 거행하여 번독의 지경에 이를 것이고 어떤 사람들은 폐기할 것이라고 보았다. 둘째, 도(道)라는 일상의 도리이다. 신을 섬기는 최선의 도리는 사람의 본분을 다하는 것이고, 사람의 도리를 다하기 위해서는 바른 길과 문을 찾는 것이 가장 중요한데 그 바른 길과 문이 유교라고 주장했다. 셋째, 예(禮)는 천리(天理)와 인사(人事)의 절문(節文)을 가리킨다. 그에 의하면 제사는 법도에 맞게[中度] 거행하는 것이 중요하며 법도에 맞게 행하는 최선의 방법은 '선조가 행했던 예'를 따르는 것이다. 만약 선조와 다른 예를 사용한다면 예를 행하는 사람은 익숙하지 않을 것이고, 제사를 받는 신은 편안하지 않을 것이라고 했다.

네 번째 필수 요건으로 이재영은 '찬(餐)'을 제시했다. 찬은 제사에 사용되는 음식, 즉 제물을 가리킨다. 제사에는 음식, 축문, 폐백, 성악(聲樂) 등 여러 가지가 사용된다. 그런데 그는 축이나 폐백, 성악이 없어도 제사가 성립되지만 음식이 빠지면 제사라고 할 수 없다고 주장했다. 그는 제사 음식의 특징을 '고미(古味)'와 '다품(多品)'으로 설명했다. 전자는 화식(火食) 이후 나타난 인공적인 맛에 대한 경계를 나타내는 것이다. 제물이 옛 맛을 고수하는 것은 제사가 '옛 시원으로 되돌아가는 것[反古復始]'을 귀하게 여기기 때문이다. 다품은 많은 음식을 진설하는 것을 귀하게 여긴다는 뜻이다. 그러나 많은 음식에 치중하면 번잡하게 되므로 신분과 예에 맞게 정한 품수(品數)를 따르는 것이 중요했다. 그런데 여기서 이재영은 제품의 수와 음식의 요리 방식보다 음식을 준비하는 정성을 더 강조했다. 즉, 제물을 준비하는 요체는 '정성을 다하고 예에 합당하게 하는 것[盡誠合禮]'에 있다는 것이다.

흥미로운 것은 이러한 정신에 비춰볼 때 현재 이왕가의 제사에 두 가지 문제점이 있다는 그의 지적이다. 하나는 경작할 땅이나 가축을 기르는 곳이 없어 제수를 시장에서 구입하는 현재의 상황이다. 조선시대의 적전(藉田)은 이미 사라졌으며 희생을 기르는 목장과 전생서(典牲署) 같은 관서도 존재하지 않으므로 모든 제물의 재료는 시장에서 구매해야 했다. 그러나 제물을 시장에서 구매하는 것은 정성을 다하는 것이 아니라고 그는 비판했다.

이재영은 당시 선원전이나 능원의 제향에서 올리는 내찬(內饌)이 부엌에서 직접 요리한 것이 아니라 요리옥(料理屋)에서 구매한 것이라고 비판했다. 여기서 내찬은 이왕직의 공식적인 제물 외 이왕가 내부의 진설 음식을 가리킨다. 조선시대에는 제사에 외찬(外饌)과 내찬의 구분이 있었는데 일제강점기에는 법찬(法饌)과 내찬으로 구분되었다. 외찬이나 법찬은 모두 공적 규정에 의해 정부에서 준비하는 제물을 가리키는 반면, 내찬은 왕실 내부에서 사적으로 준비한 제물이다. 그 대표적인 것이 선원전의 다례였다. 그의 주장은 법찬의 경우 시장의 시스템을 부정할 수는 없지만 내찬에서 재료 구매를 넘어 식당에서 만든 음식을 구매해 올리는 것은 부적절하다는 입장으로 이해할 수 있다.

두 번째 문제는 제물의 조리를 원역에게 맡기고 왕비가 전혀 참여하지 않는다는 것이다. 일반 사가에서 제수 음식을 준비하는 것은 종부의 매우 큰 역할이지만 이왕가에서 종부, 즉 왕비는 전혀 다른 모습을 보여주었다. 이는 과도기적인 모습이었다. 조선시대 제사는 외찬과 내찬으로 구분되었고, 외찬은 공식적인 찬품으로 관에서 외관이 준비했다. 왕실의 여성은 이런 외찬에 참여할 수 없었다. 그러나 일제강점기 이왕가의 사정은 그렇지 않았다. 이재영은 국왕의 친행이 거의 없으므로 더욱더 소홀하게 되었다고 비판했다.

그리하여 그는 왕가의 농장을 신설하고, 목장을 확장하여 제물의 재료를 직접 준비하고 경쟁 입찰을 폐지해야 한다고 주장했다. 제물을 담당하는 상인을 택하여 진공하게 하면 그에 상당한 금액을 주고 세밀히 검사할 것이며, 그 대신 제물을 올리는 일은 왕과 왕비가 같이 수행할 것을 요구했다. 그리고 속제의 경우, 제물을 반드시 법찬으로 하고 내찬을 사용하지 말 것이며 부득이하게 내찬으로 할 경우, 반드시 어주(御廚)에서 요리하여 올리고 요리옥에서 구입하지 말 것을 주장했다. 결국 이재영은 법찬과 내찬의 구분 없이 하나의 제사를 왕과 왕비가 주관하여 정성을 다하는 모습을 기대한 것이다.

마지막 요건의 신귀는 제사의 대상인 귀신을 가리킨다. 이재영은 제사는 귀신을 위주로 하는 행위이므로 귀신이 없으면 제사도 없다고 했다. 여기서 주된 논의는 이왕가의 제사 범위에 관한 것이다. 옛날 천자와 제후는 천명을 받아 일정 지역을 다스리는 통치자이므로 그 토지에 소재한 귀신에게 제사를 지냈다. 그러나 지금의 왕가는 토지와 인민을 소유하지 않고 있다. 그러므로 이왕가의 제사는 종사에 한정될 따름이라고 이재영은 주장했다. 즉, 하늘, 땅, 산천, 사직 등에 대한 제사는 불가능하며 오직 조종(祖宗)에 대한 제사만 가능하다는 주장이다. 단순화해 보면 이왕가 가계의 선조에 대한 제사만 주어진 것이다. 그러나 여기서 논의는 끝나지 않는다. 종사의 범위가 어디까지인지 다시 묻지 않을 수 없다. 이재영은 이에 대해『예기』의「왕제(王制)」와「제법(祭法)」을 근거로 위로 7세의 조상에게 제사를 지내고,[11] 아래로 오상(五殤)에게 제사 지낼 수 있다[12]고 했다. 즉, 천자의 예를 그대로 준용하고 있다. 그렇다면 식민지가 되기 전에 수행했던 천자의 예를 당시 식민지 상황에서도 지속할 수 있다는 주장인데 이것이 과연 정당할까?

3) 천자 예식의 정당성

유교 제사는 예를 중요시했다. 여기서 예는 절차의 매뉴얼보다 사회 질서를 가리킨다. 제사는 보편적인 의식이겠지만 천자, 제후, 대부, 사(士), 서인(庶人)의 사회적 신분에 따라 차등화되어 있다. 이에 의거하여 제사를 지내야만 신도 흠향할 것이다. 대부인데 천자의 예로 제사를 지내는 것처럼 신분에 맞지 않게 지내는 것이 음사(淫祀)였다. 앞에서 이재영이 언급한 제사의 요건 중 세 번째가 바로 예에 해당한다. 그렇다면 당시 왕가의 제사는 어떤 예를 따라야 할 것인가? 망국의 군주가 황제의 예를 사용할 수 있을까?

이재영은 이에 대해 이왕가는 "천자의 예를 사용해야 하며 제후의 예를 사용하는 것은 부당하다"라고 명확히 주장했다.[13] 그 이유는 무엇일까? 그는 이왕가가 황제의 예를 사용하더라도 그것이 현실의 황제권을 침해하지 않기 때문이라고 주장했다. 옛날에는 천자로부터 서인에게 이르기까지 모두 동일한 예교(禮敎)를 사용했다. 그러므로 각자 분수의 한계가 있

---

11 『禮記』, 「王制」, "天子七廟, 三昭三穆, 與大祖之廟而七. 諸侯五廟, 二昭二穆, 與大祖之廟而五. 大夫三廟, 一昭一穆與大祖之廟而三. 士一廟. 庶人祭於寢."

12 오상은 적자, 적손, 증손, 현손, 내손을 가리킨다. 여기서 상은 성년이 되지 못하고 일찍 죽은 자를 말한다. 『禮記』, 「祭法」, "王下祭殤五, 適子 適孫 適曾孫 適玄孫 適來孫. 諸侯下祭二, 大夫下祭二, 適士及庶人, 祭子而止."

13 『祭禮解說草稿』(K2-2555), 20쪽, "曰 然則古禮에 有天子諸侯士大夫之禮ᄒᆞ니 今王家之禮는 當從何禮可乎아. 曰以愚意推之則 天子之禮요 不當用諸侯之禮也ㅣ라."

어 감히 넘을 수 없었다. 만약 이것을 넘으면 상위의 권력을 침해하게 되니 사회 기강이 문란해질 것이다.

그런데 일제강점기에 일본 황실은 조선과 달리 그들만의 고유한 전례를 사용했다. 천황가의 예식은 애초부터 이왕가의 것과 달랐다. 그러므로 이왕가가 옛 천자 예식을 사용하더라도 이것은 이왕가에서 이미 행하던 전례일 뿐이고 일본 황실의 전례를 침범하지 않는다. 이재영은 이를 비유하여 사람이 자기 소유의 권리를 남용하더라도 타자를 침해하는 것이 없으면 법률상 범죄가 아닌 것과 같다고 주장했다. 나아가 더 구체적으로 다음 세 가지 이유를 들어 이왕가 예법의 변경을 반대했다.

첫째, 망국의 천자가 그 예를 변경한 것은 고금의 유례가 없다는 주장이다. 옛날에 주 무왕이 은나라를 정벌했으나 하(夏), 은(殷) 두 왕조의 후손을 기(杞)와 송(宋)에 봉하여 선조의 제사를 받들게 했고 천자의 예악을 사용하게 했다. 즉, 『서경』의 「미자지명(微子之命)」에 "선왕을 계승해서 그 전례(典禮)와 문물을 닦아 주나라 왕가에 빈객이 되게 하노니 주나라와 함께 모두 아름다워 영세토록 무궁한 복을 누리라"[14]라고 했다는 것이다. 이것은 그들에게 천자의 예를 허용하고 그들을 빈례(賓禮)로 대접한 것이며 신하로 대한 것이 아니라고 이재영은 주장했다.

둘째, 이왕가의 고유한 예식을 메이지 천황이 조서로 보장했다는 것이다. 메이지 천황이 조서에 "국가 비상의 예수(禮數)를 갖추고자"라고 했고, "후사[嗣後]로 이 융성한 하사를 세습하여 그 종사를 받들라"라고 했다. 여기서 '비상'은 보통이 아니고 특별하다는 뜻이다. 그러므로 이왕가의 예식은 마땅히 황족이나 제왕(諸王)과 구별되어야 할 것이다. 이재영은 이 특

14 『尙書』,「微子之命」"統承先王하여 修其禮物하여作賓于王家하노니 與國咸休하여 永世無窮하라."

별 대우를 주나라가 기나라와 송나라에 천자의 예를 허락한 것과 같은 것이라고 설명했다.

셋째로 기존의 예를 변경하는 것은 왕가의 체모(體貌)를 손상시키는 것이라 주장했다. "상제(喪祭)는 선조를 따른다", "군자가 반고복시(反古復始)하는 것은 그로 말미암아 태어난 것을 잊지 않기 때문이다", "나라를 파괴하고 집안을 잃고 몸을 망친 사람은 반드시 먼저 그 예를 버린다" 등 경전 내용에서 그 예라는 것은 선조가 이미 행했던 예이다. 이재영은 예부터 그 선조가 행하던 예를 가볍게 없애는 자들 중에 그 몸과 가족, 국가를 망치지 않은 사람이 없었다고 주장하며 지금 왕가가 체모를 유지하는 것은 선조의 예의를 받들기 때문이라고 했다.

결국 이왕가의 예식은 그 조종이 500년 동안 거행했던 예식일 수밖에 없다는 주장이다. 이 왕실의 예식은 단군과 기자 이래로 5천 년 동안 한반도에 전해져 이미 관습화된 예이다. 그뿐만 아니라 메이지 천황이 조서로 보장한 예이다. 변경해야 할 의리가 없는데 하루아침에 변경한다면 선조의 분노가 있을 것이고 사람들도 비난할 것이라고 이재영은 주장했다.[15]

한편, 당시 여론에는 조선의 예식을 버리고 일본 황실의 의식을 모방하여 개혁해야 한다는 주장도 있었다. 이에 대해 이재영은 역시 불가하다고 했다.

> 예는 인정을 따르는 것이니 만약 인정을 어긋난다면 아무리 아름다

---

15 『祭禮解說草稿』(K2-2555), 24쪽, "自古今以來로 輕去其祖先已行之禮 而未有不亡其身家與其國也. 今王家之行持揖貌는 以有奉先之禮儀也ㅣ라. 王家奉先之禮儀는 非徒祖宗以來五百年已行之禮라. 白檀箕以來上下五千餘年相傳因習之禮也ㅣ라. 有如許長久之歷史 而依古今之通例及明治天皇之詔書에 無可變之義 而一朝有變改면 豈徒先靈之憤怒리요 人之敢聞乖異하야 非笑譏罵豈無所不至하야 王家之體貌 從以有損하리니 此不可變之三義ㅣ라."

운 예일지라도 예라고 칭할 수 없다. 황실의 의식이 장엄·엄숙하지 않은 것이 아니지만 우리 왕가에서 평소 행하던 예가 아닌데 하루아침에 단호히 행한다면 과연 인정을 따르는 것이겠는가? 또한, 예를 행함에는 근본과 말단이 있으니 제도와 물채(物彩)는 근본이요 진퇴주선(進退周旋)은 말단이라. 지금 왕가의 제도와 물채가 (일본의 것과) 전혀 다른데 진퇴주선의 예만 본받는다면 본말이 서로 어긋나 체모를 이루지 못할 것이다. 만약 그 제도와 물채를 변경하려고 해도 종묘의 제도를 졸지에 변화시킬 수 없으며 신위의 제도를 졸지에 고칠 수 없을 것이요 공물의 제도를 졸지에 바꿀 수 없을 것이요 복식의 문물을 졸지에 변혁시킬 수 없을 것이다. 만약 이상의 것들을 변혁한다면 이는 전혀 다른 제사가 될 것이니 어찌 본래의 종사라고 할 수 있겠는가?[16]

이재영은 예는 인정을 따르는 것이니 만약 인정을 따르지 않으면 비록 아무리 아름다운 예일지라도 예식이라고 할 수 없다고 보았다. 황실의 의식이 장엄하고 정숙하지 않은 것이 아니나 왕가에서 평소 행하던 예가 아니다. 그러므로 기존에 익숙한 예를 하루아침에 끊어버리고 황실의 의식을 따르는 것은 인정을 거스르는 것이라고 주장했다. 또한, 예에는 근본이 있고 말단이 있는데 제도와 물채는 본이요 진퇴주선은 말단이라고 했다. 물채는 사물과 그것의 꾸밈, 즉 의장(儀仗)이다. 진퇴주선은 의식을 행

16 『祭禮解說草稿』(K2-2555), 24-25쪽, "禮順人情이니 如不順於人情이면 雖如何之美禮라도 不可謂禮也ㅣ라. 皇室之儀式이 非不莊嚴正肅이나 非王家素行之禮也이니 一朝斷行이면 果順於人情歟아. 且禮之行이 有本有末ᄒᆞ니 制度物彩은 本也ㅣ요 進退周旋은 末也ㅣ라. 今王家之制度物彩ㅣ 全然相異 而只效其進退周旋之禮 則本末이 相違하야 不成體裁요. 若欲變其制度物彩 則宗廟之制를 卒不可變이요. 神位之制를 卒不可改요. 供獻之物를 卒不可易이요. 服飾之物을 卒不可革ㅣ니 若或變革以上諸件 則全然爲他別個祭祀矣ㅣ니 豈得謂本來之宗祀乎也."

할 때 제관들의 움직임을 가리킨다. 여기서는 일본의 신사 예식에서 신직(神職)의 제관이 하는 행동거지를 두고 하는 말로 추정된다.

지금 왕가의 제도와 물채가 일본의 것과 전혀 상이한데 단지 그 진퇴주선의 예만 본받을 수 없다고 이재영은 주장했다. 만약 제도와 물채를 변화시키고자 한다면 그것은 결국 전혀 다른 별개의 제사가 될 것이니 본래의 종사라고 할 수 없을 것이라고 그는 보았다.

위와 같이 이재영은 일본의 예식을 따르는 것은 결국 전혀 다른 제사를 거행하는 것이 되므로 인정과 신리에 맞지 않을 뿐만 아니라 메이지 천황이 '그 종사를 받들라'라고 한 조의(詔意)도 배반하는 것이라며 반대했다.

3. 종묘 개혁론의 전개

1) 종묘 체제의 개편

이재영의 『제례해설초고』는 이왕가의 오랜 전통이었던 제례를 근대적 관점에서 재해석하고, 나아가 복잡한 유교 의례의 본래 의미를 찾아 보여주었다. 앞에서 본 것처럼 일제강점기라는 정치적 상황에 대한 언급이 있지만 제례 전반에 관한 이해를 추구하여 균형을 잡았다. 반면, 이재영의 또 다른 저작물인 『왕공가상제례관견(王公家喪祭禮管見)』(K2-3004)[17]은 일제강점기라는 식민지 상황에서 이왕가의 상례와 제례를 어떻게 해야 할 것

---

17 이재영, 『工公家喪祭禮管見』(K2-3004). 이 책의 표제는 "王公家喪祭禮管見"이지만 속표지에 적힌 제목은 "장래에 제정될 王公家喪祭禮管見"이다. 그리고 이 책의 내용을 일본어로 번역한 것이 『王公家喪祭私案』(K2-2991)이다.

인가의 문제를 본격적으로 묻고 있다.

그는 이 책을 시작하면서 현재의 왕가는 선대의 경우와 사세(事勢)가 같지 않으므로 선대의 예를 곧바로 행하기 어렵다고 했다. 이러한 인식은 개인의 생각이 아니라 당시 사회적으로 공감대를 이루는 것이었다. 그에 따르면 이런 상황에서 왕가가 미래에 준용할 예를 정하고자 상제조사위원회가 조직되었다. 그러나 1년이 지나도록 위원회에서는 어떤 결의도 없었다. 이전과 너무 달라진 시대적 환경뿐만 아니라 예절이 복잡하여 그 경로를 찾지 못했기 때문이다. 이에 이재영은 본인이 그 경로를 찾아보겠다고 했다. 자신은 시대 정세에 대해서는 어둡지만 고례를 통해 현재에 행할 예식을 찾을 수 있을 것이라고 주장했다.

상제조사위원회가 언제 누구에 의해 설립되었는지 현재로서는 알 수 없다. 다만, 이왕직 예식과를 중심으로 설립되었을 것으로 보인다. 그리고 그 필요성은 「왕공가궤범」이 공포된 1926년에서 『왕상의』가 나온 1939년 사이에 제기된 것으로 보인다. 그는 자신의 연구가 위원회의 결의를 촉진하는 데 도움이 되길 바랐다. 『왕공가상제례관견』에 실린 이재영의 몇 가지 관점을 소개하고자 한다.

먼저 이재영은 이왕가의 예식을 왜 고수해야 하는가라는 물음을 먼저 던졌다. 이 질문은 당시 두 가지 상황을 전제로 한 것이었다. 첫 번째는 조선의 왕가가 중국의 예식을 굳이 지켜야 하느냐는 것이다. 이왕가의 전통은 한반도 고유의 예식이라기보다 중국에서 전파된 것이었다. 그러므로 시대가 달라진 지금 굳이 중국에서 온 전통을 고수할 이유가 없다고 주장할 수도 있다. 당시는 이미 중국 문화를 높이는 사대주의보다 민족주의가 우세한 시기였다. 이에 대해 이재영은 오랜 시간 습속이 된 예식은 이미 조선의 고유한 것이 되었다고 역설했다.

이는 예를 알지 못한 자의 말이다. 예는 애초 한 개인의 의사로 생겨난 것이 아니다. 한 민족이 모여 거주함으로 인하여 서로 선행(先行)을 모방하여 부지불식간에 습속을 이루고, 습속이 점점 전습되어야 예가 성립되었다. 조선이 중국과 땅을 서로 접했기 때문에 중국의 습속이 자연스럽게 전래되어 조선의 예속을 이루었으니 조선에 중국의 예가 유전됨이 하루아침의 일이 아니다. 비유컨대 한 장의 흰 빛깔을 띤 종이가 오랜 시간 염색되어 색지로 변함이 이미 오래되었는데 그 색이 고유의 색이 아니라며 공연히 그 색을 없애고 다른 색을 더한다면 절대 순수한 미색을 얻을 수 없는 것과 같다. 왕가의 예가 왕가의 고유한 것이 아니라고 하나 수천 년 염색된 습속으로써 짐작하고 가감하여 일가의 예를 제정하여 세세토록 전한 것이 이미 500여 년이나 되었으니 지금 고유한 예가 아니라 말하기 어렵다.[18]

이재영은 여러 사람들이 공동체를 이루고 살면서 상호 선행을 모방하는 가운데 부지불식간에 습속을 이루고 그 습속이 전승되어 지금의 예가 형성되었다고 주장했다. 중국의 습속이 하루아침에 조선에 전래된 것이 아니고 수천 년의 시간을 두고 영향을 미쳤으며 이 습속을 따라 왕가의 예를 만들어 500여 년을 지켜 왔다. 그러므로 이를 버리고 고유한 예를 찾는 것은 불가능하다고 설명했다.

그렇다면 식민지 상황에서 이왕가의 의식은 어떻게 해야 할까? 이전 시기의 왕은 일국(一國)에 군림했기 때문에 예식이 모두 숭고하고 성대했다. 그러나 지금 실제적인 통치권이 없는 상황에서 이전의 숭고하고 성대한 예를 행하는 것은 불가능한 것이 아닌가? 이에 대해 이재영은 정치적

18 이재영, 『王公家喪祭禮管見』(K2-3004), 「總論」.

실권의 행사와 예의 행사는 무관하다고 주장했다. 봉건시대에는 토지와 인민을 나누어 다스리는 제도였으나 근대에 들어와 봉건제도가 폐지되었다. 제후는 인민에 대한 통치권을 잃어버렸고, 작위만 남아 있을 뿐이다. 이는 황제 역시 마찬가지다. 삼권이 분리된 정치제도에서 황제가 직접 간섭할 수 있는 권력은 거의 없다. 이런 상황에서 어찌 제후의 왕에게만 통치의 유무로써 예의 시행을 재단할 수 있겠느냐고 그는 되물었다.

그렇다면 일제강점기에 새로 마련된 「왕공가궤범」은 어떻게 받아들여야 할 것인가? 예를 들어, 이 궤범에서 가장 명료하게 드러난 상기(喪期) 규정에 따르면 왕이 사망했을 때라도 최장 1년 동안의 상기만 허용되었다.[19] 이를 준수한다면 기존 3년상은 포기해야 하는 것 아닌가?

이에 대해 이재영은 법규와 구례(舊禮)를 구분하여 전자를 지키지만 동시에 사적으로 구례를 시행하여 사정(私情)을 펼쳐야 한다고 주장했다. 그는 상기의 변화, 즉 1년상으로 줄어든 것은 옛날에 소위 '시왕지제(時王之制)'와 비슷한 것이라고 보았다. 그런데 이 시왕지제는 외적인 측면에서 준행하지 않을 수 없으나 내면까지 강행할 것이 아니라고 보았다. 선현의 예서(禮書)에서는 예복과 국제(國制)가 같이 존재하여 임의로 시행했으며 왕가에서도 순종의 상을 당하여 공식적으로는 1년상을 시행했으나 내식(內式)으로 3년상을 행했다고 지적했다. 이재영은 이러한 것이 법규를 무시하고 구례를 존숭한 것이 아니었다고 설명했다. 외적으로 법규를 각근봉행(恪勤奉行)하면서 내적으로 구례로 사정을 펼친 것이기 때문이다. 그는 법이 외부를 지배하는 것이라면 상제례는 내면의 것이기 때문에 사적인 감정을 소홀히 할 수 없다고 보았다. 흥미롭게도 이재영은 이것을 신앙의 문제와 연관시켜 설명했다.

---

19 「王公家軌範」, "제186조, 부(父), 모, 부(夫)의 상은 1년으로 한다."

상례와 제례는 일종의 신앙적 형식이니 신앙의 자유는 헌법상 보장하는 것이다. 법이 내부를 지배하게 되면 신앙의 자유를 상실할 것이니 헌법에 저촉되지 않는다고 말하기 어렵다. 또한, 상제는 인정에서 나온 것이니 법을 위배함이 없는 인정을 용인하지 못한 이유가 어디에 있으리요.[20]

이재영은 전통의 예식을 고수하는 것을 내적 신앙이라고 천명했다. 이는 헌법에서 보장하는 내면의 자유, 즉 신앙의 자유를 실현하는 것이라는 주장이다. 통치와 작위가 분리되고, 그 작위와 연관된 구례의 관습은 신앙의 자유로써 보장받는다고 주장했다. 구례의 관습, 즉 이왕가의 예식을 준행함을 당시 일반화된 신앙의 자유로 정당화한 것이다. 이는 이전에 공식적인 법규였던 왕가의 예식이 이제 사적인 자리로 옮겨갔음을 보여주는 것이다.

그렇다면 왕가의 구제(舊制)를 그대로 유지하는 것이 최선의 길인지 되묻지 않을 수 없다. 조선시대 또는 대한제국기에 행하던 예식을 그대로 수행해야 하는 것일까?

이전의 예식을 당시에 그대로 수행하는 것은 현실적으로 불가능했다. 이재영은 그 이유를 세 가지로 설명했다. 첫째는 물자 공급의 어려움이며 둘째는 인원의 부족이며 셋째는 시대의 불허이다. 이러한 시대적 변화 속에서도 변할 수 있는 것과 변할 수 없는 것이 있다고 그는 주장했다.

이재영은 예법에서 변할 수 있는 것과 변할 수 없는 것을 의물(儀物)과 절문(節文)으로 구별했다. 의물이 외부적인 것이라면 절문은 내심(內心)의 성의를 표현한 것이다. 조상이 전한 예의를 준수하는 것은 절문에 해당하

---

20 이재영, 『王公家喪祭禮管見』(K2-3004), 總論.

기 때문에 결코 변할 수 없는 것이라고 그는 보았다. 그러나 그는 의물의 변화를 용납했다. 그리하여 장복(章服) 등 각 의물을 구체적으로 언급하며 개혁 방향을 제시했다. 그중에서 종묘와 연관된 몇 가지를 살펴보자.

당시에 다음과 같이 주장하는 사람들이 있었다. "순종까지는 왕위에 군림하신 군주이니 종묘에 봉사함이 가하나 이후는 마땅히 별묘를 건립하여 봉사해야 할 것이다." 이 주장은 종묘가 국가의 사당임을 전제로 한 것이다. 즉, 종묘는 그 나라의 왕을 모시는 사당이라는 의미이다. 이에 의하면 그 국가의 왕이 되지 않은 사람, 즉 영친왕의 경우에는 그 사당에 들어갈 수 없다는 주장이다. 그러나 이재영은 이에 대해 다음과 같이 반대했다.

> 종묘는 왕가의 조상을 위하여 세운 것이요 민족을 위하여 세운 것이 아니다. 그 선조를 계승하여 봉사하던 자가 그 사당에 들어가지 못한다는 예문이 어디에 있는가?[21]

그는 종묘가 민족이 아니라 왕가의 조상을 위해 세워진 것이라는 뜻을 분명히 했다. 그러므로 종묘는 국가의 멸망과 무관하게 그 후손에게 전승될 수 있다는 것이다. 그러나 그 이전의 예식대로 종묘에서 선조를 봉사하기는 쉽지 않다.

그리하여 그는 종묘의 제도를 사친묘(四親廟), 세실묘(世室廟), 조묘(祧廟)로 구상했다. 기존의 것과 비교하면 사친묘를 별도로 만드는 것이다. 사친묘는 4대의 가까운 조상만 모신 사당을 가리킨다. 기존의 종묘는 세실묘로 그대로 유지한다. 세실은 생전의 공덕이 뛰어나 4대가 지나도 종묘에 남아 후손의 제사를 받는 조상을 가리킨다. 당시 종묘는 전체 19실을

---

21 이재영, 『王公家喪祭禮管見』(K2-3004), 「1. 祭享에 關.흔 件 廟制」.

갖추고 있었는데 순종의 부묘로 인하여 모두 채워졌다. 그리고 19실 중 17실이 세실에 해당했다. 이런 상황이라면 이후 사조(四祖)의 지친(至親)도 모시기 어려운 형편이다. 그러므로 기존의 종묘는 세실묘로 두고 별도의 사친묘를 건립하자는 것이 이재영의 주장이었다. 반면, 이재영은 기존의 영녕전은 조묘로 활용하자고 제안했다. 조묘는 4대의 기간이 지난 신주를 보관하는 사당을 가리킨다. 그러면 이곳에 신주는 영원히 있을 것인가? 만약 그렇다면 세실묘와 구분이 없다. 이재영은 이 조묘에 신주가 머무는 기간을 4대로 한정할 것을 주장했다. 사친묘에서 4대를 지내고, 조묘인 영녕전에서 다시 4대를 지낸 후에는 능에 그 신주를 매안하여 순환 시스템을 회복시키는 것이 그의 안이었다.

이재영은 사당의 구별에 따라 제향도 달리할 것을 제안했다. 사친묘에서는 사시대제, 기신제, 탄신제를 지내고, 세실묘에서는 사시대제 또는 춘추대제를 지내는 것이다. 반면, 조묘에서는 춘추대제 또는 세일사(歲一祀), 즉 1년에 한 번 제사를 거행하는 것이다. 이 방식은 두 가지 변화에 중점이 있다. 하나는 제사를 차등화하여 축소하는 것이다. 사친묘, 세실묘, 조묘의 구분이 제향을 통해서 명확히 드러난다. 그리고 세실묘도 1년에 네 번에서 두 번으로 줄일 가능성을 열어 두었다.

또 다른 개혁은 기신제에 관한 것이다. 그는 왕릉에서 거행하던 기신제를 사친묘에서 거행할 것을 제안했다. 여기에는 두 가지 의미가 있다. 먼저 4대가 지난 선조에게 기신제를 거행하는 것은 적절치 않다는 주장이다. 기신제는 고례에 없었는데 송대 유학자에 의해 만들어졌다. 이재영은 기신제가 부모의 죽음에 대해 애통함을 드러내는 의식이므로 4대가 지나 정이 다한 선조에게는 어울리지 않는다고 보았다.

또 하나는 능에서 지내는 기신제를 사당으로 옮기자는 주장이다. 조선 전기에 왕의 기신제는 문소전에서 거행했다. 임진왜란으로 문소전이 소

표 4 | 이재영의 종묘 개혁안

구분	사친묘	조묘	세실묘
제사 기한	4대	4대	영속
제향	사시대제 기신제 탄신제	춘추대제 또는 세일사	사시대제 또는 춘추대제
기존 종묘	종묘(4대)	영녕전	종묘(세실)

실되자 기신제가 능으로 옮겨진 것이다. 일반 사당과 달리 종묘에서 기신제를 지내지 못한 것은 그것이 유교 제향의 변례(變禮)일 뿐만 아니라 상례(喪禮)의 슬픈 감정을 내포하고 있기 때문이었다. 상례의 연장인 기신제는 길례인 종묘 제향과 어울리지 않는다는 것이다. 그러나 일반 사가에서는 기신제를 사당에서 거행하고 있는 것에 비하면 이왕가의 능에서 지내는 기신제는 독특한 전통이었다. 이재영은 이러한 기신제를 사친묘로 옮기고자 주장했다. 이것은 종묘에 새로 건립하는 사친묘를 조선 전기에 있었던 문소전과 유사하게 보았기 때문이다.

그는 새로 건립하는 사친묘는 문소전의 제도를 모방할 것을 주장했다. 기신제와 탄신제 거행뿐만 아니라 제기와 제물의 사용에서도 문소전의 형식을 준수하자고 주장했다. 이재영은 당시 종묘에서 사용하던 제기와 제물이 불완전하고 불결하다고 비판했다. 이는 제기의 불완전함에서 비롯한 것이기도 하지만 제물의 상태 역시 부적절했다. 생고기는 부패하기 쉬웠다. 젓갈과 나물은 고대의 법식에 맞지 않는 것이 많았다. 희생으로 사용되는 양은 본토의 가축이 아니라 염소로 대신하고 있으니 매우 구차했다. 이렇게 불결한 제물과 부적절한 제기를 사용하는 것보다 문소전의 제기와 제물을 사용하는 것이 낫다고 그는 주장했다.[22]

22 이재영, 『王公家喪祭禮管見』(K2-3004), 「1. 祭享에 關흔 件. 祭器及祭物」.

조선시대 문소전은 속제에 속했다. 조선 전기에 문소전에는 사시대제와 월제(月祭), 일제(日祭)가 있었고, 음악과 일무를 사용했다. 나아가 고대 사당 제도를 본받아 침(寢)과 묘(廟)를 같이 두었다. 같은 속제이지만 소선(素膳)인 능의 제물과 달리 문소전은 육선(肉膳)을 겸용했다. 이는 살아계실 때 일상적으로 먹던 음식을 준비하는 것으로 생시(生時)의 법도로 망자를 섬기는 것이다. 그리하여 문소전의 제물을 '상식(常食)'이라고 했다.[23] 이재영은 이러한 생시의 모방을 중시하면서 종묘 제향을 문소전의 방식으로 전환할 것을 제안했다.

> 무릇 종묘는 생시의 조회와 연향을 모방하고 침전은 생시의 기거를 모방한 것이니 어느 것이든 생시를 모방한 것은 동일하다. 생시의 연향을 행할 때 고례(古禮)이어야 한다며 평소 올리지 않던 생고기와 익지 않은 찐밥과 조약한 음식을 불결하고 불완전한 옛 그릇에 담아 올린다면 이맛살을 찡그리지 않으실까?[24]

이재영은 사당은 생시를 모방한 것이라고 규정했다. 묘는 생시에 왕이 조회와 연향하는 것을 모방한 것이고 침전은 일상의 기거를 표상한 것이라는 말이다. 이를 가장 잘 구현한 것이 조선 전기 문소전이었다. 생시를 모방하는 것은 음식도 마찬가지다. 평소 맛보지 않은 음식을 평소 사용하지 않는 고대 그릇에 담아 올린다면 선조의 혼령이 얼굴을 찡그리며 싫어하실 것이다. 익숙하지 않은 고례의 예식만 고집한다면 제사는 허위가 될 것이다. 그는 고례의 희생제 형식을 폐지하고 생시에 맞추어 선조에게 제

23 이욱, 『조선 왕실의 제향 공간: 정제와 속제의 변용』(한국학중앙연구원 출판부, 2015), 274쪽.

24 이재영, 『王公家喪祭禮管見』(K2-3004), 「1. 祭享에 關ᄒᆞᆫ 件. 祭器及祭物」.

사할 것을 제안했다.

그는 문소전의 제기와 제물을 모방할 경우에 편리한 점 6가지를 제시했다. 첫째, 제물의 통일을 얻을 수 있다. 기존 제사는 동일한 대상임에도 불구하고 공간에 따라 달랐다. 종묘, 선원전, 왕릉의 제물이 각기 다른 것이다. 이것을 문소전의 상식 형태로 통일하는 것이다.

둘째, 제기와 제물을 더욱 정결하게 사용할 수 있다. 종묘의 보궤와 형 등은 새긴 문양과 틈 사이에 먼지가 들어가기 쉽고 녹이 슬어 깨끗하게 사용하기 어렵다. 그리고 대나무와 나무로 만든 변과 두는 쉽게 파손되고 더러워지는 그릇이었다. 제물은 여름에 상하기 쉽고 젓갈과 절인 채소는 옛 법식대로 만들기 어렵고 만들더라도 정결하기 어렵다. 이에 반해 사발과 접시를 많이 사용하는 문소전의 제기와 그에 담는 음식은 정결하게 준비할 수 있다.

셋째, 선조를 섬기는 참된 정성에 부합한다. 종묘의 옛 제물보다 문소전의 제물이 선조의 뜻에 더 합당한 것이다. 즉, 선조의 마음에서 나온 성의를 체득한 것이므로 행사 때 자연스럽게 정성으로 조상을 감응시킬 수 있다.

넷째, 시의(時宜)에 부합한다. 겉치레만 하고 실속이 없는 예는 현 시대에 부적절하다. 그러므로 우리의 고유한 정신으로 새롭게 만들어 이어갈 때 면목이 새로워지고 자연스럽게 현대의 이상에도 순응하게 될 것이다.

다섯째, 이것이 고례에도 암암리에 부합할 것이다. 문소전의 예식이 공자가 말한 "돌아가신 부모를 살아계실 때처럼 섬긴다[事死如事生]"라는 뜻과 『예기』의 「제의(祭義)」에 나오는 "(선조의) 심지기욕(心志嗜欲)을 마음에서 잊어버리지 않는다"라는 뜻에 더 맞다.

여섯째, 경제적 이익이 있다. 기존 방식은 고례에 완전히 합당한 것이 아닌데도 제물을 준비하는 데 비용이 많이 들었다. 만약 문소전의 방식을 따른다면 제물을 준비하는 비용이 크게 줄어들 것이다.

이상으로 이재영의 저작물을 중심으로 이왕가의 상제례에 관한 논의를 살펴보았다. 그 논의의 흐름을 살펴보면 군림하지 않은 왕이 기존 예식을 준수할 것인지 아니면 일본의 예식을 따를 것인지가 당시 큰 문제였다. 이 물음에 대해 그는 분명히 이전의 예식을 고수해야 한다고 주장했다. 그러나 논의는 여기서 끝나지 않았다. 기존 왕실 예식이 가진 모순적인 변례를 통일하는 문제도 있었고, 고례와 현세의 문화적 차이 속에서 허례허식을 극복하는 방식도 고민이었다. 식민지하의 정치적 현실뿐만 아니라 근대화 과정이 주는 과제였다. 여기서 그는 사친묘, 세실, 조묘의 단계적 운영과 속제 중심의 제례를 주장했다.

2) 제향 규모의 간소화

한국학중앙연구원 장서각에 있는 『제사(祭祀) 부선원전다례(附璿源殿茶禮)』(K2-4812)는 이왕가 제사에 관한 잡다한 자료들을 모은 서류철이다. 선원전에 관한 상세한 기록 외에도 이왕직 장관과 예식과장의 훈시, 종묘·영녕전·문묘·칠궁 관련 자료, 제사에 관한 논설, 진설도 등 다양한 자료가 섞여 있다. 이 중에서 짧지만 "일인(日人)의 종묘 폐지론(宗廟廢止論)"이라는 메모가 있다. 일본인 외에 필자에 관한 정보는 보이지 않는다. 첫 면에 연필로 쓴 '최초 초안(最初草案)'이라는 표현처럼 흘린 글씨로 쓴 초고에 가깝다. 내용은 작성 배경을 밝힌 서론과 종묘, 영녕전, 칠궁, 본궁, 능에 대한 개혁 내용을 간략히 적었다. 이 중에서 종묘에 관한 내용을 살펴보고자 한다. 표지에 쓴 '종묘 폐지론'이라는 표현과 달리 종묘를 폐지하지 않고 다른 방식으로 개혁하는 것을 목적으로 한 글이었다. 서론 부분에 한일합방 후 30년

이 지났다는 표현에서 이 글이 1940년경에 작성되었음을 짐작할 수 있다.

종묘 폐지론의 저자는 이왕가의 묘, 전, 궁, 능, 원, 단, 묘의 제사를 살펴보면 조선의 독창적인 것이 전혀 없다고 비판하면서 글을 시작했다. 『주례』를 비롯한 중국의 제례법을 그대로 모방했다는 주장이다. 그리고 국조 예법을 정한 후 긴 시간이 흐르고 문물 제도도 바뀌었을 뿐만 아니라 한일병합과 같은 큰 사건이 일어난 지도 30년이 지났다. 그럼에도 여전히 모방사상과 의존사상에 사로잡혀 이전부터 실시해 온 제사의 법식을 그대로 고수하고 있다고 비판했다. 그런데 지금은 국가 정세가 단순히 모방하는 것을 허락하지 않는 비상시국이라며 이왕가 제향에서 고쳐야 할 내용을 제시하고 결재를 바란다고 했다. 그의 이러한 태도로 보아 이 글을 쓴 사람은 이왕직 예식과에 있던 일본인으로 보인다.

그는 종묘를 일단 대보단의 옛터로 옮겨 지을 것을 제안했다. 병합된 지 30여 년이 지난 시기에 대보단 터에는 이미 선원전이 있었다. 그 곁에 건립할 것인지, 선원전을 종묘로 변경할 것인지에 대한 언급은 없다. 다만, 그는 새로 짓는 종묘와 영녕전은 이전과 달리 소규모 신전이어야 한다고 주장했다. 그가 생각한 새로운 종묘는 왕별로 구분된 현재의 종묘와 달리 48위의 신주를 하나의 당에 일렬로 봉안하는 구조이다. 이러한 구조를 '동상공전(同床共殿)'이라고 불렀다. 내부의 신좌는 서로 거리를 두어 여유 있게 하고 신주 앞쪽에 붉은 천막을 내려서 가린다. 나아가 그는 종묘에서의 제향을 '1상(床) 3헌(獻)'으로 개혁하고자 했다. 48위의 신주 앞에 하나의 상을 설치하여 공동으로 제사를 지내는 것이다. 그는 종묘 제향의 주요 특징인 희생도 폐지할 것을 주장했다.

결국 그의 개혁론은 선왕의 신주를 한 공간에 모아 일렬로 안치한 후 제사 때 하나의 제상에 희생 없는 제물을 진설한 후 3헌으로 지내는 것이었다. 그러므로 건물의 이동과 축소도 중요한 개혁이지만 제향의 축소 역시 개혁의 큰 부분임을 알 수 있다. 19실에 각각 준비하는 제상을 하나로 축소하는 것은 엄청난 변화임에 틀림없다. 정기적인 종묘대제 외 분향과 천신에서도 기존 1실분으로 수행할 것을 주장했다. 그 외에도 몇 가지 개혁안이 있었다.

첫째, 종묘 제향에 반드시 수반되는 일무(佾舞)의 수를 줄이는 것이다. 둘째, 종묘에 봉안된 국조보감, 책보 등의 귀중품을 신고(神庫)에 보관하는 것이다. 셋째, 전사 중에서 고위에 있는 사람을 종묘에 부쳐 초헌관으로 하고, 아헌관은 장관 또는 차관, 종헌관은 예식과장 또는 타 부서 전사로 충당하는 것이다. 그 외 제상에 진설하는 제물은 진설 전에 다른 상에서 수불(修祓)한 후 사용할 것을 주장했다. 이는 일본 신사에서 행하는 일종의 정화의식으로 일본식을 조선의 제사에 접목하려 한 것을 알 수 있다. 그리고 제사를 양력으로 할 것을 제안했다.

종묘 외 칠궁, 함흥본궁, 영흥본궁의 개혁도 언급했는데 개혁 방향은 종묘와 비슷했다. 칠궁은 육상궁터에 일상공전(一床共殿)의 신전을 새로 건립하여 1상에서 3헌의 제향을 거행할 것을 주장했다. 함흥본궁은 4위 5실로 되어 있지만 제향 때 진설은 중앙에 1실분만 준비하자고 했다. 이와 같이 그의 개혁론은 축소지향적이었다. 신위의 수와 관계없이 '한 건물[共殿] 내 한 상[一床]의 제향'을 주장했다.

이러한 개혁론에 대한 당시의 반응은 찾을 수 없다. 그가 주장한 여러 개혁안 중에서 실현된 것은 거의 없다. 다만, 제향일은 음력에서 양력으로 바뀌었다. 종묘대제는 1940년부터 양력에 맞추어 거행되었다.[25] 나머지는 새로운 건물을 전제로 한 것이라 쉽게 시도되지 않았을 것 같다. 그

25 이에 비추어 이 글은 1940년 이전에 쓴 것으로 볼 수 있다. 앞에서 필자가 합방 후 30년이 지났다고 했으므로 1939년이나 1940년 초에 이 개혁안이 작성된 것으로 생각된다.

러나 앞에서 살펴본 이재영의 개혁론과 연관지어 생각하면 방대한 종묘 제향을 그대로 유지하기보다 개혁하려는 뜻을 가진 사람들이 있었음을 알 수 있다.

3) 고례의 회복

일제강점기 종묘는 축소 압박을 받고 있었다. 폐지를 직접적으로 언급한 논의는 찾기 어렵다. 그러나 기존보다 작은 종묘를 구상하는 사람들이 늘었다. 그러나 반대로 기존 종묘 또는 고례의 종묘를 고수하려는 사람도 있었다. 물론 이러한 전통 고수가 현재 종묘를 긍정적으로만 바라본 것을 의미하지는 않는다. 기존 것에 대한 비판과 개혁을 강조했다.

『제례진설도설(祭禮陳設圖說)』(K2-2571)이라는 책이 있다.[26] 당시 제작된 여타 책과 마찬가지로 한문과 한글 병용 초고본과 한문과 일어 병용 정서본이 함께 있다. 제기의 위치를 표시한 '진설도'라는 책이 많이 있는데 이 책은 도식외에도 기존 것을 새로운 방향으로 고치고자 자신의 의견을 강하게 주장한 특징이 있다.

이 책에는 저자의 정보가 보이지 않는다. 그러나 이 책의 저자는 앞의 논의에 나왔던 이재영으로 추정된다. 이재영은 『왕공가상제례관견』(K2-3004)에서 종묘 제향을 사친묘, 세실, 조묘로 개혁하고, 제기와 제물을 문소전의 형식으로 변경하자고 주장했다. 그러나 그대로 실현되기는 어렵다고 여겼는지 "고제기(古祭器)를 그대로 사용할지라도 다소 개선치 아니

26 이 책의 현재 도서명은 '진설도'이다. 책 표제와 속표제는 '祭禮陳設圖說'이고, 내제가 '陳設圖'인데 후자를 따른 것으로 보인다. 그러나 책의 내용을 볼 때 표제의 제목이 더 적합하다.

함이 불가"하다며 그 개선 방안을 자기가 저술한 『제례진설도설』에 남겼다고 했다.[27] 그러므로 한 사람이 두 가지 주장을 한 셈이다. 그럼에도 불구하고 이 둘을 분리하여 살피는 것은 각각이 종묘 개혁에 대한 다른 방향을 제시한 것으로 간주했기 때문이다. 특히 후자는 종묘와 고례(古禮)에 대한 견해가 잘 드러나며 당시 종묘 제향의 실제적인 모습을 볼 수 있다.

『제례진설도설』의 저자는 서문에서 이왕가의 제향을 다음과 같이 바라보았다.

> 이조 500년 문물의 정치는 예악에 모두 다 있으며 예악의 극치는 제사에 오로지 있도다. 왕가의 제사는 위로 당우(唐虞) 3대의 고전을 따르고 단군과 기자 이래의 유풍을 계승하여 아래로 신라와 고려의 누습을 혁거하고, 송명(宋明)의 정화(精華)를 흡입하여 손익을 거듭하고 절충하여 의젓이 일왕(一王)의 제도로 집대성한 것이니 동양 반만 년 예악의 표준이고 이조 500년 문물의 대표이며 세계적 최고(最古)의 의형(儀型)이었다. 지금 발원지인 중국은 쇠퇴하고 지극히 소란스러워 고대의 예악이 탕진되어 사라졌고, 유독 조선만 왕가의 제사에 의하여 고례와 고악(古樂)을 계승하고 보존했다. 지금 왕가 제사에 사용되는 아악의 일부가 세인에게 조금 소개되었는데 내지의 뜻있는 자의 발기로 유지회(維持會)가 조직되었고, 신문에 선전하고 모회사에서는 축음기에 흡입하여 세계에 널리 전파했다. 이에 자가의 보물을 자가의 실력으로 보호·발전시킬 것이어늘 타인의 시각에 의해 깨달아 탐심(貪心)이 생길 지경이니 왕가의 체모를 위하여, 공직자(供職者)의 성의를 위하여 통탄치 아니하지 않을 수 없다. 이에 예악의 근본인 왕가의 제사를 등한시하여

---

27 이재영, 『王公家喪祭禮管見』(K2-3004), 「1. 祭享에 關훈 件. 祭器及祭物」.

> 영구히 보유할 길을 강구하지 않고 깎아내리고 축소하며 폄하하여 구래의 면목을 잃게 하거나 일시의 착오로 '진부하고 오래되었다', '부패했다', '시대에 부적합하다' 하여 개량 또는 혁신도 부당하다는 언사를 농하거나 신식으로 이를 변경하여 고례와 고악의 근본을 위태롭게 하면 이것은 동양 전래의 국보를 무시함이며 세계 유일의 고고적(考古的) 표본을 인멸하려는 것이니 이 어찌 애석하지 아니한가?[28]

저자는 이왕가 예악의 유래가 중국에 있음을 받아들인다. 단군과 기자 이래 그 유풍을 계승하면서 신라와 고려의 누습을 혁거하고 송명의 정화를 받아들여 절충한 것이 이왕가의 제도라고 했다. 중국의 것이라서 부정하는 것이 아니라 오히려 그 연원으로 말미암아 이왕가의 제향을 '세계 최고(最古)의 의형(儀型)'이라며 높였다. 이는 그 발상지인 중국에서도 남아 있지 않은 유일무이한 것이다. 그런데 그 가치를 우리 스스로 알게 된 것이 아니라 오히려 타인을 통해서 인지하게 되었다. 저자의 주장은 이러한 일제강점기 아악에 관한 관심이 높아진 것을 염두에 둔 것이었다.

위에서 저자가 언급한 "축음기에 흡입"하여 널리 알린 음반 취입은 일제강점기에 두 번 있었다. 〈조선아악(朝鮮雅樂)〉(1928)과 〈아악정수(雅樂精粹)〉(1942)가 그것이다. 〈조선아악〉은 13장의 유성기 음반으로 한 장에 두 곡씩 모두 26곡을 담아 일본 빅터(Victor) 축음기 주식회사에서 발매한 것이다.[29] 그리고 〈아악정수〉는 이 〈조선아악〉에서 12곡을 선별하여 재발매한 음반이다. 인용문에서 언급한 것은 〈조선아악〉과 연관된 것으로 추정된다. 1928년은 라디오를 통해 아악이 소개되던 시기이기도 했다. 그해

---

28 『祭禮陳設圖說』(K2-2571), 「序言」.

29 이수정, 『이왕직 아악부의 조직과 활동』(한국학중앙연구원 한국학대학원 박사학위논문, 2015), 171쪽.

11월 3일에는 경성방송국 라디오를 통해 아악이 처음으로 소개되었다. 이후 1945년 4월 29일 마지막 방송 때까지 27년간 169회나 방송되었다.

이러한 사회적 관심, 특히 아악에 대한 일본의 관심 속에서 종묘 제례에 대한 자긍심도 높아졌다. 이러한 분위기는 "시대에 부적절한 것" 또는 "진부한 것"이라는 비판 속에 위축되었던 종묘 제향을 다시 바라보게 했다. 이에 저자는 왕가에 공직하는 자가 왕가의 예악을 존중하지 않는 것은 불가하고, 예악을 존중하려면 그 근본인 제사를 존중하여 영구히 유지할 도를 강구해야 한다고 역설했다. 그리고 의식과 제물에서 제법과 실질이 서로 어긋나는 것을 비교하고 왕가의 구례를 회복하여 영원히 전해지기를 기대했다.

그가 당시의 종묘 제향을 보고 개혁하고자 했던 것 중에서 대표적인 것으로 '천조례(薦俎禮)'와 '폐백(幣帛)'의 처리를 들 수 있다.

(1) 천조례의 개혁

종묘 제향의 여러 절차 중에서 가장 성대한 것이 '천조례'였다. 천조는 고기를 '조(俎)'라는 제기에 담아 올리는 의식이다. 이는 희생의 익힌 고기를 올리는 '궤식(饋食)'의 핵심적인 절차이다. 조선시대 천조례를 살펴보면 먼저 부엌에서 소, 양, 돼지의 희생을 삶아 익힌 후 고기를 생갑(牲匣)에 담아 정전 동문 밖에 설치된 찬만대에 두었다. 제물을 올릴 시간이 되면 천조관이 제1실의 조를 받들고, 각 실의 봉조관은 각 실의 생갑을 받들고 천조관을 따라 남쪽 신문으로 들어가 태계(泰階)로 올라가 각 신실에 순차대로 생갑을 올렸다. 이를 위해서 천조관은 1명이지만 봉조관은 신실 수만큼 필요했다. 소, 양, 돼지 각각에 하나의 조를 사용하던 조선 전기에는 신실마다 3명이 봉조관이 있었다. 그러나 조선 후기 정조 대에 3개의 희생을 하나는 생갑에 올리게 됨으로써 1명으로 줄어들었다. 각 실마다 1명씩이라도 19실의 천조례를 행하기 위해서는 19명의 봉조관이 필요했다.

일제강점기에 그만큼의 인력을 충당할 수 없었다. 저자가 전하는 당시 천조례의 모습은 당시 종묘 제향의 실상을 잘 보여준다. 당시에 희생을 살피는 성생(省牲)의 예도 폐하고 찬만도 설치하지 않았다. 숙수가 편의대로 희생을 삶아 생갑에 담은 후 종묘 정전의 동쪽 창고 안에 무질서하게 쌓아두었으며 제1실에 올릴 조육(俎肉)만 숙수가 받들어 동쪽 신문 밖에 서 있었다. 때가 되어 천조관과 봉조관이 동쪽 문으로 나오면 숙수가 인도하여 남쪽 신문에 이르러 봉조관에게 조를 전했다. 집례가 '진찬'이라고 창하면 수복 등이 동쪽 창고에 쌓아둔 조를 대여섯 개씩 섞어 들고 각 신실의 문기둥 초석 위로 옮겨 두었다가 천조관이 각 신실에 이르면 봉조관에게 주어 천조관에게 전했다.

당시의 천조례는 무엇보다 불결하고 불경스러웠다. 이에 대해 저자는 형식을 폐하여 고례와 같이 천조를 하지 못할지라도 정성과 정결함을 살리는 것이 중요하다고 주장했다. 그리하여 그는 다음과 같이 고칠 것을 제안했다.

> 내 생각으로는 각 신실의 준소상 곁에 찬대(饌坮) 하나씩을 새로 설치하고 숙수로 하여금 조육을 정결하게 숙설하게 한 후 이곳에 두었다가 천조 때 여기서 취하여 올린다면 곳간에 혼잡스럽게 쌓아 두었다가 문 주춧돌 위에 옮겨 두는 것보다 정결하고 정성스러운 예식이 될 것이다.[30]

저자는 각 신실 앞 준소상이 있는 자리에 조육을 둘 찬대 1좌씩을 설치

30 『祭禮陳設圖說』(K2-2571), 「薦俎의 예를 변경홀 理由와 淺見」.

하자고 제안했다. 이렇게 하면 곳간에 여러 실의 천조를 쌓아 두었다가 천조례 때 옮기는 것보다 정결할 뿐만 아니라 정성과 예의에 합치할 것이라는 의견이다.

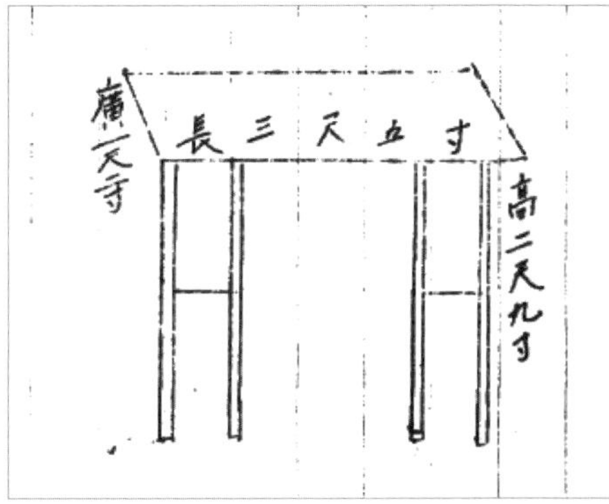

그림 1 | 청구서에 묘사된 준소부가상(『종묘발송공문철』)

그의 이러한 주장과 다음 자료는 상호 관련성이 있다고 생각된다. 1929년 3월 5일에 종묘에서는 예식과에 두 가지 비품을 신청했다. 하나는 냉장궤(冷藏樻) 5개이고, 또 하나는 준소부가상(樽所附加床) 34개이다. 전자는 제향 희생의 고기를 정하는 것인데 목재로 만들고 그 안쪽에 아연을 대어 내장 기능을 높인 것이다. 후자에 대해서는 문서에서 "제향 시 천조의 생갑과 용찬, 그리고 예비 작을 배설하는 용도"라고 설명했다.[31] 기존 준소상에는 술항아리와 작, 용찬, 폐비 등을 두었다가 절차에 맞추어 신에게 올렸다. 여기서 용찬이 나오는 것은 기존 자리가 협소하여 부가상에 놓으려고 했던 것 같다. 더 중요한 것은 천조갑이다. 익힌 고기는 물기가 있어 조에 직접 올리지 않고 생갑에 넣어 올렸다. 그 생갑을 이 부가상에 두겠다는 것이다. 이러한 부가상의 목적은 앞에서 본『제례진설도설』의 주장과 동일하다. 창고에 있는 것을 미리 준소상에 두어 올리자는 것이다. 이러한 청구에도 불구하고 준소부가상은 만들어지지 않았던 것으로 보인다. 1929년 이후 종묘 비치 물품 목록을 살펴보면 냉장궤는 보이지만 준소부가상은 나오지 않는다.

---

31 『宗廟發送公文綴』(K2-2177),「宗廟發第18號(昭和4年 3月 5日) 一類備品 請求에 關ᄒᆞᆫ 件」.

(2) 폐백의 처리

『제례진설도설』의 저자는 제향에서 축폐(祝幣)를 태우거나 땅에 묻는 것은 고례에 맞지 않다고 비판했다. 당시 종묘 제향에서는 제향을 마친 후 축문과 폐백을 불에 태웠는데 이를 '망료(望燎)'라고 했다. 태우는 것을 초헌관이 살피는 의식이다. 『국조오례의』 규정에 따르면 종묘 제향에서는 축문과 폐백을 땅에 묻어야 한다. 이를 '망예(望瘞)'라고 했다.

폐백을 태우거나 땅에 묻는 것은 신에게 제물을 바치는 방식인데 신의 성격에 따라 달리한 것이다. 『주례』에 "인(禋)으로써 호천상제에게 제사 지내고, 실시(實柴)로써 일월성신에게 제사 지내고, 유료(槱燎)로써 사중(司中), 사명(司命), 풍사(風師), 우사(雨師)에게 제사 지낸다"라는 구절이 있다. 대개 하늘의 신에게 제사 지낼 때는 제물을 태워 연기를 올리고 땅의 신에게 제사 지낼 때는 제물을 땅에 묻어 올렸다. 『국조오례의』에서 인귀에 대한 제사에 망예를 적용한 것은 체백을 따라 예물을 땅에 묻은 것이라고 할 수 있다. 영조 대에 이 망예 절차가 망료로 바뀌었다. 영조는 땅에 묻은 축폐가 지저분해지는 것을 못마땅하게 여겼다. 축폐는 비가 오면 물에 젖고 동물이 파헤치기도 하며, 특히 폐백은 사람이 훔쳐 가기도 했다. 이에 국가 제례에서 망예를 모두 망료로 바꾸었다.

그런데 『제례진설도설』 저자는 고례에서는 축폐를 신에게 고하는 것으로 간주했기 때문에 태우거나 땅에 묻지 않았다고 주장했다.

> 정자(程子)가 말하기를 "근세 축책을 사용한 후에는 태우거나 묻는데 주공의 때에는 분매(焚埋)의 예가 없었다"라고 했으니 고례에 축폐를 분매하는 예가 없었던 것을 알 수 있다. 그런데 축폐를 분예(焚瘞)하는 것은 신께 올린 예물을 정결하게 처리하는 데서 나온 것이다. 즉, 고례에 제기를 폐지할 때 묻으며 제복을 폐지할 때 태운다는 뜻이요 분예로

써 신명에게 예를 표하는 것이 아니다.[32]

저자는 주공의 금등(金縢)의 예를 통해서 제향 후 축폐를 태우지 않았음을 확증했다. 그리고 축폐를 태우는 것은 신을 위해 사용한 예기들을 정결하게 처리하기 위한 방책에서 비롯한 것이라고 설명했다. 즉, 신에게 바치는 것이 아니라는 주장이다.

그의 이러한 주장은 축폐를 태움으로써 발생하는 현실적 폐해와 연결됨으로써 그 의도를 잘 알 수 있다. 그는 제향 후 축폐를 태우는 것의 폐단으로 세 가지를 열거했다. 첫째, 축폐를 태우다가 화재가 일어날 수 있다. 둘째, 애써 만든 폐백을 헛되이 태우는 것은 재물을 낭비하는 것이다.

> 농촌의 아낙네가 길쌈한 포는 1포라도 그 공이 심히 많으니 1촌이라도 버릴 수 없다. 지금 제사에 준비한 것을 정결히 사용하는 방법이 없지 않을 것인데 일체 태워 버리니 어찌 애석하지 않으리오. 내지에서는 신에게 바친 신폐를 태우는 예가 없으니 이것이 고례에 합당한 것이니 본받을 만하다.[33]

저자는 농촌 여성이 길쌈한 포를 조금이라도 헛되이 버릴 수 없다며 제사에 한 번 사용하고 태워 없애는 것을 애석하게 여겼다. 그런데 이러한 생각은 일본에서 신폐를 사용하는 것을 보고 지니게 된 것임을 알 수 있다.

그렇다면 축폐를 어떻게 사용해야 할까? 이는 그가 세 번째로 제시한 폐단을 통해서 짐작할 수 있다. 저자는 마지막으로 축폐를 태워 없애면 신

32 『祭禮陳設圖說』(K2-2571), 「祝幣 焚瘞에 관한 의견」.

33 『祭禮陳設圖說』(K2-2571), 「祝幣 焚瘞에 관한 의견」.

의 은혜를 지나치게 단절시킨다고 지적했다. 신에게 바치는 것을 모두 태우거나 묻지 않는다. 오히려 인간에게 되돌리는 것이 있다. 그 대표적인 것이 제물의 준여이다. 이는 신에게 바쳐 은총을 입은 제물을 인간이 다시 먹음으로써 그 은혜를 넓히는 것이다.

> 그러므로 묻어도 태워도 실제는 공경 및 정결과 무관하고 다만, 유용한 물건을 분기(焚棄)하고 신의 은혜를 막고 끊어버릴 뿐이다. 그런즉 어떻게 해야 할 것인가? 축문은 한 번 사용하면 무용하니 전례에 의하여 태워 없애는 것이 가하다. 폐백은 한 번 사용하여도 사용할 수 있는 것이다. 남겨서 적당히 사용할 방법을 강구하면 신의 은혜를 무궁히 넓힐 수 있을 것이다.[34]

저자는 제물 준여와 같이 신께 바친 폐백을 다시 사용할 것을 제안했다. 이는 신의 은총을 인간에게 무궁히 넓히는 것이라고 설명했다.

지금까지『제례진설도설』에 나타난 주장을 살펴보았다.『제례진설도설』의 저자는 종묘 제례를 세계 최고의 의형으로 간주하며 자긍심을 높였다. 이는 아악에서 비롯한 당시 고례에 대한 사회적 관심 때문이었다. 그러나 재인식은 일본의 외부적인 시선에서 비롯했음을 저자는 인정하고 있다. 그런 가운데 종묘 제향의 가치를 높이기 위해서 현실의 의식(儀式)을 개혁하고자 했다. 그 개혁의 기준은 정결과 절용이다. 정결은 천조례의 개혁에서 잘 드러나며 절용은 폐백의 재사용에서 강조되었다. 그런데 이러한 주장에 일본 제식의 영향도 있었을 것이다. 제향에 사용된 폐백을 처리하는 것은 쉽지 않았다. 고례에 나오지 않아도 이미 오랜 시간에 걸쳐

34 『祭禮陳設圖說』(K2-2571),「祝幣 焚瘞에 관한 의견」.

전통으로 형성된 것이기 때문이다. 내적 모순이 발견되지 않은 가운데 이를 고치겠다는 그의 주장은 일본 문화의 유입을 생각하지 않을 수 없다. 물론 이러한 개혁은 성사되지는 않았다. 그리고 일반적인 것으로 간주하기도 어렵다. 그러나 신사의 공간과 신사의 예식이 점점 일반화되어 가는 시대에 우리 전통 문화도 그들의 관점에서 바라보고 평가하기 시작했다.

결언
식민지 종묘의 역사적 의의

조선을 건국한 태조 이성계는 목조와 익조에게 시호를 올릴 때 "집안을 변화시켜 나라를 세운[化家爲國]" 것이 "누대(累代)의 공로"이고 "적선(積善)의 공로"라고 했다.[1] 왕조 국가의 탄생은 가(家)를 국(國)으로 변화시키는 것이며, 그 변화의 밑거름이 누대로 내려오며 쌓은 공덕이라는 말이다.

이 표현을 빌려 대한제국의 멸망과 이왕가의 출현을 "나라를 변화시켜 집안으로 만드는[化國爲家]" 과정이라 할 수 있다. 이것은 고종이나 순종의 뜻이 아니라 일제의 강제와 위협에 의한 것이었다. 그렇지만 그들에게서 "나라가 망해도 가문을 살려야 된다"라는 강한 의지를 찾을 수도 있다. 조선 후기 의병으로 나섰던 사람 중에 부모의 상을 당하여 집으로 돌아온 유학자들이 많았다. 나라는 잃어도 다시 찾을 수 있지만 부모상은 미룰 수 없는 중대한 일이라 여겼기 때문이다. 고종과 순종의 마음 역시 그와 유사했을 것이다. 1910년 기울어지는 나라의 운명 앞에서 고종과 순종은 종사의 연명을 가장 큰 과제로 삼았다. 그 목적은 이루었다. 나라는 망했는데 종묘는 살아남았다.

이 책은 국가의 신전이 한 가문의 사당으로 변해 가는 과정을 고찰했다. 대한제국 말엽인 통감부 시기 국사(國祀)와 제실사(帝室祀)의 구분에서부터 논의를 시작했다. 이 새로운 구분은 전근대 왕조 국가에서 근대 국가로 전환하는 데 회피할 수 없는 문제였다. 왕조와 국가가 분리될 시점에 도달했음을 보여준다. 더 나아가 국가와 제사의 분리 역시 생각해야 할 문제였다. 그러나 자발적인 논의 과정을 거치기 전에 발생한 제국의 멸망은 국사의 일방적인 폐지로 이어졌다. 그리고 제실사는 이왕가의 제사로 격하되었지만 유지될 수 있었다.

제향의 규모나 횟수가 줄었지만 대한제국기 황실의 제사는 대부분 유

---

1 『태조실록』, 태조 1년 11월 6일.

지되었다. 묘, 전, 궁, 단, 능, 원, 묘의 127곳에서 제사는 끊이지 않았다. 그중에서도 종묘는 여전히 중요하고도 성대한 예식을 이어갔다. 이왕가의 종묘에서는 사시대제, 춘추고유제, 삭망분향, 천신의 의례가 정례적으로 거행되었다. 제상에 올라가는 제물 또한 12변·두의 체제를 유지했다. 종묘 건물이나 기물도 크게 훼손된 것 없이 유지되고 관리되었다. 관리의 측면에서 볼 때 이왕가의 종묘는 이전보다 체계적으로 운영되었다. 격변하는 시기에 민중의 반란이나 외세의 침탈 없이 그대로 잘 보존되었다. 이는 병합에 따른 제국의 비호뿐만 아니라 종묘의 물적·인적 관리가 체계화되고, 통제력이 강화되었기 때문에 가능한 일이었다.

그러나 일제강점기 종묘의 이면에는 여러 가지 문제가 있었다. 이는 500여 년 동안 국가의 신전으로 기능했던 종묘가 식민 시기 이왕가의 사당으로 기능하면서 나타나는 문제였다. 먼저 중국 고대 유교 예식에 근거한 종묘 예식이 이왕가에 적합한 것인가를 묻지 않을 수 없었다. 천자가 아닌데 천자의 예식을 수행할 수 있는가? 나아가 중국 예식인데 우리가 준행해야 하는가 하는 문제 제기도 있었다. 논자들은 전 왕조의 제사를 폐지하지 않은 유교 전통과 이왕가의 '종사(宗祀)'를 보장한 일본 천황의 조서를 통해 기존 제사의 정당성을 주장했다. 그리고 중국 예식은 오랜 시간 속에서 이미 우리의 것이 되었다며 유교 예식을 고수했다. 중국 예식이 일본 예식과 전혀 다르므로 지금의 황제권을 침탈하지 않는다는 주장도 있었다. 이런 과정에서 종묘는 민족을 위한 것이 아니며 왕가의 조상을 위한 것이라는 상황 인식도 노출되었다. 기존의 예식을 고수하는 것을 신앙의 자유로 변론하기도 했다. 결국 이왕가에서는 기존에 해 오던 천자의 의식을 그대로 수행해야 한다는 것을 강조했다.

그러나 실제 기존의 의식을 그대로 수행하기에는 한계가 있었다. 종묘 정전 19실과 영녕전 15실을 운영하는 것은 쉬운 일이 아니었다. 제관과 집사자의 한계는 뚜렷했다. 관원에서 충원되었던 제관은 이제 이왕직 직원 중에서 구해야 했다. 갈수록 종묘 제향은 이왕직의 자체 행사로 전락하고 있었다.

이런 가운데 궁궐 내 신선원전 지역으로 옮겨 지금보다 작은 규모의 사당을 만들고, 제향도 조선 전기 문소전처럼 산자의 의식에 맞춘 속례를 적용하자는 주장이 등장했다. 물론 아악으로 주목받은 종묘 제례를 더 고례에 맞게 적용해야 한다는 주장도 있었다. 그럼에도 이왕가가 감당하기에 종묘의 오백 년 역사는 너무 방대했다. 이 가운데 축소 지향의 종묘 개혁론이 제기되기 시작했다. 반면, 시간이 지날수록 일본의 예식이 익숙해졌다. 일본어가 표준어로 되고, 신도(神道)가 보편적인 종교 의식으로 간주되었다. 정갈한 신사와 절도 있는 신직(神職)의 행동에 끌리고 있었다. 이왕가 내에서도 종묘 제향의 참여에 적극적이지 않았다. 순종 사후 제향에서 왕의 참여가 대폭 줄었다. 영친왕은 조선에 올 때마다 종묘에 나아가 참배했다. 그러나 조선에 상주하지 않았던 그는 종묘대제에 참석하지 않았다. 종부가 음식을 살피는 것도 아니었다. 국가의 대사에서 이왕가의 사당으로 축소되었고, 이왕가의 수장마저도 잘 참석하지 않는 이왕직 직원의 행사가 되었다. 그 사이에 이완용과 같은 친일파가 배향공신으로 묘정을 차지했다.

개혁은 어느 것 하나도 시행되지 않았다. 일본의 신사로 전락하지도 않았다. 한편, 1945년 일제 강점이 종식되고 이왕가의 실체는 사라졌다. 전시 상황을 피해 지하 방공호에 있던 신주는 다시 종묘의 정전으로 돌아왔다. 종묘는 다시 대한민국의 유산이 되었다.

근대 국가에서 종묘는 그대로 가져갈 수 없는 전통시대의 유산이다. 그러니 이를 완전히 폐지할 수 있는 것도 아니다. 그렇다고 전주 이씨가 전유할 것도 아니다. 이는 공공의 역사이기 때문이다. 500여 년의 역사를 안고 있는 종묘는 조선왕조의 신전이었다. 그곳에 모셔진 자가 그들의 조상이라 해서 이왕가만의 사당이 되는 것은 아니었다. 종묘는 조선의 역대 왕과 왕후를 모시고, 그 왕위를 계승한 국왕이 제사를 지내는 사당이었다. 그 연속성은 왕위를 매개로 한 공덕이었다. "칠세(七世)의 종묘에서 덕을 볼 수 있다"라는『서경』의 구절처럼 종묘는 선조가 아닌 공덕을 보고 지키는 곳이다. 주관자뿐만 아니라 헌관과 집사자도 공적인 관리들로 채워졌기 때문에 종묘는 국가 사당으로 기능할 수 있었다. 그러한 종묘의 역사를 이왕가의 역사로 환원하는 것은 종묘에 깃든 혈연적 연속성만 보고 종묘의 공적인 성격을 외면하는 것이다. 해방은 종묘를 지탱한 공적인 역사를 회복하는 사건이었다. 짧은 상실의 역사가 주는 큰 교훈이었다.

연도	물품 현재표	제향비 규정	물품 청구부
1908		향비규정(K2-2580, 2581)	
1909	종묘영녕전설비보관품부(K2-3232)		종묘영녕전소모책(K2-3233), 청구존안(K2-3246)
1910	물품명칭급칭호일정건(RD00414)		
1911		천신비규정(K2-2576)	종묘청구부존안(K2-3647), 종묘청구부(1911~1913년, K2-3238-3)
1912	[종묘영녕전보관제기급비품부](『보고급회첩존안』, K2-4890)		종묘청구부(K2-3238-7)
1913		준여 분배표(1913~1920년, K2-4821)	청구서존안(K2-4829)
1914			종묘청구부(1914~1916년, K2-3238-2)
1915			
1916		개정제수품규정(K2-2528)	청구부(1916~1920년, K2-4826)
1918			
1919			
1920		개정제수품, 개정소모품규정(K2-2527)	종묘청구부(1920~1924년, K2-3238-8)
1921		종묘십팔실사시대제제수품개정표(K2-4819)	
1922	물품취급내규(K2-3148), 종묘영녕전물품현재표(K2-3231)		
1923	종묘물품현재표(1923~1924년, K2-4816)		
1924			청구서존안(K2-4828)
1925			청구서(K2-4827), 종묘청구부(1925~1928년, K2-3238-6)
1926			

종묘일지	종묘일지(수복)	보고	발신	수신
[illegible]장기(K2-3615)				
[illegible]서재관입직일기(1911~1913년, K2-5041)	대방하기(K2-3138)	보고급회첩존당(K2-4766)		
		보고급회첩존안(K2-4890)	종묘문서발송부(1912~1913년, K2-2175, 10-10)	종묘공문내철(K2-2169, 2-1)
종묘일기(K2-2204)		종묘보고존안(K2-2178)	종묘문서발송부(1913~1915년, K2-2175, 10-9)	
종묘일기(1915~1916년, K2-2205)				
	종묘일지(1916~1921년, K2-4697)		종묘문서발송부(1916~1917년, K2-2175, 10-8)	
			종묘문서발송부(1918~1919년, K2-2175, 10-7)	
종묘일기(1919~1920년, K2-2206)				
			종묘문서발송부(K2-2175, 10-6)	
종묘일기(K2-4820, 3-1)		보고존안(K2-4767)	종묘문서발송부(K2-2175, 10-5)	
종묘일기(1922~1923년, K2-4820, 3-2)	종묘일지(1922~1924년, K2-2208, 2-1)		종묘문서발송부(1922~1923년, K2-2175, 10-4)	종묘각항공문내철(K2-2169, 2-2)
종묘일기(1924~1925년, K2-4820, 3-3)			종묘문서발송부(1924~1926년, K2-2175, 10-3)	
	종묘일지(1925~1926년, K2- 2208, 2-2)			
		보고존안건(K2-4891)		

연도	물품 현재표	제향비 규정	물품 청구부
1927			
1928			
1929	현품급대장대조표(1929~1933년, K2-4833)	향수품규정(K2-2584)	
1930			
1931	전내비품촌법개요(K2-4805)		제향용소모품청구부(K2-4813) 종묘청구부(청용품, 1931~1936년, K2-3238-4)
1932		현행제사(K2-2585)	제향용잡품환색부(1932~1943년, K2-4814)
1933			
1934	비치장부(K2-4773)		
1936			종묘청구부(1936~1941년, K2-3238-5)
1937			종묘청구부(K2-3238-1)
1938			종묘청구존안건(K2-3239)
1939			
1940			
1941			
1942			
1945			

종묘일지	종묘일지(수복)	보고	발신	수신
			종묘문서발송부(1927~1928년, K2-2175, 10-2)	
		종묘보고청구존당급접수철(K2-2180)		
	완의(K2-3659)		종묘발송공문철(K2-2177), 종묘문서발송부(K2-2175, 10-1)	종묘접수공문철(K2-2211, 9-9)
				종묘접수공문철(K2-2211, 9-8)
				종묘접수공문철(K2-2211, 9-7)
	종묘일지(1932~1934년, K2-2207), 대제시차비기(1932~1941년, K2-0590)		종묘공문발송번호부(1932~1935년, K2-4815)	종묘접수공문철(K2-2211, 9-6)
				종묘접수공문철(K2-2211, 9-5)
			종묘발송공문(K2-2176)	종묘접수공문철(K2-2211, 9-4)
				종묘접수공문철(K2-2211, 9-3)
	종묘일지(K2-2209)			종묘접수공문철(K2-2211, 9-2)
종묘숙직일지(K2-4818)			종묘공문발송번호부(1938~1950년, K2-2170)	종묘접수공문철(K2-2211, 9-1)
				잡서류(K2-2210, 2-1)
종묘숙직일지(K2-4817, 2-2)	수복사정입직야순성기(K2-3654)			잡서류(K2-3662)
종묘숙직일지(K2-4817, 2-1)	물품차지분장기(K2-3147)			잡서류(K2-3663)
				잡서류(K2-2210, 2-2)
	종묘수복청일기(K2-2185)			

참고문헌

사료

『대한매일신보』, 『동아일보』, 『매일신보』, 『황성신문』.

「1943年 殿謁, 殿拜, 酌獻禮親行, 諸儀式」(한국학중앙연구원 장서각 소장, RD00867).

「廟殿宮陵園壇墓表(地方部)」(한국학중앙연구원 장서각 소장, RD00401).

「廟殿宮陵園展謁酌獻禮展拜儀」(한국학중앙연구원 장서각 소장, RD00815).

「廟殿宮表(府內部)」(한국학중앙연구원 장서각 소장, RD00406).

「物品名稱及稱號一定ノ件」(한국학중앙연구원 장서각 소장, RD00414).

「齋官會議訓示」(한국학중앙연구원 장서각 소장, RD00177).

「宗廟大正八年 上半期分事務成續報」(한국학중앙연구원 장서각 소장, RD00313).

『(光武年)宗廟儀軌』(한국학중앙연구원 장서각 소장, K2-2192).

『(純宗孝皇帝 純明孝皇后)祔廟主監儀軌(稿本)』(한국학중앙연구원 장서각 소장, K2-4772).

『(純宗孝皇帝 純明孝皇后)祔廟主監儀軌』(한국학중앙연구원 장서각 소장, K2-2250, 2책).

『(神貞王后)祔廟都監儀軌』(한국학중앙연구원 장서각 소장, K2-2254).

『職員錄』(국립중앙도서관 소장, 朝57-130-2).

『改正祭需品 改正消耗品規定』(한국학중앙연구원 장서각 소장, K2-2527)

『改正祭需品規定』(한국학중앙연구원 장서각 소장, K2-2528).

『高宗國葬寫眞帖』(한국학중앙연구원 한국학도서관 소장).

『高宗太皇帝 明成太皇后 祔廟主監儀軌』(K2-2218, 2책).

『(高宗太皇帝)殯殿魂殿主監儀軌』(한국학중앙연구원 장서각 소장, K2-2918, 2책).

『恭順永陵公文接受』(한국학중앙연구원 장서각 소장, K2-2288).

『國朝五禮儀』(서울대학교 규장각한국학연구원 소장, 奎1880, 6책).

『宮內府來文』(서울대학교 규장각한국학연구원 소장, 奎17757, 87책).

『宮內府用達東洋會社完文』(한국학중앙연구원 장서각 소장, K2-3128).
『陵園墓解說』(한국학중앙연구원 장서각 소장, K2-4421)
『大房下記』(한국학중앙연구원 장서각 소장, K2-3138).
『大祭時差備記』(한국학중앙연구원 장서각 소장, K2-590).
『德壽宮因山奉悼會謄錄』(한국학중앙연구원 장서각 소장, K2-2940).
『每事問』(한국학중앙연구원 장서각 소장, K2-2161).
『明成皇后追上徽號玉冊文』(한국학중앙연구원 장서각 소장, K2-4054).
『廟殿宮園壇墓儀軌』(한국학중앙연구원 장서각 소장, K2-2445).
『物品次知分掌記』(한국학중앙연구원 장서각 소장, K2-3147)
『物品取扱內規』(한국학중앙연구원 장서각 소장, K2-3148).
『房憲』(한국학중앙연구원 장서각 소장, K2-2057).
『報告及回牒存檔』(한국학중앙연구원 장서각 소장, K2-4766).
『報告及回牒存案』(한국학중앙연구원 장서각 소장, K2-4890).
『報告存案』(한국학중앙연구원 장서각 소장, K2-4767).
『報告存案件』(한국학중앙연구원 장서각 소장, K2-4891).
『本署齋官入直日記』(한국학중앙연구원 장서각 소장, K2-5041).
『祔廟時差備官及祭官表』(한국학중앙연구원 장서각 소장, K2-4771).
『備置帳簿』(한국학중앙연구원 장서각 소장, K2-4773).
『守僕使丁入直夜巡省記』(한국학중앙연구원 장서각 소장, K2-3654).
『完議』(한국학중앙연구원 장서각 소장, K2-3659)
『王ノ喪儀(案)』(한국학중앙연구원 장서각 소장, K2-2992).
『王公家喪祭禮管見』(한국학중앙연구원 장서각 소장, K2-3004).
『王喪儀』(한국학중앙연구원 장서각 소장, K2-2993)
『李王職職員案』(한국학중앙연구원 장서각 소장, K2-578)
『李王職處務規定』(한국학중앙연구원 장서각 소장, K2-2034).
『雜書類』(한국학중앙연구원 장서각 소장, K2-2210, 2책).
『雜書類』(한국학중앙연구원 장서각 소장, K2-3662).
『雜書類』(한국학중앙연구원 장서각 소장, K2-3663).
『掌禮院日記』(한국학중앙연구원 장서각 소장, K2-2139, 4책).

『殿內備品寸法槪要』(한국학중앙연구원 장서각 소장, K2-4805).
『殿廟壇祝式儀軌』(한국학중앙연구원 장서각 소장, K2-2486).
『傳掌記』(한국학중앙연구원 장서각 소장, K2-3615).
『祭膳錄』(서울대학교 규장각한국학연구원 소장, 奎13010, 7책).
『祭禮陳設圖說』(한국학중앙연구원 장서각 소장, K2-2571).
『祭禮解說草稿』(한국학중앙연구원 장서각 소장, K2-2555)
『祭祀 附璿源殿茶禮』(한국학중앙연구원 장서각 소장, K2-4812).
『祭享用消耗品請求簿』(한국학중앙연구원 장서각 소장, K2-4813).
『祭享用雜品換色簿』(한국학중앙연구원 장서각 소장, K2-4814)
『宗廟各室冊寶奉安圖』(한국학중앙연구원 장서각 소장, K2-2168)
『宗廟公文來綴』(한국학중앙연구원 장서각 소장, K2-2169, 2책).
『宗廟公文發送』(한국학중앙연구원 장서각 소장, K2-4815).
『宗廟文書發送簿』 (한국학중앙연구원 장서각 소장, K2-2175, 10책).
『宗廟物品現在表』(한국학중앙연구원 장서각 소장, K2-4816).
『宗廟發送公文綴』(한국학중앙연구원 장서각 소장, K2-2177).
『宗廟報告存案』(한국학중앙연구원 장서각 소장, K2-2178).
『宗廟四享大祭祝式』(한국학중앙연구원 장서각 소장, K2-2181).
『宗廟署日記』(한국학중앙연구원 장서각 소장, K2-2184, 10책).
『宗廟守僕廳日記』(한국학중앙연구원 장서각 소장, K2-2185).
『宗廟宿直日誌』(한국학중앙연구원 장서각 소장, K2-4817, 2책).
『宗廟宿直日誌』(한국학중앙연구원 장서각 소장, K2-4818).
『宗廟永寧殿物品現在表』(한국학중앙연구원 장서각 소장, K2-3231).
『宗廟永寧殿設備保管品簿』(한국학중앙연구원 장서각 소장, K2-3232).
『宗廟永寧殿消耗冊』(한국학중앙연구원 장서각 소장, K2-3233).
『宗廟永寧殿儀軌』(한국학중앙연구원 장서각 소장, K2-2187).
『宗廟永寧殿冊寶錄』(한국학중앙연구원 장서각 소장, K2-2190, 5책).
『宗廟儀軌』(서울대학교 규장각한국학연구원 소장, 奎14220, 4책).
『宗廟儀軌續錄』(서울대학교 규장각한국학연구원 소장, 奎14221, 2책).
『宗廟日記』(한국학중앙연구원 장서각 소장, K2-2204).

『宗廟日記』(한국학중앙연구원 장서각 소장, K2-2205).
『宗廟日記』(한국학중앙연구원 장서각 소장, K2-2206).
『宗廟日記』(한국학중앙연구원 장서각 소장, K2-4820, 3책).
『宗廟日誌』(한국학중앙연구원 장서각 소장, K2-2207).
『宗廟日誌』(한국학중앙연구원 장서각 소장, K2-2208, 2책).
『宗廟日誌』(한국학중앙연구원 장서각 소장, K2-2209).
『宗廟日誌』(한국학중앙연구원 장서각 소장, K2-4697).
『宗廟接受公文綴』(한국학중앙연구원 장서각 소장, K2-2211, 9책).
『宗廟誌』(한국학중앙연구원 장서각 소장, K2-4375B, 3책).
『宗廟誌初稿』(한국학중앙연구원 장서각 소장, K2-5122).
『宗廟冊寶謄錄』(한국학중앙연구원 장서각 소장, K2-2212).
『宗廟薦新月令』(한국학중앙연구원 장서각 소장, K2-2213).
『宗廟請求簿』(한국학중앙연구원 장서각 소장, K2-3238, 9책).
『宗廟請求簿存案』(한국학중앙연구원 장서각 소장, K2-3647).
『宗廟請求存擋及接受綴』(한국학중앙연구원 장서각 소장, K2-2180).
『宗廟請求存案件』(한국학중앙연구원 장서각 소장, K2-3239).
『宗廟18室 四時大祭祭需品改正表』(한국학중앙연구원 장서각 소장, K2-4819).
『餕餘分排表』(한국학중앙연구원 장서각 소장, K2-4821).
『進上謄錄』(서울대학교 규장각한국학연구원 소장, 奎12958, 6책).
『冊寶錄』(한국학중앙연구원 장서각 소장, K2-4668).
『薦新件』(한국학중앙연구원 장서각 소장, K2-2575).
『薦新費規定』(한국학중앙연구원 장서각 소장, K2-2576).
『請求簿』(한국학중앙연구원 장서각 소장, K2-4826).
『請求書』(한국학중앙연구원 장서각 소장, K2-4827).
『請求書存案』(한국학중앙연구원 장서각 소장, K2-4828, K2-4829).
『請求存案』(한국학중앙연구원 장서각 소장, K2-3246).
『太常志』(서울대학교 규장각한국학연구원 소장, 奎貴865, 2책).
『太常志』(한국학중앙연구원 장서각 소장, K2-2043, 3책).
『太祖肅宗英祖正祖純祖文祖憲宗影幀摸寫都監儀軌』(한국학중앙연구원 장서각 소장,

K2-2765, 3책).
『享費規定』(한국학중앙연구원 장서각 소장, K2-2580).
『享費規定』(한국학중앙연구원 장서각 소장, K2-2581, 5책).
『享需品規程』(한국학중앙연구원 장서각 소장, K2-2584).
『現行祭祀』(한국학중앙연구원 장서각 소장, K2-2585).
『現品及臺帳對照表』(한국학중앙연구원 장서각 소장, K2-4833).
『笏記陳設圖』(한국학중앙연구원 장서각 소장, K2-2587, K2-5078).
『孝德殿日記』(한국학중앙연구원 장서각 소장, K2-2504, 2책).

『故大勲位李王国葬書類』 巻1(國立公文書館, 葬00058100, 日本國立公文書館 アジア歷史資料センター 웹사이트 제공).
『故大勲位李王国葬書類』 巻2(國立公文書館, 葬00059100, 日本國立公文書館 アジア歷史資料センター 웹사이트 제공).
『故大勲位李王国葬書類』 巻3(國立公文書館, 葬00060100, 日本國立公文書館 アジア歷史資料センター 웹사이트 제공).
『故李太王國葬書類 上』, 國立公文書館, 葬00048100.
『故李太王國葬書類 中,下』, 國立公文書館, 葬00049100.
『故威仁親王葬儀書類　完』, 國立公文書館, 葬00044100.

논저

곤도 시로스케(이언숙 옮김), 『대한제국황실비사』, 이마고, 2007.
국립국악원, 『이왕직 아악부와 음악인들』, 국립국악원, 1991.
김대호, 「일제하 종묘를 둘러싼 세력 갈등과 공간 변형: 1920년대 식민 권력과 귀족 세력의 관계를 중심으로」, 『서울학연구』 43, 2011.
김명길, 『樂善齋周邊』, 중앙일보·동양방송, 1977.
김명수, 「1915~1921년도 구황실 재정의 구성과 그 성격에 관한 고찰」, 『장서각』 35, 2016.
김명주, 「일제강점기 이왕직아악부의 방송활동: 경성방송국의 라디오 프로그램을 중심으로」, 『한국음악사학보』 30, 2003.
김미래·조우현, 「고종황제 사진에 나타난 훈장과 기념장 연구」, 『복식』 68-8, 2018.
김연주, 「순종가례발기의 차자표기 해독」, 『한국사상과 문화』 90, 2017.

김태우, 「조선시대 부군당 출현의 역사적 맥락과 존재 양상에 대한 고찰」, 『서울민속학』 6, 2019.

누리고고학연구소, 「덕수궁 선원전 영역 발굴조사보고서」, 2023.

목수현, 「일제하 이왕가 박물관의 식민지적 성격」, 『미술사학연구』 227, 2000.

박성진·우동선, 「일제강점기 경복궁 전각의 훼손과 이건」, 『대한건축학회논문집』 23-5, 2007.

서영대, 「부군당신앙」, 『서울 2천년사: 조선시대 서울의 종교와 신앙』, 서울특별시 시사편찬위원회, 2014.

서울역사편찬원, 『일제강점기 경성부윤과 경성부회 연구』, 서울글방, 2017.

서지민, 「이왕직미술품 제작소 연구: 운영과 제작품의 형식」, 이화여자대학교 석사학위논문, 2015.

송기형, 「'창경궁박물관' 또는 '이왕가박물관'의 연대기」, 『역사교육』 72, 1999.

송인호·조은주, 「왕실사묘 육상궁의 20세기 변화에 관한 연구」, 『대한건축학회논문집』 27-10, 2011.

송혜진, 「이왕직 아악부의 이습회 운영과 20세기 궁중음악의 전승」, 『역대국립음악기관 연구: 신라 음성서에서 국립국악원 개원까지』, 국립국악원, 2001.

수요역사연구회, 『제국 일본의 하늘과 방공, 동원 1: 방공정책과 식민지 조선』, 선인, 2012.

신명호, 「근대 明治政府의 동아시아 통치체제와 이왕직: 琉球·臺灣·關東州·大韓帝國의 사례를 중심으로」, 『장서각』 31, 2014.

신명호, 「일제하 고종순종실록, 고종순종국조보감의 편찬과 장서각 자료: 실록편찬참고서목록과 국조보감편찬관계서류를 중심으로」, 『정신문화연구』 79, 2000.

신명호, 「일제하 이왕직과 이왕가 족보」, 『청계논총』 11, 1996.

신조 미치히코(이우연 옮김), 『조선 왕공족: 제국 일본의 준황족』, 백년동안, 2022.

신지혜, 『조선 숙종대 왕실 상장례 설행 공간의 건축 특성: 빈전·산릉·혼전을 대상으로』, 경기대학교 박사학위논문, 2010.

안세영, 「1930년대 경성부방호단의 조직과 방공정책의 특징」, 『한국민족운동사연구』 99, 2019.

오문선, 『서울부군당제 연구』, 한국학중앙연구원 한국학대학원 박사학위논문, 2009.

왕런샹(주영하 옮김), 『중국 음식 문화사』, 민음사, 2010.

우정, 「조선시대 왕후의 이름, 휘호의 정립 과정과 의의」, 『역사와 현실』 126, 2022.

유승훈, 「경강변 부군당의 성격과 역사적 전개 양상」, 『서울학연구』 20, 2003.
이범직·최순권 역주, 『정조대 종묘서 관리들의 종묘제향 학습서』, 민속원, 2017.
이성미·류송옥·강신항, 『조선시대 어진 관계 도감의궤 연구』, 한국정신문화연구원, 1997.
이수정, 「이왕직 아악부의 조직과 활동」, 한국학중앙연구원 한국학대학원 박사학위논문, 2016.
이왕무 외, 『일제강점기 이왕직 연구』, 한국학중앙연구원 출판부, 2021.
이왕무, 「1910년대 조선 왕실 의례에 대한 궁내성의 이왕가 舊制 조사」, 『한국학논총』 48, 2017.
이왕무, 「대한제국 황실의 분해와 왕공족의 탄생」, 『한국사학보』 64, 2016.
이왕무, 「이왕직의 유래와 장서각 소장 이왕직 자료의 연혁」, 『장서각』 31, 2014.
이왕무, 「일제강점기 이왕직 연구: 조직 구성의 배경과 운영을 중심으로」, 『동양고전연구』 82, 2021.
이욱, 「근대 국가의 모색과 국가 의례의 변화: 1894~1908년 국가 제사의 변화를 중심으로」, 『정신문화연구』 95, 2004.
이욱, 「대한제국의 성립과 명성황후 국장의 변화」, 『종교와 문화』 34, 2018.
이욱, 「일제강점기 이왕직의 종묘 물품 관리」, 『장서각』 44, 2020.
이욱, 「일제시기 고종의 국장과 일본예식」, 『종교문화비평』 34, 2018.
이욱, 「조선시대 왕실의 시조와 조경묘 건립」, 『조선시대사학보』 38, 2006
이욱, 「조선 후기 제관 차정의 갈등을 통해 본 국가 사전(祀典)의 변화」, 『종교연구』 53, 2008.
이욱, 「종묘의 공민왕 신당과 수복 연구: 일제강점기 《종묘일지》와 《대방하기》를 중심으로」, 『종교문화비평』 40, 2021.
이욱, 『조선 왕실의 제향 공간: 정제와 속제의 변용』, 한국학중앙연구원 출판부, 2015.
이욱, 『조선시대 재난과 국가의례』, 창비, 2009.
이윤상, 「일제하 '조선왕실'의 지위와 이왕직의 기능」, 『한국문화』 40, 2007.
이정희, 「이왕직 아악부의 활동과 안팎의 시각」, 『동양음악』 26, 2004.
이종숙, 「일제강점기 종묘제례악무 고찰」, 『한국음악사학보』 31, 2003.
이지선·야마모토 하나코, 「『직원록』을 통해서 본 이왕직의 직제연구」, 『동양음악』 26, 2004.
장경희, 「조선후기 종묘 신실 내 목공예품의 종류와 제작실태: 『부묘도감의궤』를 중심으로」, 『동양학』 40, 2019.

장신, 「일제하 이왕직(李王職)의 직제와 인사」, 『장서각』 35, 2016.

전지영, 「일제강점기 조선아악의 의미 왜곡과 고악론 검토」, 『한국음악사학보』 68, 2022.

정욱재, 「국가기록원 소장 '이왕직 관련 자료'의 현황과 가치」, 『장서각』 31, 2014.

정욱재, 「日本宮內廳所藏 '公族實錄'의 편찬과 특징: 『李熹公實錄』·『李熹公實錄資料』·『李埈公實錄』·『李埈公實錄資料』를 중심으로」, 『한국사학보』 64, 2016.

정지희, 「한성미술품제작소 설립 및 변천 과정 연구」, 『미술사학연구』 303, 2019.

조선미, 「조선왕조시대에 있어서의 진전의 발달: 문헌상에 나타난 기록을 중심으로」, 『고고미술』 145, 1980.

지두환, 『세계문화유산 종묘 이야기』, 집문당, 2005.

최공호, 「'이왕직미술품제작소' 연구」, 『고문화』 34, 1989.

최순권, 「고종과 순종의 국장 사진첩 해제」, 『고종과 순종의 국장 사진첩』, 민속원, 2008.

한복진, 「한국 음식에서 참깨와 참기름의 전통적 이용」, 『동아시아식생활 학회지』 15-2, 2005.

한형주, 『조선초기 국가제례 연구』, 일조각, 2002.

Juljan Biontino, 「윤치호의 '죽음'과 장례문화 인식: 『윤치호 일기』를 중심으로」, 『민족문화연구』 66, 2015.

權藤四郎介, 『李王宮秘史』, 京城: 朝鮮新聞社, 1926(이언숙 옮김, 『대한제국황실비사』, 이마고, 2007).

新城道彦, 「朝鮮統治と王族の關聯性: 李太王の國葬にみる朝鮮統治」, 『次世代 人文社會研究』 2, 2006.

新城道彦, 『天皇の韓國併合』, 東京: 法政大學出版局, 2011.

新城道彦, 『朝鮮王公族: 帝国日本の準皇族』, 東京: 中央公論新社, 2015(이우연 옮김, 『조선왕공족: 제국 일본의 준황족』, 백년동안, 2022).

岩田重則, 『天皇墓の政治民俗史』, 東京: 有志舍, 2017.

吳田直毅 編, 『德壽宮國葬畫帖』, 경성일보사, 1919(『고종과 순종의 국장 사진첩』, 민속원, 2008).

皇室事典編輯委員會 編著, 『皇室事典』, 角川學藝出版, 2009.

찾아보기

ㅅ

ㅈ

ㅊ

AKS 인문총서 40

일제강점기 종묘 연구

지은이 이욱
제1판 1쇄 발행일 2025년 12월 15일
발행인 김낙년
발행처 한국학중앙연구원 출판부
출판등록 제1979-000002호(1979년 3월 31일)
주소 경기도 성남시 분당구 하오개로 323
전화 031-730-8773 **팩스** 031-730-8775
전자우편 akspress@aks.ac.kr **홈페이지** www.aks.ac.kr

ISBN 979-11-5866-836-5 94910
978-89-7105-772-8 (세트)

◆ 이 저서는 2019년 대한민국 교육부와 한국학중앙연구원(한국학진흥사업단)의
한국학 총서 사업 지원을 받아 수행된 연구임(AKS-2019-KSS-1130020).